BIBLIOTHÈQUE ILLUSTRÉE

DES FAMILLES

A L'ÉDITEUR

Monsieur,

Votre projet d'éditer dans les deux genres, prose et poésie, et sous le titre de *Bibliothèque illustrée des familles*, un choix des œuvres les plus célèbres de la littérature, me paraît fort utile dans le cas où, en conservant ce que nos auteurs nous ont laissé de remarquable sous le rapport de la composition et du talent, on aura soin d'en élaguer tout ce qui pourrait produire de fâcheuses impressions sur des esprits jeunes et délicats. C'est dans ce but que vous avez préparé des éditions de CORNEILLE, de RACINE et de MOLIÈRE. Les expressions libres, les scènes licencieuses de celui-ci, la peinture trop vive des passions, qu'on regrette de rencontrer assez souvent dans les deux autres, exigent de sages précautions. En les apportant dans vos éditions, vous rendez service à beaucoup d'instituteurs de la jeunesse et d'honnêtes familles. Si je me permets de joindre mon humble suffrage à ceux que des publications analogues d'ouvrages en prose vous ont déjà conquis, c'est par le désir de contribuer à encourager une entreprise aussi bien intentionnée que la vôtre.

Agréez, monsieur ma parfaite considération,

B. DES BILLIERS,
Chanoine honoraire de Laugres,
vicaire à Saint-Thomas-d'Aquin.

Paris, le 9 septembre.

... Pour ce combat, choisissons quelque lieu.

Acte IV, Scène IV.

LES FRÈRES ENNEMIS.

RACINE

ŒUVRES CHOISIES

ÉDITION ÉPURÉE

ILLUSTRÉE DE **20** DESSINS DE D. MARCKL

GRAVÉS PAR MM. BUDZILOWICH, POUJET, ETC.

PARIS

PAUL DUCROCQ, LIBRAIRE-ÉDITEUR

SUCCESSEUR DE SON PÈRE

55, RUE DE SEINE, 55

NOTICE SUR RACINE.

Jean Racine, le plus beau génie de la scène tragique chez les Français, et peut-être chez tous les peuples modernes, naquit à la Ferté-Milon, d'une famille noble, le 21 décembre 1639, l'année même où Corneille, âgé de 33 ans, faisait représenter *Horace* et *Cinna*. Orphelin de père et de mère dès l'âge de 3 ans, il fut élevé d'abord à Beauvais, puis à Paris, au collége d'Harcourt, et enfin à Port-Royal-des-Champs, où Marie des Moulins, sa grand'mère, s'était retirée. Son goût dominant était pour les poëtes tragiques. Il allait souvent se perdre dans les bois de l'abbaye, un Euripide à la main. Il cherchait dès lors à l'imiter. Il cachait des livres pour les dévorer à des heures indues. Le sacristain Claude Lancelot, son maître dans l'étude de la langue grecque, lui brûla consécutivement trois exemplaires d'un roman grec, qu'il apprit par cœur à la troisième lecture. Après avoir terminé sa philosophie au collége d'Harcourt, il débuta par une ode sur le mariage de Louis XIV. Cette pièce lui valut une gratification de cent louis et une pension de 600 livres. Le ministre Colbert obtint pour lui l'une et l'autre de ces grâces. Indépendamment de l'ode déjà citée, Racine en composa une autre pour le rétablissement des académies, intitulée *la Renommée aux Muses*, qui lui valut de nouvelles gratifications de la part du roi.

Ces succès le décidèrent à se livrer à la poésie, mais peu s'en fallut qu'il ne renonçât à écrire pour le théâtre. Ayant montré à Molière sa première tragédie (non jouée ni imprimée), *Théagène et Chariclée*, cet auteur célèbre lui témoigna sa désapprobation. Quelque temps après, il lut son *Alexandre* à Corneille, qui lui conseilla de ne plus faire de tragédies. En vain un de ses oncles, chanoine régulier et vicaire général d'Uzès, l'appela dans cette ville pour lui résigner un riche bénéfice; la voix du talent le rappela à Paris. Il s'y retira vers 1664, époque de sa première pièce de théâtre, qui fut la *Thébaïde* ou les *Frères ennemis*, suivis d'*Alexandre*, en 1666. Car

Racine, quoique élevé dans les maximes sévères de Port-Royal, et portant l'habit ecclésiastique, n'en travaillait pas moins au profit des histrions, et ce n'est pas la première fois que l'on vit un partisan du rigorisme s'occuper de choses que les probabilistes les plus relâchés eussent cru ne pas s'accorder avec l'esprit du christianisme. Ce fut à peu près vers ce temps-là qu'il obtint le prieuré d'Épinay, mais il n'en jouit pas longtemps. Ce bénéfice lui fut disputé : il n'en retira pour tout fruit qu'un procès, *que ni lui ni ses juges n'entendirent jamais;* aussi abandonna-t-il et le bénéfice et le procès. Il eut bientôt un autre procès qui fit plus de bruit. Des Marest de Saint-Sorlin écrivit contre Nicole, qui, dans la première de ses *lettres*, traita les poëtes dramatiques d'*empoisonneurs*, non des corps mais des âmes. Racine prit ce trait pour lui; il lança d'abord une lettre contre ses anciens maîtres. Nicole négligea de répondre : mais Barbier d'Aucour et Dubois le firent pour lui. Racine leur répliqua par une lettre qui sentait l'homme piqué et qui, à tout prix, voulait avoir raison. Boileau, à qui il la montra avant que de la rendre publique, l'engagea à la supprimer.

Alexandre fut suivi d'*Andromaque*, jouée en 1668. La comédie des *Plaideurs*, jouée la même année, eut du succès, à raison des allusions où l'on reconnut divers personnages, et des anecdotes qui avaient été l'objet de la conversation des Parisiens; ce n'était du reste qu'une imitation des *Guêpes* d'Aristophane. *Britannicus* parut en 1670. *Bérénice*, jouée l'année d'après, n'est qu'une pastorale héroïque; elle manque de ce grand intérêt et de ce terrible, les deux grands ressorts de la tragédie. Racine prit un essor plus élevé, en 1672, dans *Bajazet*. *Mithridate*, joué en 1673, est plus dans le goût du grand Corneille. *Iphigénie* ne parut que deux ans après (en 1675).

Racine, dégoûté de la carrière du théâtre, semée de tant d'épines, résolut de se faire chartreux; son directeur, qui connaissait l'inconstance de son caractère, lui conseilla de s'arracher au monde et au théâtre, plutôt par un mariage chrétien que par une entière retraite. Il épousa, quelques mois après, la fille du trésorier de France d'Amiens. La même année de son mariage, en 1677, Racine fut chargé d'écrire l'histoire de Louis XIV, conjointement avec Boileau. Cette histoire n'a jamais paru; le manuscrit en a péri dans l'incendie de la Bibliothèque de M. de Valincourt. Il en a échappé, dit-on, un fragment, qui a été publié en 1784. Ce fragment ne donne pas une grande idée de l'ouvrage, et n'offre dans le fait qu'un *Éloge historique*, titre sous lequel il a paru. On y admire tout, on y exalte tout. « Tant il est vrai, dit un critique, qu'on ne peut jamais
» écrire l'histoire pendant la vie des rois, surtout lorsqu'ils sont
» venus à bout de subjuguer les esprits, comme avait fait Louis XIV.
» On doit se borner alors à recueillir les faits par ordre chrono-
» logique, et l'on n'est pas en droit d'en attendre davantage des
» historiographes contemporains. »

La religion avait enlevé Racine à la poésie; la religion l'y ramena. Madame de Maintenon le pria de faire une pièce sainte, qui pût être jouée à Saint-Cyr : il en fit deux, *Esther* et *Athalie* ; mais ces tragédies, quoique d'une grande beauté, et vrais chefs-d'œuvre de la scène française, ne furent pas reçues généralement avec le même enthousiasme que les précédentes : nouvelle preuve des vrais motifs qui produisent dans quelques-uns l'attachement aux spectacles, toujours faible lorsque la corruption du cœur ne le fortifie pas. « On disait que c'était un sujet de dévotion, propre à amuser des enfants... » Racine jouissait alors de tous les agréments que peut avoir un bel esprit à la cour. Il était gentilhomme ordinaire du roi, qui le traitait en favori, et qui le faisait coucher dans sa chambre pendant ses maladies. Ce monarque aimait à l'entendre parler, lire, déclamer. Tout s'animait dans sa bouche, tout y prenait une âme, une vie. Sa faveur ne dura pas, et sa disgrâce hâta sa mort. Madame de Maintenon, touchée de la misère du peuple, avait demandé à Racine un *Mémoire* sur ce sujet intéressant. Le roi le vit entre les mains de cette dame, et, fâché de ce que son historien se mêlât de son administration, il lui défendit de le revoir, en lui disant : *Parce qu'il est poëte, veut-il être ministre?* Des idées tristes, une fièvre violente, une maladie dangereuse, furent la suite de ces paroles ; tant il y a de distance entre les ornements de l'esprit et la force de l'âme; entre la culture des lettres et les sentiments de la véritable grandeur, qui sent si vivement son indépendance des cours et des rois, et qui en jouit si bien! Racine mourut en 1699, à 60 ans, d'un petit abcès dans le foie.

Racine était d'une taille médiocre, sa figure était agréable, son air ouvert, sa physionomie douce et vive. Il avait la politesse d'un courtisan et les saillies d'un bel esprit. Son caractère était aimable, mais il passait pour faux ; et, avec une douceur apparente, il était naturellement très-caustique. Plusieurs épigrammes, un grand nombre de couplets et de vers satiriques, qu'on brûla à sa mort, prouvent la vérité de ce que répondit Despréaux à ceux qui le trouvaient trop malin : *Racine*, disait-il, *l'est bien plus que moi.* Les défauts de ce poëte furent effacés en partie par de grandes qualités. La religion réprima ses penchants. « La raison, disait Boileau à ce sujet, conduit » ordinairement les autres à la foi; mais c'est la foi qui a conduit » Racine à la raison. » Avec cela on remarquait un air de fluctuation dans sa conduite, et comme un état de dispute entre Dieu et le monde, entre sa conscience et les choses qu'elle réprouvait. Il eut sur la fin de ses jours une piété tendre, une probité austère; il condamna l'usage qu'il avait fait de ses talents en faveur d'un genre où les vertus chrétiennes ont si peu à gagner.

TABLE DES PIÈCES

CONTENUES DANS CE VOLUME.

                                                               Pages.

VIE DE RACINE. V

LA THÉBAÏDE ou les Frères ennemis, tragédie en cinq actes. . . . 1

ALEXANDRE-LE-GRAND, tragédie en cinq actes. 51

ANDROMAQUE, tragédie en cinq actes. 91

LES PLAIDEURS, comédie en trois actes. 133

BRITANNICUS, tragédie en cinq actes 185

BÉRÉNICE, tragédie en cinq actes. 239

BAJAZET, tragédie en cinq actes (fragments). 269

MITHRIDATE, tragédie en cinq actes (fragments). 303

IPHIGÉNIE EN AULIDE, tragédie. 325

PHÈDRE, tragédie en cinq actes, mort d'Hippolyte (fragment). . . . 381

ESTHER, tragédie en trois actes, tirée de l'Écriture sainte. 385

ATHALIE, tragédie en cinq actes, tirée de l'Écriture sainte. 437

LA THÉBAÏDE

ou

LES FRÈRES ENNEMIS

TRAGÉDIE (1664).

PRÉFACE

Le lecteur me permettra de lui demander un peu plus d'indulgence pour cette pièce que pour les autres qui la suivent ; j'étais fort jeune quand je la fis. Quelques vers que j'avais faits alors tombèrent par hasard entre les mains de quelques personnes d'esprit ; elles m'excitèrent à faire une tragédie, et me proposèrent le sujet de *la Thébaïde*. Ce sujet avait été autrefois traité par Rotrou, sous le nom d'*Antigone;* mais il faisait mourir les deux frères dès le commencement de son troisième acte. Le reste était en quelque sorte le commencement d'une autre tragédie, où l'on entrait dans des intérêts tout nouveaux; et il avait réuni en une seule pièce deux actions différentes, dont l'une sert de matière aux *Phéniciennes* d'Euripide, et l'autre à l'*Antigone* de Sophocle. Je compris que cette duplicité d'action avait pu nuire à sa pièce, qui d'ailleurs était remplie de quantité de beaux endroits. Je dressai à peu près mon plan sur les *Phéniciennes* d'Euripide, car, pour *la Thébaïde* qui est dans Sénèque, je suis un peu de l'opinion d'Heinsius, et je tiens, comme lui, que non-seulement ce n'est point une tragédie de Sénèque, mais que c'est plutôt l'ouvrage d'un déclamateur, qui ne savait ce que c'était qu'une tragédie.

La catastrophe de ma pièce est peut-être un peu trop sanglante ; en effet, il n'y paraît presque pas un acteur qui ne meure à la fin : mais aussi c'est *la Thébaïde*, le sujet le plus tragique de l'antiquité.

PERSONNAGES :

ÉTÉOCLE, roi de Thèbes.
POLYNICE, frère d'Étéocle.
JOCASTE, mère de ces deux princes et d'Antigone.
ANTIGONE, sœur d'Étéocle et de Polynice.
CRÉON, oncle des princes et de la princesse.
HÉMON, fils de Créon.
OLYMPE, confidente de Jocaste.
ATTALE, confident de Créon.
Un Soldat de l'armée du prince Polynice.
Un Page.
Gardes

La scène est à Thèbes, dans une salle du palais.

LA THÉBAÏDE

ou

LES FRÈRES ENNEMIS

TRAGÉDIE (1664).

ACTE PREMIER.

SCÈNE I.

JOCASTE, OLYMPE.

JOCASTE.
Ils sont sortis, Olympe? Ah! mortelles douleurs!
Qu'un moment de repos me va coûter de pleurs!
Mes yeux depuis six mois étaient ouverts aux larmes,
Et le sommeil les ferme en de telles alarmes!
Puisse plutôt la mort les fermer pour jamais,
Et m'empêche de voir le plus noir des forfaits!
Mais en sont-ils aux mains?

OLYMPE.
Du haut de la muraille,
Je les ai vus déjà tous rangés en bataille;
J'ai vu déjà le fer briller de toutes parts;
Et pour vous avertir j'ai quitté les remparts.
J'ai vu, le fer en main, Étéocle lui-même.
Il marche des premiers; et, d'une ardeur extrême,
Il montre aux plus hardis à braver le danger.

JOCASTE, à un page.
N'en doutons plus, Olympe, ils se vont égorger.
Que l'on coure avertir et hâter la princesse;

Je t'attends. Juste ciel, soutenez ma faiblesse !
Il faut courir, Olympe, après ces inhumains ;
Il faut les séparer, ou mourir par leurs mains.
Nous voici donc, hélas ! à ce jour détestable
Dont la seule frayeur me rendait misérable !
Ni prières ni pleurs ne m'ont de rien servi ;
Et le courroux du sort voulait être assouvi.
O toi, soleil, ô toi, qui rends le jour au monde,
Que ne l'as-tu laissé dans une nuit profonde !
A de si noirs forfaits prêtes-tu tes rayons,
Et peux-tu sans horreur voir ce que nous voyons ?

SCÈNE II.

JOCASTE, ANTIGONE, OLYMPE.

JOCASTE.
Ma fille, avez-vous su l'excès de nos misères ?
ANTIGONE.
Oui, madame, on m'a dit la fureur de mes frères.
JOCASTE.
Allons, chère Antigone, et courons de ce pas
Arrêter, s'il se peut, leurs parricides bras.
Allons leur faire voir ce qu'ils ont de plus tendre ;
Voyons si contre nous ils pourront se défendre,
Ou s'ils oseront bien, dans leur noire fureur,
Répandre notre sang pour attaquer le leur.
ANTIGONE.
Madame, c'en est fait, voici le roi lui-même.

SCÈNE III.

JOCASTE, ÉTÉOCLE, ANTIGONE, OLYMPE.

JOCASTE.
Olympe, soutiens-moi ; ma douleur est extrême.
ÉTÉOCLE.
Madame, qu'avez-vous ? et quel trouble...
JOCASTE.
            Ah ! mon fils !
Quelles traces de sang vois-je sur vos habits ?
Est-ce du sang d'un frère, ou n'est-ce point du vôtre ?
ÉTÉOCLE.
Non, madame, ce n'est ni de l'un ni de l'autre.

Dans son camp jusqu'ici Polynice arrêté,
Pour combattre, à mes yeux ne s'est point présenté.
D'Argiens seulement une troupe hardie
M'a voulu de nos murs disputer la sortie.
J'ai fait mordre la poudre à ces audacieux,
Et leur sang est celui qui paraît à vos yeux.

JOCASTE.

Mais que prétendiez-vous, et quelle ardeur soudaine
Vous a fait tout à coup descendre dans la plaine ?

ÉTÉOCLE.

Madame, il était temps que j'en usasse ainsi,
Et je perdais ma gloire à demeurer ici.
Le peuple à qui la faim se faisait déjà craindre,
De mon peu de vigueur commençait à se plaindre,
Me reprochant déjà qu'il m'avait couronné,
Et que j'occupais mal le rang qu'il m'a donné.
Il le faut satisfaire, et, quoi qu'il en arrive,
Thèbes dès aujourd'hui ne sera plus captive.
Je veux, en n'y laissant aucun de mes soldats,
Qu'elle soit seulement juge de nos combats.
J'ai des forces assez pour tenir la campagne,
Et si quelque bonheur nos armes accompagne,
L'insolent Polynice et ses fiers alliés
Laisseront Thèbes libre ou mourront à mes pieds.

JOCASTE.

Vous pourriez d'un tel sang, ô ciel ! souiller vos armes ?
La couronne pour vous a-t-elle tant de charmes ?
Si par un parricide il la fallait gagner,
Ah ! mon fils, à ce prix voudriez-vous régner ?
Mais il ne tient qu'à vous, si l'honneur vous anime,
De nous donner la paix sans le secours d'un crime,
Et, de votre courroux triomphant aujourd'hui,
Contenter votre frère et régner avec lui.

ÉTÉOCLE.

Appelez-vous régner partager ma couronne,
Et céder lâchement ce que mon droit me donne ?

JOCASTE.

Vous le savez, mon fils, la justice et le sang
Lui donnent, comme à vous, la part à ce haut rang.
Œdipe, en achevant sa triste destinée,
Ordonna que chacun régnerait son année ;
Et, n'ayant qu'un État à mettre sous vos lois,

Voulut que tour à tour vous fussiez tous deux rois.
A ces conditions vous daignâtes souscrire.
Le sort vous appela le premier à l'empire.
Vous montâtes au trône; il n'en fut point jaloux;
Et vous ne voulez pas qu'il y monte après vous !
ÉTÉOCLE.
Non, madame, à l'empire il ne doit plus prétendre.
Thèbes à cet arrêt n'a point voulu se rendre;
Et lorsque sur le trône il s'est voulu placer,
C'est elle, et non pas moi, qui l'en a su chasser.
Thèbes doit-elle moins redouter sa puissance,
Après avoir six mois senti sa violence?
Voudrait-elle obéir à ce prince inhumain
Qui vient d'armer contre elle et le fer et la faim ?
Prendrait-elle pour roi l'esclave de Mycène,
Qui pour tous les Thébains n'a plus que de la haine,
Qui s'est au roi d'Argos indignement soumis,
Et que l'hymen attache à nos fiers ennemis?
Lorsque le roi d'Argos t'a choisi pour son gendre,
Il espérait par lui de voir Thèbes en cendre.
L'amour eut peu de part à cet hymen honteux,
Et la seule fureur en alluma les feux.
Thèbes m'a couronné pour éviter ses chaînes;
Elle s'attend par moi à voir finir ses peines,
Il la faut accuser, si je manque de foi;
Et je suis son captif, je ne suis pas son roi.
JOCASTE.
Dites, dites plutôt, cœur ingrat et farouche,
Qu'auprès du diadème il n'est rien qui vous touche.
Mais je me trompe encor : ce rang ne vous plaît pas,
Et le crime tout seul a pour vous des appas.
Eh bien ! puisqu'à ce point vous en êtes avide,
Je vous offre à commettre un double parricide :
Versez le sang d'un frère; et, si c'est peu du sien,
Je vous invite encore à répandre le mien.
Vous n'aurez plus alors d'ennemis à soumettre;
D'obstacle à surmonter ni de crime à commettre;
Et n'ayant plus au trône un fâcheux concurrent,
De tous les criminels vous serez le plus grand.
ÉTÉOCLE.
Eh bien! madame, eh bien! il faut vous satisfaire :
Il faut sortir du trône et couronner mon frère;

Il faut pour seconder votre injuste projet,
De son roi que j'étais, devenir son sujet ;
Et, pour vous élever au comble de la joie,
Il faut à sa fureur que je me livre en proie ;
Il faut par mon trépas...

JOCASTE.

Ah ciel ! quelle rigueur !
Que vous pénétrez mal dans le fond de mon cœur !
Je ne demande pas que vous quittiez l'empire :
Régnez toujours, mon fils, c'est ce que je désire ;
Mais si tant de malheurs vous touchent de pitié,
Si pour moi votre cœur garde quelque amitié,
Et si vous prenez soin de votre gloire même,
Associez un frère à cet honneur suprême.
Ce n'est qu'un vain éclat qu'il recevra de vous ;
Votre règne en sera plus puissant et plus doux.
Les peuples, admirant cette vertu sublime,
Voudront toujours pour prince un roi si magnanime ;
Et cet illustre effort, loin d'affaiblir vos droits,
Vous rendra le plus juste et le plus grand des rois ;
Ou, s'il faut que mes vœux vous trouvent inflexible,
Si la paix à ce prix vous paraît impossible,
Et si le diadème a pour vous tant d'attraits,
Au moins consolez-moi de quelque heure de paix :
Accordez cette grâce aux larmes d'une mère.
Et cependant, mon fils, j'irai voir votre frère.
La pitié dans son âme aura peut-être lieu,
Ou du moins pour jamais j'irai lui dire adieu.
Dès ce même moment permettez que je sorte :
J'irai jusqu'à sa tente, et j'irai sans escorte.
Par mes justes soupirs j'espère l'émouvoir.

ÉTÉOCLE.

Madame, sans sortir, vous le pouvez revoir ;
Et si cette entrevue a pour vous tant de charmes,
Il ne tiendra qu'à lui de suspendre nos armes.
Vous pouvez dès cette heure accomplir vos souhaits,
Et le faire venir jusque dans ce palais.
J'irai plus loin encore : et pour faire connaître
Qu'il a tort, en effet, de me nommer un traître,
Et que je ne suis pas un tyran odieux,
Que l'on fasse parler et le peuple et les dieux,
Si le peuple y consent, je lui cède ma place ;

Mais qu'il se rende enfin, si le peuple le chasse.
Je ne force personne, et j'engage ma foi
De laisser aux Thébains à se choisir un roi.

SCÈNE IV.

JOCASTE, ÉTÉOCLE, ANTIGONE, CRÉON, OLYMPE.

CRÉON, au roi.

Seigneur, votre sortie a mis tout en alarmes.
Thèbes, qui croit vous perdre, est déjà toute en larmes;
L'épouvante et l'horreur règnent de toutes parts,
Et le peuple, effrayé, tremble sur ses remparts.

ÉTÉOCLE.

Cette vaine frayeur sera bientôt calmée.
Madame, je m'en vais retrouver mon armée;
Cependant vous pouvez accomplir vos souhaits,
Faire entrer Polynice et lui parler de paix.
Créon, la reine ici commande en mon absence;
Disposez tout le monde à son obéissance.
Laissez, pour recevoir et pour donner ses lois,
Votre fils Ménécée, et j'en ai fait le choix.
Comme il a de l'honneur autant que du courage,
Ce choix aux ennemis ôtera tout ombrage,
Et sa vertu suffit pour les rendre assurés.

A Créon.

Commandez-lui, madame. Et vous, vous me suivrez.

CRÉON.

Quoi! seigneur?...

ÉTÉOCLE.

Oui, Créon, la chose est résolue.

CRÉON.

Et vous quittez ainsi la puissance absolue?

ÉTÉOCLE.

Que je la quitte ou non, ne vous tourmentez pas;
Faites ce que j'ordonne, et venez sur mes pas.

SCÈNE V.

JOCASTE, ANTIGONE, CRÉON, OLYMPE.

CRÉON.

Qu'avez-vous fait, madame? et par quelle conduite
Forcez-vous un vainqueur à prendre ainsi la fuite?

Ce conseil va tout perdre.
JOCASTE.
Il va tout conserver ;
Et par ce seul conseil Thèbes se peut sauver.
CRÉON.
Eh quoi ! madame, eh quoi ! dans l'état où nous sommes,
Lorsqu'avec un renfort de plus de six mille hommes,
La fortune promet toute chose aux Thébains,
Le roi se laisse ôter la victoire des mains !
JOCASTE.
La victoire, Créon, n'est pas toujours si belle ;
La honte et le remords vont souvent après elle.
Quand deux frères armés vont s'égorger entre eux,
Ne les pas séparer, c'est les perdre tous deux.
Peut-on faire au vainqueur une injure plus noire
Que lui laisser gagner une telle victoire ?
CRÉON.
Leur courroux est trop grand...
JOCASTE.
Il peut être adouci.
CRÉON.
Tous deux veulent régner.
JOCASTE.
Ils régneront aussi.
CRÉON.
On ne partage point la grandeur souveraine ;
Et ce n'est pas un bien qu'on quitte et qu'on reprenne.
JOCASTE.
L'intérêt de l'État leur servira de loi.
CRÉON.
L'intérêt de l'État est de n'avoir qu'un roi
Qui, d'un ordre constant gouvernant ses provinces,
Accoutume à ses lois et le peuple et les princes.
Ce règne interrompu de deux rois différents,
En lui donnant deux rois, lui donne deux tyrans.
Par un ordre, souvent l'un à l'autre contraire,
Un frère détruirait ce qu'aurait fait un frère.
Vous les verriez toujours former quelque attentat,
Et changer tous les ans la face de l'État.
Ce terme limité que l'on veut leur prescrire,
Accroît leur violence en bornant leur empire ;
Tous deux feront gémir les peuples tour à tour :

Pareils à ces torrents qui ne durent qu'un jour,
Plus leur cours est borné, plus il font de ravage,
Et d'horribles dégâts signalent leur passage.

JOCASTE.

On les verrait plutôt, par de nobles projets,
Se disputer tous deux l'amour de leurs sujets.
Mais avouez, Créon, que toute votre peine,
C'est de voir que la paix rend votre attente vaine;
Qu'elle assure à mes fils le trône où vous tendez,
Et va rompre le piége où vous les attendez.
Comme, après leur trépas, le droit de la naissance
Fait tomber en vos mains la suprême puissance,
Le sang qui vous unit aux deux princes mes fils
Vous fait trouver en eux vos plus grands ennemis;
Et votre ambition, qui tend à leur fortune,
Vous donne pour tous deux une haine commune.
Vous inspirez au roi vos conseils dangereux,
Et vous en servez un pour les perdre tous deux.

CRÉON.

Je ne me repais point de pareilles chimères;
Mes respects pour le roi sont ardents et sincères;
Et mon ambition est de le maintenir
Au trône où vous croyez que je veux parvenir.
Le soin de sa grandeur est le seul qui m'anime;
Je hais ses ennemis, et c'est là tout mon crime,
Je ne m'en cache point. Mais à ce que je voi,
Chacun n'est pas ici criminel comme moi.

JOCASTE.

Je suis mère, Créon; et si j'aime son frère,
La personne du roi ne m'en est pas moins chère.
De lâches courtisans peuvent bien le haïr;
Mais une mère enfin ne peut pas se trahir.

ANTIGONE.

Vos intérêts ici sont conformes aux nôtres,
Les ennemis du roi ne sont pas tous les vôtres;
Créon, vous êtes père, et, dans ces ennemis,
Peut-être songez-vous que vous avez un fils.
On sait de quelle ardeur Hémon sert Polynice.

CRÉON.

Oui, je le sais, madame, et je lui fais justice;
Je le dois, en effet, distinguer du commun;
Mais c'est pour le haïr encor plus que pas un;

Et je souhaiterais, dans ma juste colère,
Que chacun le haït comme le hait son père.
ANTIGONE.
Après tout ce qu'a fait la valeur de son bras,
Tout le monde, en ce point, ne vous ressemble pas.
CRÉON.
Je le vois bien, madame, et c'est ce qui m'afflige;
Mais je sais bien à quoi sa révolte m'oblige;
Et tous ses beaux exploits qui le font admirer,
C'est ce qui me le fait justement abhorrer.
La honte suit toujours le parti des rebelles;
Leurs grandes actions sont les plus criminelles;
Ils signalent leur crime en signalant leur bras,
Et la gloire n'est point où les rois ne sont pas.
ANTIGONE.
Écoutez un peu mieux la voix de la nature.
CRÉON.
Plus l'offenseur m'est cher, plus je ressens l'injure.
ANTIGONE.
Mais un père à ce point doit-il être emporté?
Vous avez trop de haine.
CRÉON.
Et vous, trop de bonté.
C'est trop parler, madame, en faveur d'un rebelle.
ANTIGONE.
L'innocence vaut bien que l'on parle pour elle.
CRÉON.
Je sais ce qui le rend innocent à vos yeux.
ANTIGONE.
Et je sais quel sujet vous le rend odieux.
CRÉON.
L'amour a d'autres yeux que le commun des hommes.
JOCASTE.
Vous abusez, Créon, de l'état où nous sommes.
Tout vous semble permis; mais craignez mon courroux :
Vos libertés enfin retomberaient sur vous.
ANTIGONE.
L'intérêt du public agit peu sur son âme,
Et l'amour du pays nous cache une autre flamme.
Je la sais; mais, Créon, j'en abhorre le cours,
Et vous ferez bien mieux de la cacher toujours.

CRÉON.
Je le ferai, madame; et je veux, par avance,
Vous épargner encor jusques à ma présence.
Aussi bien mes respects redoublent vos mépris,
Et je vais faire place à ce bienheureux fils.
Le roi m'appelle ailleurs, il faut que j'obéisse.
Adieu. Faites venir Hémon et Polynice.
JOCASTE.
N'en doute pas, méchant, ils vont venir tous deux;
Tous deux ils préviendront tes desseins malheureux.

SCÈNE VI.

JOCASTE, ANTIGONE, OLYMPE.

ANTIGONE.
Le perfide! A quel point son insolence monte!
JOCASTE.
Ses superbes discours tourneront à sa honte.
Bientôt, si nos désirs sont exaucés des cieux,
La paix nous vengera de cet ambitieux.
Mais il faut se hâter, chaque heure nous est chère.
Appelons promptement Hémon et votre frère.
Je suis, pour ce dessein, prête à leur accorder
Toutes les sûretés qu'ils pourront demander.
Et toi, si mes malheurs ont lassé ta justice,
Ciel, dispose à la paix le cœur de Polynice,
Seconde mes soupirs, donne force à mes pleurs,
Et comme il faut enfin, fais parler mes douleurs.

ACTE DEUXIÈME.

SCÈNE I.

ANTIGONE, HÉMON.

HÉMON.
Quoi! vous me refusez votre aimable présence,
Après un an entier de supplice et d'absence?
Ne m'avez-vous, madame, appelé près de vous

ACTE II, SCÈNE I.

Que pour m'ôter si tôt un bien qui m'est si doux?
ANTIGONE.
Et voulez-vous si tôt que j'abandonne un frère?
Ne dois-je pas au temple accompagner ma mère,
Et dois-je préférer, au gré de vos souhaits,
Le soin de votre amour à celui de la paix?
HÉMON.
Madame, à mon bonheur c'est chercher trop d'obstacles;
Ils iront bien sans nous consulter les oracles.
ANTIGONE.
Ah! ne vous plaignez pas; mon cœur chargé d'ennui
Ne vous souhaitait rien qu'il n'éprouvât en lui,
Surtout depuis le temps que dure cette guerre,
Et que de gens armés vous couvrez cette terre.
O Dieu! à quels tourments mon cœur s'est vu soumis,
Voyant des deux côtés ses plus tendres amis!
Mille objets de douleur déchiraient mes entrailles;
J'en voyais et dehors et dedans nos murailles;
Chaque assaut à mon cœur livrait mille combats,
Et mille fois le jour je souffrais le trépas.
HÉMON.
Mais enfin, qu'ai-je fait, en ce malheur extrême,
Que ne m'ait ordonné la princesse elle-même?
J'ai suivi Polynice, et vous l'avez voulu;
Vous me l'avez prescrit par un ordre absolu.
Je lui vouai dès lors une amitié sincère;
Je quittai mon pays, j'abandonnai mon père;
Sur moi, par ce départ, j'attirai son courroux,
Et, pour tout dire enfin, je m'éloignai de vous.
ANTIGONE.
Je m'en souviens, Hémon, et je vous fais justice;
C'est moi que vous serviez en servant Polynice.
Il m'était cher alors comme il l'est aujourd'hui,
Et je prenais pour moi ce qu'on faisait pour lui.
Nous nous aimions tous deux dès la plus tendre enfance,
Et j'avais sur son cœur une entière puissance;
Je trouvais à lui plaire une extrême douceur,
Et les chagrins du frère étaient ceux de la sœur.
Ah! si j'avais encor sur lui le même empire,
Il aimerait la paix, pour qui mon cœur soupire;
Notre commun malheur en serait adouci;
Je le verrais, Hémon; vous me verriez aussi!

HÉMON.
De cette affreuse guerre il abhorre l'image ;
Je l'ai vu soupirer de douleur et de rage
Lorsque, pour remonter au trône paternel,
On le força de prendre un chemin si cruel.
Espérons que le ciel, touché de nos misères,
Achèvera bientôt de réunir les frères :
Puisse-t-il rétablir l'amitié dans leur cœur,
Et conserver l'amour dans celui de la sœur!

ANTIGONE.
Hélas! ne doutez point que ce dernier ouvrage
Ne lui soit plus aisé que de calmer leur rage!
Je les connais tous deux, et je répondrais bien
Que leur cœur, cher Hémon, est plus dur que le mien.
Mais les dieux quelquefois font de plus grands miracles.

SCÈNE II.

ANTIGONE, HÉMON, OLYMPE.

ANTIGONE.
Eh bien! apprendrons-nous ce qu'ont dit les oracles?
Que faut-il faire?

OLYMPE.
Hélas!

ANTIGONE.
Quoi? qu'en a-t-on appris?
Est-ce la guerre, Olympe?

OLYMPE.
Ah! c'est encore pis!

HÉMON.
Quel est donc ce grand mal que leur courroux annonce?

OLYMPE.
Prince, pour en juger, écoutez leur réponse :
« Thébains, pour n'avoir plus de guerres,
» Il faut, par un ordre fatal,
» Que le dernier du sang royal
» Par son trépas ensanglante vos terres. »

ANTIGONE.
O dieux! que vous a fait ce sang infortuné?
Et pourquoi tout entier l'avez-vous condamné?
N'êtes-vous pas contents de la mort de mon père!

Tout notre sang doit-il sentir votre colère ?
HÉMON.
Madame, cet arrêt ne vous regarde pas ;
Votre vertu vous met à couvert du trépas.
Les dieux savent trop bien connaître l'innocence.
ANTIGONE.
Eh ! ce n'est pas pour moi que je crains leur vengeance.
Mon innocence, Hémon, serait un faible appui.
Fille d'Œdipe, il faut que je meure pour lui.
Je l'attends, cette mort, et je l'attends sans plainte ;
Et, s'il faut avouer le sujet de ma crainte,
C'est pour vous que je crains ; oui, cher Hémon, pour vous.
De ce sang malheureux vous sortez comme nous ;
Et je ne vois que trop que le courroux céleste
Vous rendra, comme à nous, cet honneur bien funeste,
Et fera regretter aux princes des Thébains
De n'être pas sortis du dernier des humains.
HÉMON.
Peut-on se repentir d'un si grand avantage ?
Un si noble trépas flatte trop mon courage ;
Et du sang de ses rois il est beau d'être issu,
Dût-on rendre ce sang sitôt qu'on l'a reçu.
ANTIGONE.
Eh quoi ! si parmi nous on a fait quelque offense,
Le ciel doit-il sur vous en prendre la vengeance ?
Et n'est-ce pas assez du père et des enfants,
Sans qu'il aille plus loin chercher des innocents ?
C'est à nous de payer pour les crimes des nôtres :
Punissez-nous, grands dieux, mais épargnez les autres.
Mon père, cher Hémon, vous va perdre aujourd'hui ;
Et je vous perds peut-être encore plus que lui.
HÉMON.
Que le ciel à son gré de ma perte dispose,
J'en chérirai toujours et l'une et l'autre cause,
Glorieux de mourir pour le sang de mes rois,
Et plus heureux encor de mourir sous vos lois.
Aussi bien que ferais-je en ce commun naufrage ?
Pourrais-je me résoudre à vivre davantage ?
En vain les dieux voudraient différer mon trépas,
Mon désespoir ferait ce qu'ils ne feraient pas.
Mais peut-être, après tout, notre frayeur est vaine ;
Attendons... Mais voici Polynice et la reine.

SCÈNE III.

JOCASTE, POLYNICE, ANTIGONE, HÉMON.

POLYNICE.

Madame, au nom des dieux, cessez de m'arrêter :
Je vois bien que la paix ne peut s'exécuter.
J'espérais que du ciel la justice infinie
Voudrait se déclarer contre la tyrannie,
Et que, lassé de voir répandre tant de sang,
Il rendrait à chacun son légitime rang ;
Mais puisque ouvertement il tient pour l'injustice,
Et que des criminels il se rend le complice,
Dois-je encore espérer qu'un peuple révolté,
Quand le ciel est injuste, écoute l'équité?
Dois-je prendre pour juge une troupe insolente,
D'un fier usurpateur ministre violente,
Qui sert mon ennemi par un lâche intérêt,
Et qu'il anime encor, tout éloigné qu'il est?
La raison n'agit point sur une populace.
De ce peuple déjà j'ai ressenti l'audace;
Et, loin de me reprendre après m'avoir chassé,
Il croit voir un tyran dans un prince offensé.
Comme sur lui l'honneur n'eut jamais de puissance,
Il croit que tout le monde aspire à la vengeance;
De ses inimitiés rien n'arrête le cours ;
Quand il hait une fois, il veut haïr toujours.

JOCASTE.

Mais s'il est vrai, mon fils, que ce peuple vous craigne,
Et que tous les Thébains redoutent votre règne,
Pourquoi par tant de sang cherchez-vous à régner
Sur ce peuple endurci que rien ne peut gagner?

POLYNICE.

Est-ce au peuple, madame, à se choisir un maître?
Sitôt qu'il hait un roi, doit-on cesser de l'être?
Sa haine ou son amour, sont-ce les premiers droits
Qui font monter au trône ou descendre les rois?
Que le peuple à son gré nous craigne ou nous chérisse,
Le sang nous met au trône, et non pas son caprice;
Ce que le sang lui donne, il le doit accepter ;
Et s'il n'aime son prince, il le doit respecter.

JOCASTE.
Vous serez un tyran haï de vos provinces.
POLYNICE.
Ce nom ne convient pas aux légitimes princes;
De ce titre odieux mes droits me sont garants;
La haine des sujets ne fait pas les tyrans.
Appelez de ce nom Étéocle lui-même.
JOCASTE.
Il est aimé de tous.
POLYNICE.
C'est un tyran qu'on aime,
Qui par cent lâchetés tâche à se maintenir
Au rang où par la force il a su parvenir;
Et son orgueil le rend, par un effet contraire,
Esclave de son peuple et tyran de son frère.
Pour commander tout seul il veut bien obéir,
Et se fait mépriser pour me faire haïr.
Ce n'est pas sans sujet qu'on me préfère un traître :
Le peuple aime un esclave, et craint d'avoir un maître.
Mais je croirais trahir la majesté des rois,
Si je faisais le peuple arbitre de mes droits.
JOCASTE.
Ainsi donc la discorde a pour vous tant de charmes?
Vous lassez-vous déjà d'avoir posé les armes?
Ne cesserons-nous point, après tant de malheurs,
Vous, de verser du sang; moi, de verser des pleurs?
N'accorderez-vous rien aux larmes d'une mère?
Ma fille, s'il se peut, retenez votre frère :
Le cruel pour vous seule avait de l'amitié.
ANTIGONE.
Ah! si pour vous son âme est sourde à la pitié,
Que pourrais-je espérer d'une amitié passée,
Qu'un long éloignement n'a que trop effacée?
A peine en sa mémoire ai-je encore quelque rang;
Il n'aime, il ne se plaît qu'à répandre du sang.
Ne cherchez plus en lui ce prince magnanime,
Ce prince qui montrait tant d'horreur pour le crime,
Dont l'âme généreuse avait tant de douceur,
Qui respectait sa mère et chérissait sa sœur :
La nature pour lui n'est plus qu'une chimère :
Il méconnaît sa sœur, il méprise sa mère;
Et l'ingrat, en l'état où son orgueil l'a mis,

Nous croit des étrangers, ou bien des ennemis.
POLYNICE.
N'imputez point ce crime à mon âme affligée ;
Dites plutôt, ma sœur, que vous êtes changée ;
Dites que de mon rang l'injuste usurpateur
M'a su ravir encor l'amitié de ma sœur.
Je vous connais toujours, et suis toujours le même.
ANTIGONE.
Est-ce m'aimer, cruel, autant que je vous aime,
Que d'être inexorable à mes tristes soupirs,
Et m'exposer encore à tant de déplaisirs ?
POLYNICE.
Mais vous-même, ma sœur, est-ce aimer votre frère
Que de lui faire ici cette injuste prière,
Et me vouloir ravir le sceptre de la main ?
Dieux ! qu'est-ce qu'Étéocle a de plus inhumain ?
C'est trop favoriser un tyran qui m'outrage.
ANTIGONE.
Non, non, vos intérêts me touchent davantage.
Ne croyez pas mes pleurs perfides à ce point ;
Avec vos ennemis ils ne conspirent point.
Cette paix que je veux me serait un supplice,
S'il en devait coûter le sceptre à Polynice ;
Et l'unique faveur, mon frère, où je prétends,
C'est qu'il me soit permis de vous voir plus longtemps.
Seulement quelques jours souffrez que l'on vous voie ;
Et donnez-nous le temps de chercher quelque voie
Qui puisse vous remettre au rang de vos aïeux
Sans que vous répandiez un sang si précieux.
Pouvez-vous refuser cette grâce légère
Aux larmes d'une sœur, aux soupirs d'une mère ?
JOCASTE.
Mais quelle crainte encor vous peut inquiéter ?
Pourquoi si promptement voulez-vous nous quitter ?
Quoi ! ce jour tout entier n'est-il pas de la trêve ?
Dès qu'elle a commencé, faut-il qu'elle s'achève ?
Vous voyez qu'Étéocle a mis les armes bas ;
Il veut que je vous voie, et vous ne voulez pas.
ANTIGONE.
Oui, mon frère, il n'est pas comme vous inflexible !
Aux larmes de sa mère il a paru sensible ;
Nos pleurs ont désarmé sa colère aujourd'hui.

ACTE II, SCÈNE IV.

Vous l'appelez cruel, vous l'êtes plus que lui.
HÉMON.
Seigneur, rien ne vous presse, et vous pouvez sans peine
Laisser agir encor la princesse et la reine :
Accordez tout ce jour à leur pressant désir ;
Voyons si leur dessein ne pourra réussir.
Ne donnez pas la joie au prince votre frère
De dire que, sans vous, la paix se pouvait faire.
Vous aurez satisfait une mère, une sœur,
Et vous aurez surtout satisfait votre honneur.
Mais que veut ce soldat? Son âme est tout émue!

SCÈNE IV.

JOCASTE, POLYNICE, ANTIGONE, HÉMON, UN SOLDAT.

LE SOLDAT, à Polynice.
Seigneur, on est aux mains, et la trêve est rompue :
Créon et les Thébains, par ordre de leur roi,
Attaquent votre armée, et violent leur foi.
Le brave Hippomédon s'efforce, en votre absence,
De soutenir leur choc de toute sa puissance.
Par son ordre, seigneur, je vous viens avertir.
POLYNICE.
Ah! les traîtres! Allons, Hémon, il faut sortir.
A la reine.
Madame, vous voyez comme il tient sa parole :
Mais il veut le combat, il m'attaque ; et j'y vole.
JOCASTE.
Polynice! Mon fils!... Mais il ne m'entend plus :
Aussi bien que mes pleurs mes cris sont superflus.
Chère Antigone, allez, courez à ce barbare :
Du moins, allez prier Hémon qu'il les sépare.
La force m'abandonne, et je n'y puis courir ;
Tout ce que je puis faire, hélas! c'est de mourir.

ACTE TROISIÈME.

SCÈNE I.

JOCASTE, OLYMPE.

JOCASTE.

Olympe, va-t'en voir ce funeste spectacle;
Va voir si leur fureur n'a point trouvé d'obstacle,
Si rien n'a pu toucher l'un ou l'autre parti.
On dit qu'à ce dessein Ménécée est sorti.

OLYMPE.

Je ne sais quel dessein animait son courage,
Une héroïque ardeur brillait sur son visage;
Mais vous devez, madame, espérer jusqu'au bout.

JOCASTE.

Va tout voir, chère Olympe, et me viens dire tout;
Éclaircis promptement ma triste inquiétude.

OLYMPE.

Mais vous dois-je laisser en cette solitude?

JOCASTE.

Va : je veux être seule en l'état où je suis,
Si toutefois on peut l'être avec tant d'ennuis!

SCÈNE II.

JOCASTE.

Dureront-ils toujours ces ennuis si funestes?
N'épuiseront-ils point les vengeances célestes?
Me feront-ils souffrir tant de cruels trépas,
Sans jamais au tombeau précipiter mes pas?
O ciel! que tes rigueurs seraient peu redoutables,
Si la foudre d'abord accablait les coupables!
Et que tes châtiments paraissent infinis,
Quand tu laisses la vie à ceux que tu punis?

SCÈNE III.

JOCASTE, ANTIGONE.

JOCASTE.

Eh bien! en est-ce fait? l'un ou l'autre perfide
Vient-il d'exécuter son noble parricide?
Parlez, parlez, ma fille.

ANTIGONE.

Ah! madame, en effet,
L'oracle est accompli, le ciel est satisfait.

JOCASTE.

Quoi! mes deux fils sont morts?

ANTIGONE.

Un autre sang, madame,
Rend la paix à l'État et le calme à votre âme;
Un sang digne des rois dont il est découlé,
Un héros pour l'État s'est lui-même immolé.
Je courais pour fléchir Hémon et Polynice;
Ils étaient déjà loin avant que je sortisse;
Ils ne m'entendaient plus, et mes cris douloureux
Vainement par leur nom les rappelaient tous deux.
Ils ont tous deux volé vers le champ de bataille;
Et moi, je suis montée au haut de la muraille,
D'où le peuple étonné regardait comme moi
L'approche d'un combat qui le glaçait d'effroi.
A cet instant fatal, le dernier de nos princes,
L'honneur de notre sang, l'espoir de nos provinces,
Ménécée, en un mot, digne frère d'Hémon,
Et trop indigne aussi d'être fils de Créon,
De l'amour du pays montrant son âme atteinte,
Au milieu des deux camps s'est avancé sans crainte;
Et se faisant ouïr des Grecs et des Thébains :
« Arrêtez, a-t-il dit, arrêtez, inhumains! »
Ces mots impérieux n'ont point trouvé d'obstacle;
Les soldats, étonnés de ce nouveau spectacle,
De leur noire fureur ont suspendu le cours;
Et ce prince aussitôt poursuivant son discours :
« Apprenez, a-t-il dit, l'arrêt des destinées,
» Par qui vous allez voir vos misères bornées.
» Je suis le dernier sang de vos rois descendu,

» Qui par l'ordre des dieux doit être répandu.
» Recevez donc ce sang que ma main va répandre;
» Et recevez la paix où vous n'osiez prétendre. »
Il se tait, et se frappe en achevant ces mots;
Et les Thébains, voyant expirer ce héros,
Comme si leur salut devenait leur supplice,
Regardent en tremblant ce noble sacrifice.
J'ai vu le triste Hémon abandonner son rang
Pour venir embrasser ce frère tout en sang.
Créon, à son exemple, a jeté bas les armes,
Et vers ce fils mourant est venu tout en larmes;
Et l'un et l'autre camp, les voyant retirés,
Ont quitté le combat et se sont séparés.
Et moi, le cœur tremblant, et l'âme tout émue,
D'un si funeste objet j'ai détourné la vue,
De ce prince admirant l'héroïque fureur.

JOCASTE.

Comme vous je l'admire, et j'en frémis d'horreur.
Est-il possible, ô dieux! qu'après ce grand miracle
Le repos des Thébains trouve encor quelque obstacle?
Cet illustre trépas ne peut-il vous calmer,
Puisque même mes fils s'en laissent désarmer?
La refuserez-vous, cette noble victime?
Si la vertu vous touche autant que fait le crime,
Si vous donnez les prix comme vous punissez,
Quels crimes par ce sang ne seront effacés?

ANTIGONE.

Oui, oui, cette vertu sera récompensée;
Les dieux sont trop payés du sang de Ménécée;
Et le sang d'un héros, auprès des immortels,
Vaut seul plus que celui de mille criminels.

JOCASTE.

Connaissez mieux du ciel la vengeance fatale:
Toujours à ma douleur il met quelque intervalle;
Mais, hélas! quand sa main semble me secourir,
C'est alors qu'il s'apprête à me faire périr.
Il a mis, cette nuit, quelque fin à mes larmes,
Afin qu'à mon réveil je visse tout en armes.
S'il me flatte aussitôt de quelque espoir de paix,
Un oracle cruel me l'ôte pour jamais.
Il m'amène mon fils; il veut que je le voie;
Mais, hélas! combien cher me vend-il cette joie!

ACTE III, SCÈNE IV.

Ce fils est insensible et ne m'écoute pas;
Et soudain il me l'ôte, et l'engage aux combats.
Ainsi, toujours cruel, et toujours en colère,
Il feint de s'apaiser, et devient plus sévère;
Il n'interrompt ses coups que pour les redoubler,
Et retire son bras pour me mieux accabler.

ANTIGONE.

Madame, espérons tout de ce dernier miracle.

JOCASTE.

La haine de mes fils est un trop grand obstacle.
Polynice endurci n'écoute que ses droits;
Du peuple et de Créon l'autre écoute la voix.
Oui, du lâche Créon! Cette âme intéressée,
Nous ravit tout le fruit du sang de Ménécée;
En vain pour nous sauver ce grand prince se perd;
Le père nous nuit plus que le fils ne nous sert.
De deux jeunes héros cet infidèle père...

ANTIGONE.

Ah! le voici, madame, avec le roi mon frère.

SCÈNE IV.

JOCASTE, ÉTÉOCLE, ANTIGONE, CRÉON.

JOCASTE.

Mon fils, c'est donc ainsi que l'on garde sa foi?

ÉTÉOCLE.

Madame, ce combat n'est pas venu de moi,
Mais de quelques soldats, tant d'Argos que des nôtres,
Qui, s'étant querellés les uns avec les autres,
Ont insensiblement tout le corps ébranlé,
Et fait un grand combat d'un simple démêlé.
La bataille sans doute allait être cruelle,
Et son événement vidait notre querelle,
Quand du fils de Créon l'héroïque trépas
De tous les combattants a retenu le bras.
Ce prince, le dernier de la race royale,
S'est appliqué des dieux la réponse fatale;
Et lui-même à la mort il s'est précipité,
De l'amour du pays noblement transporté.

JOCASTE.

Ah! si le seul amour qu'il eut pour sa patrie

Le rendit insensible aux douceurs de la vie,
Mon fils, ce même amour ne peut-il seulement
De votre ambition vaincre l'emportement?
Un exemple si beau vous invite à le suivre.
Il ne faudra cesser de régner ni de vivre :
Vous pouvez, en cédant un peu de votre rang,
Faire plus qu'il n'a fait en versant tout son sang.
Il ne faut que cesser de haïr votre frère;
Vous ferez beaucoup plus que sa mort n'a su faire.
O Dieux! aimer un frère, est-ce un plus grand effort
Que de haïr la vie et courir à la mort?
Et doit-il être enfin plus facile en un autre
De répandre son sang, qu'en vous d'aimer le vôtre?

ÉTÉOCLE.

Son illustre vertu me charme comme vous,
Et d'un si beau trépas je suis même jaloux.
Et toutefois, madame, il faut que je vous dise
Qu'un trône est plus pénible à quitter que la vie :
La gloire bien souvent nous porte à la haïr;
Mais peu de souverains font gloire d'obéir.
Les dieux voulaient son sang; et ce prince sans crime,
Ne pouvait à l'État refuser sa victime;
Mais ce même pays, qui demandait son sang,
Demande que je règne, et m'attache à mon rang.
Jusqu'à ce qu'il m'en ôte, il faut que j'y demeure :
Il n'a qu'à prononcer, j'obéirai sur l'heure;
Et Thèbes me verra, pour apaiser son sort,
Et descendre du trône, et courir à la mort.

CRÉON.

Ah! Ménécée est mort, le ciel n'en veut point d'autre,
Laissez couler son sang, sans y mêler le vôtre;
Et puisqu'il l'a versé pour nous donner la paix,
Accordez-la, seigneur, à nos justes souhaits.

ÉTÉOCLE.

Eh quoi! même Créon pour la paix se déclare?

CRÉON.

Pour avoir trop aimé cette guerre barbare,
Vous voyez les malheurs où le ciel m'a plongé :
Mon fils est mort, seigneur.

ÉTÉOCLE.

          Il faut qu'il soit vengé.

CRÉON.
Sur qui me vengerai-je en ce malheur extrême?
ÉTÉOCLE.
Vos ennemis, Créon, sont ceux de Thèbes même;
Vengez-la, vengez-vous.
CRÉON.
Ah! dans ses ennemis
Je trouve votre frère, et je trouve mon fils!
Dois-je verser mon sang, ou répandre le vôtre?
Et dois-je perdre un fils pour en venger un autre?
Seigneur, mon sang m'est cher, le vôtre m'est sacré;
Serai-je sacrilége, ou bien dénaturé?
Souillerai-je ma main d'un sang que je révère?
Serai-je parricide afin d'être bon père?
Un si cruel secours ne peut me soulager,
Et ce serait me perdre au lieu de me venger.
Tout le soulagement où ma douleur aspire,
C'est qu'au moins mes malheurs servent à votre empire.
Je me consolerai, si ce fils que je plains
Assure par sa mort le repos des Thébains.
Le ciel promet la paix au sang de Ménécée;
Achevez-la, seigneur, mon fils l'a commencée;
Accordez-lui ce prix qu'il en a prétendu;
Et que son sang en vain ne soit pas répandu;
JOCASTE.
Non, puisqu'à nos malheurs vous devenez sensible,
Au sang de Ménécée il n'est rien d'impossible.
Que Thèbes se rassure après ce grand effort:
Puisqu'il change votre âme, il changera son sort.
La paix dès ce moment n'est plus désespérée:
Puisque Créon la veut, je la tiens assurée.
Bientôt ces cœurs de fer se verront adoucis:
Le vainqueur de Créon peut bien vaincre mes fils.
A Étéocle.
Qu'un si grand changement vous désarme et vous touche.
Quittez, mon fils, quittez cette haine farouche;
Soulagez une mère, et consolez Créon;
Rendez-moi Polynice, et lui rendez Hémon.
ÉTÉOCLE.
Mais enfin c'est vouloir que je m'impose un maître.
Vous ne l'ignorez pas, Polynice veut l'être;
Il demande surtout le pouvoir souverain,
Et ne veut revenir que le sceptre à la main.

SCÈNE V.

JOCASTE, ÉTÉOCLE, ANTIGONE, CRÉON, ATTALE.

ATTALE, à Étéocle.

Polynice, seigneur, demande une entrevue ;
C'est ce que d'un héraut nous apprend la venue.
Il vous offre, seigneur, ou de venir ici,
Ou d'attendre en son camp.

CRÉON.

Peut-être qu'adouci
Il songe à terminer une guerre si lente,
Et son ambition n'est plus si violente.
Par ce dernier combat il apprend aujourd'hui
Que vous êtes au moins aussi puissant que lui.
Les Grecs même sont las de servir sa colère,
Et j'ai su, depuis peu, que le roi son beau-père,
Préférant à la guerre un solide repos,
Se réserve Mycène, et le fait roi d'Argos.
Tout courageux qu'il est, sans doute il ne souhaite
Que de faire, en effet, une honnête retraite.
Puisqu'il s'offre à vous voir, croyez qu'il veut la paix.
Ce jour la doit conclure ou la rompre à jamais.
Tâchez dans ce dessein de l'affermir vous-même ;
Et lui promettez tout, hormis le diadème.

ÉTÉOCLE.

Hormis le diadème il ne demande rien.

JOCASTE.

Mais voyez-le du moins.

CRÉON.

Oui, puisqu'il le veut bien :
Vous ferez plus tout seul que nous ne saurions faire ;
Et le sang reprendra son empire ordinaire.

ÉTÉOCLE.

Allons donc le chercher.

JOCASTE.

Mon fils, au nom des dieux,
Attendez-le plutôt, voyez-le dans ces lieux.

ÉTÉOCLE.

Eh bien ! madame, eh bien ! qu'il vienne, qu'on lui donne

Toutes les sûretés qu'il faut pour sa personne !
Allons.

ANTIGONE.

Ah ! si ce jour rend la paix aux Thébains,
Elle sera, Créon, l'ouvrage de vos mains.

SCÈNE VI.

CRÉON, ATTALE.

CRÉON.

L'intérêt des Thébains n'est pas ce qui vous touche,
Dédaigneuse princesse ; et cette âme farouche,
Qui semble me flatter après tant de mépris,
Songe moins à la paix qu'au retour de mon fils.
Mais nous verrons bientôt si la fière Antigone
Aussi bien que mon cœur dédaignera le trône ;
Nous verrons, quand les dieux m'auront fait votre roi,
Si ce fils bienheureux l'emportera sur moi.

ATTALE.

Et qui n'admirerait un changement si rare ?
Créon même, Créon pour la paix se déclare !

CRÉON.

Tu crois donc que la paix est l'objet de mes soins ?

ATTALE.

Oui, je le crois, seigneur, quand j'y pensais le moins ;
En voyant qu'en effet ce beau soin vous anime.
J'admire à tous moments cet effort magnanime
Qui vous fait mettre enfin votre haine au tombeau.
Ménécée, en mourant, n'a rien fait de plus beau.
Et qui peut immoler sa haine à sa patrie,
Lui pourrait bien aussi sacrifier sa vie.

CRÉON.

Ah ! sans doute, qui peut d'un généreux effort
Aimer son ennemi peut bien aimer la mort,
Quoi ! je négligerais le soin de ma vengeance,
Et de mon ennemi je prendrais la défense !
De la mort de mon fils Polynice est l'auteur,
Et moi je deviendrais son lâche protecteur !
Quand je renoncerais à cette haine extrême,
Pourrais-je bien cesser d'aimer le diadème ?
Non, non : tu me verras d'une constante ardeur

Haïr mes ennemis et chérir ma grandeur.
Le trône fit toujours mes ardeurs les plus chères :
Je rougis d'obéir où régnèrent mes pères ;
Je brûle de me voir au rang de mes aïeux,
Et je l'envisageai dès que j'ouvris les yeux.
Surtout depuis deux ans ce noble soin m'inspire ;
Je ne fais point de pas qui ne tende à l'empire :
Des princes mes neveux j'entretiens la fureur,
Et mon ambition autorise la leur.
D'Étéocle d'abord j'appuyai l'injustice ;
Je lui fis refuser le trône à Polynice.
Tu sais que je pensais dès lors à m'y placer ;
Et je l'y mis, Attale, afin de l'en chasser.

ATTALE.

Mais, seigneur, si la guerre eut pour vous tant de charmes,
D'où vient que de leurs mains vous arrachez les armes ?
Et puisque leur discorde est l'objet de vos vœux,
Pourquoi, par vos conseils, vont-ils se voir tous deux ?

CRÉON.

Plus qu'à mes ennemis la guerre m'est mortelle,
Et le courroux du ciel me la rend trop cruelle ;
Il s'arme contre moi de mon propre dessein ;
Il se sert de mon bras pour me percer le sein.
La guerre s'allumait, lorsque, pour mon supplice,
Hémon m'abandonna pour servir Polynice ;
Les deux frères par moi devinrent ennemis,
Et je devins, Attale, ennemi de mon fils.
Enfin, ce même jour, je fais rompre la trêve,
J'excite le soldat, tout le camp se soulève,
On se bat ; et voilà qu'un fils désespéré
Meurt, et rompt un combat que j'ai tant préparé.
Mais il me reste un fils ; et je sens que je l'aime,
Tout rebelle qu'il est, et tout mon rival même.
Sans le perdre, je veux perdre mes ennemis.
Il m'en coûterait trop, s'il m'en coûtait deux fils.
Des deux princes, d'ailleurs, la haine est trop puissante
Ne crois pas qu'à la paix jamais elle consente.
Moi-même je saurai si bien l'envenimer,
Qu'ils périront tous deux plutôt que de s'aimer.
Les autres ennemis n'ont que de courtes haines ;
Mais quand de la nature on a brisé les chaînes,
Cher Attale, il n'est rien qui puisse réunir

Ceux que des nœuds si forts n'ont pas su retenir :
L'on hait avec excès lorsque l'on hait un frère.
Mais leur éloignement ralentit leur colère :
Quelque haine qu'on ait contre un fier ennemi,
Quand il est loin de nous, on la perd à demi.
Ne t'étonne donc plus si je veux qu'ils se voient :
Je veux qu'en se voyant leurs fureurs se déploient ;
Que, rappelant leur haine au lieu de la chasser,
Ils s'étouffent, Attale, en voulant s'embrasser.

ATTALE.

Vous n'avez plus, seigneur, à craindre que vous-même :
On porte ses remords avec le diadème.

CRÉON.

Quand on est sur le trône on a bien d'autres soins ;
Et les remords sont ceux qui nous pèsent le moins.
Du plaisir de régner une âme possédée
De tout le temps passé détourne son idée ;
Et de tout autre objet un esprit éloigné
Croit n'avoir point vécu tant qu'il n'a point régné.
Mais allons, le remords n'est point ce qui me touche,
Et je n'ai plus un cœur que le crime effarouche :
Tous les premiers forfaits coûtent quelques efforts ;
Mais, Attale, on commet les seconds sans remords.

ACTE QUATRIÈME.

SCÈNE I.

ÉTÉOCLE, CRÉON.

ÉTÉOCLE.

Oui, Créon, c'est ici qu'il doit bientôt se rendre ;
Et tous deux en ce lieu nous le pouvons attendre.
Nous verrons ce qu'il veut ; mais je répondrais bien
Que par cette entrevue on n'avancera rien.
Je connais Polynice et son humeur altière ;
Je sais bien que sa haine est encore tout entière ;
Je ne crois pas qu'on puisse en arrêter le cours ;

Et pour moi, je sens bien que je le hais toujours.
CRÉON.
Mais s'il vous cède enfin la grandeur souveraine,
Vous devez, ce me semble, apaiser votre haine.
ÉTÉOCLE.
Je ne sais si mon cœur s'apaisera jamais :
Ce n'est pas son orgueil, c'est lui seul que je hais.
Nous avons l'un et l'autre une haine obstinée;
Elle n'est pas, Créon, l'ouvrage d'une année;
Elle est née avec nous; et sa noire fureur,
Aussitôt que la vie, entra dans notre cœur.
Et maintenant, Créon, que j'attends sa venue,
Ne crois pas que pour lui ma haine diminue :
Plus il approche et plus il me semble odieux;
Et sans doute il faudra qu'elle éclate à ses yeux.
J'aurais même regret qu'il me quittât l'empire.
Il faut, il faut qu'il fuie, et non qu'il se retire.
Je ne veux point, Créon, le haïr à moitié;
Et je crains son courroux moins que son amitié.
Je veux, pour donner cours à mon ardente haine,
Que sa fureur au moins autorise la mienne;
Et puisqu'enfin mon cœur ne saurait se trahir!
Je veux qu'il me déteste, afin de le haïr.
Tu verras que sa rage est encore la même,
Et que toujours son cœur aspire au diadème;
Qu'il m'abhorre toujours, et veut toujours régner,
Et qu'on peut bien le vaincre et non pas le gagner.
CRÉON.
Domptez-le donc, seigneur, s'il demeure inflexible.
Quelque fier qu'il puisse être, il n'est pas invincible.
Et puisque la raison ne peut rien sur son cœur,
Éprouvez ce que peut un bras toujours vainqueur.
Oui, quoique dans la paix je trouvasse des charmes,
Je serais le premier à reprendre les armes;
Et si je demandais qu'on en rompît le cours,
Je demande encor plus que vous régniez toujours.
Que la guerre s'enflamme et jamais ne finisse,
S'il faut, avec la paix, recevoir Polynice.
Qu'on ne nous vienne plus vanter un bien si doux;
La guerre et ses horreurs nous plaisent avec vous.
Tout le peuple thébain vous parle par ma bouche;
Ne le soumettez pas à ce prince farouche :

Si la paix se peut faire, il la veut comme moi ;
Surtout, si vous l'aimez, conservez-lui son roi.
Cependant écoutez le prince votre frère,
Et, s'il se peut, seigneur, cachez votre colère ;
Feignez... Mais quelqu'un vient.

SCÈNE II.

ÉTÉOCLE, CRÉON, ATTALE.

ÉTÉOCLE.

Sont-ils bien près d'ici ?
Vont-ils venir, Attale ?

ATTALE.

Oui, seigneur, les voici.
Ils ont trouvé d'abord la princesse et la reine,
Et bientôt ils seront dans la chambre prochaine.

ÉTÉOCLE.

Qu'ils entrent. Cette approche excite mon courroux.
Qu'on hait un ennemi quand il est près de nous !

CRÉON.

Ah ! le voici ! (A part.) Fortune, achève mon ouvrage,
Et livre-les tous deux aux transports de leur rage !

SCÈNE III.

JOCASTE ÉTÉOCLE, POLYNICE, ANTIGONE, CRÉON, HÉMON.

JOCASTE.

Me voici donc tantôt au comble de mes vœux,
Puisque déjà le ciel vous rassemble tous deux.
Vous revoyez un frère, après deux ans d'absence,
Dans ce même palais où vous prîtes naissance ;
Et moi, par un bonheur où je n'osais penser,
L'un et l'autre à la fois je vous puis embrasser.
Commencez donc, mes fils, cette union si chère,
Et que chacun de vous reconnaisse son frère :
Tous deux dans votre frère envisagez vos traits ;
Mais, pour mieux en juger, voyez-les de plus près ;
Surtout que le sang parle et fasse son office.
Approchez, Étéocle ; avancez, Polynice...
Eh quoi ! loin d'approcher vous reculez tous deux !

D'où vient ce sombre accueil et ces regards fâcheux?
N'est-ce point, que chacun, d'une âme irrésolue,
Pour saluer son frère attend qu'il le salue;
Et qu'affectant l'honneur de céder le dernier,
L'un ni l'autre ne veut s'embrasser le premier?
Étrange ambition qui n'aspire qu'au crime,
Où le plus furieux passe pour magnanime!
Le vainqueur doit rougir en ce combat honteux;
Et les premiers vaincus sont les plus généreux,
Voyons donc qui des deux aura plus de courage,
Qui voudra le premier triompher de sa rage...
Quoi! vous n'en faites rien! c'est à vous d'avancer;
Et venant de si loin, vous devez commencer :
Commencez, Polynice, embrassez votre frère,
Et montrez...

ÉTÉOCLE.

Eh! madame! à quoi bon ce mystère?
Tous ces embrassements ne sont guère à propos :
Qu'il parle, qu'il s'explique, et nous laisse en repos.

POLYNICE.

Quoi! faut-il davantage expliquer mes pensées?
On les peut découvrir par les choses passées :
La guerre, les combats, tant de sang répandu,
Tout cela dit assez que le trône m'est dû.

ÉTÉOCLE.

Et ces mêmes combats, et cette même guerre,
Ce sang qui tant de fois a fait rougir la terre,
Tout cela dit assez que le trône est à moi;
Et tant que je respire, il ne peut être à toi.

POLYNICE.

Tu sais qu'injustement tu remplis cette place.

ÉTÉOCLE.

L'injustice me plaît, pourvu que je t'en chasse.

POLYNICE.

Si tu n'en veux sortir, tu pourras en tomber.

ÉTÉOCLE.

Si je tombe, avec moi tu pourras succomber.

JOCASTE.

O dieux! que je me vois cruellement déçue!
N'avais-je tant pressé cette fatale vue
Que pour les désunir encore plus que jamais?
Ah! mes fils! est-ce là comme on parle de paix?

ACTE IV, SCÈNE III.

Quittez, au nom des dieux, ces tragiques pensées;
Ne renouvelez point vos discordes passées;
Vous n'êtes pas ici dans un champ inhumain.
Est-ce moi qui vous mets les armes à la main?
Considérez ces lieux où vous prîtes naissance;
Leur aspect sur vos cœurs n'a-t-il point de puissance?
C'est ici que tous deux vous reçûtes le jour;
Tout ne vous parle ici que de paix et d'amour :
Ces princes, votre sœur, tout condamne vos haines :
Enfin moi, qui pour vous pris toujours tant de peines,
Qui, pour vous réunir, immolerais... Hélas!
Ils détournent la tête et ne m'écoutent pas!
Tous deux, pour s'attendrir, ils ont l'âme trop dure;
Ils ne connaissent plus la voix de la nature!

A Polynice.

Et vous que je croyais plus doux et plus soumis...

POLYNICE.

Je ne veux rien de lui que ce qu'il m'a promis :
Il ne saurait régner sans se rendre parjure.

JOCASTE.

Une extrême justice est souvent une injure.
Le trône vous est dû, je n'en saurais douter;
Mais vous le renversez en voulant y monter.
Ne vous lassez-vous point de cette affreuse guerre?
Voulez-vous sans pitié désoler cette terre,
Détruire cet empire afin de le gagner?
Est-ce donc sur des morts que vous voulez régner?
Thèbes avec raison craint le règne d'un prince
Qui de fleuves de sang inonde sa province;
Voudrait-elle obéir à votre injuste loi?
Vous êtes son tyran avant qu'être son roi.
Dieux! si devenant grand souvent on devient pire,
Si la vertu se perd quand on gagne l'empire,
Lorsque vous régnerez, que serez-vous, hélas!
Si vous êtes cruel quand vous ne régnez pas?

POLYNICE.

Ah! si je suis cruel, on me force de l'être;
Et de mes actions je ne suis pas le maître.
J'ai honte des horreurs où je me vois contraint,
Et c'est injustement que le peuple me craint.
Mais il faut en effet soulager ma patrie;
De ses gémissements mon âme est attendrie.

Trop de sang innocent se verse tous les jours :
Il faut de ses malheurs que j'arrête le cours;
Et sans faire gémir ni Thèbes ni la Grèce,
A l'auteur de mes maux il faut que je m'adresse :
Il suffit aujourd'hui de son sang ou du mien.
>JOCASTE.

Du sang de votre frère?
>POLYNICE.

Oui, madame, du sien.
Il faut finir ainsi cette guerre inhumaine.
>A Étéocle.

Oui, cruel, et c'est là le dessein qui m'amène.
Moi-même à ce combat j'ai voulu t'appeler;
A tout autre qu'à toi je craignais d'en parler;
Tout autre aurait voulu condamner ma pensée,
Et personne en ces lieux ne te l'eût annoncée.
Je te l'annonce donc. C'est à toi de prouver
Si ce que tu ravis tu le sais conserver.
Montre-toi digne enfin d'une si belle proie.
>ÉTÉOCLE.

J'accepte ton dessein, et l'accepte avec joie;
Créon sait là-dessus quel était mon désir;
J'eusse accepté le trône avec moins de plaisir.
Je te crois maintenant digne du diadème;
Je te le vais porter au bout de ce fer même.
>JOCASTE.

Hâtez-vous donc, cruels, de me percer le sein;
Et commencez par moi votre horrible dessein;
Ne considérez point que je suis votre mère,
Considérez en moi celle de votre frère.
Si de votre ennemi vous recherchez le sang,
Recherchez-en la source en ce malheureux flanc;
Je suis de tous les deux la commune ennemie,
Puisque votre ennemi reçut de moi la vie;
Cet ennemi, sans moi, ne verrait pas le jour.
S'il meurt, ne faut-il pas que je meure à mon tour?
N'en doutez point, sa mort me doit être commune;
Il faut en donner deux, ou n'en donner pas une;
Et, sans être ni doux ni cruels à demi,
Il faut me perdre, ou bien sauver votre ennemi.
Si la vertu vous plaît, si l'honneur vous anime,
Barbares, rougissez de commettre un tel crime :

ACTE IV, SCÈNE III.

Ou si le crime, enfin, vous plaît tant à chacun,
Barbares, rougissez de n'en commettre qu'un.
Aussi bien, ce n'est point que l'amour vous retienne,
Si vous sauvez ma vie en poursuivant la sienne :
Vous vous garderiez bien, cruels, de m'épargner,
Si je vous empêchais un moment de régner.
Polynice, est-ce ainsi que l'on traite une mère?

POLYNICE.

J'épargne mon pays.

JOCASTE.

Et vous tuez un frère.

POLYNICE.

Je punis un méchant.

JOCASTE.

Et sa mort aujourd'hui
Vous rendra plus coupable et plus méchant que lui.

POLYNICE.

Faut-il que de ma main je couronne ce traître,
Et que de cour en cour j'aille chercher un maître :
Qu'errant et vagabond je quitte mes États,
Pour observer des lois qu'il ne respecte pas ?
De ses propres forfaits serai-je la victime?
Le diadème est-il le partage du crime ?
Quel droit ou quel devoir n'a-t-il pas violé ?
Et cependant il règne, et je suis exilé !

JOCASTE.

Mais si le roi d'Argos vous cède une couronne...

POLYNICE.

Dois-je chercher ailleurs ce que le sang me donne ?
En m'alliant chez lui n'aurai-je rien porté ?
Et tiendrai-je mon rang de sa seule bonté ?
D'un trône qui m'est dû faut-il que l'on me chasse,
Et d'un prince étranger que je brigue la place ?
Non, non : sans m'abaisser à lui faire la cour,
Je veux devoir le sceptre à qui je dois le jour.

JOCASTE.

Qu'on le tienne, mon fils, d'un beau-père ou d'un père,
La main de tous les deux vous sera toujours chère.

POLYNICE.

Non, non, la différence est trop grande pour moi ;
L'un me ferait esclave, et l'autre me fait roi ;
Je veux m'ouvrir le trône, ou jamais n'y paraître.

Et quand j'y monterai, j'y veux monter en maître;
Que le peuple à moi seul soit forcé d'obéir,
Et qu'il me soit permis de m'en faire haïr.
Enfin, de ma grandeur je veux être l'arbitre,
N'être point roi, madame, ou l'être à juste titre,
Que le sang me couronne, ou, s'il ne suffit pas,
Je veux à son secours n'appeler que mon bras.

JOCASTE.

Faites plus, tenez tout de votre grand courage;
Que votre bras tout seul fasse votre partage;
Et, dédaignant les pas des autres souverains,
Soyez, mon fils, soyez l'ouvrage de vos mains;
Par d'illustres exploits couronnez-vous vous-même;
Qu'un superbe laurier soit votre diadème;
Régnez et triomphez, et joignez à la fois
La gloire des héros à la pourpre des rois.
Quoi! votre ambition serait-elle bornée
A régner tour à tour l'espace d'une année?
Cherchez à ce grand cœur, que rien ne peut dompter,
Quelque trône où vous seul ayez droit de monter.
Mille sceptres nouveaux s'offrent à votre épée,
Sans que d'un sang si cher nous la voyions trempée.
Vos triomphes pour moi n'auront rien que de doux,
Et votre frère même ira vaincre avec vous.

POLYNICE.

Vous voulez que mon cœur, flatté de ces chimères,
Laisse un usurpateur au trône de mes pères?

JOCASTE.

Si vous lui souhaitez en effet tant de mal,
Élevez-le vous-même à ce trône fatal.
Ce trône fut toujours un dangereux abîme;
La foudre l'environne aussi bien que le crime;
Votre père et les rois qui vous ont devancés,
Sitôt qu'ils y montaient s'en sont vus renversés.

POLYNICE.

Quand je devrais au ciel rencontrer le tonnerre,
J'y monterais plutôt que de ramper à terre.
Mon cœur, jaloux du sort de ces grands malheureux,
Veut s'élever, madame, et tomber avec eux.

ÉTÉOCLE.

Je saurai t'épargner une chute si vaine.

POLYNICE.
Ah! ta chute, crois-moi, précédera la mienne!
JOCASTE.
Mon fils, son règne plaît.
POLYNICE.
Mais il m'est odieux!
JOCASTE.
Il a pour lui le peuple.
POLYNICE.
Et j'ai pour moi les dieux.
ÉTÉOCLE.
Les dieux de ce haut rang te voulaient interdire,
Puisqu'ils m'ont élevé le premier à l'empire :
Ils ne savaient que trop, lorsqu'ils firent ce choix,
Qu'on veut régner toujours quand on règne une fois.
Jamais dessus le trône on ne vit plus d'un maître;
Il n'en peut tenir deux, quelque grand qu'il puisse être :
L'un des deux, tôt ou tard, se verrait renversé;
Et d'un autre soi-même on y serait pressé.
Jugez donc, par l'horreur que ce méchant vous donne,
Si je puis avec lui partager la couronne.
POLYNICE.
Et moi je ne veux plus, tant tu m'es odieux,
Partager avec toi la lumière des cieux.
JOCASTE.
Allez donc, j'y consens, allez perdre la vie;
A ce cruel combat tous deux je vous convie;
Puisque tous mes efforts ne sauraient vous changer,
Que tardez-vous? Allez vous perdre et me venger.
Surpassez, s'il se peut, les crimes de vos pères :
Montrez, en vous tuant, comme vous êtes frères.
Le plus grand des forfaits vous a donné le jour,
Il faut qu'un crime égal vous l'arrache à son tour.
Je ne condamne plus la fureur qui vous presse;
Je n'ai plus pour mon sang ni pitié ni tendresse :
Votre exemple m'apprend à ne plus le chérir;
Et moi je vais, cruels, vous apprendre à mourir.

SCÈNE IV.

ÉTÉOCLE, POLYNICE, ANTIGONE, CRÉON, HÉMON.

ANTIGONE.
Madame... O ciel! que vois-je? Hélas! rien ne les touche!
HÉMON.
Rien ne peut ébranler leur constance farouche.
ANTIGONE.
Princes ..
ÉTÉOCLE.
Pour ce combat choisissons quelque lieu.
POLYNICE.
Courons. Adieu, ma sœur.
ÉTÉOCLE.
Adieu, princesse, adieu.
ANTIGONE.
Mes frères, arrêtez! Gardes, qu'on les retienne;
Joignez, unissez tous vos douleurs à la mienne.
C'est leur être cruels que de les respecter.
HÉMON.
Madame, il n'est plus rien qui les puisse arrêter.
ANTIGONE.
Ah! généreux Hémon, c'est vous seul que j'implore :
Si la vertu vous plaît, si vous m'aimez encore,
Et qu'on puisse arrêter leurs parricides mains,
Hélas! pour me sauver, sauvez ces inhumains.

ACTE CINQUIÈME.

SCÈNE I.

ANTIGONE.

ANTIGONE.
A quoi te résous-tu, princesse infortunée?
Ta mère vient de mourir dans tes bras;
Ne saurais-tu suivre ses pas,

Et finir, en mourant, ta triste destinée?
A de nouveaux malheurs te veux-tu réserver?
Tes frères sont aux mains, rien ne les peut sauver
    De leurs cruelles armes.
Leur exemple t'anime à te percer le flanc;
    Et toi seule verses des larmes,
    Tous les autres versent du sang.

SCÈNE II.

ANTIGONE, OLYMPE.

ANTIGONE.

Eh bien! ma chère Olympe, as-tu vu ce forfait?

OLYMPE.

J'y suis courue en vain, c'en était déjà fait.
Du haut de nos remparts j'ai vu descendre en larmes
Le peuple qui courait et qui criait aux armes;
Et pour vous dire enfin d'où venait sa terreur,
Le roi n'est plus, madame, et son frère est vainqueur.
On parle aussi d'Hémon : l'on dit que son courage
S'est efforcé longtemps de suspendre leur rage,
Mais que tous ses efforts ont été superflus.
C'est ce que j'ai compris de mille bruits confus.

ANTIGONE.

Ah! je n'en doute pas, Hémon est magnanime;
Son grand cœur eut toujours trop d'horreur pour le crime :
Je l'avais conjuré d'empêcher ce forfait;
Et s'il l'avait pu faire, Olympe, il l'aurait fait.
Mais, hélas! leur fureur ne pouvait se contraindre;
Dans des ruisseaux de sang elle voulait s'éteindre.
Princes dénaturés, vous voilà satisfaits :
La mort seule entre vous pouvait mettre la paix.
Le trône pour vous deux avait trop peu de place;
Il fallait entre vous mettre un plus grand espace,
Et que le ciel vous mît, pour finir vos discords,
L'un parmi les vivants, l'autre parmi les morts.
Infortunés tous deux, dignes qu'on vous déplore!
Moins malheureux pourtant que je ne suis encore,
Puisque de tous les maux qui sont tombés sur vous,
Vous n'en sentez aucun, et que je les sens tous!

OLYMPE.

Mais pour vous ce malheur est un moindre supplice
Que si la mort vous eût enlevé Polynice.
Ce prince était l'objet qui faisait tous vos soins.
Les intérêts du roi vous touchaient beaucoup moins.

ANTIGONE.

Il est vrai, je l'aimais d'une amitié sincère;
Je l'aimais beaucoup plus que je n'aimais son frère;
Et ce qui lui donnait tant de part dans mes vœux,
Il était vertueux, Olympe, et malheureux.
Mais, hélas! ce n'est plus ce cœur si magnanime,
Et c'est un criminel qu'a couronné son crime :
Son frère plus que lui commence à me toucher;
Devenu malheureux, il m'est devenu cher.

OLYMPE.

Créon vient.

ANTIGONE.

Il est triste; et j'en connais la cause.
Au courroux du vainqueur la mort du roi l'expose.
C'est de tous nos malheurs l'auteur pernicieux.

SCÈNE III.

ANTIGONE, CRÉON, OLYMPE, ATTALE, GARDES.

CRÉON.

Madame, qu'ai-je appris en entrant dans ces lieux?
Est-il vrai que la reine...

ANTIGONE.

Oui, Créon, elle est morte.

CRÉON.

O dieux! puis-je savoir de quelle étrange sorte
Ses jours infortunés ont éteint leur flambeau?

OLYMPE.

Elle-même, seigneur, s'est ouvert le tombeau;
Et s'étant d'un poignard en un moment saisie,
Elle en a terminé ses malheurs et sa vie.

ANTIGONE.

Elle a su prévenir la perte de son fils.

CRÉON.

Ah! madame, il est vrai que les dieux ennemis...

ACTE V, SCÈNE III.

ANTIGONE.

N'imputez qu'à vous seul la mort du roi mon frère,
Et n'en accusez point la céleste colère.
A ce combat fatal vous seul l'avez conduit :
Il a cru vos conseils ; sa mort en est le fruit.
Ainsi de leurs flatteurs les rois sont les victimes.
Vous avancez leur perte en approuvant leurs crimes.
De la chute des rois vous êtes les auteurs ;
Mais les rois en tombant, entraînent leurs flatteurs.
Vous le voyez, Créon, sa disgrâce mortelle
Vous est funeste autant qu'elle nous est cruelle ;
Le ciel, en le perdant, s'en est vengé sur vous,
Et vous avez peut-être à pleurer comme nous.

CRÉON.

Madame, je l'avoue, et les destins contraires
Me font pleurer deux fils, si vous pleurez deux frères.

ANTIGONE.

Mes frères et vos fils ! dieux ! que veut ce discours ?
Quelqu'autre qu'Étéocle a-t-il fini ses jours ?

CRÉON.

Mais ne savez-vous pas cette sanglante histoire ?

ANTIGONE.

J'ai su que Polynice a gagné la victoire,
Et qu'Hémon a voulu les séparer en vain.

CRÉON.

Madame, ce combat est bien plus inhumain.
Vous ignorez encor mes combats et les vôtres ;
Mais, hélas ! apprenez les unes et les autres.

ANTIGONE,

Rigoureuse fortune, achève ton courroux !
Ah ! sans doute, voici le dernier de tes coups !

CRÉON.

Vous avez vu, madame, avec quelle furie
Les deux princes sortaient pour s'arracher la vie ;
Que d'une ardeur égale ils fuyaient de ces lieux,
Et que jamais leurs cœurs ne s'accordèrent mieux.
La soif de se baigner dans le sang de leur frère
Faisait ce que jamais le sang n'avait su faire ;
Par l'excès de leur haine ils semblaient réunis ;
Et prêts à s'égorger, ils paraissaient amis.
Ils ont choisi d'abord, pour leur champ de bataille,
Un lieu près des deux camps, au pied de la muraille.

C'est là que, reprenant leur première fureur,
Ils commencent enfin ce combat plein d'horreur.
D'un geste menaçant, d'un œil brûlant de rage,
Dans le sang l'un de l'autre ils cherchent un passage ;
Et, la seule fureur précipitant leurs bras,
Tous deux semblent courir au-devant du trépas.
Mon fils qui, de douleur, en soupirait dans l'âme,
Et qui se souvenait de vos ordres, madame,
Se jette au milieu d'eux, et méprise pour vous
Leurs ordres absolus qui nous arrêtaient tous :
Il leur retient le bras, les repousse, les prie,
Et, pour les séparer, s'expose à leur furie.
Mais il s'efforce en vain d'en arrêter le cours ;
Et ces deux furieux se rapprochent toujours.
Il tient ferme pourtant et ne perd point courage,
Et de mille coups mortels il détourne l'orage,
Jusqu'à ce que du roi le fer trop rigoureux,
Soit qu'il cherchât son frère ou ce fils malheureux,
Le renverse à ses pieds prêt à rendre la vie.

ANTIGONE.

Et la douleur encor ne me l'a pas ravie !

CRÉON.

J'y cours, je le relève, et le prends dans mes bras ;
Et me reconnaissant : « Je meurs, dit-il tout bas,
» Trop heureux d'expirer pour ma chère princesse.
» En vain à mon secours votre amitié s'empresse ;
» C'est à ces furieux que vous devez courir ;
» Séparez-les, mon père, et me laissez mourir. »
Il expire à ces mots. Ce barbare spectacle
A leur noire fureur n'apporte point d'obstacle ;
Seulement Polynice en paraît affligé :
« Attends, Hémon, dit-il, tu vas être vengé. »
En effet, sa douleur renouvelle sa rage,
Et bientôt le combat tourne à son avantage.
Le roi, frappé d'un coup qui lui perce le flanc,
Lui cède la victoire et tombe dans son sang.
Les deux camps aussitôt s'abandonnent en proie,
Le nôtre à la douleur, et les Grecs à la joie ;
Et le peuple, alarmé du trépas de son roi,
Sur le haut de ses tours témoigne son effroi.
Polynice, tout fier du succès de son crime,
Regarde avec plaisir expirer sa victime ;

ACTE V, SCÈNE III.

Dans le sang de son frère il semble se baigner :
« Et tu meurs, lui dit-il, et moi je vais régner.
» Regarde dans mes mains l'empire et la victoire ;
» Va rougir aux enfers de l'excès de ma gloire ;
» Et pour mourir encore avec plus de regret,
» Traître, songe en mourant que tu meurs mon sujet. »
En achevant ces mots, d'une démarche fière
Il s'approche du roi couché sur la poussière,
Et pour le désarmer il avance le bras.
Le roi, qui semble mort, observe tous ses pas ;
Il le voit, il l'entend, et son âme irritée,
Pour quelque grand dessein semble s'être arrêtée.
L'ardeur de se venger flatte encore ses désirs,
Et retarde le cours de ses derniers soupirs.
Prêt à rendre la vie il en cache le reste,
Et sa mort au vainqueur est un piége funeste :
Et dans l'instant fatal que ce frère inhumain
Lui veut ôter le fer qu'il tenait à la main,
Il lui perce le cœur ; et son âme ravie,
En achevant ce coup, abandonne la vie.
Polynice frappé pousse un cri dans les airs,
Et son âme en courroux s'enfuit dans les enfers.
Tout mort qu'il est, madame, il garde sa colère,
Et l'on dirait qu'encore il menace son frère ;
Son visage, où la mort a répandu ses traits,
Demeure plus terrible et plus fier que jamais.

ANTIGONE.

Fatale ambition, aveuglement funeste !
D'un oracle cruel suite trop manifeste !
De tout le sang royal il ne reste que nous ;
Et plût aux dieux, Créon, qu'il ne restât que vous,
Et que mon désespoir, prévenant leur colère,
Eût suivi de plus près le trépas de ma mère !

CRÉON.

Il est vrai que des dieux le courroux embrasé
Pour nous faire périr semble s'être épuisé ;
Car enfin sa rigueur, vous le voyez, madame,
Ne m'accable pas moins qu'elle afflige votre âme.
En m'arrachant mes fils...

ANTIGONE.

    Ah ! vous régnez, Créon,
Et le trône aisément vous console d'Hémon.

Mais laissez-moi, de grâce, un peu de solitude,
Et ne contraignez point ma triste inquiétude;
Aussi bien mes chagrins passeraient jusqu'à vous.
Vous trouverez ailleurs des entretiens plus doux;
Le trône vous attend, le peuple vous appelle;
Goûtez tout le plaisir d'une grandeur nouvelle.
Adieu. Nous ne faisons tous deux que nous gêner.
Je veux pleurer, Créon, et vous voulez régner.

CRÉON, arrêtant Antigone.

Ah! madame! régnez et montez sur le trône :
Ce haut rang n'appartient qu'à l'illustre Antigone.

ANTIGONE.

Il me tarde déjà que vous ne l'occupiez.
La couronne est à vous.

CRÉON.

Je la mets à vos pieds.

ANTIGONE.

Je la refuserais de la main des dieux même;
Et vous osez, Créon, m'offrir le diadème!

CRÉON.

Je sais que ce haut rang n'a rien de glorieux
Qui ne cède à l'honneur de l'offrir à vos yeux.
D'un si noble destin je me connais indigne :
Mais si l'on peut prétendre à cette gloire insigne,
Si par d'illustres faits on la peut mériter,
Que faut-il faire enfin, madame?

ANTIGONE.

M'imiter.

CRÉON.

Que ne ferais-je point pour une telle grâce !
Ordonnez seulement ce qu'il faut que je fasse :
Je suis prêt...

ANTIGONE, en s'en allant.

Nous verrons.

CRÉON, la suivant.

J'attends vos lois ici.

ANTIGONE, en s'en allant.

Attendez.

SCÈNE IV.

CRÉON, ATTALE, GARDES.

ATTALE.

Son courroux serait-il adouci?
Croyez-vous la fléchir?
CRÉON.
Oui, oui, mon cher Attale;
Il n'est point de fortune à mon bonheur égale.
ATTALE.
L'ambition, le cœur, n'ont rien à désirer;
Mais, seigneur, la nature a beaucoup à pleurer.
En perdant vos deux fils...
CRÉON.
Oui, leur perte m'afflige :
Je sais ce que de moi le rang de père exige;
Je l'étais. Mais surtout j'étais né pour régner;
Et je perds beaucoup moins que je ne crois gagner.
Le nom de père, Attale, est un titre vulgaire :
C'est un don que le ciel ne nous refuse guère :
Un bonheur si commun n'a pour moi rien de doux;
Ce n'est pas un bonheur s'il ne fait des jaloux.
Mais le trône est un bien dont le ciel est avare;
Du reste des mortels ce haut rang nous sépare,
Bien peu sont honorés d'un don si précieux :
La terre a moins de rois que le ciel n'a de dieux.
La princesse et le trône ont pour moi tant de charmes,
Que... Mais Olympe vient.
ATTALE.
Dieux! elle est tout en larmes.

SCÈNE V.

CRÉON, OLYMPE, ATTALE, GARDES.

OLYMPE.

Qu'attendez-vous, seigneur? La princesse n'est plus.
CRÉON.
Elle n'est plus, Olympe!

OLYMPE.

Ah ! regrets superflus !
Elle n'a fait qu'entrer dans la chambre prochaine,
Et du même poignard dont est morte la reine,
Sans que je pusse voir son funeste dessein,
Cette fière princesse a déchiré son sein.
Elle s'en est, seigneur, mortellement frappée ;
Et dans son sang, hélas ! elle est soudain tombée.
J'ai senti son beau corps tout froid entre mes bras,
Et j'ai cru que son âme allait suivre ses pas.
Heureuse mille fois, si ma douleur mortelle
Dans la nuit du tombeau m'eût plongée avec elle !

SCÈNE VI.

CRÉON, ATTALE, GARDES.

CRÉON.

Ainsi donc vous fuyez, vous courez au trépas,
Bien plus pour m'éviter que pour suivre ses pas !
Mais dussiez-vous encor m'être aussi rigoureuse,
Ma présence aux enfers vous fût-elle odieuse,
Dût après le trépas vivre votre courroux,
Inhumaine, je vais y descendre après vous.
Mourons donc...

ATTALE, lui arrachant son épée.

Ah ! seigneur, quelle cruelle envie !

CRÉON.

Ah ! c'est m'assassiner que me sauver la vie !
Je suis le dernier sang du malheureux Laïus ;
Perdez-moi, dieux cruels, ou vous serez déçus.
Reprenez, reprenez cet empire funeste ;
Vous m'ôtez Antigone, ôtez-moi tout le reste ;
Le trône et vos présents excitent mon courroux ;
Un coup de foudre est tout ce que je veux de vous.
Ne le refusez pas à mes vœux, à mes crimes ;
Ajoutez mon supplice à tant d'autres victimes.
Mais en vain je vous presse, et mes propres forfaits
Me font déjà sentir tous les maux que j'ai faits.
Polynice, Jocaste, Étéocle, Antigone,
Mes fils, que j'ai perdus pour m'élever au trône,

Tant d'autres malheureux dont j'ai causé les maux,
Font déjà dans mon cœur l'office des bourreaux.
Arrêtez... Mon trépas va venger votre perte;
La foudre va tomber, la terre est entr'ouverte,
Je ressens à la fois mille tourments divers,
Et je m'en vais chercher du repos aux enfers.
Il tombe dans les mains des gardes.

ALEXANDRE LE GRAND

TRAGÉDIE (1665).

PRÉFACE.

Il n'y a guère de tragédie où l'histoire soit plus fidèlement suivie que dans celle-ci. Le sujet en est tiré de plusieurs auteurs, mais surtout du huitième livre de Quinte-Curce. C'est là qu'on peut voir tout ce qu'Alexandre fit lorsqu'il entra dans les Indes, les ambassades qu'il envoya aux rois de ce pays-là, les différentes réceptions qu'ils firent à ses envoyés, l'alliance que Taxile fit avec lui, la fierté avec laquelle Porus refusa les conditions qu'on lui présentait, l'inimitié qui était entre Porus et Taxile, et enfin la victoire qu'Alexandre remporta sur Porus, la réponse généreuse que ce brave Indien fit au vainqueur, qui lui demandait comment il voulait qu'on le traitât, et la générosité avec laquelle Alexandre lui rendit tous ses États, et en ajouta beaucoup d'autres.

Cette action d'Alexandre a passé pour une des plus belles que ce prince ait faites en sa vie, et le danger que Porus lui fit courir dans la bataille lui parut le plus grand où il se fût jamais trouvé. Il le confessa lui-même, en disant qu'il avait enfin trouvé un péril digne de son courage. Et ce fut en cette même occasion qu'il s'écria : « O Athéniens ! combien de travaux j'endure » pour me faire louer de vous ! » J'ai tâché de représenter en Porus un ennemi digne d'Alexandre, et je puis dire que son caractère a plu extrêmement sur notre théâtre, jusque-là que des personnes m'ont reproché que je faisais ce prince plus grand qu'Alexandre. Mais ces personnes ne considèrent pas que, dans la bataille et dans la victoire, Alexandre est en effet plus grand que Porus ; qu'il n'y a pas un vers dans la tragédie qui ne soit à la louange d'Alexandre : que les invectives mêmes de Porus et d'Axiane sont autant d'éloges de la valeur de ce conquérant. Porus a peut-être quelque chose qui intéresse davantage, parce qu'il est dans le malheur ; car, comme dit Sénèque :

« Nous sommes de telle nature, qu'il n'y a rien au monde qui se fasse tant admirer qu'un homme qui sait être malheureux avec courage. » — « Ita affecti sumus, ut nihil æque magnam apud nos admirationem occupet, quam homo fortiter miser [1]. »

[1] *Senecæ Consolatio ad Helviam*, cap. viii.

PERSONNAGES :

ALEXANDRE.
PORUS, } rois dans les Indes.
TAXILE,
AXIANE, reine d'une autre partie des Indes.

CLÉOFILE, sœur de Taxile.
ÉPHESTION.
SUITE D'ALEXANDRE.

La scène est sur les bords de l'Hydaspe, dans le camp de Taxile.

ALEXANDRE LE GRAND

TRAGÉDIE (1665).

ACTE PREMIER.

SCÈNE I.

TAXILE [1], CLÉOFILE.

CLÉOFILE.

Quoi! vous allez combattre un roi dont la puissance
Semble forcer le ciel à prendre sa défense,
Sous qui toute l'Asie a vu tomber ses rois,
Et qui tient la fortune attachée à ses lois!
Mon frère, ouvrez les yeux pour connaître Alexandre :
Voyez de toutes parts les trônes mis en cendre,
Les peuples asservis, et les rois enchaînés;
Et prévenez les maux qui les ont entraînés.

TAXILE.

Voulez-vous que frappé d'une crainte si basse,
Je présente la tête au joug qui nous menace,
Et que j'entende dire aux peuples indiens
Que j'ai forgé moi-même et leurs fers et les miens?
Quitterai-je Porus? Trahirai-je ces princes
Que rassemble le soin d'affranchir nos provinces,
Et qui, sans balancer sur un si noble choix,
Sauront également vivre ou mourir en rois?
En voyez-vous un seul qui, sans rien entreprendre,

---

[1] Ce prince s'appelait *Omphis;* le nom de *Taxile,* d'après Quinte-Curce, livre VIII, chapitre 12, était un titre que prenaient les princes indiens en montant sur le trône, comme les rois d'Égypte prenaient celui de *Pharaon.*   (G.)

Se laisse terrasser au seul nom d'Alexandre,
Et, le croyant déjà maître de l'univers,
Aille, esclave empressé, lui demander des fers?
Loin de s'épouvanter à l'aspect de sa gloire,
Ils l'attaqueront même au sein de la victoire;
Et vous voulez, ma sœur, que Taxile aujourd'hui,
Tout prêt à le combattre, implore son appui !

CLÉOFILE.

Aussi n'est-ce qu'à vous que ce prince s'adresse ;
Pour votre amitié seule Alexandre s'empresse :
Quand la foudre s'allume et s'apprête à partir,
Il s'efforce en secret de vous en garantir.

TAXILE.

Pourquoi suis-je le seul que son courroux ménage?
De tous ceux que l'Hydaspe oppose à son courage,
Ai-je mérité seul son indigne pitié?
Ne peut-il à Porus offrir son amitié?
Ah! sans doute il lui croit l'âme trop généreuse
Pour écouter jamais une offre si honteuse :
Il cherche une vertu qui lui résiste moins ;
Et peut-être il me croit plus digne de ses soins.

CLÉOFILE.

Dites, sans l'accuser de chercher un esclave,
Que de ses ennemis il vous croit le plus brave;
Et qu'en vous arrachant les armes de la main,
Il se promet du reste un triomphe certain.
Son choix à votre nom n'imprime point de taches;
Son amitié n'est point le partage des lâches;
Quoiqu'il brûle de voir tout l'univers soumis,
On ne voit point d'esclave au rang de ses amis.
Ah! si son amitié peut souiller votre gloire,
Que ne m'épargnez-vous une tache si noire?
Vous connaissez les soins qu'il me rend tous les jours,
Il ne tenait qu'à vous d'en arrêter le cours.

TAXILE.

Vous pouvez, sans rougir du pouvoir de vos charmes,
Forcer ce grand guerrier à vous rendre les armes;
Et, sans que votre cœur doive s'en alarmer,
Le vainqueur de l'Euphrate a pu vous désarmer :
Mais l'État aujourd'hui suivra ma destinée;
Je tiens avec mon sort sa fortune enchaînée;
Et, quoique vos conseils tâchent de me fléchir,

Je dois demeurer libre, afin de l'affranchir.

CLÉOFILE.

Pourquoi dans les combats chercher une conquête
Qu'à vous livrer lui-même Alexandre s'apprête?
Ce n'est pas contre lui qu'il la faut disputer;
Porus est l'ennemi qui prétend vous l'ôter.
Pour ne vanter que lui, l'injuste renommée
Semble oublier les noms du reste de l'armée :
Quoi qu'on fasse, lui seul en ravit tout l'éclat,
Et comme ses sujets il vous mène au combat.
Ah! si ce nom vous plaît, si vous cherchez à l'être,
Les Grecs et les Persans vous enseignent un maître;
Vous trouverez cent rois compagnons de vos fers;
Porus y viendra même avec tout l'univers.
Mais Alexandre enfin ne vous tend point de chaînes;
Il laisse à votre front ces marques souveraines
Qu'un orgueilleux rival ose ici dédaigner.
Porus vous fait servir, il vous fera régner :
Au lieu que de Porus vous êtes la victime,
Vous serez... Mais voici ce rival magnanime.

SCÈNE II.

PORUS, TAXILE.

PORUS.

Seigneur, ou je me trompe, ou nos fiers ennemis
Feront moins de progrès qu'ils ne s'étaient promis.
Nos chefs et nos soldats, brûlants d'impatience,
Font lire sur leur front une mâle assurance;
Ils s'animent l'un l'autre; et nos moindres guerriers
Se promettent déjà des moissons de lauriers.
J'ai vu de rang en rang cette ardeur répandue
Par des cris généreux éclater à ma vue.
Ils se plaignent qu'au lieu d'éprouver leur grand cœur,
L'oisiveté d'un camp consume leur vigueur.
Laisserons-nous languir tant d'illustres courages?
Notre ennemi, seigneur, cherche ses avantages;
Il se sent faible encore; et, pour nous retenir,
Éphestion demande à nous entretenir,
Et par de vains discours...

TAXILE.
Seigneur, il faut l'entendre ;
Nous ignorons encore ce que veut Alexandre :
Peut-être est-ce la paix qu'il nous veut présenter.
PORUS.
La paix ! Ah ! de sa main pourriez-vous l'accepter ?
Eh quoi ! nous l'aurons vu, par tant d'horribles guerres,
Toubler le calme heureux dont jouissaient nos terres,
Et, le fer à la main, entrer dans nos États
Pour attaquer des rois qui ne l'offensaient pas ;
Nous l'aurons vu piller des provinces entières,
Du sang de nos sujets faire enfler nos rivières ;
Et quand le ciel s'apprête à nous l'abandonner,
J'attendrai qu'un tyran daigne nous pardonner !
TAXILE.
Ne dites point, seigneur, que le ciel l'abandonne ;
D'un soin toujours égal sa faveur l'environne.
Un roi qui fait trembler tant d'États sous ses lois
N'est pas un ennemi que méprisent les rois.
PORUS.
Loin de le mépriser, j'admire son courage ;
Je rends à sa valeur un légitime hommage ;
Mais je veux, à mon tour, mériter les tributs
Que je me sens forcé de rendre à ses vertus.
Oui, je consens qu'au ciel on élève Alexandre ;
Mais si je puis, seigneur, je l'en ferai descendre,
Et j'irai l'attaquer jusque sur les autels
Que lui dresse en tremblant le reste des mortels.
C'est ainsi qu'Alexandre estima tous ces princes
Dont sa valeur pourtant a conquis les provinces ;
Si son cœur dans l'Asie eût montré quelque effroi,
Darius en mourant l'aurait-il vu son roi ?
TAXILE.
Seigneur, si Darius avait su se connaître,
Il régnerait encore où règne un autre maître.
Cependant cet orgueil, qui causa son trépas,
Avait un fondement que vos mépris n'ont pas :
La valeur d'Alexandre à peine était connue ;
Ce foudre était encore enfermé dans la nue.
Dans un calme profond Darius endormi
Ignorait jusqu'au nom d'un si faible ennemi.
Il le connut bientôt ; et son âme étonnée,

De tout ce grand pouvoir se vit abandonnée :
Il se vit terrassé d'un bras victorieux ;
Et la foudre en tombant lui fit ouvrir les yeux.

PORUS.

Mais encore, à quel prix croyez-vous qu'Alexandre
Mette l'indigne paix dont il veut vous surprendre ?
Demandez-le, seigneur, à cent peuples divers
Que cette paix trompeuse a jetés dans les fers.
Non, ne nous flattons point, sa douceur nous outrage,
Toujours son amitié traîne un long esclavage :
En vain on prétendrait n'obéir qu'à demi ;
Si l'on n'est son esclave, on est son ennemi.

TAXILE.

Seigneur, sans se montrer lâche ni téméraire,
Par quelque vain hommage on peut le satisfaire.
Flattons par des respects ce prince ambitieux
Que son bouillant orgueil appelle en d'autres lieux.
C'est un torrent qui passe, et dont la violence
Sur tout ce qui l'arrête exerce sa puissance ;
Qui, grossi du débris de cent peuples divers,
Veut du bruit de son cours remplir tout l'univers.
Que sert de l'irriter par un orgueil sauvage ?
D'un favorable accueil honorons son passage,
Et, lui cédant des droits que nous reprendrons bien,
Rendons-lui des devoirs qui ne nous coûtent rien.

PORUS.

Qui ne nous coûtent rien, seigneur ! L'osez-vous croire ?
Compterai-je pour rien la perte de ma gloire ?
Votre empire et le mien seraient trop achetés,
S'ils coûtaient à Porus les moindres lâchetés.
Mais croyez-vous qu'un prince enflé de tant d'audace
De son passage ici ne laissât point de trace ?
Combien de rois, brisés à ce funeste écueil,
Ne règnent plus qu'autant qu'il plaît à son orgueil !
Nos couronnes d'abord devenant ses conquêtes,
Tant que nous règnerions flotteraient sur nos têtes ;
Et nos sceptres, en proie à ses moindres dédains,
Dès qu'il aurait parlé, tomberaient de nos mains.
Ne dites point qu'il court de province en province.
Jamais de ses liens il ne dégage un prince ;
Et pour mieux asservir les peuples sous ses lois,
Souvent dans la poussière il leur cherche des rois.

Mais ces indignes soins touchent peu mon courage;
Votre seul intérêt m'inspire ce langage.
Porus n'a point de part dans tout cet entretien;
Et, quand la gloire parle, il n'écoute plus rien.

TAXILE.

J'écoute, comme vous, ce que l'honneur m'inspire,
Seigneur; mais il m'engage à sauver mon empire.

PORUS.

Si vous voulez sauver l'un ou l'autre aujourd'hui,
Prévenons Alexandre, et marchons contre lui.

TAXILE.

L'audace et le mépris sont d'infidèles guides.

PORUS.

La honte suit de près les courages timides.

TAXILE.

Le peuple aime les rois qui savent l'épargner.

PORUS.

Il estime encor plus ceux qui savent régner.

TAXILE.

Ces conseils ne plairont qu'à des âmes humaines.

PORUS.

Ils plairont à des rois et peut-être à des reines.

TAXILE.

La reine, à vous ouïr, n'a des yeux que pour vous.

PORUS.

Un esclave est pour elle un objet de courroux.
Hé bien! je l'avoûrai que ma juste colère
Aime la guerre autant que la paix vous est chère;
J'avoûrai que, brûlant d'une noble chaleur,
Je vais contre Alexandre éprouver ma valeur.
Du bruit de ses exploits mon âme importunée
Attend depuis longtemps cette heureuse journée.
Avant qu'il me cherchât, un orgueil inquiet
M'avait déjà rendu son ennemi secret.
Dans le noble transport de cette jalousie,
Je le trouvais trop lent à traverser l'Asie;
Je l'attirais ici par des vœux si puissants,
Que je portais envie au bonheur des Persans;
Et maintenant encor, s'il trompait mon courage,
Pour sortir de ces lieux s'il cherchait un passage,
Vous me verriez moi-même, armé pour l'arrêter,
Lui refuser la paix qu'il nous veut présenter.

TAXILE.

Oui, sans doute, une ardeur si haute et si constante
Vous promet dans l'histoire une place éclatante;
Et, sous ce grand dessein dussiez-vous succomber,
Au moins c'est avec bruit qu'on vous verra tomber.
La reine vient. Adieu. Vantez-lui votre zèle;
Découvrez cet orgueil qui vous rend digne d'elle.
Pour moi, je troublerais un si noble entretien,
Et vos cœurs rougiraient des faiblesses du mien.

SCÈNE III.

PORUS, AXIANE.

AXIANE.

Quoi! Taxile me fuit! Quelle cause inconnue...

PORUS.

Il fait bien de cacher sa honte à votre vue.
Et, puisqu'il n'ose plus s'exposer aux hasards,
De quel front pourrait-il soutenir vos regards?
Mais laissons-le, madame; et, puisqu'il veut se rendre,
Qu'il aille avec sa sœur adorer Alexandre.
Retirons-nous d'un camp où, l'encens à la main,
Le fidèle Taxile attend son souverain.

AXIANE.

Mais, seigneur, que dit-il?

PORUS.

     Il en fait trop paraître.
Cet esclave déjà m'ose vanter son maître :
Il veut que je le serve...

AXIANE.

     Ah! sans vous emporter,
Souffrez que mes efforts tâchent de l'arrêter;
Ses égards, malgré moi, m'assurent qu'il m'honore.
Quoi qu'il en soit, souffrez que je lui parle encore;
Et ne le forçons point, par un cruel mépris,
D'achever un dessein qu'il peut n'avoir pas pris.

PORUS.

Eh quoi! vous en doutez; et votre âme s'assure
Sur la foi de ce prince infidèle et parjure,
Qui veut à son tyran nous livrer aujourd'hui,
Et croit, en vous donnant, vous obtenir de lui?

AXIANE.

Et vous croyez qu'après une telle insolence,
Mon amitié, seigneur, serait sa récompense?
Entre Taxile et vous s'il fallait prononcer,
Seigneur, le croyez-vous qu'on me vît balancer?
Sais-je pas que Taxile est une âme incertaine,
Et ce qui le retient quand la crainte l'entraîne?
Sais-je pas que, sans moi, sa timide valeur
Succomberait bientôt aux ruses de sa sœur?

PORUS.

Et vous pouvez encore demeurer auprès d'elle!
Que n'abandonnez-vous cette sœur criminelle!
Pourquoi, par tant de soins, voulez-vous épargner
Un prince...

AXIANE.

C'est pour vous que je le veux gagner.
Vous verrai-je, accablé du soin de nos provinces,
Attaquer seul un roi vainqueur de tant de princes?
Je vous veux dans Taxile offrir un défenseur
Qui combatte Alexandre en dépit de sa sœur.

PORUS.

Eh bien! madame, allez, j'y consens avec joie;
Voyons Éphestion, puisqu'il faut qu'on le voie,
Mais, sans perdre l'espoir de le suivre de près,
J'attends Éphestion, et le combat après.

ACTE DEUXIÈME.

SCÈNE I.

CLÉOFILE, ÉPHESTION.

ÉPHESTION.

Oui, tandis que vos rois délibèrent ensemble,
Et que tout se prépare au conseil qui s'assemble,
Madame, permettez que je vous parle aussi
Des secrètes raisons qui m'amènent ici.
Faut-il mettre à vos pieds le reste de la terre?
Faut-il donner la paix? faut-il faire la guerre?

Prononcez : Alexandre est tout près d'y courir,
Ou pour vous mériter, ou pour vous conquérir.
Il craint que la victoire, à ses vœux trop facile,
Ne conduise ses coups dans le sein de Taxile.
Son courage, sensible à vos justes douleurs,
Ne veut point de lauriers arrosés de vos pleurs.
Favorisez vos soins où sa bonté l'engage ;
Exemptez sa valeur d'un si triste avantage ;
Et disposez des rois qu'épargne son courroux
A recevoir un bien qu'ils ne doivent qu'à vous.

CLÉOFILE.

N'en doutez point, seigneur, mon âme inquiétée,
D'une crainte si juste est sans cesse agitée ;
Je tremble pour mon frère, et crains que son trépas
D'un ennemi si cher n'ensanglante le bras.
Mais en vain je m'oppose à l'ardeur qui l'enflamme,
Axiane et Porus tyrannisent son âme ;
Le crédit d'une reine et l'exemple d'un roi,
Dès que je veux parler, s'élèvent contre moi.
Que n'ai-je point à craindre en ce désordre extrême !
Je crains pour lui, je crains pour Alexandre même.
Je sais qu'en l'attaquant cent rois se sont perdus ;
Je sais tous ses exploits ; mais je connais Porus.
Nos peuples qu'on a vus, triomphants à sa suite,
Repousser les efforts du Persan et du Scythe,
Et tout fiers des lauriers dont il les a chargés,
Vaincront à son exemple, ou périront vengés ;
Et je crains...

ÉPHESTION.

Ah ! quittez une crainte si vaine ;
Laissez courir Porus où son malheur l'entraîne ;
Que l'Inde en sa faveur arme tous ses États,
Et que le seul Taxile en détourne ses pas !
Mais les voici...

CLÉOFILE.

Seigneur, achevez votre ouvrage ;
Par vos sages conseils dissipez cet orage :
Ou, s'il faut qu'il éclate, au moins souvenez-vous
De le faire tomber sur d'autres que sur nous.

SCÈNE II.

PORUS, TAXILE, ÉPHESTION.

ÉPHESTION.

Avant que le combat qui menace vos têtes
Mette tous vos états au rang de nos conquêtes,
Alexandre veut bien différer ses exploits,
Et vous offrir la paix pour la dernière fois.
Vos peuples, prévenus de l'espoir qui vous flatte,
Prétendaient arrêter le vainqueur de l'Euphrate,
Mais l'Hydaspe, malgré tant d'escadrons épars,
Voit enfin sur ses bords flotter nos étendards :
Vous les verriez plantés jusque sur vos tranchées,
Et de sang et de morts vos campagnes jonchées,
Si ce héros, couvert de tant d'autres lauriers,
N'eût lui-même arrêté l'ardeur de nos guerriers.
Il ne vient point ici, souillé du sang des princes,
D'un triomphe barbare effrayer vos provinces,
Et cherchant à briller d'une triste splendeur,
Sur le tombeau des rois élever sa grandeur.
Mais vous-mêmes, trompés d'un vain espoir de gloire,
N'allez point dans ses bras irriter la victoire;
Et lorsque son courroux demeure suspendu,
Princes, contentez-vous de l'avoir attendu.
Ne différez point tant à lui rendre l'hommage
Que vos cœurs, malgré vous, rendent à son courage :
Et, recevant l'appui que vous offre son bras,
D'un si grand défenseur honorez vos États.
Voilà ce qu'un grand roi veut bien vous faire entendre,
Prêt à quitter le fer, et prêt à le reprendre.
Vous savez son dessein : choisissez aujourd'hui,
Si vous voulez tout perdre ou tout tenir de lui.

TAXILE.

Seigneur, ne croyez point qu'une fierté barbare
Nous fasse méconnaître une vertu si rare;
Et que dans leur orgueil nos peuples affermis
Prétendent, malgré vous, être vos ennemis.
Nous rendons ce qu'on doit aux illustres exemples :
Vous adorez des dieux qui nous doivent leurs temples;
Des héros qui chez vous passaient pour des mortels,

En venant parmi nous ont trouvé des autels.
Mais en vain l'on prétend, chez des peuples si braves,
Au lieu d'adorateurs se faire des esclaves :
Croyez-moi, quelque éclat qui les puisse toucher,
Ils refusent l'encens qu'on leur veut arracher.
Assez d'autres États, devenus vos conquêtes,
De leurs rois sous le joug ont vu ployer les têtes.
Après tous ces États qu'Alexandre a soumis,
N'est-il pas temps, seigneur, qu'il cherche des amis?
Tout ce peuple captif, qui tremble au nom d'un maître,
Soutient mal un pouvoir qui ne fait que de naître.
Ils ont, pour s'affranchir, les yeux toujours ouverts;
Votre empire n'est plein que d'ennemis couverts;
Ils pleurent en secret leurs rois sans diadèmes;
Vos fers trop étendus se relâchent eux-mêmes;
Et déjà dans leur cœur les Scythes mutinés
Vont sortir de la chaîne où vous nous destinez.
Essayez, en prenant notre amitié pour gage,
Ce que peut une foi qu'aucun serment n'engage;
Laissez un peuple au moins qui puisse quelquefois
Applaudir sans contrainte au bruit de vos exploits.
Je reçois à ce prix l'amitié d'Alexandre;
Et je l'attends déjà comme un roi doit attendre
Un héros dont la gloire accompagne les pas,
Qui peut tout sur mon cœur, et rien sur mes États.

PORUS.

Je croyais, quand l'Hydaspe, assemblant ses provinces,
Au secours de ses bords fit voler tous ses princes,
Qu'il n'avait avec moi, dans des desseins si grands,
Engagé que des rois ennemis des tyrans;
Mais puisqu'un roi, flattant la main qui nous menace,
Parmi ses alliés brigue une indigne place,
C'est à moi de répondre aux vœux de mon pays,
Et de parler pour ceux que Taxile a trahis.
Que vient ici chercher le roi qui vous envoie ?
Quel est ce grand secours que son bras nous octroie ?
De quel front ose-t-il prendre sous son appui
Des peuples qui n'ont point d'autre ennemi que lui ?
Avant que sa fureur ravageât tout le monde,
L'Inde se reposait dans une paix profonde;
Et si quelques voisins en troublaient les douceurs,
Il portait dans son sein d'assez bons défenseurs.

Pourquoi nous attaquer? Par quelle barbarie
A-t-on de votre maître excité la furie?
Vit-on jamais chez lui nos peuples en courroux
Désoler un pays inconnu parmi nous?
Faut-il que tant d'États, de déserts, de rivières,
Soient entre nous et lui d'impuissantes barrières?
Et ne saurait-on vivre au bout de l'univers
Sans connaître son nom et le poids de ses fers?
Qelle étrange valeur, qui, ne cherchant qu'à nuire,
Embrase tout sitôt qu'elle commence à luire!
Qui n'a que son orgueil pour règle et pour raison,
Qui veut que l'univers ne soit qu'une prison,
Et que, maître absolu de tous tant que nous sommes,
Ses esclaves en nombre égalent tous les hommes!
Plus d'États, plus de rois : ses sacriléges mains
Dessous un même joug rangent tous les humains.
Dans son avide orgueil je sais qu'il nous dévore :
De tant de souverains nous seuls régnons encore.
Mais que dis-je, nous seuls? il ne reste que moi
Où l'on découvre encor les vestiges d'un roi.
Mais c'est pour mon courage une illustre matière :
Je vois d'un œil content trembler la terre entière,
Afin que par moi seul les mortels secourus,
S'ils sont libres, le soient de la main de Porus.
Et qu'on dise partout dans une paix profonde :
« Alexandre vainqueur eût dompté tout le monde;
» Mais un roi l'attendait au bout de l'univers,
» Par qui le monde entier a vu briser ses fers. »

ÉPHESTION.

Votre projet du moins nous marque un grand courage;
Mais, seigneur, c'est bien tard s'opposer à l'orage.
Si le monde penchant n'a plus que cet appui,
Je le plains, et vous plains vous-même autant que lui.
Je ne vous retiens point; marchez contre mon maître;
Je voudrais seulement qu'on vous l'eût fait connaître,
Et que la renommée eût voulu, par pitié,
De ses exploits au moins vous conter la moitié;
Vous verriez...

PORUS.

Que verrais-je et que pourrais-je apprendre,
Qui m'abaisse si fort au-dessous d'Alexandre?
Serait-ce sans effort les Persans subjugués,

Et vos bras tant de fois de meurtres fatigués ?
Quelle gloire, en effet, d'accabler la faiblesse
D'un roi déjà vaincu par sa propre mollesse :
D'un peuple sans vigueur et presque inanimé,
Qui gémissait sous l'or dont il était armé,
Et qui, tombant en foule au lieu de se défendre,
N'opposait que des morts au grand cœur d'Alexandre ?
Les autres, éblouis de ses moindres exploits,
Sont venus à genoux lui demander des lois ;
Et leur crainte écoutant je ne sais quels oracles,
Ils n'ont pas cru qu'un dieu pût trouver des obstacles.
Mais nous, qui d'un autre œil jugeons des conquérants,
Nous savons que les dieux ne sont pas des tyrans ;
Et de quelque façon qu'un esclave le nomme,
Le fils de Jupiter passe ici pour un homme.
Nous n'allons point de fleurs parfumer son chemin ;
Il nous trouve partout les armes à la main,
Il voit à chaque pas arrêter ses conquêtes ;
Un seul rocher ici lui coûte plus de têtes [1],
Plus de soins, plus d'assauts, et presque plus de temps,
Que n'en coûte à son bras l'empire des Persans.
Ennemis du repos qui perdit ces infâmes,
L'or qui naît sous nos pas ne corrompt point nos âmes.
La gloire est le seul bien qui nous puisse tenter,
Et le seul que mon cœur cherche à lui disputer ;
C'est elle...

ÉPHESTION, en se levant.

Et c'est aussi ce que cherche Alexandre.
A de moindres objets son cœur ne peut descendre.
C'est ce qui, l'arrachant du sein de ses États,
Au trône de Cyrus lui fit porter ses pas,
Et, du plus ferme empire ébranlant les colonnes,
Attaquer, conquérir, et donner des couronnes.
Et puisque votre orgueil ose lui disputer
La gloire du pardon qu'il vous fait présenter,
Vos yeux, dès aujourd'hui témoins de sa victoire,
Verront de quelle ardeur il combat pour la gloire.
Bientôt le fer en main vous le verrez marcher.

---

[1] Ce vers fait allusion à la prise du rocher d'Aorne, où les troupes d'Alexandre furent arrêtées par les assiégés, qui ne se rendirent qu'après une vigoureuse résistance. V. Q.-Cur. lib. VIII, cap. 36, 37 et 38.   (G.)

PORUS.
Allez donc : je l'attends, ou je le vais chercher.

SCÈNE III.

PORUS, TAXILE.

TAXILE.
Quoi ! vous voulez, au gré de votre impatience...
PORUS.
Non, je ne prétends point troubler votre alliance :
Éphestion, aigri seulement contre moi,
De vos soumissions rendra compte à son roi.
Les troupes d'Axiane, à me suivre engagées,
Attendent le combat sous mes drapeaux rangées ;
De son trône et du mien je soutiendrai l'éclat,
Et vous serez, seigneur, le juge du combat ;
A moins que votre cœur, animé d'un beau zèle,
De vos nouveaux amis n'embrasse la querelle.

SCÈNE IV.

AXIANE, PORUS, TAXILE.

AXIANE, à Taxile.
Ah ! que dit-on de vous, seigneur ? Nos ennemis
Se vantent que Taxile est à moitié soumis ;
Qu'il ne marchera point contre un roi qu'il respecte.
TAXILE.
La foi d'un ennemi doit être un peu suspecte,
Madame ; avec le temps ils me connaîtront mieux.
AXIANE.
Démentez donc, seigneur, ce bruit injurieux ;
De ceux qui l'ont semé confondez l'insolence ;
Allez, comme Porus, les forcer au silence,
Et leur faire sentir, par un juste courroux,
Qu'ils n'ont point d'ennemi plus funeste que vous.
TAXILE.
Madame, je m'en vais disposer mon armée ;
Écoutez moins ce bruit qui vous tient alarmée :
Porus fait son devoir, et je ferai le mien.

SCÈNE V.

AXIANE, PORUS.

AXIANE.
Cette sombre froideur ne m'en dit pourtant rien,
Lâche; et ce n'est point là, pour me le faire croire,
La démarche d'un roi qui court à la victoire.
Il n'en faut plus douter, et nous sommes trahis :
Il immole à sa sœur sa gloire et son pays;
Et sa haine, seigneur, qui cherche à vous abattre,
Attend pour éclater que vous alliez combattre.

PORUS.
Madame, en le perdant, je perds un faible appui;
Je le connaissais trop pour m'assurer sur lui.
Mes yeux sans se troubler ont vu son inconstance;
Je craignais beaucoup plus sa molle résistance.
Un traître, en nous quittant pour complaire à sa sœur,
Nous affaiblit bien moins qu'un lâche défenseur.

AXIANE.
Et cependant, seigneur, qu'allez-vous entreprendre?
Vous marchez sans compter les forces d'Alexandre;
Et courant presque seul au devant de leurs coups,
Contre tant d'ennemis vous n'opposez que vous.

PORUS.
Eh quoi! voudriez-vous qu'à l'exemple d'un traître
Ma frayeur conspirât à vous donner un maître;
Que Porus, dans un camp se laissant arrêter,
Refusât le combat qu'il vient de présenter?
Non, non, je n'en crois rien. Je connais mieux, madame,
Le beau feu que la gloire allume dans votre âme :
Il faut vaincre, et j'y cours, bien moins pour éviter
Le titre de captif, que pour le mériter.

AXIANE.
Eh bien! seigneur, allez. Taxile aura peut-être
Des sujets dans son camp plus braves que leur maître :
Je vais les exciter par un dernier effort,
Après, dans votre camp, j'attendrai votre sort.

ACTE TROISIÈME

SCÈNE I.

AXIANE, CLÉOFILE.

AXIANE.

Quoi! madame, en ces lieux on me tient enfermée!
Je ne puis au combat voir marcher mon armée!
Et, commençant par moi sa noire trahison,
Taxile de son camp me fait une prison!

CLÉOFILE.

Expliquez mieux le zèle et les justes alarmes
D'un roi qui pour vainqueur ne connaît que vos charmes!
Et regardez, madame, avec plus de bonté,
Le soin qui l'intéresse à votre sûreté.
Tandis qu'autour de nous deux puissantes armées,
D'une égale chaleur au combat animées,
De leur fureur partout font voler les éclats,
De quel autre côté conduirez-vous vos pas?
Où pourriez-vous ailleurs éviter la tempête?
Un plein calme en ces lieux assure votre tête :
Tout est tranquille...

AXIANE.

Et c'est cette tranquillité
Dont je ne puis souffrir l'indigne sûreté.
Quoi! lorsque mes sujets, mourant dans une plaine,
Sur les pas de Porus combattent pour leur reine,
Qu'au prix de tout leur sang ils signalent leur foi,
Que le cri des mourants vient presque jusqu'à moi,
On me parle de paix; et le camp de Taxile
Garde dans ce désordre une assiette tranquille!
On flatte ma douleur d'un calme injurieux!
Sur des objets de joie on arrête mes yeux!

CLÉOFILE.

Madame, voulez-vous que l'honneur de mon frère
Abandonne au péril une tête si chère?
Il sait trop les hasards...

AXIANE.

Et pour m'en détourner
Sa générosité me fait emprisonner!
Et, tandis que pour moi son rival se hasarde,
Sa paisible valeur me sert ici de garde!
Oui, oui...

CLÉOFILE.

Mon frère vient; et nous allons apprendre
Qui de nous deux, madame, aura pu se méprendre.

AXIANE.

Ah! je n'en doute plus; et ce front satisfait
Dit assez à mes yeux que Porus est défait.

SCÈNE II.

TAXILE, AXIANE, CLÉOFILE.

TAXILE.

Madame, si Porus, avec moins de colère,
Eût suivi les conseils d'une amitié sincère,
Il m'aurait en effet épargné la douleur
De vous venir moi-même annoncer son malheur.

AXIANE.

Quoi! Porus...

TAXILE.

C'en est fait; et sa valeur trompée,
Des maux que j'ai prévus, se voit enveloppée.
Ce n'est pas (car mon cœur, respectant sa vertu,
N'accable point encore un rival abattu),
Ce n'est pas que son bras, disputant la victoire,
N'en ait aux ennemis ensanglanté la gloire;
Qu'elle-même, attachée à ses faits éclatants,
Entre Alexandre et lui n'ait douté quelque temps :
Mais enfin contre moi sa vaillance irritée
Avec trop de chaleur s'était précipitée.
J'ai vu ses bataillons rompus et renversés,
Vos soldats en désordre, et les siens dispersés;
Et lui-même, à la fin, entraîné dans leur fuite,
Malgré lui du vainqueur éviter la poursuite;
Et, de son vain courroux trop tard désabusé,
Souhaiter le secours qu'il avait refusé.

AXIANE.

Qu'il avait refusé! Quoi donc! pour ta patrie,
Ton indigne courage attend que l'on te prie!
Il faut donc, malgré toi, te traîner aux combats
Et te forcer toi-même à sauver tes États!
L'exemple de Porus, puisqu'il faut qu'on t'y porte,
Dis-moi, n'était-ce pas une voix assez forte?
Ce héros en péril, Axiane en danger,
Tout l'État périssant n'a pu t'encourager!
Va, tu sers bien le maître à qui ta sœur te donne.
Achève, et fais de moi ce que sa haine ordonne.
Adieu. Tu me connais : aime-moi si tu veux.

TAXILE.

Ah! n'espérez de moi que de sincères vœux,
Madame; n'attendez ni menaces ni chaînes :
Alexandre sait mieux ce qu'on doit à des reines.
Souffrez que sa douceur vous oblige à garder
Un trône que Porus devait moins hasarder;
Et moi-même en aveugle on me verrait combattre
La sacrilége main qui le voudrait abattre.

AXIANE.

Quoi! par l'un de vous deux mon sceptre raffermi
Deviendrait dans mes mains le don d'un ennemi!
Et sur mon propre trône on me verrait placée
Par le même tyran qui m'en aurait chassée!

TAXILE.

Des reines et des rois vaincus par sa valeur
Ont laissé par ses soins adoucir leur malheur.
Voyez de Darius et la femme et la mère;
L'une le traite en fils, l'autre le traite en frère.

AXIANE.

Non, non, je ne sais point vendre mon amitié,
Caresser un tyran et régner par pitié.
Penses-tu que j'imite une faible persane;
Qu'à la cour d'Alexandre on retienne Axiane;
Et qu'avec mon vainqueur, courant tout l'univers,
J'aille vanter partout la douceur de ses fers?
S'il donne les États, qu'il te donne les nôtres;
Qu'il te pare, s'il veut, des dépouilles des autres.
Règne : Porus ni moi n'en seront point jaloux;
Et tu seras encor plus esclave que nous.
J'espère qu'Alexandre, amoureux de sa gloire,

Avec mon amitié recevez Axiane.

Acte V, Scène III.

ALEXANDRE LE GRAND.

Et fâché que ton crime ait souillé sa victoire,
S'en lavera bientôt par ton propre trépas.
Des traîtres comme toi font souvent des ingrats :
Et de quelques faveurs que sa main t'éblouisse,
Du perfide Bessus regarde le supplice.
Adieu.

SCÈNE III.

CLÉOFILE, TAXILE.

CLÉOFILE.

Cédez, mon frère, à ce bouillant transport :
Alexandre et le temps vous rendront le plus fort;
Et cet âpre courroux, quoi qu'elle en puisse dire,
Ne s'obstinera point au refus d'un empire.
Maître de ses destins, vous l'êtes de son cœur.
Mais, dites-moi, vos yeux ont-ils vu le vainqueur?
Quel traitement, mon frère, en devons-nous attendre?
Qu'a-t-il dit?

TAXILE.

Oui, ma sœur, j'ai vu cet Alexandre.
D'abord ce jeune éclat qu'on remarque en ses traits
M'a semblé démentir le nombre de ses faits.
Mon cœur, plein de son nom, n'osait, je le confesse,
Accorder tant de gloire avec tant de jeunesse;
Mais de ce même front l'héroïque fierté,
Le feu de ses regards, sa haute majesté,
Font connaître Alexandre; et certes son visage
Porte de sa grandeur l'infaillible présage;
Et sa présence auguste appuyant ses projets,
Ses yeux, comme son bras, font partout des sujets.
Il sortait du combat. Ébloui de sa gloire,
Je croyais dans ses yeux voir briller la victoire.
Toutefois, à ma vue, oubliant sa fierté,
Il a fait à son tour éclater sa bonté.
Il marche sur nos pas. Je n'ai rien à vous dire,
Ma sœur : de votre sort je vous laisse l'empire;
Je vous confie encore la conduite du mien.

CLÉOFILE.

Vous aurez tout pouvoir, ou je ne pourrai rien.
Tout va vous obéir, si le vainqueur m'écoute.

TAXILE.

Je vais donc... Mais on vient. C'est lui-même sans doute.

SCÈNE IV.

ALEXANDRE, TAXILE, CLÉOFILE, ÉPHESTION; SUITE D'ALEXANDRE.

ALEXANDRE.

Allez, Éphestion. Que l'on cherche Porus;
Qu'on épargne sa vie et le sang des vaincus.

SCÈNE V.

ALEXANDRE, TAXILE, CLÉOFILE.

ALEXANDRE, à Taxile.

Seigneur, est-il donc vrai qu'une reine aveuglée
Vous préfère d'un roi la valeur déréglée?
Mais ne le craignez point : son empire est à vous,
D'une ingrate, à ce prix, fléchissez le courroux.
Maître de deux États, arbitre des siens mêmes,
Allez avec vos vœux offrir trois diadèmes.

TAXILE.

Ah! c'en est trop, seigneur! Prodiguez un peu moins...

ALEXANDRE.

Vous pourrez à loisir reconnaître mes soins.

SCÈNE VI.

ALEXANDRE, CLÉOFILE.

ALEXANDRE.

Si prodigue envers lui des fruits de la victoire,
N'en aurai-je pour moi qu'une stérile gloire?
Les sceptres devant vous ou rendus ou donnés,
De mes propres lauriers mes amis couronnés,
Les biens que j'ai conquis répandus sur leurs têtes,
Font voir que je soupire après d'autres conquêtes.

CLÉOFILE.

On attend peu d'amour d'un héros tel que vous :
La gloire fit toujours vos transports les plus doux.

ALEXANDRE.

Par des faits tout nouveaux je m'en vais vous apprendre
Quel est votre pouvoir sur le cœur d'Alexandre :
Maintenant que mon bras, engagé sous vos lois,
Doit soutenir mon nom et le vôtre à la fois,
J'irai rendre fameux, par l'éclat de la guerre,
Des peuples inconnus au reste de la terre,
Et vous faire dresser des autels en des lieux
Où leurs sauvages mains en refusent aux dieux.

CLÉOFILE.

Seigneur, vous le savez, je dépends de mon frère.

ALEXANDRE.

Ah! s'il disposait seul du bonheur que j'espère,
Tout l'empire de l'Inde asservi sous ses lois
Bientôt en ma faveur irait briguer son choix.

CLÉOFILE.

Mon amitié pour lui n'est point intéressée.
Apaisez seulement une reine offensée;
Et ne permettez pas qu'un rival aujourd'hui,
Pour vous avoir bravé, soit plus heureux que lui.

ALEXANDRE.

Porus était sans doute un rival magnanime :
Jamais tant de valeur n'attira mon estime.
Dans l'ardeur du combat, je l'ai vu, je l'ai joint;
Et je puis dire encor qu'il ne m'évitait point :
Nous nous cherchions l'un l'autre. Une fierté si belle
Allait entre nous deux finir notre querelle,
Lorsqu'un gros de soldats, se jetant entre nous,
Nous a fait dans la foule ensevelir nos coups.

SCÈNE VII.

ALEXANDRE, CLÉOFILE, ÉPHESTION.

ALEXANDRE.

Eh bien! ramène-t-on ce prince téméraire?

ÉPHESTION.

On le cherche partout; mais, quoi qu'on puisse faire,
Seigneur, jusques ici sa fuite ou son trépas
Dérobe ce captif aux soins de vos soldats.
Mais un reste des siens entourés dans leur fuite,

Et du soldat vainqueur arrêtant la poursuite,
A nous vendre leur mort semblent se préparer.
ALEXANDRE.
Désarmez les vaincus sans les désespérer.
Madame, allons fléchir une fière princesse,
Afin qu'à mes désirs Taxile s'intéresse ;
Et puisque mon repos doit dépendre du sien,
Achevons son bonheur pour établir le mien.

ACTE QUATRIÈME.

SCÈNE I.

AXIANE.

N'entendrons-nous jamais que des cris de victoire
Qui de mes ennemis me reprochent la gloire ?
Et ne pourrai-je au moins, en de si grands malheurs,
M'entretenir moi seule avecque mes douleurs ?
D'odieux ennemis sans cesse poursuivie,
On prétend malgré moi m'attacher à la vie :
On m'observe, on me suit. Mais, Porus, ne crois pas
Qu'on me puisse empêcher de courir sur tes pas.
Sans doute à nos malheurs ton cœur n'a pu survivre.
En vain tant de soldats s'arment pour te poursuivre :
On te découvrirait au bruit de tes efforts ;
Et s'il faut te chercher, ce n'est qu'entre les morts.
Aussi bien penses-tu que je voulusse vivre
Sous les lois d'un vainqueur à qui ta mort nous livre ?
Je sais qu'il se dispose à me venir parler ;
Qu'en me rendant mon sceptre il veut me consoler.
Il croit peut-être, il croit que ma haine étouffée
A sa fausse douceur servira de trophée !
Qu'il vienne. Il me verra, toujours digne de toi,
Mourir en reine, ainsi que tu mourus en roi.

SCÈNE II.

ALEXANDRE, AXIANE.

AXIANE.

Eh bien! seigneur, eh bien! trouvez-vous quelques charmes
A voir couler les pleurs que font verser vos armes!
Ou si vous m'enviez, en l'état où je suis,
La triste liberté de pleurer mes ennuis?

ALEXANDRE.

Votre douleur est libre autant que légitime :
Vous regrettez, madame, un prince magnanime.
Je fus son ennemi, mais je ne l'étais pas
Jusqu'à blâmer les pleurs qu'on donne à son trépas.
Avant que sur ses bords l'Inde me vît paraître,
L'éclat de sa vertu me l'avait fait connaître ;
Entre les plus grands rois il se fit remarquer.
Je savais...

AXIANE.

Pourquoi donc le venir attaquer?
Par quelle loi faut-il qu'aux deux bouts de la terre
Vous cherchiez la vertu pour lui faire la guerre?
Le mérite à vos yeux ne peut-il éclater
Sans pousser votre orgueil à le persécuter?

ALEXANDRE.

Oui, j'ai cherché Porus; mais quoi qu'on puisse dire,
Je ne le cherchais pas afin de le détruire.
J'avoûrai que, brûlant de signaler mon bras,
Je me laissai conduire au bruit de ses combats,
Et qu'au seul nom d'un roi jusqu'alors invincible,
A de nouveaux exploits mon cœur devint sensible.
Tandis que je croyais, par mes combats divers,
Attacher sur moi seul les yeux de l'univers,
J'ai vu de ce guerrier la valeur répandue
Tenir la renommée entre nous suspendue;
Et, voyant de son bras voler partout l'effroi,
L'Inde sembla m'ouvrir un champ digne de moi.
Lassé de voir des rois vaincus sans résistance,
J'appris avec plaisir le bruit de sa vaillance.
Un ennemi si noble a su m'encourager;

Je suis venu chercher la gloire et le danger.
Son courage, madame, a passé mon attente :
La victoire, à me suivre autrefois si constante,
M'a presque abandonné pour suivre vos guerriers.
Porus m'a disputé jusqu'aux moindres lauriers ;
Et j'ose dire encor qu'en perdant la victoire,
Mon ennemi lui-même a vu croître sa gloire ;
Qu'une chute si belle élève sa vertu
Et qu'il ne voudrait pas n'avoir point combattu.

AXIANE.

Hélas ! il fallait bien qu'une si noble envie
Lui fît abandonner tout le soin de sa vie,
Puisque de toutes parts trahi, persécuté,
Contre tant d'ennemis il s'est précipité.
Mais vous, s'il était vrai que son ardeur guerrière
Eût ouvert à la vôtre une illustre carrière,
Que n'avez-vous, seigneur, dignement combattu ?
Fallait-il par la ruse attaquer sa vertu,
Et, loin de remporter une gloire parfaite,
D'un autre que de vous attendre sa défaite ?
Triomphez ; mais sachez que Taxile en son cœur
Vous dispute déjà ce beau nom de vainqueur ;
Que le traître se flatte, avec quelque justice,
Que vous n'avez vaincu que par son artifice ;
Et c'est à ma douleur un spectacle assez doux
De le voir partager cette gloire avec vous.

ALEXANDRE.

En vain votre douleur s'arme contre ma gloire :
Jamais on ne m'a vu dérober la victoire,
Et par ces lâches soins, qu'on ne peut m'imputer,
Tromper mes ennemis au lieu de les dompter.
Quoique partout, ce semble, accablé sous le nombre,
Je n'ai pu me résoudre à me cacher dans l'ombre :
Ils n'ont de leur défaite accusé que mon bras ;
Et le jour a partout éclairé mes combats.
Il est vrai que je plains le sort de vos provinces,
J'ai voulu prévenir la perte de vos princes :
Mais, s'ils avaient suivi mes conseils et mes vœux,
Je les aurais sauvés ou combattus tous deux.
Oui, croyez...

AXIANE.

Je crois tout. Je vous crois invincible :

Mais, seigneur, suffit-il que tout vous soit possible?
Ne tient-il qu'à jeter tant de rois dans les fers?
Qu'à faire impunément gémir tout l'univers?
Et que vous avaient fait tant de villes captives?
Tant de morts dont l'Hydaspe a vu couvrir ses rives?
Qu'ai-je fait pour venir accabler en ces lieux
Un héros sur qui seul j'ai pu tourner les yeux?
A-t-il de votre Grèce inondé les fontières?
Avons-nous soulevé des nations entières,
Et contre votre gloire excité leur courroux?
Hélas! nous l'admirions sans en être jaloux.
Contents de nos États, et charmés l'un de l'autre,
Nous attendions un sort plus heureux que le vôtre.
Porus bornait ses vœux à conquérir un cœur
Qui peut-être aujourd'hui l'eût nommé son vainqueur.
Ah! n'eussiez-vous versé qu'un sang si magnanime,
Quand on ne vous pourrait reprocher que ce crime,
Ne vous sentez-vous pas, seigneur, bien malheureux
D'être venu si loin rompre de si beaux nœuds?
Non, de quelque douceur que se flatte votre âme,
Vous n'êtes qu'un tyran.

ALEXANDRE.

Je le vois bien, madame,
Vous voulez que, saisi d'un indigne courroux,
En reproches honteux j'éclate contre vous.
Peut-être espérez-vous que ma douceur lassée
Donnera quelque atteinte à sa gloire passée.
Mais quand votre vertu ne m'aurait point charmé,
Vous attaquez, madame, un vainqueur désarmé.
Mon âme, malgré vous, à vous plaindre engagée,
Respecte le malheur où vous êtes plongée.
C'est ce trouble fatal qui vous ferme les yeux,
Qui ne regarde en moi qu'un tyran odieux.
Sans lui vous avoûriez que le sang et les larmes
N'ont pas toujours souillé la gloire de mes armes;
Vous verriez...

AXIANE.

Ah! seigneur, puis-je ne les point voir
Ces vertus dont l'éclat aigrit mon désespoir?
N'ai-je pas vu partout la victoire modeste
Perdre avec vous l'orgueil qui la rend si funeste?
Ne vois-je pas le Scythe et le Perse abattus

Se plaire sous le joug et vanter vos vertus,
Et disputer enfin, par une aveugle envie,
A vos propres sujets le soin de votre vie?
Mais que sert à ce cœur que vous persécutez
De voir partout ailleurs adorer vos bontés?
Pensez-vous que ma haine en soit moins violente,
Pour voir baiser partout la main qui me tourmente?
Tant de rois par vos soins vengés ou secourus,
Tant de peuples contents, me rendent-ils Porus?
Non, seigneur, je vous hais d'autant plus qu'on vous aime,
D'autant plus qu'il me faut vous admirer moi-même,
Que l'univers entier, m'en impose la loi,
Et que personne enfin ne vous hait avec moi.

ALEXANDRE.

J'excuse les transports d'une amitié si tendre;
Mais, madame, après tout, ils doivent me surprendre :
Si la commune voix ne m'a point abusé,
Porus d'aucun regard ne fut favorisé :
Entre Taxile et lui votre cœur en balance,
Tant qu'ont duré ses jours, a gardé le silence;
Et lorsqu'il ne peut plus vous entendre aujourd'hui,
Vous commencez, madame, à prononcer pour lui.
Vos larmes ont assez honoré sa mémoire.
Régnez, et de ce rang soutenez mieux la gloire;
Et, rendonnant le calme à vos sens désolés,
Rassurez vos États par sa chute ébranlés.
Parmi tant de grands rois choisissez-leur un maître.
Plus ardent que jamais, Taxile...

AXIANE.

Quoi! le traître!

ALEXANDRE.

Hé! de grâce, prenez des sentiments plus doux,
Aucune trahison ne le souille envers vous.
Maître de ses États, il a pu se résoudre
A se mettre avec eux à couvert de la foudre.
Ni serment ni devoir ne l'avait engagé
A courir dans l'abîme où Porus s'est plongé.
Enfin, souvenez-vous qu'Alexandre lui-même
S'intéresse au bonheur d'un prince qui vous aime.
Songez que, réunis par un si juste choix,
L'Inde et l'Hydaspe entiers couleront sous vos lois;
Que pour vos intérêts tout me sera facile

Quand je les verrai joints avec ceux de Taxile.
Le voici : je vous laisse.

SCÈNE III.

AXIANE, TAXILE.

AXIANE.

Appproche, puissant roi,
Grand monarque de l'Inde; on parle ici de toi :
On veut en ta faveur combattre ma colère;
On dit que tes désirs n'aspirent qu'à me plaire.

TAXILE.

Que faut-il faire ?

AXIANE.

Il faut, s'il est vrai que l'on aime,
Aimer la gloire autant que je l'aime moi-même,
Ne m'expliquer ses vœux que par mille beaux faits
Et haïr Alexandre autant que je le hais;
Il faut marcher sans crainte au milieu des alarmes;
Il faut combattre, vaincre, ou périr sous les armes.
Jette, jette les yeux sur Porus et sur toi,
Et juge qui des deux était digne de moi.
C'est toi que je choisis pour témoin de sa gloire :
Mes pleurs feront toujours revivre sa mémoire;
Toujours tu me verras, au fort de mon ennui,
Mettre tout mon plaisir à te parler de lui.

TAXILE.

Je ne puis donc...

AXIANE.

Tu peux recouvrer mon estime :
Dans le sang ennemi tu peux laver ton crime.
L'occasion te rit : Porus dans le tombeau
Rassemble ses soldats autour de son drapeau;
Son ombre seule encor semble arrêter leur fuite.
Les tiens, même les tiens, honteux de ta conduite,
Font lire sur leurs fronts justement courroucés
Le repentir du crime où tu les as forcés.
Va seconder l'ardeur du feu qui les dévore,
Venge nos libertés qui respirent encore;
De mon trône et du tien deviens le défenseur;
Cours, et donne à Porus un digne successeur...

Tu ne me réponds rien; je vois sur ton visage
Qu'un si noble dessein étonne ton courage.
Je te propose en vain l'exemple d'un héros;
Tu veux servir. Va, sers; et me laisse en repos.

TAXILE.

Madame, c'en est trop. Vous oubliez peut-être
Que, si vous m'y forcez, je puis parler en maître;
Que je puis me lasser de souffrir vos dédains;
Que vous et vos États, tout est entre mes mains,
Qu'après tant de respects qui vous rendent plus fière,
Je pourrai...

AXIANE.

Je t'entends. Je suis ta prisonnière :
Parle en tyran tout prêt à me persécuter;
Ma haine ne peut croître, et tu peux tout tenter.
Surtout ne me fais point d'inutiles menaces.
Ta sœur vient t'inspirer ce qu'il faut que tu fasses :
Adieu. Si ses conseils et mes vœux en sont crus,
Tu m'aideras bientôt à rejoindre Porus.

TAXILE.

Ah! plutôt...

SCÈNE IV.

TAXILE, CLÉOFILE.

CLÉOFILE.

Ah! quittez cette ingrate princesse,
Dont la haine a juré de nous troubler sans cesse.

TAXILE.

Sans vous, sans vos conseils, ma sœur, qui m'ont trahi,
Si je n'étais aimé, je serais moins haï;
Je la verrais, sans vous, par mes soins défendue,
Entre Porus et moi demeurer suspendue.
Je cours, je vais m'offrir à servir son courroux,
Même contre Alexandre, et même contre vous.

CLÉOFILE.

Allez donc, retournez sur le champ de bataille;
Ne laissez point languir l'ardeur qui vous travaille.
A quoi s'arrête ici ce courage inconstant?
Courez : on est aux mains; et Porus vous attend.

TAXILE.

Quoi ! Porus n'est point mort ! Porus vient de paraître !
CLÉOFILE.
C'est lui. De si grands coups le font trop reconnaître.
Il l'avait bien prévu : le bruit de son trépas
D'un vainqueur trop crédule a retenu le bras.
Adieu.

SCÈNE V.

TAXILE.

Quoi ! la fortune, obstinée à me nuire,
Ressuscite un rival armé pour me détruire !
Allons, n'attendons pas, dans un lâche courroux.
Qu'un si grand différend se termine sans nous.

ACTE CINQUIÈME.

SCÈNE I.

ALEXANDRE, CLÉOFILE.

ALEXANDRE.
Quoi ! vous craignez Porus même après sa défaite !
Ma victoire à vos yeux semblait-elle imparfaite ?
Non, non : c'est un captif qui n'a pu m'échapper,
Que mes ordres partout ont fait envelopper.
Loin de le craindre encor, ne songez qu'à le plaindre.
CLÉOFILE.
Et c'est en cet état que Porus est à craindre.
Quelque brave qu'il fût, le bruit de sa valeur
M'inquiétait bien moins que ne fait son malheur.
Tant qu'on l'a vu suivi d'une puissante armée,
Ses forces, ses exploits, ne m'ont point alarmée ;
Mais, seigneur, c'est un roi malheureux et soumis ;
Et dès lors je le compte au rang de vos amis.
ALEXANDRE.
C'est un rang où Porus n'a plus droit de prétendre :

Il a trop recherché la haine d'Alexandre.
Il sait bien qu'à regret je m'y suis résolu ;
Mais enfin je le hais autant qu'il l'a voulu.
Je dois même un exemple au reste de la terre :
Je dois venger sur lui tous les maux de la guerre,
Le punir des malheurs qu'il a pu prévenir.
Et de m'avoir forcé moi-même à le punir.
Vaincu deux fois, haï de ma chère princesse...

CLÉOFILE.

Je ne hais point Porus, seigneur, je le confesse ;
Et s'il m'était permis d'écouter aujourd'hui
La voix de ses malheurs qui me parle pour lui,
Je vous dirais qu'il fut le plus grand de nos princes ;
Que son bras fut longtemps l'appui de nos provinces ;
Qu'il a voulu peut-être, en marchant contre vous,
Qu'on le crût digne au moins de tomber sous vos coups,
Et qu'un même combat signalant l'un et l'autre,
Son nom volât partout à la suite du vôtre.
Mais si je le défends, des soins si généreux
Retombent sur mon frère et détruisent ses vœux.
Tant que Porus vivra, que faut-il qu'il devienne ?
Sa perte est infaillible et peut-être la mienne.
Si Taxile, seigneur, ne peut rien obtenir,
Il m'en rendra coupable et me voudra punir ;
Et maintenant encor que votre cœur s'apprête
A voler de nouveau de conquête en conquête,
Quand je verrais le Gange entre mon frère et vous,
Qui retiendra, seigneur, son injuste courroux ?

ALEXANDRE.

Ah ! c'en est trop, madame, si votre cœur se donne,
Je saurai le garder, quoi que Taxile ordonne,
Bien mieux que tant d'États qu'on m'a vu conquérir,
Et que je n'ai gardés que pour vous les offrir.
Le Mallien m'attend, prêt à vous rendre hommage.
Si près de l'Océan que faut-il davantage,
Que d'aller me montrer à ce fier élément,
Comme maître du monde et comme conquérant ?
Alors...

CLÉOFILE.

Mais quoi ! seigneur, toujours guerre sur guerre !
Cherchez-vous des sujets au-delà de la terre ?
Voulez-vous pour témoins de vos faits éclatants

Des pays inconnus même à leurs habitants?
Qu'espérez-vous combattre en des climats si rudes?
Ils vous opposeront de vastes solitudes,
Des déserts que le ciel refuse d'éclairer,
Où la nature semble elle-même expirer.
Et peut-être le sort, dont la secrète envie
N'a pu cacher le cours d'une si belle vie,
Vous attend dans ces lieux, et veut que dans l'oubli
Votre tombeau du moins demeure enseveli.
Pensez-vous y traîner les restes d'une armée
Vingt fois renouvelée et vingt fois consumée?
Vos soldats, dont la vue excite la pitié,
D'eux-mêmes en cent lieux ont laissé la moitié,
Et leurs gémissements vous font assez connaître...

ALEXANDRE.

Ils marcheront, madame, et je n'ai qu'à paraître ;
Ces cœurs qui dans un camp, d'un vain loisir déçus,
Comptent en murmurant les coups qu'ils ont reçus,
Revivront pour me suivre, et, blâmant leurs murmures,
Brigueront à mes yeux de nouvelles blessures.
Cependant de Taxile appuyons le bonheur :
Son rival ne peut plus traverser son ardeur.
Je vous l'ai dit, madame, et j'ose encor vous dire ..

CLÉOFILE.

Seigneur, voici la reine.

SCÈNE II.

ALEXANDRE, AXIANE, CLÉOFILE.

ALEXANDRE.

Eh bien! Porus respire.
Le ciel semble, madame, écouter vos souhaits;
Il vous le rend...

AXIANE.

Hélas! il me l'ôte à jamais!
Aucun reste d'espoir ne peut flatter ma peine;
Sa mort était douteuse, elle devient certaine :
En vain quelques guerriers, qu'anime son grand cœur,
Ont ramené l'effroi dans le camp du vainqueur.
Il faut bien qu'il succombe, et qu'enfin son courage
Tombe sur tant de morts qui ferment son passage.

Encor, si je pouvais, en sortant de ces lieux,
Lui montrer Axiane et mourir à ses yeux !
Mais Taxile m'enferme ; et cependant le traître
Du sang de ce héros est allé se repaître ;
Dans les bras de la mort il le va regarder,
Si toutefois encore il ose l'aborder.

ALEXANDRE.

Non, madame ; mes soins ont assuré sa vie :
Son retour va bientôt contenter votre envie.
Vous le verrez.

AXIANE.

Vos soins s'étendraient jusqu'à lui !
Le bras qui l'accablait deviendrait son appui !
J'attendrais son salut de la main d'Alexandre !
Mais quel miracle enfin n'en dois-je point attendre ?
Je m'en souviens, seigneur, vous me l'avez promis,
Qu'Alexandre vainqueur n'avait plus d'ennemis.
Ou plutôt ce guerrier ne fut jamais le vôtre :
La gloire également vous arma l'un et l'autre.
Contre un si grand courage il voulut s'éprouver ;
Et vous ne l'attaquiez qu'afin de le sauver.

ALEXANDRE.

Ses mépris redoublés qui bravent ma colère
Mériteraient sans doute un vainqueur plus sévère ;
Son orgueil en tombant semble s'être affermi ;
Mais je veux bien cesser d'être son ennemi ;
J'en dépouille madame, et la haine et le titre.
De mes ressentiments je fais Taxile arbitre :
Seul il peut, à son choix, le perdre et l'épargner,
Et c'est lui seul enfin que vous devez gagner.

AXIANE.

Moi, j'irais à ses pieds mendier un asile !
Et vous me renvoyez aux bontés de Taxile !
Vous voulez que Porus cherche un appui si bas !
Ah ! seigneur, votre haine a juré son trépas.
Non, vous ne le cherchiez qu'afin de le détruire.
Qu'une âme généreuse est facile à séduire !
Déjà mon cœur crédule, oubliant son courroux,
Admirait des vertus qui ne sont point en vous.
Armez-vous donc, seigneur, d'une valeur cruelle ;
Ensanglantez la fin d'une course si belle :
Après tant d'ennemis qu'on vous vit relever,

Perdez enfin le seul que vous deviez sauver.
ALEXANDRE.
Eh bien! aimez Porus sans détourner sa perte;
Refusez la faveur qui vous était offerte,
Soupçonnez ma pitié d'un sentiment jaloux;
Mais enfin, s'il périt, n'en accusez que vous.
Le voici. Je veux bien le consulter lui-même :
Que Porus de son sort soit l'arbitre suprême.

SCÈNE III.

PORUS, ALEXANDRE, AXIANE, CLÉOFILE, ÉPHESTION, GARDES D'ALEXANDRE.

ALEXANDRE.
Eh bien! de votre orgueil, Porus, voilà le fruit!
Où sont ces beaux succès qui vous avaient séduit?
Cette fierté si haute est enfin abaissée.
Je dois une victime à ma gloire offensée :
Rien ne peut vous sauver. Je veux bien toutefois
Vous offrir un pardon refusé tant de fois.
N'achetez point trop cher une gloire inutile :
Vivez; mais consentez au bonheur de Taxile.
PORUS.
Taxile!
ALEXANDRE.
 Oui.
PORUS.
  Tu fais bien, et j'approuve tes soins;
Ce qu'il a fait pour toi ne mérite pas moins :
C'est lui qui m'a des mains arraché la victoire;
Il t'a donné sa sœur; il t'a vendu sa gloire :
Il t'a livré Porus. Que feras-tu jamais
Qui te puisse acquitter d'un seul de ses bienfaits?
Mais j'ai su prévenir le soin qui te travaille :
Va le voir expirer sur le champ de bataille.
ALEXANDRE.
Quoi! Taxile!
CLÉOFILE.
 Qu'entends-je?
EPHESTION.
  Oui, seigneur, il est mort.

Il s'est livré lui-même aux rigueurs de son sort.
Porus était vaincu; mais au lieu de se rendre,
Il semblait attaquer et non pas se défendre.
Ses soldats, à ses pieds étendus et mourants,
Le mettaient à l'abri de leurs corps expirants.
Là, comme dans un fort, son audace enfermée
Se soutenait encor contre toute une armée,
Et, d'un bras qui portait la terreur et la mort,
Aux plus hardis guerriers en défendait l'abord.
Je l'épargnais toujours. Sa vigueur affaiblie
Bientôt en mon pouvoir aurait laissé sa vie,
Quand sur ce champ fatal Taxile est descendu.
« Arrêtez, c'est à moi que ce captif est dû.
» C'en est fait, a-t-il dit, et ta perte est certaine,
» Porus; il faut périr pour assouvir ma haine. »
Porus, à cette voix ranimant son courroux,
A relevé ce bras lassé de tant de coups;
Et cherchant son rival d'un œil fier et tranquille :
« N'entends-je pas, dit-il, l'infidèle Taxile?
» Approche ! » Et tout à coup, ces rivaux irrités
L'un sur l'autre à la fois se sont précipités.
Nous nous sommes en foule opposés à leur rage;
Mais Porus parmi nous court et s'ouvre un passage,
Joint Taxile, le frappe; et lui perçant le cœur,
Content de sa victoire, il se rend au vainqueur.

CLÉOFILE.

Seigneur, c'est donc à moi de répandre des larmes;
C'est sur moi qu'est tombé tout le faix de vos armes.
Mon frère a vainement recherché votre appui,
Et votre gloire, hélas ! n'est funeste qu'à lui.
Que lui sert au tombeau l'amitié d'Alexandre?
Sans le venger, seigneur, l'y verrez-vous descendre?
Souffrirez-vous qu'après l'avoir percé de coups,
On en triomphe aux yeux de sa sœur et de vous?

AXIANE.

Oui, seigneur, écoutez les pleurs de Cléofile.
Je la plains. Elle a droit de regretter Taxile :
Tous ses efforts en vain l'ont voulu conserver;
Elle en a fait un lâche, et ne l'a pu sauver.
Ce n'est point que Porus ait attaqué son frère :
Il s'est offert lui-même à sa juste colère.
Au milieu du combat que venait-il chercher ?

Au courroux du vainqueur venait-il l'arracher ?
Il venait accabler, dans son malheur extrême,
Un roi que respectait la victoire elle-même.
Mais pourquoi vous ôter un prétexte si beau ?
Que voulez-vous de plus ? Taxile est au tombeau.
Immolez-lui, seigneur, cette grande victime ;
Vengez-vous. Mais songez que j'ai part à son crime.

PORUS.

Alexandre, il est temps que tu sois satisfait.
Tout vaincu que j'étais, tu vois ce que j'ai fait.
Crains Porus, crains encor cette main désarmée
Qui venge sa défaite au milieu d'une armée.
Mon nom peut soulever de nouveaux ennemis,
Et réveiller cent rois dans leurs fers endormis.
Étouffe dans mon sang ces semences de guerre ;
Va vaincre en sûreté le reste de la terre.
Aussi bien n'attends pas qu'un cœur comme le mien
Reconnaisse un vainqueur, et te demande rien.
Parle : et, sans espérer que je blesse ma gloire,
Voyons comme tu sais user de la victoire.

ALEXANDRE.

Votre fierté, Porus, ne se peut abaisser :
Jusqu'au dernier soupir vous m'osez menacer.
En effet, ma victoire en doit être alarmée,
Votre nom peut encor plus que toute une armée :
Je m'en dois garantir. Parlez donc, dites-moi,
Comment prétendez-vous que je vous traite ?

PORUS.

En roi.

ALEXANDRE.

Eh bien ! c'est donc en roi qu'il faut que je vous traite.
Je ne laisserai point ma victoire imparfaite ;
Vous l'avez souhaité, vous ne vous plaindrez pas.
Régnez toujours, Porus ; je vous rends vos États.
Avec mon amitié recevez Axiane :
A des liens si doux tous deux je vous condamne.
Vivez, régnez tous deux ; et seuls de tant de rois
Jusques aux bords du Gange allez donner vos lois.

A Cléofile.

Ce traitement, madame, a droit de vous surprendre ;
Mais enfin c'est ainsi que se venge Alexandre.
Je vous aime ; et mon cœur, touché de vos soupirs,

Voudrait par mille morts venger vos déplaisirs.
Mais vous-même pourriez prendre pour une offense
La mort d'un ennemi qui n'est plus en défense :
Il en triompherait ; et, bravant ma rigueur,
Porus dans le tombeau descendrait en vainqueur.
Souffrez que, jusqu'au bout achevant ma carrière,
J'apporte à votre hymen ma vertu tout entière.
Laissez régner Porus couronné par mes mains,
Et commandez vous-même au reste des humains.
Prenez les sentiments que ce rang vous inspire ;
Faites, dans sa naissance, admirer votre empire ;
Et, regardant l'éclat qui se répand sur vous,
De la sœur de Taxile oubliez le courroux.

AXIANE.

Oui, madame, régnez ; et souffrez que moi-même
J'admire le grand cœur d'un héros qui vous aime.
Aimez, et possédez l'avantage si doux
De voir toute la terre adorer votre époux.

PORUS.

Seigneur, jusqu'à ce jour l'univers en alarmes
Me forçait d'admirer le bonheur de vos armes :
Mais rien ne me forçait, en ce commun effroi,
De reconnaître en vous plus de vertus qu'en moi.
Je me rends, je vous cède une pleine victoire :
Vos vertus, je l'avoue, égalent votre gloire.
Allez, seigneur, rangez l'univers sous vos lois ;
Il me verra moi-même appuyer vos exploits :
Je vous suis ; et je crois devoir tout entreprendre
Pour lui donner un maître aussi grand qu'Alexandre.

CLÉOFILE.

Seigneur, que vous peut dire un cœur triste, abattu ?
Je ne murmure point contre votre vertu :
Vous rendez à Porus la vie et la couronne ;
Je veux croire qu'ainsi votre gloire l'ordonne.
Mais ne me pressez point : en l'état où je suis,
Je ne puis que me taire, et pleurer mes ennuis.

ALEXANDRE.

Oui, madame, pleurons un ami si fidèle ;
Faisons en soupirant éclater notre zèle ;
Et qu'un tombeau superbe instruise l'avenir
Et de votre douleur et de mon souvenir.

ANDROMAQUE

TRAGÉDIE (1667).

PRÉFACE.

Mes personnages sont si fameux dans l'antiquité, que, pour peu qu'on la connaisse, on verra fort bien que je les ai rendus tels que les anciens poètes nous les ont donnés : aussi n'ai-je pas pensé qu'il me fût permis de rien changer à leurs mœurs. Toute la liberté que j'ai prise ç'a été d'adoucir un peu la férocité de Pyrrhus, que Sénèque, dans la *Troade*, et Virgile, dans le second livre de l'*Énéïde*, ont poussée beaucoup plus loin que je n'ai cru le devoir faire; encore s'est-il trouvé des gens qui se sont plaints qu'il s'emportât contre Andromaque, et qu'il voulût épouser une captive à quelque prix que ce fût. Mais que faire? Pyrrhus n'avait pas lu nos romans, et il était violent de son naturel.

Quoi qu'il en soit, le public m'a été trop favorable pour m'embarrasser du chagrin particulier de deux ou trois personnes qui voudraient qu'on réformât tous les héros de l'antiquité pour en faire des héros parfaits. Je trouve leur intention fort bonne de vouloir qu'on ne mette sur la scène que des hommes impeccables; mais je les prie de se souvenir que ce n'est point à moi de changer les règles du théâtre. Horace nous recommande de peindre Achille farouche, inexorable, violent, tel qu'il était, et tel qu'on dépeint son fils. Aristote, bien éloigné de nous demander des héros parfaits, veut au contraire que les personnages tragiques, c'est-à-dire ceux dont le malheur fait la catastrophe de la tragédie, ne soient ni tout à fait bons, ni tout à fait méchants. Il ne veut pas qu'ils soient extrêmement bons, parce que la punition d'un homme de bien exciterait plus l'indignation que la pitié du spectateur; ni qu'ils soient méchants avec excès, parce qu'on n'a point pitié d'un scélérat. Il faut donc qu'ils aient une bonté médiocre, c'est-à-dire une vertu capable de faiblesse, et qu'ils tombent dans le malheur par quelque faute qui les fasse plaindre sans les faire détester.

PERSONNAGES :

ANDROMAQUE, veuve d'Hector, captive de Pyrrhus.
PYRRHUS, fils d'Achille, roi d'Épire.
ORESTE, fils d'Agamemnon.
HERMIONE, fille d'Hélène, accordée avec Pyrrhus.
PYLADE, ami d'Oreste.
CLÉONE, confidente d'Hermione.
CÉPHISE, confidente d'Andromaque.
PHOENIX, gouverneur d'Achille, et ensuite de Pyrrhus.
SUITE D'ORESTE.

La scène est à Buthrote, ville d'Épire, dans une salle du palais de Pyrrhus.

ANDROMAQUE

TRAGÉDIE (1667).

ACTE PREMIER.

SCÈNE I.

ORESTE, PYLADE.

ORESTE.
Oui, puisque je retrouve un ami si fidèle,
Ma fortune va prendre une face nouvelle ;
Et déjà son courroux semble s'être adouci
Depuis qu'elle a pris soin de nous rejoindre ici.
Qui l'eût dit, qu'un rivage à mes vœux si funeste
Présenterait d'abord Pylade aux yeux d'Oreste ;
Qu'après plus de six mois que je t'avais perdu,
A la cour de Pyrrhus tu me serais rendu !

PYLADE.
J'en rends grâce au ciel, qui, m'arrêtant sans cesse,
Semblait m'avoir fermé le chemin de la Grèce,
Depuis le jour fatal que la fureur des eaux
Presque aux yeux de l'Épire écarta nos vaisseaux.
Combien dans cet exil ai-je souffert d'alarmes,
Combien à vos malheurs ai-je donné de larmes,
Craignant toujours pour vous quelque nouveau danger
Que ma triste amitié ne pouvait partager !
Surtout je redoutais cette mélancolie
Où j'ai vu si longtemps votre âme ensevelie ;
Je craignais que le ciel, par un cruel secours,
Ne vous offrît la mort, que vous cherchiez toujours.

Mais je vous vois, seigneur ; et, si j'ose le dire,
Un destin plus heureux vous conduit en Épire :
Le pompeux appareil qui suit ici vos pas
N'est point d'un malheureux qui cherche le trépas.

ORESTE.

Hélas! qui peut savoir le destin qui m'amène?
L'amour me fait ici chercher une inhumaine :
Mais qui sait ce qu'il doit ordonner de mon sort,
Et si je viens chercher ou la vie et la mort?

PYLADE.

Quoi! votre âme à l'amour en esclave asservie
Se repose sur lui du soin de votre vie?
Par quel charme, oubliant tant de tourments soufferts,
Pouvez-vous consentir à rentrer dans ses fers?
Pensez-vous qu'Hermione, à Sparte inexorable,
Vous prépare en Épire un sort plus favorable?
Honteux d'avoir poussé tant de vœux superflus,
Vous l'abhorrez : enfin, vous ne m'en parliez plus.
Vous me trompiez, seigneur.

ORESTE.

      Je me trompais moi-même!
Ami, n'accable point un malheureux qui t'aime :
T'ai-je jamais caché mon cœur et mes désirs?
Tu vis naître mes vœux et mes premiers soupirs :
Enfin, quand Ménélas disposa de sa fille
En faveur de Pyrrhus, vengeur de sa famille,
Tu vis mon désespoir; et tu m'as vu depuis
Traîner de mers en mers ma chaîne et mes ennuis.
Je te vis, à regret, en cet état funeste,
Prêt à suivre partout le déplorable Oreste,
Toujours de ma fureur interrompre le cours,
Et de moi-même enfin me sauver tous les jours.
Mais admire avec moi le sort, dont la poursuite
Me fait ainsi courir au piége que j'évite.
J'entends de tous côtés qu'on menace Pyrrhus :
Toute la Grèce éclate en murmures confus :
On se plaint qu'oubliant son sang et sa promesse,
Il élève en sa cour l'ennemi de la Grèce,
Astyanax, d'Hector jeune et malheureux fils,
Reste de tant de rois sous Troie ensevelis.
J'apprends que pour ravir son enfance au supplice
Andromaque trompa l'ingénieux Ulysse,

Tandis qu'un autre enfant, arraché de ses bras,
Sous le nom de son fils fut conduit au trépas.
On dit que, peu sensible aux charmes d'Hermione,
Mon rival porte ailleurs son cœur et sa couronne.
Ménélas, sans le croire, en paraît affligé,
Et se plaint d'un hymen si longtemps négligé.
Aussi de tous les Grecs je brigue le suffrage.
On m'envoie à Pyrrhus : j'entreprends ce voyage.
Je viens voir si l'on peut arracher de ses bras
Cet enfant dont la vie alarme tant d'États.
Toi qui connais Pyrrhus, que penses-tu qu'il fasse?
Dans sa cour, dans son cœur, dis-moi ce qui se passe.
Mon Hermione encor le tient-elle asservi?
Me rendra-t-il, Pylade, un bien qu'il m'a ravi?

PYLADE.

Je vous abuserais si j'osais vous promettre
Qu'entre vos mains, seigneur, il voulût la remettre :
Non que de sa conquête il paraisse flatté.
Pour la veuve d'Hector ses vœux ont éclaté ;
Il l'aime. Mais enfin cette veuve inhumaine
N'a payé jusqu'ici ses désirs que de haine ;
Et chaque jour encore on lui voit tout tenter
Pour fléchir sa captive ou pour l'épouvanter.
De son fils qu'il lui cache il menace la tête,
Et fait couler des pleurs qu'aussitôt il arrête.
Ainsi n'attendez pas que l'on puisse aujourd'hui
Vous répondre d'un cœur si peu maître de lui :
Il peut, seigneur, il peut, dans ce désordre extrême,
Épouser ce qu'il hait, et perdre ce qu'il aime.

ORESTE.

Mais dis-moi de quel œil Hermione peut voir
Son hymen différé, ses charmes sans pouvoir.

PYLADE.

Hermione, seigneur, au moins en apparence,
Semble du roi Pyrrhus dédaigner l'inconstance.
Toujours prête à partir, et demeurant toujours,
Quelquefois elle appelle Oreste à son secours.

ORESTE.

Ah! si je le croyais, j'irais bientôt, Pylade,
Me jeter...

PYLADE.

Achevez, seigneur, votre ambassade.

Vous attendez le roi. Parlez, et lui montrez
Contre le fils d'Hector tous les Grecs conjurés.

SCÈNE II.

PYRRHUS, ORESTE, PHŒNIX.

ORESTE.

Avant que tous les Grecs vous parlent par ma voix,
Souffrez que j'ose ici me flatter de leur choix,
Et qu'à vos yeux, seigneur, je montre quelque joie
De voir le fils d'Achille et le vainqueur de Troie.
Oui, comme ses exploits nous admirons vos coups.
Hector tomba sous lui, Troie expira sous vous;
Et vous avez montré par une heureuse audace,
Que le fils seul d'Achille a pu remplir sa place.
Mais, ce qu'il n'eût point fait, la Grèce avec douleur
Vous voit du sang troyen relever le malheur.
Et, vous laissant toucher d'une pitié funeste,
D'une guerre si longue entretenir le reste.
Ne vous souvient-il plus, seigneur, quel fut Hector?
Nos peuples affaiblis s'en souviennent encor.
Son nom seul fait frémir nos veuves et nos filles;
Et dans toute la Grèce il n'est point de familles
Qui ne demande compte à ce malheureux fils
D'un père ou d'un époux qu'Hector leur a ravis.
Et qui sait ce qu'un jour ce fils peut entreprendre?
Peut-être dans nos ports nous le verrons descendre,
Tel qu'on a vu son père, embraser nos vaisseaux,
Et, la flamme à la main, les suivre sur les eaux.
Oserais-je, seigneur, dire ce que je pense?
Vous-même de vos soins craignez la récompense,
Et que dans votre sein ce serpent élevé
Ne vous punisse un jour de l'avoir conservé.
Enfin de tous les Grecs satisfaites l'envie,
Assurez leur vengeance, assurez votre vie :
Perdez un ennemi d'autant plus dangereux,
Qu'il s'essaîra sur vous à combattre contre eux.

PYRRHUS.

La Grèce en ma faveur est trop inquiétée :
De soins plus importants je l'ai crue agitée,

Seigneur ; et, sur le nom de son ambassadeur,
J'avais dans ses projets conçu plus de grandeur.
Qui croirait, en effet, qu'une telle entreprise
Du fils d'Agamemnon méritât l'entremise ;
Qu'un peuple tout entier, tant de fois triomphant,
N'eût daigné conspirer que la mort d'un enfant ?
Mais à qui prétend-on que je le sacrifie ?
La Grèce a-t-elle encor quelque droit sur sa vie ?
Et, seul de tous les Grecs, ne m'est-il pas permis
D'ordonner d'un captif que le sort m'a soumis ?
Oui, seigneur, lorsqu'au pied des murs fumants de Troie
Les vainqueurs tout sanglants partagèrent leur proie,
Le sort, dont les arrêts furent alors suivis,
Fit tomber en mes mains Andromaque et son fils ;
Hécube près d'Ulysse acheva sa misère ;
Cassandre dans Argos a suivi votre père.
Sur eux, sur leurs captifs, ai-je étendu mes droits ?
Ai-je enfin disposé du fruit de leurs exploits ?
On craint qu'avec Hector Troie un jour ne renaisse :
Son fils peut me ravir le jour que je lui laisse.
Seigneur, tant de prudence entraîne trop de soin :
Je ne sais point prévoir les malheurs de si loin.
Je songe quelle était autrefois cette ville
Si superbe en remparts, en héros si fertile,
Maîtresse de l'Asie ; et je regarde enfin
Quel fut le sort de Troie, et quel est son destin.
Je ne vois que des tours que la cendre a couvertes,
Un fleuve teint de sang, des campagnes désertes,
Un enfant dans les fers ; et je ne puis songer
Que Troie en cet état aspire à se venger.
Ah ! si du fils d'Hector la perte était jurée,
Pourquoi d'un an entier l'avons-nous différée ?
Dans le sein de Priam n'a-t-on pu l'immoler ?
Sous tant de morts, sous Troie, il fallait l'accabler.
Tout était juste alors : la vieillesse et l'enfance
En vain sur leur faiblesse appuyaient leur défense ;
La victoire et la nuit, plus cruelles que nous,
Nous excitaient au meurtre, et confondaient nos coups.
Mon courroux aux vaincus ne fut que trop sévère.
Mais que ma cruauté survive à ma colère,
Que, malgré la pitié dont je me sens saisir,
Dans le sang d'un enfant je me baigne à loisir ?

Non, seigneur : que les Grecs cherchent quelque autre proie ;
Qu'ils poursuivent ailleurs ce qui reste de Troie :
De mes inimitiés le cours est achevé ;
L'Épire sauvera ce que Troie a sauvé.

ORESTE.

Seigneur, vous savez trop avec quel artifice
Un faux Astyanax fut offert au supplice
Où le seul fils d'Hector devait être conduit ;
Ce n'est pas les Troyens, c'est Hector qu'on poursuit.
Oui, les Grecs sur le fils persécutent le père.
Il a par trop de sang acheté leur colère.
Ce n'est que dans le sien qu'elle peut expirer ;
Et jusque dans l'Épire il les peut attirer :
Prévenez-les.

PYRRHUS.

Non, non. J'y consens avec joie !
Qu'ils cherchent dans l'Épire une seconde Troie ;
Qu'ils confondent leur haine, et ne distinguent plus
Le sang qui les fit vaincre, et celui des vaincus.
Aussi bien ce n'est pas la première injustice
Dont la Grèce d'Achille a payé le service.
Hector en profita, seigneur ; et quelque jour
Son fils en pourrait bien profiter à son tour.

ORESTE.

Ainsi la Grèce en vous trouve un enfant rebelle ?

PYRRHUS.

Et je n'ai donc vaincu que pour dépendre d'elle ?

ORESTE.

Hermione, seigneur, arrêtera vos coups :
Ses yeux s'opposeront entre son père et vous.

PYRRHUS.

Hermione, seigneur, peut m'être toujours chère :
Je puis l'aimer, sans être l'esclave de son père ;
Et je saurai peut-être accorder quelque jour
Les soins de ma grandeur et ceux de mon amour.
Vous pouvez cependant voir la fille d'Hélène :
Du sang qui vous unit je sais l'étroite chaîne.
Après cela, seigneur, je ne vous retiens plus,
Et vous pourrez aux Grecs annoncer mon refus.

SCÈNE III.

PYRRHUS, PHŒNIX.

PHŒNIX.

Seigneur...

PYRRHUS.

Une autre fois je t'ouvrirai mon âme
Andromaque paraît.

SCÈNE IV.

PYRRHUS, ANDROMAQUE, PHŒNIX, CÉPHISE.

PYRRHUS.

Me cherchiez-vous, madame ?
Un espoir si charmant me serait-il permis ?

ANDROMAQUE.

Je passais jusqu'aux lieux où l'on garde mon fils.
Puisqu'une fois le jour vous souffrez que je voie
Le seul bien qui me reste et d'Hector et de Troie,
J'allais, seigneur, pleurer un moment avec lui :
Je ne l'ai point encore embrassé d'aujourd'hui !

PYRRHUS.

Ah ! madame, les Grecs, si j'en crois leurs alarmes,
Vous donneront bientôt d'autres sujets de larmes.

ANDROMAQUE.

Et quelle est cette peur dont leur cœur est frappé,
Seigneur ? quelque Troyen vous est-il échappé ?

PYRRHUS.

Leur haine pour Hector n'est pas encore éteinte :

ANDROMAQUE.

Ils redoutent son fils. Digne objet de leur crainte !
Un enfant malheureux, qui ne sait pas encor
Que Pyrrhus est son maître, et qu'il est fils d'Hector !

PYRRHUS.

Tel qu'il est, tous les Grecs demandent qu'il périsse.
Le fils d'Agamemnon vient hâter son supplice.

ANDROMAQUE.

Et vous prononcerez un arrêt si cruel ?
Est-ce mon intérêt qui le rend criminel ?

Hélas ! on ne craint point qu'il venge un jour son père ;
On craint qu'il n'essuyât les larmes de sa mère.
Il m'aurait tenu lieu d'un père et d'un époux ;
Mais il me faut tout perdre, et toujours par vos coups.

PYRRHUS.

Madame, mes refus ont prévenu vos larmes.
Tous les Grecs m'ont déjà menacé de leurs armes ;
Mais dussent-ils encore, en repassant les eaux,
Demander votre fils avec mille vaisseaux,
Coûtât-il tout le sang qu'Hélène a fait répandre,
Dussé-je après dix ans voir mon palais en cendre,
Je ne balance point, je vole à son secours,
Je défendrai sa vie aux dépens de mes jours.
Mais, parmi ces périls où je cours pour vous plaire,
Me refuserez-vous un regard moins sévère ?
Haï de tous les Grecs, pressé de tous côtés,
Me faudra-t-il combattre encor vos cruautés ?

ANDROMAQUE.

Seigneur, que faites-vous, et que dira la Grèce ?
Faut-il qu'un si grand cœur montre tant de faiblesse ?
Quels charmes ont pour vous des yeux infortunés
Qu'à des pleurs éternels vous avez condamnés ?
Non, non : d'un ennemi respecter la misère,
Sauver des malheureux, rendre un fils à sa mère,
De cent peuples pour lui combattre la rigueur,
Sans me faire payer son salut de mon cœur ;
Malgré moi, s'il le faut, lui donner un asile,
Seigneur, voilà des soins dignes du fils d'Achille.

PYRRHUS.

Eh quoi ! votre courroux n'a-t-il pas eu son cours ?
Peut-on haïr sans cesse ? et punit-on toujours !
J'ai fait des malheureux, sans doute ; et la Phrygie
Cent fois de votre sang a vu ma main rougie ;
Mais enfin, tour à tour, c'est assez nous punir ;
Nos ennemis communs devraient nous réunir ;
Madame, dites-moi seulement que j'espère,
Je vous rends votre fils ; et je lui sers de père ;
Je l'instruirai moi-même à venger les Troyens ;
J'irai punir les Grecs de vos maux et des miens.
Avec un tel espoir, je puis tout entreprendre :
Votre Ilion encor peut sortir de sa cendre ;
Je puis, en moins de temps que les Grecs ne l'ont pris,

Dans ses murs relevés couronner votre fils.

ANDROMAQUE.

Seigneur, tant de grandeurs ne nous touchent plus guère.
Je les lui promettais tant qu'a vécu son père.
Non, vous n'espérez plus de nous revoir encor,
Sacrés murs, que n'a pu conserver mon Hector !
A de moindres faveurs des malheureux prétendent,
Seigneur ; c'est un exil que mes pleurs vous demandent.
Souffrez que loin des Grecs, et même loin de vous,
J'aille cacher mon fils, et pleurer mon époux.
Vos projets contre nous allument trop de haine :
Retournez, retournez à la fille d'Hélène.

PYRRHUS.

Eh bien ! madame, eh bien ! il faut vous obéir ;
Il faut vous oublier, ou plutôt vous haïr.
Je n'épargnerai rien dans ma juste colère :
Le fils me répondra des mépris de la mère ;
La Grèce le demande ; et je ne prétends pas
Mettre toujours ma gloire à sauver des ingrats.

ANDROMAQUE.

Hélas ! il mourra donc ! Il n'a pour sa défense
Que les pleurs de sa mère, et que son innocence...
Et peut-être, après tout, en l'état où je suis,
Sa mort avancera la fin de mes ennuis.
Je prolongeais pour lui ma vie et ma misère ;
Mais enfin sur ses pas j'irai revoir son père.
Ainsi, tous trois, seigneur, par vos soins réunis,
Nous vous...

PYRRHUS.

    Allez, madame, allez voir votre fils.
Peut-être, en le voyant, votre amour plus timide
Ne prendra pas toujours sa colère pour guide.
Pour savoir nos destins, j'irai vous retrouver :
Madame, en l'embrassant, songez à le sauver.

ACTE DEUXIÈME.

SCÈNE I.

HERMIONE, CLÉONE.

HERMIONE.

Je fais ce que tu veux : je consens qu'il me voie;
Je lui veux bien encore accorder cette joie.
Pylade va bientôt conduire ici ses pas;
Mais, si je m'en croyais, je ne le verrais pas.

CLÉONE.

Et qu'est-ce que sa vue a pour vous de funeste?
Madame, n'est-ce pas toujours le même Oreste?

HERMIONE.

Quelle honte pour moi, quel triomphe pour lui
De voir mon infortune égaler son ennui!
Est-ce là, dira-t-il, cette fière Hermione?
Elle me dédaignait : un autre l'abandonne;
L'ingrate, qui mettait son cœur à si haut prix,
Apprend donc, à son tour, à souffrir des mépris!

CLÉONE.

Mais vous ne dites point ce que vous mande un père?

HERMIONE.

Dans ces retardements si Pyrrhus persévère,
A la mort du Troyen s'il ne veut consentir,
Mon père avec les Grecs m'ordonne de partir.

CLÉONE.

Eh bien! madame, eh bien! écoutez donc Oreste.
Pyrrhus a commencé, faites au moins le reste.
Pour bien faire, il faudrait que vous le prévinssiez :
Ne m'avez-vous pas dit que vous le haïssiez?

HERMIONE.

Si je le hais, Cléone! Il y va de ma gloire,
Après tant de bontés dont il perd la mémoire.
Contre mon ennemi laisse-moi m'assurer;
Bientôt, avec horreur je m'en veux séparer.
Tu veux que je le fuie? Eh bien, rien ne m'arrête :

Allons, n'envions plus son indigne conquête :
Ou, le forçant de rompre un nœud si solennel,
Aux yeux de tous les Grecs rendons-le criminel.
J'ai déjà sur le fils attiré leur colère ;
Je veux qu'on vienne encor lui demander la mère.
Rendons-lui les tourments qu'elle me fait souffrir !
Qu'elle le perde, ou bien qu'il la fasse périr.

CLÉONE.

Vous pensez que des yeux toujours ouverts aux larmes
Se plaisent à troubler le pouvoir de vos charmes?

HERMIONE.

Me voyait-il de l'œil qu'il me voit aujourd'hui?
Tu t'en souviens encor, tout conspirait pour lui ;
Ma famille vengée, et les Grecs dans la joie,
Nos vaisseaux tout chargés des dépouilles de Troie...
Mais c'en est trop, Cléone, et quel que soit Pyrrhus,
Hermione est sensible, Oreste a des vertus ;
Il sait aimer du moins, et même sans qu'on l'aime ;
Et peut-être il saura se faire aimer lui-même.
Allons, qu'il vienne enfin.

CLÉONE.

    Madame, le voici.

HERMIONE.

Ah ! je ne croyais pas qu'il fût si près d'ici.

SCÈNE II.

HERMIONE, ORESTE, CLÉONE.

HERMIONE.

Le croirai-je, seigneur, qu'un reste de tendresse
Vous fasse ici chercher une triste princesse?
Ou ne dois-je imputer qu'à votre seul devoir
L'heureux empressement qui vous porte à me voir ?

ORESTE.

Tel est de mon destin l'aveuglement funeste ;
Vous le savez, madame, et que le sort d'Oreste
Est de toujours souffrir. Mais j'atteste les dieux,
Témoins de la fureur de mes derniers adieux,
Que j'ai couru partout où ma perte certaine
Dégageait mes serments et finissait ma peine.
J'ai mendié la mort chez des peuples cruels

Qui n'apaisaient leurs dieux que du sang des mortels.
Voilà, depuis un an, le seul soin qui m'anime,
Madame, c'est à vous de prendre une victime
Que les Scythes auraient dérobée à vos coups
Si j'en avais trouvé d'aussi cruels que vous.

HERMIONE.

Quittez, seigneur, quittez ce funeste langage :
A des soins plus pressants la Grèce vous engage.
Que parlez-vous du Scythe et de mes cruautés?
Songez à tous ces rois que vous représentez.
Faut-il que d'un transport leur vengeance dépende?
Est-ce le sang d'Oreste enfin qu'on vous demande?
Dégagez-vous des soins dont vous êtes chargé.

ORESTE.

Les refus de Pyrrhus m'ont assez dégagé,
Madame : il me renvoie; et quelqu'autre puissance
Lui fait du fils d'Hector embrasser la défense.

HERMIONE.

L'infidèle!

ORESTE.

Ainsi donc, tout prêt à le quitter,
Sur mon propre destin je viens vous consulter.
Déjà même je crois entendre la réponse
Qu'en secret contre moi votre haine prononce.

HERMIONE.

Eh quoi! toujours injuste en vos tristes discours,
De mon inimitié vous plaindrez-vous toujours?
Quelle est cette rigueur tant de fois alléguée;
J'ai passé dans l'Épire où j'étais réléguée;
Mon père l'ordonnait; mais qui sait si depuis
Je n'ai point en secret partagé vos ennuis?
Pensez-vous avoir seul éprouvé des alarmes;
Que l'Épire jamais n'ait vu couler mes larmes?
Enfin, qui vous a dit que, malgré mon devoir,
Je n'ai pas quelquefois souhaité de vous voir?
Il faut donc m'expliquer : vous agirez ensuite.
Vous savez qu'en ces lieux mon devoir m'a conduite :
Mon devoir m'y retient; et je n'en puis partir
Que mon père ou Pyrrhus ne m'en fassent sortir.
De la part de mon père allez lui faire entendre
Que l'ennemi des Grecs ne peut être son gendre;
Du Troyen ou de moi faites-le décider,

Qu'il songe qui des deux il veut rendre ou garder;
Enfin, qu'il me renvoie ou bien qu'il vous le livre.
Adieu, s'il y consent. Je suis prête à vous suivre.

SCÈNE III.

ORESTE.

Oui, oui, vous me suivrez, n'en doutez nullement;
Je vous réponds déjà de son consentement.
Je ne crains pas enfin que Pyrrhus la retienne :
Il n'a devant les yeux que sa chère Troyenne;
Tout autre objet le blesse; et peut-être aujourd'hui
Il n'attend qu'un prétexte à l'éloigner de lui.

SCÈNE IV.

PYRRHUS, ORESTE, PHŒNIX.

PYRRHUS.

Je vous cherchais, seigneur. Un peu de violence
M'a fait de vos raisons combattre la puissance,
Je l'avoue, et, depuis que je vous ai quitté,
J'en ai senti la force et connu l'équité.
J'ai songé, comme vous, qu'à la Grèce, à mon père,
A moi-même, en un mot, je devenais contraire;
Que je relevais Troie, et rendais imparfait
Tout ce qu'a fait Achille, et tout ce que j'ai fait.
Je ne condamne plus un courroux légitime;
Et l'on vous va, seigneur, livrer votre victime.

ORESTE.

Seigneur, par ce conseil prudent et rigoureux
C'est acheter la paix du sang d'un malheureux.

PYRRHUS.

Oui; mais je veux, seigneur, l'assurer davantage :
D'une éternelle paix Hermione est le gage;
Je l'épouse. Il semblait qu'un spectacle si doux
N'attendît en ces lieux qu'un témoin tel que vous :
Vous y représentez tous les Grecs et son père,
Puisqu'en vous Ménélas voit revivre son frère,
Voyez-la donc. Allez. Dites-lui que demain

J'attends avec la paix son cœur de votre main.
ORESTE, à part.
Ah! dieux!

SCÈNE V.

PYRRHUS, PHŒNIX.

PYRRHUS.
Eh bien! Phœnix, Pyrrhus est-il le maître?
Tes yeux refusent-ils encor de me connaître?
PHOENIX.
Ah! je vous reconnais, et ce juste courroux,
Ainsi qu'à tous les Grecs, seigneur, vous rend à vous.
Ce n'est plus le jouet d'une flamme servile,
C'est Pyrrhus, c'est le fils et le rival d'Achille,
Que la gloire à la fin ramène sous ses lois,
Qui triomphe de Troie une seconde fois.
PYRRHUS.
Dis plutôt qu'aujourd'hui commence ma victoire :
D'aujourd'hui seulement je jouis de ma gloire.
PHOENIX.
Oui, je bénis, seigneur, l'heureuse cruauté
Qui vous rend...
PYRRHUS.
Tu l'as vu comme elle m'a traité.
Je pensais, en voyant sa tendresse alarmée,
Que son fils me la dût renvoyer désarmée :
J'allais voir le succès de ses embrassements;
Je n'ai trouvé que pleurs mêlés d'emportements.
Sa misère l'aigrit; et toujours plus farouche,
Cent fois le nom d'Hector est sorti de sa bouche.
Vainement à son fils j'assurais mon secours.
« C'est Hector, disait-elle, en l'embrassant toujours;
» Voilà ses yeux, sa bouche, et déjà son audace;
» C'est lui-même, c'est toi, cher époux, que j'embrasse. »
Et quelle est sa pensée? attend-elle en ce jour
Que je lui laisse un fils pour nourrir son amour?
PHOENIX.
Sans doute, c'est le prix que vous gardait l'ingrate.
Mais, laissez la, seigneur.

N'est-ce pas à vos yeux un spectacle assez doux
Que la veuve d'Hector pleurant à vos genoux?

Acte III, Scène IV.

ANDROMAQUE.

ACTE II, SCÈNE V.

PYRRHUS.

Je vois ce qui la flatte...
Trop de haine sépare Andromaque et Pyrrhus.

PHŒNIX.

Commencez donc, seigneur, à ne m'en parler plus.

PYRRHUS.

Sans parents, sans amis, sans espoir que sur moi ?
Je puis perdre son fils, peut-être je le doi ;
Étrangère... que dis-je ? esclave dans l'Épire,
Je lui donne son fils, mon âme, mon empire ;
Et je ne puis gagner dans son perfide cœur
D'autre rang que celui de son persécuteur ?
Non, non, je l'ai juré, ma vengeance est certaine ;
Il faut bien une fois justifier sa haine :
J'abandonne son fils. Que de pleurs vont couler !
De quel nom sa douleur me va-t-elle appeler !
Quel spectacle pour elle aujourd'hui se dispose !
Elle en mourra, Phœnix, et j'en serai la cause :
C'est lui mettre moi-même un poignard dans le sein.

PHŒNIX.

Et pourquoi donc en faire éclater le dessein ?
Que ne consultiez-vous tantôt votre faiblesse ?

PYRRHUS.

Je l'entends. Mais excuse un reste de tendresse.
Crains-tu pour ma colère un si faible combat ?
D'une ardeur qui s'éteint c'est le dernier éclat.
Allons. A tes conseils, Phœnix, je m'abandonne.
Faut-il livrer son fils, faut-il voir Hermione ?

PHŒNIX.

Oui, voyez-la, seigneur ; et, par des vœux soumis,
Protestez-lui...

PYRRHUS.

Faisons tout ce que j'ai promis.

ACTE TROISIÈME.

SCÈNE I.

ORESTE, PYLADE.

PYLADE.

Modérez donc, seigneur, cette fureur extrême :
Je ne vous connais plus; vous n'êtes plus vous-même,
Souffrez...

ORESTE.

Non, tes conseils ne sont plus de saison.
Pylade; je suis las d'écouter la raison.
C'est traîner trop longtemps ma vie et mon supplice;
Il faut que nous partions, ou bien que je périsse.
Le dessein en est pris; je le veux achever.
Oui, je le veux.

PYLADE.

Eh bien! il la faut enlever;
J'y consens. Mais songez cependant où vous êtes.
Que croira-t-on de vous, à voir ce que vous faites?
Dissimulez : calmez ce transport inquiet;
Commandez à vos yeux de garder le secret.
Ces gardes, cette tour, l'air qui vous environne,
Tout dépend de Pyrrhus, et surtout Hermione.
A ses regards surtout cachez votre courroux.
O dieux! en cet état pourquoi la cherchez-vous?

ORESTE.

Et quelle âme, dis-moi, ne serait éperdue
Du coup dont ma raison vient d'être confondue?
Il épouse, dit-il, Hermione demain;
Il veut, pour m'honorer, la tenir de ma main.
Ah! plutôt cette main dans le sang du barbare...

PYLADE.

Vous l'accusez, seigneur, de ce destin bizarre;
Cependant, tourmenté de ses propres desseins,
Il est peut-être à plaindre autant que je vous plains.

ORESTE.

Je ne sais de tout temps quelle injuste puissance
Laisse le crime en paix, et poursuit l'innocence.
De quelque part sur moi que je tourne les yeux,
Je ne vois que malheurs qui condamnent les dieux.
Méritons leur courroux, justifions leur haine,
Et que le fruit du crime en précède la peine.
Mais toi, par quelle erreur veux-tu toujours sur toi
Détourner un courroux qui ne cherche que moi ?
Assez et trop longtemps mon amitié t'accable :
Évite un malheureux, abandonne un coupable.
Cher Pylade, crois-moi, ta pitié te séduit.
Laisse-moi des périls dont j'attends tout le fruit.
Porte aux Grecs cet enfant que Pyrrhus m'abandonne.
Va-t'en.

PYLADE.

Allons, seigneur, entraînons Hermione.
Je sais de ce palais tous les détours obscurs ;
Vous voyez que la mer en vient battre les murs,
Et cette nuit, sans peine, une secrète voie
Jusqu'en votre vaisseau conduira votre proie.

ORESTE.

J'abuse, cher ami, de ton trop d'amitié ;
Mais pardonne à des maux dont toi seul as pitié ;
Excuse un malheureux qui perd tout ce qu'il aime,
Que tout le monde hait, et qui se hait lui-même.
Que ne puis-je à mon tour dans un sort plus heureux...

PYLADE.

Dissimulez, seigneur ; c'est tout ce que je veux.

SCÈNE II.

HERMIONE, ORESTE, CLÉONE.

ORESTE.

Eh bien ! mes soins vous ont rendu votre conquête :
J'ai vu Pyrrhus, madame, et votre hymen s'apprête.

HERMIONE.

On le dit ; et de plus on vient de m'assurer
Que vous ne me cherchiez que pour m'y préparer.

ORESTE.

Et votre âme à ses vœux ne sera point rebelle ?

HERMIONE.

Qui l'eût cru que Pyrrhus ne fût pas infidèle!
Et que puis-je, seigneur? On a promis ma foi :
Lui ravirai-je un bien qu'il ne tient pas de moi?
Le choix ne règle pas le sort d'une princesse :
La gloire d'obéir est tout ce qu'on nous laisse.

ORESTE.

Tel est votre devoir, je l'avoue, et le mien
Est de vous épargner un si triste entretien.

SCÈNE III.

HERMIONE, CLÉONE.

HERMIONE.

Attendais-tu, Cléone, un courroux si modeste?

CLÉONE.

La douleur qui se tait n'en est que plus funeste!
Je le plains d'autant plus qu'autour de son ennui,
Le coup qui l'a perdu n'est parti que de lui.
Comptez depuis quel temps votre hymen se prépare.
Il a parlé, madame, et Pyrrhus se déclare.

HERMIONE.

Tu crois que Pyrrhus craint? Et que craint-il encor?
Des peuples qui, dix ans, ont fui devant Hector;
Qui cent fois, effrayés de l'absence d'Achille,
Dans leurs vaisseaux brûlants ont cherché leur asile,
Et qu'on verrait encor, sans l'appui de son fils,
Redemander Hélène aux Troyens impunis?
Songe...

CLÉONE.

Dissimulez : votre rivale en pleurs
Vient à vos pieds, sans doute, apporter ses douleurs.

HERMIONE.

Dieux! ne puis-je à ma joie abandonner mon âme!
Sortons : que lui dirais-je?

SCÈNE IV.

ANDROMAQUE, HERMIONE, CLÉONE, CÉPHISE.

ANDROMAQUE.

Où fuyez-vous, madame?
N'est-ce pas à vos yeux un spectacle assez doux

Que la veuve d'Hector pleurant à vos genoux ?
Je ne viens point ici, par de jalouses larmes,
Vous envier un cœur qui le rend à vos charmes.
Par une main cruelle, hélas! j'ai vu percer
Le seul où mes regards prétendait s'adresser :
Ma flamme par Hector fut jadis allumée ;
Avec lui dans la tombe elle s'est enfermée.
Mais il me reste un fils. Vous saurez quelque jour,
Madame, pour un fils jusqu'où va notre amour ;
Mais vous ne saurez pas, du moins je le souhaite,
En quel trouble mortel son intérêt nous jette,
Lorsque de tant de biens qui pouvaient nous flatter,
C'est le seul qui nous reste, et qu'on veut nous l'ôter.
Hélas! lorsque, lassés de dix ans de misère,
Les Troyens en courroux menaçaient votre mère,
J'ai su de mon Hector lui procurer l'appui :
Vous pouvez sur Pyrrhus ce que j'ai pu sur lui.
Que craint-on d'un enfant qui survit à sa perte ?
Laissez-moi le cacher en quelque île déserte ;
Sur les soins de sa mère on peut s'en assurer,
Et mon fils avec moi n'apprendra qu'à pleurer.

HERMIONE.

Je conçois vos douleurs; mais un devoir austère,
Quand mon père a parlé, m'ordonne de me taire.
C'est lui qui de Pyrrhus fait agir le courroux.
S'il faut fléchir Pyrrhus, qui le peut mieux que vous ?
Faites-le prononcer.

SCÈNE V.

PYRRHUS, ANDROMAQUE, PHŒNIX, CÉPHISE.

ANDROMAQUE, à Céphise.
Hélas! tout m'abandonne!

PHŒNIX.
Allons, seigneur, marchons sur les pas d'Hermione.

CÉPHISE, à Andromaque.
Qu'attendez-vous ? rompez ce silence obstiné.

ANDROMAQUE.
Il a promis mon fils.

CÉPHISE.
Il ne l'a pas donné.

ANDROMAQUE.
Non, non, j'ai beau pleurer, sa mort est résolue.
PYRRHUS.
Daigne-t-elle sur nous tourner au moins la vue?
Quel orgueil!
ANDROMAQUE.
Je ne fais que l'irriter encor.
PYRRHUS.
Sortons. Allons aux Grecs livrer le fils d'Hector.
ANDROMAQUE, se jetant aux pieds de Pyrrhus.
Ah! seigneur! arrêtez! que prétendez-vous faire?
Si vous livrez le fils, livrez-leur donc la mère!
Vos serments m'ont tantôt juré tant d'amitié;
Dieux! ne pourrais-je au moins toucher votre pitié?
Sans espoir de pardon m'avez-vous condamnée?
PYRRHUS.
Phœnix vous le dira, ma parole est donnée.
ANDROMAQUE.
Vous qui braviez pour moi tant de périls divers!
PYRRHUS.
J'étais aveugle alors : mes yeux se sont ouverts.
Sa grâce à vos désirs pouvait être accordée;
Mais vous ne l'avez pas seulement demandée :
C'en est fait.
ANDROMAQUE.
Ah! seigneur, vous entendiez assez
Des soupirs qui craignaient de se voir repoussés
Pardonnez à l'éclat d'une illustre fortune
Ce reste de fierté qui craint d'être importune.
Vous ne l'ignorez pas : Andromaque, sans vous,
N'aurait jamais d'un maître embrassé les genoux.
PYRRHUS.
Non, vous me haïssez; et dans le fond de l'âme
Vous craignez de devoir quelque chose à ma flamme.
Ce fils même, ce fils, objet de tant de soins,
Si je l'avais sauvé, vous l'en aimeriez moins.
La haine, le mépris, contre moi tout s'assemble :
Vous me haïssez plus que tous les Grecs ensemble.
Jouissez à loisir d'un si noble courroux.
Allons, Phœnix.
ANDROMAQUE.
Allons rejoindre mon époux.

CÉPHISE.

Madame...

ANDROMAQUE, à Céphise.
Et que veux-tu que je lui dise encore?
Auteur de tous mes maux, crois-tu qu'il les ignore?
A Pyrrhus.
Seigneur, voyez l'état où vous me réduisez.
J'ai vu mon père mort, et nos murs embrasés ;
J'ai vu trancher les jours de ma famille entière,
Et mon époux sanglant traîné sur la poussière,
Son fils seul avec moi, réservé pour les fers.
Mais que ne peut un fils ! je respire, je sers.
J'ai fait plus ; je me suis quelquefois consolée
Qu'ici, plutôt qu'ailleurs, le sort m'eût exilée ;
Qu'heureux dans son malheur, le fils de tant de rois,
Puisqu'il devait servir, fût tombé sous vos lois ;
J'ai cru que sa prison deviendrait son asile.
Jadis Priam soumis fut respecté d'Achille :
J'attendais de son fils encor plus de bonté.
Pardonne, cher Hector, à ma crédulité !
Je n'ai pu soupçonner ton ennemi d'un crime :
Malgré lui-même enfin je l'ai cru magnanime.
Ah ! s'il l'était assez pour nous laisser du moins
Au tombeau qu'à ta cendre ont élevé mes soins,
Et que, finissant là sa haine et nos misères,
Il ne séparât point des dépouilles si chères !

PYRRHUS.
Va m'attendre, Phœnix.

SCÈNE VI.

PYRRHUS, ANDROMAQUE, CÉPHISE.

PYRRHUS.
Madame, demeurez.
On peut vous rendre encor ce fils que vous pleurez.
Oui, je sens à regret qu'en excitant vos larmes,
Je ne fais contre moi que vous donner des armes ;
Je croyais apporter plus de haine en ces lieux.
Mais, madame, du moins, tournez vers moi les yeux :
Voyez si mes regards sont d'un juge sévère,
S'ils sont d'un ennemi qui cherche à vous déplaire.

Pourquoi me forcez-vous vous-même à vous trahir?
Au nom de votre fils, cessons de nous haïr.
A le sauver enfin c'est moi qui vous convie.
Faut-il que mes soupirs vous demandent sa vie?
Faut-il qu'en sa faveur j'embrasse vos genoux?
Pour la dernière fois, sauvez-le, sauvez-vous.
Je sais de quels serments je romps pour vous les chaînes;
Combien je vais sur moi faire éclater de haines.
Je renvoie Hermione, et je mets sur son front,
Au lieu de ma couronne, un éternel affront :
Je vous conduis au temple où son hymen s'apprête;
Je vous ceins du bandeau préparé pour sa tête.
Mais ce n'est plus, madame, une offre à dédaigner;
Je vous le dis : il faut ou périr ou régner.
Songez-y : je vous laisse, et je viendrai vous prendre
Pour vous mener au temple où ce fils doit m'attendre;
Et là vous me verrez, soumis ou furieux,
Vous couronner, madame, ou le perdre à vos yeux.

SCÈNE VII.

ANDROMAQUE, CÉPHISE.

CÉPHISE.

Je vous l'avais prédit, qu'en dépit de la Grèce,
De votre sort encor vous seriez la maîtresse.

ANDROMAQUE.

Hélas! de quel effet tes discours sont suivis!
Il ne me restait plus qu'à condamner mon fils.

CÉPHISE.

Madame, à votre époux c'est être assez fidèle.
Trop de vertu pourrait vous rendre criminelle.
Lui-même il porterait votre âme à la douceur.

ANDROMAQUE.

Quoi! je lui donnerais Pyrrhus pour successeur?

CÉPHISE.

Ainsi le veut son fils, que les Grecs vous ravissent.
Pensez-vous qu'après tout ses mânes en rougissent;
Qu'il méprisât, madame, un roi victorieux
Qui vous fait remonter au rang de vos aïeux;
Qui foule aux pieds pour vous vos vainqueurs en colère,
Qui ne se souvient plus qu'Achille était son père,

ACTE III, SCÈNE VII.

Qui dément ses exploits, et les rend superflus?
ANDROMAQUE.
Dois-je les oublier, s'il ne s'en souvient plus?
Dois-je oublier Hector privé de funérailles,
Et traîné sans honneur autour de nos murailles?
Dois-je oublier mon père à mes pieds renversé,
Ensanglantant l'autel qu'il tenait embrassé?
Songe, songe, Céphise, à cette nuit cruelle
Qui fut pour tout un peuple une nuit éternelle;
Figure-toi Pyrrhus, les yeux étincelants,
Entrant à la lueur de nos palais brûlants,
Sur tous mes frères morts se faisant un passage,
Et, de sang tout couvert, échauffant le carnage;
Songe aux cris des vainqueurs, songe aux cris des mourants
Dans la flamme étouffés, sous le fer expirants;
Peins-toi dans ces horreurs Andromaque éperdue :
Voilà comme Pyrrhus vint s'offrir à ma vue,
Voilà par quels exploits il sut se couronner;
Enfin, voilà l'époux que tu veux me donner.
Non, je ne serai point complice de ses crimes;
Qu'il nous prenne, s'il veut, pour dernières victimes.
Tous mes ressentiments lui seraient asservis!
CÉPHISE.
Eh bien! allons donc voir expirer votre fils :
On n'attend plus que vous... Vous frémissez, madame!
ANDROMAQUE.
Ah! de quel souvenir viens-tu frapper mon âme!
Quoi! Céphise, j'irai voir expirer encor
Ce fils, ma seule joie, et l'image d'Hector;
Ce fils, que de sa foi il me laissa pour gage!
Hélas! je m'en souviens, le jour que son courage
Lui fit chercher Achille, ou plutôt le trépas,
Il demanda son fils, et le prit dans ses bras :
« Chère épouse, dit-il en essuyant mes larmes,
» J'ignore quel succès le sort garde à mes armes;
» Je te laisse mon fils pour gage de ma foi :
» S'il me perd, je prétends qu'il me retrouve en toi :
» Si d'un heureux hymen la mémoire t'est chère,
» Montre au fils à quel point tu chérissais le père. »
Et je puis voir répandre un sang si précieux!
Et je laisse avec lui périr tous ses aïeux!
Roi barbare, faut-il que mon crime l'entraîne?

Si je te hais, est-il coupable de ma haine?
T'a-t-il de tous les siens reproché le trépas?
S'est-il plaint à tes yeux des maux qu'il ne sent pas!
Mais cependant, mon fils, tu meurs si je n'arrête
Le fer que le cruel tient levé sur ta tête.
Je l'en puis détourner, et je t'y vais offrir!...
Non, tu ne mourras point, je ne le puis souffrir.
Allons trouver Pyrrhus. Mais non, chère Céphise,
Va le trouver pour moi.

CÉPHISE.
Que faut-il que je dise?

ANDROMAQUE.
Dis-lui que de mon fils l'amour est assez fort...
Crois-tu que dans son cœur il ait juré sa mort?
Eh bien! va l'assurer... O Troyens! ô mon père!
O mon fils! que tes jours coûtent cher à ta mère!
Allons.

CÉPHISE
Où donc, madame? et que résolvez-vous?

ANDROMAQUE.
Allons sur son tombeau consulter mon époux.

ACTE QUATRIÈME.

SCÈNE I.

ANDROMAQUE, CÉPHISE.

CÉPHISE.
Ah! je n'en doute point : c'est votre époux, madame,
C'est Hector qui produit ce miracle en votre âme!
Il veut que Troie encor se puisse relever
Avec cet heureux fils qu'il vous fait conserver.
Pyrrhus vous l'a promis, vous venez de l'entendre,
Madame : il n'attendait qu'un mot pour vous le rendre.
Croyez-en ses serments : père, sceptre, alliés,
Content de votre cœur, il met tout à vos pieds;
Sur lui, sur tout son peuple il vous rend souveraine.

ACTE IV, SCÈNE I.

Est-ce là ce vainqueur digne de tant de haine !
Déjà contre les Grecs plein d'un noble courroux,
Le soin de votre fils le touche autant que vous :
Il prévient leur fureur ; il lui laisse sa garde ;
Pour ne pas l'exposer, lui-même il se hasarde.
Mais tout s'apprête au temple, et vous avez promis...

ANDROMAQUE.

Oui, je m'y trouverai. Mais allons voir mon fils.

CÉPHISE.

Madame, qui vous presse ? Il suffit que sa vue
Désormais à vos yeux ne soit plus défendue.
Vous lui pourrez bientôt prodiguer vos bontés,
Et vos embrassements ne seront plus comptés.
Quel plaisir d'élever un enfant qu'on voit croître,
Non plus comme un esclave élevé par son maître,
Mais pour voir avec lui renaître tant de rois !

ANDROMAQUE.

Céphise, allons le voir pour la dernière fois.

CÉPHISE.

Que dites-vous ? O dieux !

ANDROMAQUE.

O ma chère Céphise !
Ce n'est point avec toi que mon cœur se déguise :
Ta foi, dans mon malheur, s'est montrée à mes yeux ;
Mais j'ai cru qu'à mon tour tu me connaissais mieux.
Quoi donc ! as-tu pensé qu'Andromaque infidèle
Pût trahir un époux qui croit revivre en elle,
Et que, de tant de morts réveillant la douleur,
Le soin de mon repos me fît troubler le leur ?
Est-ce là cette ardeur tant promise à sa cendre ?
Mais son fils périssait, il l'a fallu défendre.
Pyrrhus en m'épousant s'en déclare l'appui ;
Il suffit : je veux bien m'en reposer sur lui.
Je sais quel est Pyrrhus : violent, mais sincère,
Céphise, il fera plus qu'il n'a promis de faire !
Sur le courroux des Grecs je m'en repose encor :
Leur haine va donner un père au fils d'Hector.
Je vais donc, puisqu'il faut que je me sacrifie,
Assurer à Pyrrhus le reste de ma vie ;
Je vais, en recevant sa foi sur les autels,
L'engager à mon fils par des nœuds immortels.
Mais aussitôt ma main, à moi seule funeste,

D'une infidèle vie abrégera le reste ;
Et, sauvant ma vertu, rendra ce que je doi
A Pyrrhus, à mon fils, à mon époux, à moi.
Voilà de ma douleur l'innocent stratagème :
Voilà ce qu'un époux m'a commandé lui-même.
J'irai seule rejoindre Hector et mes aïeux.
Céphise, c'est à toi de me fermer les yeux.

CÉPHISE.

Ah ! ne prétendez pas que je puisse survivre...

ANDROMAQUE.

Non, non, je te défends, Céphise, de me suivre.
Je confie à tes soins mon unique trésor :
Si tu vivais pour moi, vis pour le fils d'Hector.
De l'espoir des Troyens seule dépositaire,
Songe à combien de rois tu deviens nécessaire.
Veille auprès de Pyrrhus ; fais-lui garder sa foi :
S'il le faut, je consens qu'on lui parle de moi.
Fais lui valoir l'hymen où je me suis rangée :
Dis-lui qu'avant ma mort je lui fus engagée ;
Que ses ressentiments doivent être effacés ;
Qu'en lui laissant mon fils c'est l'estimer assez.
Fais connaître à mon fils les héros de sa race ;
Autant que tu pourras, conduis-les sur leur trace ;
Dis-lui par quels exploits leurs noms ont éclaté,
Plutôt ce qu'ils ont fait que ce qu'ils ont été ;
Parle-lui tous les jours des vertus de son père ;
Et quelquefois aussi parle-lui de sa mère.
Mais qu'il ne songe plus, Céphise, à nous venger .
Nous lui laissons un maître, il le doit ménager.
Qu'il ait de ses aïeux un souvenir modeste :
Il est du sang d'Hector, mais il en est le reste ;
Et pour ce reste enfin j'ai moi-même, en un jour,
Sacrifié mon sang, ma haine et mon amour.

CÉPHISE.

Hélas!

ANDROMAQUE.

Ne me suis point, si ton cœur en alarmes
Prévoit qu'il ne pourra commander à tes larmes.
On vient. Cache tes pleurs, Céphise ; et souviens-toi
Que le sort d'Andromaque est commis à ta foi.
C'est Hermione. Allons, fuyons sa violence.

SCÈNE II.

HERMIONE, CLÉONE.

CLÉONE.

Non, je ne puis assez admirer ce silence.
Vous vous taisez, madame; et ce cruel mépris
N'a pas du moindre trouble agité vos esprits!
Vous soutenez en paix une si rude attaque,
Vous qu'on voyait frémir au seul nom d'Andromaque!
Vous qui sans désespoir ne pouviez endurer
Que Pyrrhus d'un regard la voulût honorer!
Il l'épouse; il lui donne, avec son diadème,
La foi que vous venez de recevoir vous-même;
Et votre bouche encor, muette à tant d'ennui,
N'a pas daigné s'ouvrir pour se plaindre de lui?
Ah! que je crains, madame, un calme si funeste?
Et qu'il vaudrait bien mieux...

HERMIONE.

Fais-tu venir Oreste?

CLÉONE.

Mais il entre.

SCÈNE III.

ORESTE, HERMIONE, CLÉONE.

ORESTE.

Ah! madame, est-il vrai qu'une fois
Oreste en vous cherchant obéisse à vos lois?

HERMIONE.

Je veux être vengée.

ORESTE.

Eh bien! allons, madame :
Mettons encore un coup toute la Grèce en flamme;
Prenons, en signalant mon bras et votre nom,
Vous, la place d'Hélène, et moi, d'Agamemnon;
De Troie en ce pays réveillons les misères;
Et qu'on parle de nous ainsi que de nos pères.
Partons, je suis tout prêt.

HERMIONE.

Non, seigneur, demeurons;
Je ne veux point si loin porter de tels affronts.
Quoi! de mes ennemis couronnant l'insolence,
J'irais attendre ailleurs une lente vengeance?
Et je m'en remettrais au destin des combats,
Qui peut-être à la fin ne me vengerait pas?
Je veux qu'à mon départ toute l'Épire pleure.
Mais, si vous me vengez, vengez-moi dans une heure.
Tous vos retardements sont pour moi des refus.
Courez au temple. Il faut immoler...

ORESTE.

Qui?

HERMIONE.

Pyrrhus.

ORESTE.

Pyrrhus! madame?

HERMIONE.

Hé quoi! votre haine chancelle!
Ah! courez, et craignez que je ne vous rappelle.
N'alléguez point des droits que je veux oublier;
Et ce n'est pas à vous à le justifier.

ORESTE.

Moi, je l'excuserais! Ah! vos bontés, madame,
Ont gravé trop avant ses crimes dans mon âme.
Vengeons-nous, j'y consens, mais par d'autres chemins
Soyons ses ennemis et non ses assassins;
Faisons de sa ruine une juste conquête.
Quoi! pour réponse aux Grecs porterai-je sa tête?
Et n'ai-je pris sur moi le soin de tout l'État
Que pour m'en acquitter par un assassinat?
Souffrez, au nom des dieux, que la Grèce s'explique,
Et qu'il meure chargé de la haine publique.
Souvenez-vous qu'il règne, et qu'un front couronné...

HERMIONE.

Ne vous suffit-il pas que je l'ai condamné?
Ne vous suffit-il pas que ma gloire offensée
Demande une victime à moi seul adressée?

ORESTE.

Comment puis-je sitôt servir votre courroux?
Quel chemin jusqu'à lui peut conduire mes coups?
A peine suis-je encore arrivé dans l'Épire,

Vous voulez par mes mains renverser un empire;
Vous voulez qu'un roi meure; et pour son châtiment
Vous ne donnez qu'un jour, qu'une heure, qu'un moment;
Aux yeux de tout son peuple il faut que je l'opprime.
Laissez-moi vers l'autel conduire ma victime,
Je ne m'en défends plus; et je ne veux qu'aller
Reconnaître la place où je dois l'immoler :
Cette nuit je vous sers, cette nuit je l'attaque.

HERMIONE.

Mais cependant, ce jour, il épouse Andromaque;
Dans le temple déjà le trône est élevé,
Ma honte est confirmée, et son crime achevé.
Enfin qu'attendez-vous? Il vous offre sa tête :
Sans gardes, sans défense, il marche à cette fête;
Autour du fils d'Hector il les fait tous ranger;
Il s'abandonne au bras qui me voudra venger.
Voulez-vous malgré lui prendre soin de sa vie?
Armez, avec vos Grecs, tous ceux qui m'ont suivie;
Soulevez vos amis; tous les miens sont à vous :
Il me trahit, vous trompe, et nous méprise tous.
Mais quoi! déjà leur haine est égale à la mienne :
Elle épargne à regret l'époux d'une Troyenne.
Parlez : mon ennemi ne vous peut échapper,
Ou plutôt il ne faut que les laisser frapper.
Conduisez ou suivez une fureur si belle;
Revenez tout couvert du sang de l'infidèle;
Allez : en cet état soyez sûr de mon cœur.

ORESTE.

Mais, madame, songez...

HERMIONE.

Ah! c'en est trop, seigneur;
Tant de raisonnements offensent ma colère.
J'ai voulu vous donner les moyens de me plaire,
Rendre Oreste content; mais enfin je vois bien
Qu'il veut toujours se plaindre et ne mériter rien.
Partez : allez ailleurs vanter votre constance,
Et me laissez ici le soin de ma vengeance.
De mes lâches bontés mon courage est confus;
Et c'est trop en un jour essuyer de refus.
Je m'en vais seule au temple où leur hymen s'apprête,
Où vous n'osez aller mériter ma conquête;
Là, de mon ennemi je saurai m'approcher;

Je percerai le cœur que je n'ai pu toucher.

ORESTE.

Non, je vous priverai de ce plaisir funeste,
Madame : il ne mourra que de la main d'Oreste.
Vos ennemis par moi vont vous être immolés,
Et vous reconnaîtrez mes soins, si vous voulez.

HERMIONE.

Allez. De votre sort laissez-moi la conduite,
Et que tous vos vaisseaux soient prêts pour notre fuite.

SCÈNE IV.

HERMIONE, CLÉONE.

CLÉONE.

Vous vous perdez, madame ; et vous devez songer...

HERMIONE.

Que je me perde ou non, je songe à me venger.
Je ne sais même encor, quoi qu'il m'ait pu promettre,
Sur d'autres que sur moi si je dois m'en remettre :
Pyrrhus n'est pas coupable à ses yeux comme aux miens,
Et je tiendrais mes coups bien plus sûrs que les siens.
Quel plaisir de venger moi-même mon injure,
De retirer mon bras teint du sang du parjure !
Va le trouver : dis-lui qu'il apprenne à l'ingrat
Qu'on l'immole à ma haine et non pas à l'État.
Chère Cléone, cours : ma vengeance est perdue
S'il ignore en mourant que c'est moi qui le tue.

CLÉONE.

Je vous obéirai. Mais qu'est-ce que je voi ?
O dieux ! qui l'aurait cru, madame ? c'est le roi !

HERMIONE.

Ah ! cours après Oreste ; et dis-lui, ma Cléone,
Qu'il n'entreprenne rien sans revoir Hermione !

SCÈNE V.

PYRRHUS, HERMIONE, PHŒNIX.

PYRRHUS.

Vous ne m'attendiez pas, madame, et je vois bien
Que mon abord ici trouble votre entretien.

Je ne viens point, armé d'un indigne artifice,
D'un voile d'équité couvrir mon injustice :
Il suffit que mon cœur me condamne tout bas ;
Et je soutiendrais mal ce que je ne crois pas.
J'épouse une Troyenne. Oui, madame, et j'avoue
Que je vous ai promis la foi que je lui voue.
Un autre vous dirait que dans les champs troyens
Nos deux pères sans nous formèrent ces liens.
Et que, sans consulter ni mon choix ni le vôtre,
Nous fûmes par leur ordre attachés l'un à l'autre;
Mais c'est assez pour moi que je me sois soumis.
Par mes ambassadeurs mon cœur vous fut promis;
Loin de les révoquer, je voulus y souscrire ;
Je vous vis avec eux arriver en Épire ;
Je vous reçus en reine ; et jusques à ce jour
J'ai cru que mes serments me tiendraient lieu d'amour.
Mais une autre l'emporte, et, par un coup funeste,
Andromaque m'arrache un cœur qu'elle déteste :
L'un par l'autre entraînés, nous courons à l'autel
Nous jurer malgré nous un amour immortel.
Après cela, madame, éclatez contre un traître,
Qui l'est avec douleur, et qui pourtant veut l'être.
Pour moi, loin de contraindre un si juste courroux,
Il me soulagera peut-être autant que vous.
Donnez-moi tous les noms destinés aux parjures :
Je crains votre silence, et non pas vos injures;
Et mon cœur soulevant mille secrets témoins,
M'en dira d'autant plus que vous m'en direz moins.

HERMIONE.

Seigneur, dans cet aveu dépouillé d'artifice
J'aime à voir que du moins vous vous rendiez justice,
Et que, voulant bien rompre un nœud si solennel,
Vous vous abandonniez au crime en criminel.
Est-il juste, après tout qu'un conquérant s'abaisse
Sous la servile loi de garder sa promesse ?
Non, non, la perfidie a de quoi vous tenter;
Et vous ne me cherchez que pour vous en vanter.
Couronner tour à tour l'esclave et la princesse ;
Immoler Troie aux Grecs, aux fils d'Hector la Grèce !
Tout cela part d'un cœur toujours maître de soi,
D'un héros qui n'est pas esclave de sa foi.
Pour plaire à votre épouse, il vous faudrait peut-être

Prodiguer les doux noms de parjure et de traître.
Mais sans chercher ailleurs des titres empruntés,
Ne vous suffit-il pas de ceux que vous portez?
Du vieux père d'Hector la valeur abattue
Aux pieds de sa famille expirante à sa vue,
Tandis que dans son sein votre bras enfoncé
Cherche un reste de sang que l'âge avait glacé;
Dans des ruisseaux de sang Troie ardente plongée :
De votre propre main Polyxène égorgée
Aux yeux de tous les Grecs indignés contre vous :
Que peut-on refuser à ces généreux coups?

####### PYRRHUS.

Madame, je sais trop à quel excès de rage
La vengeance d'Hélène emporta mon courage :
Je puis me plaindre à vous du sang que j'ai versé;
Mais enfin je consens d'oublier le passé.
Nos cœurs n'étaient point faits dépendants l'un de l'autre :
Je suivais mon devoir, et vous cédiez au vôtre.

####### HERMIONE.

Achevez votre hymen, j'y consens; mais du moins
Ne forcez pas mes yeux d'en être les témoins.
Pour la dernière fois je vous parle peut-être.
Différez-le d'un jour, demain vous serez maître...
Vous ne répondez! Perfide, je le voi,
Tu comptes les moments que tu perds avec moi!
Va lui jurer la foi que tu m'avais jurée;
Va profaner des dieux la majesté sacrée :
Ces dieux, ces justes dieux n'auront pas oublié
Que les mêmes serments avec moi t'ont lié.
Porte aux pieds des autels ce cœur qui m'abandonne :
Va, cours; mais crains encor d'y trouver Hermione.

SCÈNE VI.

PYRRHUS, PHŒNIX.

####### PHŒNIX.

Seigneur, vous entendez : gardez de négliger
Une femme en fureur qui cherche à se venger.
Elle n'est en ces lieux que trop bien appuyée.
La querelle des Grecs est peut-être à ce prix...

####### PYRRHUS.

Andromaque m'attend. Phœnix, garde son fils.

ACTE CINQUIÈME.

SCÈNE I.

HERMIONE.

Où suis-je? Qu'ai-je fait? Que dois-je faire encore?
Quel transport me saisit? Quel chagrin me dévore?
L'ai-je vu s'attendrir, se troubler un moment?
En ai-je pu tirer un seul gémissement?
Muet à mes soupirs, tranquille à mes alarmes,
Semblait-il seulement qu'il eût part à mes larmes?
Et je le plains encore! Et pour comble d'ennui,
Mon cœur, mon lâche cœur s'intéresse pour lui!
Je tremble au seul penser du coup qui le menace!
Et prête à me venger je lui fais déjà grâce!
Non, ne révoquons point l'arrêt de mon courroux;
Qu'il périsse! aussi bien il ne vit plus pour nous.
Le perfide triomphe, et se rit de ma rage :
Il pense voir en pleurs dissiper cet orage;
Il croit que, toujours faible, et d'un cœur incertain,
Je parerai d'un bras les coups de l'autre main.
Il juge encor de moi par mes bontés passées.
Mais plutôt le perfide a bien d'autres pensées :
Triomphant dans le temple, il ne s'informe pas
Si l'on souhaite ailleurs sa vie ou son trépas.
Il me laisse, l'ingrat, cet embarras funeste.
Non, non, encore un coup, laissons agir Oreste.
Qu'il meure, puisque enfin il a dû le prévoir,
Et puisqu'il m'a forcée enfin à le vouloir...
A le vouloir? Eh quoi! c'est donc moi qui l'ordonne?
Sa mort sera l'effet des fureurs d'Hermione?
Ce prince, dont mon cœur se faisait autrefois
Avec tant de plaisir redire les exploits,
A qui même en secret je m'étais destinée
Avant qu'on eût conclu ce fatal hyménée!
Je n'ai donc traversé tant de mers tant d'États,
Que pour venir si loin préparer son trépas,
L'assassiner, le perdre? Ah! devant qu'il expire...

SCÈNE II.

HERMIONE, CLÉONE.

HERMIONE.
Ah! qu'ai-je fait! Cléone, et que viens-tu me dire?
CLÉONE.
Oreste avec ses Grecs dans le temple est entré.
HERMIONE.
Eh bien! à me venger n'est-il pas préparé?
CLÉONE.
Il respecte en Pyrrhus l'honneur du diadème;
Il respecte en Pyrrhus Achille, et Pyrrhus même;
Il craint les Grecs, il craint l'univers en courroux;
Mais il se craint, dit-il, soi-même plus que tous.
Il voudrait en vainqueur vous apporter sa tête :
Le seul nom d'assassin l'épouvante et l'arrête.
Enfin il est entré, sans savoir dans son cœur
S'il en devait sortir coupable ou spectateur.
HERMIONE.
Non, non, il les verra triompher sans obstacle.
Il se gardera bien de troubler ce spectacle ;
Je sais de quels remords son courage est atteint :
Le lâche craint la mort, et c'est tout ce qu'il craint.
Allons, c'est à moi seule à me rendre justice.
Que de cris de douleur le temple retentissse;
De leur hymen fatal troublons l'événement,
Et qu'ils ne soient unis, s'ils se peut, qu'un moment.
Je ne choisirai point dans ce désordre extrême :
Tout me sera Pyrrhus, fût-ce Oreste lui-même.
Je mourrai, mais au moins ma mort me vengera :
Je ne mourrai pas seule, et quelqu'un me suivra.

SCÈNE III.

ORESTE, HERMIONE, CLÉONE.

ORESTE.
Madame, c'en est fait, et vous êtes servie :
Pyrrhus rend à l'autel son infidèle vie.
HERMIONE.
Il est mort!

Pyrrhus rend à l'autel son infidèle vie.

Acte V, Scène II

ANDROMAQUE.

ORESTE.

Il expire; et nos Grecs irrités
Ont lavé dans son sang ses infidélités.
Je vous l'avais promis; et, quoique mon courage
Se fît de ce complot une funeste image,
J'ai couru vers le temple, où nos Grecs dispersés
Se sont jusqu'à l'autel dans la foule glissés.
Pyrrhus m'a reconnu, mais sans changer de face :
Il semblait que ma vue excitât son audace;
Que tous les Grecs, bravés en leur ambassadeur,
Dussent de son hymen relever la splendeur.
Enfin, avec transport prenant son diadème,
Sur le front d'Andromaque il l'a posé lui-même :
« Je vous donne, a-t-il dit, ma couronne et ma foi,
» Andromaque, régnez sur l'Épire et sur moi.
» Je voue à votre fils une amitié de père;
» J'en atteste les dieux, je le jure à sa mère :
» Pour tous mes ennemis je déclare les siens,
» Et je le reconnais pour le roi des Troyens. »
A ces mots, qui du peuple attiraient le suffrage,
Nos Grecs n'ont répondu que par un cri de rage;
L'infidèle s'est vu partout envelopper,
Et je n'ai pu trouver de place pour frapper;
Chacun se disputait la gloire de l'abattre.
Je l'ai vu dans leurs mains quelque temps se débattre,
Tout sanglant à leurs coups vouloir se dérober;
Mais enfin à l'autel il est allé tomber.
Du peuple épouvanté j'ai traversé la presse
Pour venir de ces lieux emmener la princesse,
Et regagner le port, où bientôt nos amis
Viendront couverts du sang que je vous ai promis.

HERMIONE.

Qu'ont-ils fait?

ORESTE.

Pardonnez à leur impatience :
Ils ont, je le vois bien, trahi votre vengeance;
Vous vouliez que ma main portât les premiers coups,
Qu'il sentît en mourant qu'il expirait pour vous;
Mais c'est moi dont l'ardeur leur a servi d'exemple :
Je les ai pour vous seule entraînés dans le temple,
Madame; et vous pouvez justement vous flatter
D'une mort que leurs bras n'ont fait qu'exécuter.

Vous seule avez poussé les coups...
HERMIONE.
Tais-toi, perfide,
Et n'impute qu'à toi ton lâche parricide.
Va faire chez tes Grecs admirer ta fureur.
Va : je la désavoue, et tu me fais horreur.
Barbare, qu'as-tu fait? Avec quelle furie
As-tu tranché le cours d'une si belle vie?
Avez-vous pu, cruels, l'immoler aujourd'hui,
Sans que tout votre sang se soulevât pour lui?
Mais parle : de son sort qui t'a rendu l'arbitre?
Pourquoi l'assassiner? Qu'a-t-il fait? A quel titre?
Qui te l'a dit?
ORESTE.
Oh! dieux! Quoi! ne m'avez-vous pas
Vous-même, ici, tantôt, ordonné son trépas?
HERMIONE.
Quand je l'aurais voulu, fallait-il y souscrire?
N'as-tu pas dû cent fois te le faire redire?
Toi-même avant le coup me venir consulter,
Y revenir encore, ou plutôt m'éviter?
Que ne me laissais-tu le soin de ma vengeance?
Qui t'amène en des lieux où l'on fuit ta présence?
Voilà de tes fureurs le détestable fruit :
Tu m'apportais, cruel, le malheur qui te suit.
Adieu. Tu peux partir, je demeure en Épire :
Je renonce à la Grèce, à Sparte, à son empire,
A toute ma famille; et c'est assez pour moi,
Traître, qu'elle ait produit un monstre tel que toi.

SCÈNE IV.

ORESTE.

Que vois-je? est-ce Hermione? Et que viens-je d'entendre?
Pour qui coule le sang que je viens de répandre?
Je suis, si je l'en crois, un traître, un assassin.
Est-ce Pyrrhus qui meurt? Et suis-je Oreste enfin?
Quoi! j'étouffe en mon cœur la raison qui m'éclaire;
J'assassine à regret un roi que je révère;
Je viole en un jour le droit des souverains,

Ceux des ambassadeurs et tous ceux des humains.
Et l'ingrate en fuyant me laisse pour salaire
Tous les noms odieux que j'ai pris pour lui plaire !

SCÈNE V.

ORESTE, PYLADE, SOLDATS D'ORESTE.

PYLADE.

Il faut partir, seigneur. Sortons de ce palais,
Ou bien résolvons-nous de n'en sortir jamais.
Nos Grecs pour un moment en défendent la porte.
Tout le peuple assemblé nous poursuit à main-forte.
Aux ordres d'Andromaque ici tout est soumis ;
Ils la traitent en reine, et nous comme ennemis.
Andromaque elle-même, à Pyrrhus si rebelle,
Lui rend tous les devoirs d'une veuve fidèle,
Commande qu'on le venge, et peut-être qu'encor
Elle poursuit sur nous la vengeance d'Hector.
Allons, n'attendons pas que l'on nous environne ;
Nos Grecs nous rejoindront ; et tandis qu'Hermione
Tient encore le peuple autour d'elle arrêté,
Voilà notre chemin, sortons en sûreté.

ORESTE.

Non, non, c'est Hermione, amis que je veux suivre :
A son dernier arrêt je ne puis plus survivre.
Partez : j'ai fait le crime et je vais l'expier.

PYLADE.

Hermione, seigneur ? Il la faut oublier.
Quoi ! toujours l'instrument et l'objet de sa rage,
Cherchez-vous chez les morts quelque nouvel outrage ?
Et parce qu'elle meurt, faut-il que vous mouriez ?

ORESTE.

Elle meurt ! Dieux ! qu'entends-je !

PYLADE.

Eh quoi ! vous l'ignoriez !
En rentrant dans ces lieux nous l'avons rencontrée
Qui courait vers le temple, inquiète, égarée.
Elle a trouvé Pyrrhus porté par des soldats,
Que son sang excitait à venger son trépas.
Sans doute à cet objet sa rage s'est émue.
Mais du haut de la porte enfin nous l'avons vue

Un poignard à la main sur Pyrrhus se courber,
Lever les yeux au ciel, se frapper, et tomber.

ORESTE.

Grâce aux dieux, mon malheur passe mon espérance!
Oui, je te loue, ô ciel, de ta persévérance!
Appliqué sans relâche au soin de me punir,
Au comble des douleurs tu m'as fait parvenir;
Ta haine a pris plaisir à former ma misère;
J'étais né pour servir d'exemple à ta colère,
Pour être du malheur un modèle accompli.
Eh bien! je meurs content, et mon sort est rempli.
Mais quelle épaisse nuit tout-à-coup m'environne?
De quel côté sortir? D'où vient que je frissonne?
Quelle horreur me saisit? Grâce au ciel j'entrevoi...
Dieux! quels ruisseaux de sang coulent autour de moi!

PYLADE.

Ah! seigneur!

ORESTE.

Quoi! Pyrrhus, je te rencontre encore!
Trouverai-je partout un prince que j'abhorre?
Percé de tant de coups, comment t'es-tu sauvé?
Tiens, tiens, voilà le coup que je t'ai réservé!
Mais que vois-je? A mes yeux Hermione l'embrasse!
Elle vient l'arracher au coup qui le menace!
Dieux! quels affreux regards elle jette sur moi!
Quels démons, quels serpents traîne-t-elle après soi?
Eh bien! filles d'enfer, vos mains sont elles prêtes?
Pour qui sont ces serpents qui sifflent sur vos têtes?
A qui destinez-vous l'appareil qui vous suit?
Venez-vous m'enlever dans l'éternelle nuit?
Venez, à vos fureurs Oreste s'abandonne.
Mais non, retirez-vous, laissez faire Hermione :
L'ingrate mieux que vous saura me déchirer;
Et je lui porte enfin mon cœur à dévorer.

PYLADE.

Il perd le sentiment. Amis, le temps nous presse;
Ménageons les moments que ce transport nous laisse.
Sauvons-le. Nos efforts deviendraient impuissants
S'il reprenait ici sa rage avec ses sens.

LES PLAIDEURS

COMÉDIE (1668).

PRÉFACE.

Quand je lus *les Guêpes* d'Aristophane, je ne songeais guère que j'en dusse faire *les Plaideurs*. J'avoue qu'elles me divertirent beaucoup, et j'y trouvai quantité de plaisanteries qui me tentèrent d'en faire part au public; mais c'était en les mettant dans la bouche des Italiens, à qui je les avais destinées, comme une chose qui leur appartenait de plein droit. Le juge qui saute par les fenêtres, le chien criminel, et les larmes de sa famille, me semblaient autant d'incidents dignes de la gravité de Scaramouche. Le départ de cet acteur interrompit mon dessein, et fit naître l'envie à quelques-uns de mes amis de voir sur notre théâtre un échantillon d'Aristophane. Je ne me rendis pas à la première proposition qu'ils m'en firent : je leur dis que, quelque esprit que je trouvasse dans cet auteur, mon inclination ne me porterait pas à le prendre pour modèle si j'avais à faire une comédie, et que j'aimerais beaucoup mieux imiter la régularité de Ménandre et de Térence que la liberté de Plaute et d'Aristophane. On me répondit que ce n'était pas une comédie qu'on me demandait, et qu'on voulait seulement voir si les bons mots d'Aristophane auraient quelque grâce dans notre langue. Ainsi, moitié en m'encourageant, moitié en mettant eux-mêmes la main à l'œuvre, mes amis me firent commencer une pièce qui ne tarda guère à être achevée.

Cependant la plupart du monde ne se soucie point de l'intention ni de la diligence des auteurs. On examina d'abord mon amusement comme on aurait fait une tragédie. Ceux mêmes qui s'y étaient le plus divertis eurent peur de n'avoir pas ri dans les règles, et trouvèrent mauvais que je n'eusse pas songé plus sérieusement à les faire rire. Quelques autres s'imaginèrent qu'il était bienséant à eux de s'y ennuyer, et que les matières du palais ne pouvaient pas être un sujet de divertissement pour les gens de cour. La pièce fut bientôt après jouée à Versailles. On ne fit point de scrupule de s'y réjouir; et ceux qui avaient cru se déshonorer de rire à Paris, furent peut-être obligés de rire à Versailles pour se faire honneur.

Ils auraient tort, à la vérité, s'ils me reprochaient d'avoir fatigué leurs oreilles de trop de chicane. C'est une langue qui m'est plus étrangère qu'à personne ; et je n'ai employé que quelques mots barbares que je puis avoir appris dans le cours d'un procès que ni mes juges ni moi n'avons jamais bien entendu.

Si j'appréhende quelque chose, c'est que des personnes un peu sérieuses ne traitent de badineries le procès du chien et les extravagances du juge. Mais enfin je traduis Aristophane, et l'on doit se souvenir qu'il avait affaire à des spectateurs assez difficiles. Les Athéniens savaient apparemment ce que c'était que le sel attique ; et ils étaient bien sûrs, quand ils avaient ri d'une chose, qu'ils n'avaient pas ri d'une sottise.

Pour moi, je trouve qu'Aristophane a eu raison de pousser les choses au delà du vraisemblable. Les juges de l'Aréopage n'auraient pas peut-être trouvé bon qu'il eût marqué au naturel leur avidité de gagner, les bons tours de leurs secrétaires, et les forfanteries de leurs avocats. Il était à propos d'outrer un peu les personnages pour les empêcher de se reconnaître. Le public ne laissait pas de discerner le vrai au travers du ridicule ; et je m'assure qu'il vaut mieux avoir occupé l'impertinente éloquence de deux orateurs autour d'un chien accusé, que si l'on avait mis sur la sellette un véritable criminel, et qu'on eût intéressé les spectateurs à la vie d'un homme.

Quoi qu'il en soit, je puis dire que notre siècle n'a pas été de plus mauvaise humeur que le sien ; et que si le but de ma comédie était de faire rire, jamais comédie n'a mieux attrapé son but. Ce n'est pas que j'attende un grand honneur d'avoir assez longtemps réjoui le monde ; mais je me sais quelque gré de l'avoir fait sans qu'il m'en ait coûté une seule de ces sales équivoques et de ces malhonnêtes plaisanteries qui coûtent maintenant si peu à la plupart de nos écrivains, et qui font retomber le théâtre dans la turpitude d'où quelques auteurs plus modestes l'avaient tiré.

PERSONNAGES :

DANDIN, juge.
LÉANDRE, fils de Dandin.
CHICANEAU, bourgeois.
ISABELLE, fille de Chicaneau.

LA COMTESSE.
PETIT-JEAN, portier.
L'INTIMÉ, secrétaire.
LE SOUFFLEUR.

La scène est dans une ville de Basse-Normandie.

LES PLAIDEURS

COMÉDIE (1668).

ACTE PREMIER.

SCÈNE I.

PETIT-JEAN, traînant un gros sac de procès.

Ma foi, sur l'avenir bien fou qui se fiera :
Tel qui rit vendredi dimanche pleurera.
Un juge, l'an passé me prit à son service ;
Il m'avait fait venir d'Amiens pour être suisse.
Tous ces Normands voulaient se divertir de nous :
On apprend à hurler, dit l'autre avec les loups.
Tout Picard que j'étais, j'étais un bon apôtre,
Et je faisais claquer mon fouet tout comme un autre.
Tous les plus gros monsieurs me parlaient chapeau bas.
Monsieur de Petit-Jean, ah ! gros comme le bras !
Mais sans argent l'honneur n'est qu'une maladie.
Ma foi ! j'étais un franc portier de comédie :
On avait beau heurter et m'ôter son chapeau,
On n'entrait pas chez nous sans graisser le marteau.
Point d'argent, point de suisse, et ma porte était close.
Il est vrai qu'à monsieur j'en rendais quelque chose :
Nous comptions quelquefois. On me donnait le soin
De fournir la maison de chandelle et de foin ;
Mais je n'y perdais rien. Enfin, vaille que vaille,
J'aurais sur le marché fort bien fourni la paille.
C'est dommage ! il avait le cœur trop au métier :

Tous les jours le premier aux plaids ¹, et le dernier;
Et bien souvent tout seul, si l'on l'eût voulu croire,
Il s'y serait couché sans manger et sans boire.
Je lui disais parfois : « Monsieur Perrin Dandin,
» Tout franc, vous vous levez tous les jours trop matin.
» Qui veut voyager loin ménage sa monture :
» Buvez, mangez, dormez, et faisons feu qui dure. »
Il n'en a tenu compte; il a si bien veillé
Et si bien fait, qu'on dit que son timbre est brouillé.
Il nous veut tous juger les uns après les autres.
Il marmotte toujours certaines patenôtres
Où je ne comprends rien. Il veut, bon gré, mal gré,
Ne se coucher qu'en robe et qu'en bonnet carré.
Il fit couper la tête à son coq, de colère,
Pour l'avoir éveillé plus tard qu'à l'ordinaire :
Il disait qu'un plaideur dont l'affaire allait mal
Avait graissé la patte à ce pauvre animal.
Depuis ce bel arrêt, le pauvre homme a beau faire,
Son fils ne souffre plus qu'on lui parle d'affaire;
Il nous le fait garder jour et nuit, et de près;
Autrement, serviteur, et mon homme est aux plaids.
Pour s'échapper de nous, dieu sait s'il est allègre.
Pour moi, je ne dors plus : aussi je deviens maigre,
C'est pitié. Je m'étends et ne fais que bâiller.
Mais, veille qui voudra, voici mon oreiller.
Ma foi, pour cette nuit, il faut que je m'en donne;
Pour dormir dans la rue on n'offense personne :
Dormons.

SCÈNE II.

L'INTIMÉ, PETIT-JEAN.

L'INTIMÉ.

Hé! Petit-Jean! Petit-Jean!

PETIT-JEAN.

L'Intimé!

A part.

Il a déjà bien peur de me voir enrhumé.

---

¹ *Plaids* est un vieux mot dont on a fait *plaider*, et signifie aujourd'hui *plaidoirie*, *audience*. (L. R.)

L'INTIMÉ.

Que diable! si matin que fais-tu dans la rue?

PETIT-JEAN.

Est-ce qu'il faut toujours faire le pied de grue,
Garder toujours un homme et l'entendre crier?
Quelle gueule! Pour moi, je crois qu'il est sorcier.

L'INTIMÉ.

Bon.

PETIT-JEAN.

Je lui disais donc, en me grattant la tête,
Que je voulais dormir. « Présente ta requête
» Comme, tu veux dormir, » m'a-t-il dit gravement.
Je dors en te contant la chose seulement.
Bonsoir.

L'INTIMÉ.

Comment, bonsoir? Que le diable m'emporte
Si... Mais j'entends du bruit au-dessus de la porte.

SCÈNE III.

DANDIN, L'INTIMÉ, PETIT-JEAN.

DANDIN, à la fenêtre.

Petit-Jean! l'Intimé!

L'INTIMÉ, à Petit-Jean.

Paix!

DANDIN.

Je suis seul ici.
Voilà mes guichetiers en défaut, Dieu merci!
Si je leur donne temps, ils pourront comparaître.
Ça, pour nous élargir, sautons par la fenêtre.
Hors de cour.

L'INTIMÉ.

Comme il saute!

PETIT-JEAN.

Oh! Monsieur, je vous tien.

DANDIN.

Au voleur! Au voleur!

PETIT-JEAN.

Oh! nous vous tenons bien.

L'INTIMÉ.

Vous avez beau crier.

DANDIN.

Main-forte! l'on me tue!

SCÈNE IV.

LÉANDRE, DANDIN, L'INTIMÉ, PETIT-JEAN.

LÉANDRE.

Vite un flambeau! j'entends mon père dans la rue.
Mon père, si matin qui vous fait déloger?
Où courez-vous la nuit?

DANDIN.
Je veux aller juger.

LÉANDRE.

Et qui juger? tout dort.

PETIT-JEAN.
Ma foi, je ne dors guères.

LÉANDRE.

Que de sacs! il en a jusques aux jarretières.

DANDIN.

Je ne veux de trois mois rentrer dans la maison.
De sacs et de procès j'ai fait provision.

LÉANDRE.

Et qui vous nourrira?

DANDIN.
Le buvetier, je pense.

LÉANDRE.

Mais où dormirez-vous, mon père?

DANDIN.
A l'audience.

LÉANDRE.

Non, mon père; il vaut mieux que vous ne sortiez pas.
Dormez chez vous; chez vous faites tous vos repas.
Souffrez que la raison enfin vous persuade;
Et pour votre santé...

DANDIN.
Je veux être malade.

LÉANDRE.

Vous ne l'ôtes que trop. Donnez-vous du repos;
Vous n'avez tantôt plus que la peau sur les os.

DANDIN.

Du repos ! Ah ! sur toi tu veux régler ton père ?
Crois-tu qu'un juge n'ait qu'à faire bonne chère,
Qu'à battre le pavé comme un tas de galants,
Courir le bal la nuit, et le jour les brelans ?
L'argent ne nous vient pas si vite que l'on pense.
Chacun de tes rubans[1] me coûte une sentence.
Ma robe vous fait honte : un fils de juge ! Ah ! fi !
Tu fais le gentilhomme : eh ! Dandin, mon ami,
Regarde dans ma chambre et dans ma garderobe
Les portraits des Dandin : tous ont porté la robe ;
Et c'est le bon parti. Compare prix pour prix
Les étrennes d'un juge à celles d'un marquis ;
Attends que nous soyons à la fin de décembre.
Qu'est-ce qu'un gentilhomme ? un pillier d'antichambre.
Combien en as-tu vu, je dis des plus huppés,
A souffler dans leurs doigts dans ma cour occupés,
Le manteau sur le nez, ou la main dans la poche ;
Enfin, pour se chauffer, venir tourner ma broche !
Voilà comme on les traite. Hé, mon pauvre garçon,
De ta défunte mère est-ce là la leçon ?
La pauvre Babonnette ! Hélas ! lorsque j'y pense,
Elle ne manquait pas une seule audience.
Jamais, au grand jamais elle ne me quitta,
Et Dieu sait bien souvent ce qu'elle en rapporta :
Elle eût du buvetier emporté les serviettes,
Plutôt que de rentrer au logis les mains nettes.
Et voilà comme on fait les bonnes maisons. Va,
Tu ne seras qu'un sot.

LÉANDRE.

Vous vous morfondez là,
Mon père, Petit-Jean, ramenez votre maître ;
Couchez-le dans son lit : fermez porte, fenêtre ;
Qu'on barricade tout, afin qu'il ait plus chaud.

PETIT-JEAN.

Faites donc mettre au moins des garde-fous là-haut.

DANDIN.

Quoi ! l'on me mènera coucher sans autre forme !
Obtenez un arrêt comme il faut que je dorme.

---

[1] Les hommes du temps de Louis XIV faisaient beaucoup d'usage des rubans.

LÉANDRE.

Hé! par provision, mon père couchez-vous.

DANDIN.

J'irai; mais je m'en vais vous faire enrager tous.
Je ne dormirai point.

LÉANDRE.

Eh bien! à la bonne heure!
Qu'on ne le quitte pas. Toi, l'Intimé, demeure.

SCÈNE V.

LÉANDRE, L'INTIMÉ.

LÉANDRE.

Je veux t'entretenir un moment sans témoin.

L'INTIMÉ.

Quoi! vous faut-il garder?

LÉANDRE.

J'en aurais bon besoin.
J'ai ma folie, hélas! aussi bien que mon père.

L'INTIMÉ.

Oh! vous voulez juger?

LÉANDRE, montrant le logis d'Isabelle.

Laissons là le mystère.
Tu connais ce logis?

L'INTIMÉ.

Je vous entends enfin.
Diantre! vous y pensez, monsieur, de bon matin.
Vous me voulez parler sans doute d'Isabelle.
Je vous l'ai dit cent fois; elle est sage, elle est belle,
Mais vous devez songer que monsieur Chicaneau
De son bien en procès consume le plus beau.
Qui ne plaide-t-il point? Je crois qu'à l'audience
Il fera, s'il ne meurt, venir toute la France.
Tout auprès de son juge il s'est venu loger;
L'un veut plaider toujours, l'autre toujours juger,
Et c'est un grand hasard s'il conclut votre affaire
Sans plaider le curé, le gendre et le notaire.

LÉANDRE.

Je le sais comme toi; mais, malgré tout cela,
Je désire Isabelle.

ACTE I, SCÈNE V.

L'INTIMÉ.
Eh bien ! épousez-la.
Vous n'avez qu'à parler, c'est une affaire prête.
LÉANDRE.
Eh ! cela ne va pas si vite que ta tête.
Son père est un sauvage à qui je ferai peur.
A moins que d'être huissier, sergent ou procureur,
On ne voit point sa fille ; et la pauvre Isabelle,
Invisible et dolente, est en prison chez elle ;
Elle voit dissiper sa jeunesse en regrets,
Mes projets en fumée, et son bien en procès.
Il la ruinera si l'on le laisse faire.
Ne connaîtrais-tu pas quelque honnête faussaire
Qui servît ses amis, en le payant, s'entend,
Quelque sergent zélé ?
L'INTIMÉ.
Bon ! l'on en trouve tant !
LÉANDRE.
Mais encore ?
L'INTIMÉ.
Ah ! monsieur, si feu mon pauvre père
Était encor vivant, c'était bien votre affaire.
Il gagnait en un jour plus qu'un autre en six mois ;
Ses rides sur son front gravaient tous ses exploits.
Il vous eût arrêté le carrosse d'un prince :
Il vous l'eût pris lui même ; et si dans la province
Il se donnait en tout vingt coups de nerf de bœuf,
Mon père pour sa part en emboursait dix-neuf.
Mais de quoi s'agit-il ? suis-je pas fils de maître ?
Je vous servirai.
LÉANDRE.
Toi !
L'INTIMÉ.
Mieux qu'un sergent peut-être.
LÉANDRE.
Tu porterais au père un faux exploit ?
L'INTIMÉ.
Hon, hon !
LÉANDRE.
Tu rendrais à la fille un billet ?
L'INTIMÉ.
Pourquoi non ?

Je suis des deux métiers.
LÉANDRE.
Viens, je l'entends qui crie.
Allons à ce dessein rêver ailleurs.

SCÈNE VI.

CHICANEAU, PETIT-JEAN.

CHICANEAU, allant et revenant.
La Brie,
Qu'on garde la maison, je reviendrai bientôt.
Qu'on ne laisse monter aucune âme là-haut.
Fais porter cette lettre à la poste du Maine.
Prends-moi dans mon clapier trois lapins de garenne,
Et chez mon procureur porte les ce matin.
Si son clerc vient céans, fais-lui goûter mon vin.
Ah! donne-lui ce sac qui pend à ma fenêtre.
Est-ce tout? Il viendra me demander peut-être
Un grand homme sec, là, qui me sert de témoin,
Et qui jure pour moi lorsque j'en ai besoin :
Qu'il m'attende. Je crains que mon juge ne sorte;
Quatre heures vont sonner. Mais frappons à sa porte.
PETIT-JEAN, entr'ouvrant la porte.
Qui va là?
CHICANEAU.
Peut-on voir monsieur?
PETIT-JEAN, fermant la porte.
Non.
CHICANEAU, frappant à la porte.
Pourrait-on
Dire un mot à monsieur son secrétaire?
PETIT-JEAN, fermant la porte.
Non.
CHICANEAU, frappant à la porte.
Et monsieur son portier?
PETIT-JEAN.
C'est moi-même.
CHICANEAU.
De grâce,
Buvez à ma santé, monsieur.

PETIT-JEAN, prenant l'argent.
Grand bien vous fasse!
Fermant la porte.
Mais revenez demain.

CHICANEAU.
Hé! rendez donc l'argent.
Le monde est devenu, sans mentir, bien méchant.
J'ai vu que les procès ne donnaient point de peine :
Six écus en gagnaient une demi-douzaine.
Mais aujourd'hui je crois que tout mon bien entier
Ne me suffirait pas pour gagner un portier.
Mais j'aperçois venir madame la comtesse
De Pimbesche; elle vient pour affaire qui presse.

SCÈNE VII.

LA COMTESSE, CHICANEAU.

CHICANEAU.
Madame, on n'entre plus.
LA COMTESSE.
Eh bien! l'ai-je pas dit?
Sans mentir, mes valets me font perdre l'esprit.
Pour les faire lever c'est en vain que je gronde,
Il faut que tous les jours j'éveille tout mon monde.
CHICANEAU.
Il faut absolument qu'il se fasse céler.
LA COMTESSE.
Pour moi, depuis deux jours je ne puis lui parler.
CHICANEAU.
Ma partie est puissante, et j'ai lieu de tout craindre.
LA COMTESSE.
Après ce qu'on m'a fait, il ne faut plus se plaindre.
CHICANEAU.
Si pourtant j'ai bon droit.
LA COMTESSE.
Ah! monsieur quel arrêt!
CHICANEAU.
Je m'en rapporte à vous. Écoutez, s'il vous plaît.
LA COMTESSE.
Il faut que vous sachiez, monsieur, la perfidie...

CHICANEAU.
Ce n'est rien dans le fond.
LA COMTESSE.
Monsieur, que je vous die...
CHICANEAU.
Voici le fait. Depuis quinze ou vingt ans en ça,
Au travers d'un mien pré certain ânon passa,
S'y vautra, non sans faire un notable dommage,
Dont je formai ma plainte au juge du village.
Je fais saisir l'ânon. Un expert est nommé;
A deux bottes de foin le dégât estimé.
Enfin, au bout d'un an, sentence par laquelle
Nous sommes renvoyés hors de cour. J'en appelle.
Pendant qu'à l'audience on poursuit un arrêt,
Remarquez bien ceci, madame, s'il vous plaît,
Notre ami Drolichon, qui n'est pas une bête,
Obtient pour quelque argent un arrêt sur requête,
Et je gagne ma cause. A cela que fait-on?
Mon chicaneur s'oppose à l'exécution.
Autre incident : tandis qu'au procès on travaille,
Ma partie en mon pré laisse aller sa volaille.
Ordonné qu'il sera fait rapport à la cour
Du foin que peut manger une poule en un jour;
Le tout joint au procès. Enfin, et toute chose
Demeurant en état, on appointe la cause
Le cinquième ou sixième avril cinquante-six.
J'écris sur nouveaux frais, je produis, je fournis
De dits, de contredits, enquêtes, compulsoires,
Rapports d'experts, transports, trois interloculoires,
Griefs et faits nouveaux, baux et procès-verbaux.
J'obtiens lettres royaux, et je m'inscris en faux.
Quatorze appointements, trente exploits, six instances,
Six vingts productions, vingt arrêts de défenses.
Arrêt enfin. Je perds ma cause avec dépens.
Estimé environ cinq à six mille francs!
Est-ce là faire droit? est-ce là comme on juge?
-Après quinze ou vingt ans il me reste un refuge.
La requête civile est ouverte pour moi;
Je ne suis pas rendu. Mais vous, comme je voi,
Vous plaidez?
LA COMTESSE.
Plût à Dieu!

ACTE I, SCÈNE VII.

CHICANEAU.
J'y brûlerai mes livres.

LA COMTESSE.
Je...

CHICANEAU.
Deux bottes de foin, cinq à six mille livres!

LA COMTESSE.
Monsieur, tous mes procès allaient être finis;
Il ne m'en restait plus que quatre ou cinq petits,
L'un contre mon mari, l'autre contre mon père,
Et contre mes enfants. Ah! monsieur, la misère!
Je ne sais quels biais ils ont imaginé,
Ni tout ce qu'ils ont fait : mais on leur a donné
Un arrêt par lequel, moi vêtue et nourrie,
On me défend, monsieur, de plaider de ma vie.

CHICANEAU.
De plaider ?

LA COMTESSE.
De plaider.

CHICANEAU.
Certes, le trait est noir.
J'en suis surpris.

LA COMTESSE.
Monsieur, j'en suis au désespoir.

CHICANEAU.
Comment lier les mains aux gens de votre sorte!
Mais cette pension, madame, est-elle forte?

LA COMTESSE.
Je n'en vivrais, monsieur, que trop honnêtement.
Mais vivre sans plaider, est-ce contentement?

CHICANEAU.
Des chicaneurs viendront nous manger jusqu'à l'âme,
Et nous ne dirons mot! Mais s'il vous plaît, madame,
Depuis quand plaidez-vous?

LA COMTESSE.
Il ne m'en souvient pas.
Depuis trente ans, au plus.

CHICANEAU.
Ce n'est pas trop.

LA COMTESSE.
Hélas!

CHICANEAU.
Et quel âge avez-vous? vous avez bon visage.

LA COMTESSE.

Eh? quelque soixante ans.

CHICANEAU.

Comment! c'est le bel âge
Pour plaider.

LA COMTESSE.

Laissez faire, ils ne sont pas au bout.
J'y vendrai ma chemise; et je veux rien ou tout.

CHICANEAU.

Madame, écoutez-moi. Voici ce qu'il faut faire.

LA COMTESSE.

Oui, monsieur, je vous crois comme mon propre père.

CHICANEAU.

J'irais trouver mon juge...

LA COMTESSE.

Oh! oui, monsieur, j'irai.

CHICANEAU.

Me jeter à ses pieds.

LA COMTESSE.

Oui, je m'y jetterai;
Je l'ai bien résolu.

CHICANEAU.

Mais daignez donc m'entendre.

LA COMTESSE.

Oui, vous prenez la chose ainsi qu'il faut la prendre.

CHICANEAU.

Avez-vous dit, madame?

LA COMTESSE.

Oui.

CHICANEAU.

J'irais sans façon
Trouver mon juge.

LA COMTESSE.

Hélas! que ce monsieur est bon!

CHICANEAU.

Si vous parlez toujours, il faut que je me taise.

LA COMTESSE.

Ah! que vous m'obligez! je ne me sens pas d'aise.

CHICANEAU.

J'irais trouver mon juge, et lui dirais...

LA COMTESSE.

Oui.

ACTE I, SCÈNE VII.

CHICANEAU.

Voi!
Et lui dirais : Monsieur...

LA COMTESSE.

Oui, monsieur.

CHICANEAU.

Liez-moi.

LA COMTESSE.

Monsieur, je ne veux point être liée.

CHICANEAU.

A l'autre!

LA COMTESSE.

Je ne la serai point.

CHICANEAU.

Quelle humeur est la vôtre!

LA COMTESSE.

Non.

CHICANEAU.

Vous ne savez pas, madame, où je viendrai.

LA COMTESSE.

Je plaiderai, monsieur, où bien je ne pourrai.

CHICANEAU.

Mais...

LA COMTESSE.

Mais je ne veux point, monsieur, qu'on me lie...

CHICANEAU.

Enfin, quand une femme en tête a sa folie...

LA COMTESSE.

Fou vous-même.

CHICANEAU.

Madame!

LA COMTESSE.

Et pourquoi me lier?

CHICANEAU.

Madame...

LA COMTESSE.

Voyez-vous! il se rend familier.

CHICANEAU.

Mais, madame...

LA COMTESSE.

Un crasseux, qui n'a que sa chicane,
Veut donner des avis!

CHICANEAU.
Madame!

LA COMTESSE.
Avec son âne!

CHICANEAU.
Vous me poussez.

LA COMTESSE.
Bonhomme, allez garder vos foins.

CHICANEAU.
Vous m'excédez.

LA COMTESSE.
Le sot!

CHICANEAU.
Que n'ai-je des témoins!

SCÈNE VIII.

PETIT-JEAN, LA COMTESSE, CHICANEAU.

PETIT-JEAN.
Voyez le beau sabbat qu'ils font à notre porte!
Messieurs, allez plus loin tempêter de la sorte.

CHICANEAU.
Monsieur, soyez témoin...

LA COMTESSE.
Que monsieur est un sot.

CHICANEAU.
Monsieur, vous l'entendez, retenez bien ce mot.

PETIT-JEAN, à la comtesse.
Ah! vous ne deviez pas lâcher cette parole.

LA COMTESSE.
Vraiment, c'est bien à lui de me traiter de folle!

PETIT-JEAN, à Chicaneau.
Folle! Vous avez tort. Pourquoi l'injurier?

CHICANEAU.
On la conseille.

PETIT-JEAN.
Oh!

LA COMTESSE.
Oui! de me faire lier.

PETIT-JEAN.
Oh! monsieur!

CHICANEAU.
Jusqu'au bout que ne m'écoute-t-elle?
PETIT-JEAN.
Oh! madame!
LA COMTESSE.
Qui? moi! souffrir qu'on me querelle?
CHICANEAU.
Une crieuse...
PETIT-JEAN.
Hé! paix!
LA COMTESSE.
Un chicaneur!
PETIT-JEAN.
Holà!
CHICANEAU.
Qui n'ose plus plaider!
LA COMTESSE.
Que t'importe cela?
Qu'est-ce qui t'en revient, faussaire abominable,
Brouillon, voleur!
CHICANEAU.
Et bon, et bon, de par le diable!
Un sergent! un sergent!
LA COMTESSE.
Un huissier! un huissier!
PETIT-JEAN, seul.
Ma foi! juge et plaideurs, il faudrait tout lier.

ACTE DEUXIÈME.

SCÈNE I.

LÉANDRE, L'INTIMÉ.

L'INTIMÉ.
Monsieur, encore un coup, je ne puis pas tout faire;
Puisque je fais l'huissier, faites le commissaire.
En robe sur mes pas il ne faut que venir,
Vous aurez tout moyen de vous entretenir.

Changez en cheveux noirs votre perruque blonde.
Ces plaideurs songent-ils que vous soyez au monde?
Eh! lorsqu'à votre père ils vont faire leur cour,
A peine seulement savez-vous s'il est jour.
Mais n'admirez-vous pas cette bonne comtesse,
Qu'avec tant de bonheur la fortune m'adresse;
Qui, dès qu'elle me voit, donnant dans le panneau,
Me charge d'un exploit pour monsieur Chicaneau,
Et le fait assigner pour certaine parole,
Disant qu'il la voudrait faire passer pour folle?
Je dis folle à lier, et pour d'autres excès
Et blasphèmes, toujours l'ornement des procès.
Mais vous ne dites rien de tout mon équipage!
Ai-je bien d'un sergent le port et le visage?

LÉANDRE.

Ah! fort bien!

L'INTIMÉ.

Je ne sais; mais je me sens enfin
L'âme et le dos six fois plus durs que ce matin.
Quoi qu'il en soit, voici l'exploit et votre lettre :
Isabelle l'aura, j'ose vous le promettre.
Mais, pour faire signer le contrat que voici,
Il faut que sur mes pas vous vous rendiez ici.
Vous feindrez d'informer sur toute cette affaire,
Et vous ferez la cour en présence du père.

LÉANDRE.

Mais ne va pas donner l'exploit pour le billet.

L'INTIMÉ.

Le père aura l'exploit, la fille le poulet.
Rentrez.

L'Intimé va frapper à la porte d'Isabelle.

SCÈNE II.

ISABELLE, L'INTIMÉ.

ISABELLE.

Qui frappe?

L'INTIMÉ.

Ami.

A part.

C'est la voix d'Isabelle.

ISABELLE.
Demandez-vous quelqu'un, monsieur?
L'INTIMÉ.
Mademoiselle,
C'est un petit exploit que j'ose vous prier
De m'accorder l'honneur de vous signifier.
ISABELLE.
Monsieur, excusez-moi, je n'y puis rien comprendre :
Mon père va venir qui pourra vous entendre.
L'INTIMÉ.
Il n'est donc pas ici, mademoiselle?
ISABELLE.
Non.
L'INTIMÉ.
L'exploit, mademoiselle, est mis sous votre nom.
ISABELLE.
Monsieur, vous me prenez pour une autre, sans doute :
Sans avoir de procès, je sais ce qu'il en coûte ;
Et si l'on n'aimait pas à plaider plus que moi,
Vos pareils pourraient bien chercher un autre emploi.
Adieu.
L'INTIMÉ.
Mais permettez...
ISABELLE.
Je ne veux rien permettre.
L'INTIMÉ.
Ce n'est pas un exploit.
ISABELLE.
Chanson!
L'INTIMÉ.
C'est une lettre.
ISABELLE.
Encore moins.
L'INTIMÉ.
Mais lisez.
ISABELLE.
Vous ne m'y tenez pas.
L'INTIMÉ.
C'est de monsieur...
ISABELLE.
Adieu.

L'INTIMÉ.
Léandre.
ISABELLE.
Parlez bas.
C'est de monsieur...?
L'INTIMÉ.
Que diable! on a bien de la peine
A se faire écouter : je suis tout hors d'haleine.
ISABELLE.
Ah! l'Intimé, pardonne à mes sens étonnés;
Donne.
L'INTIMÉ.
Vous me deviez fermer la porte au nez.
ISABELLE.
Et qui t'aurait connu déguisé de la sorte?
Mais donne.
L'INTIMÉ.
Aux gens de bien ouvre-t-on votre porte?
ISABELLE.
Eh! donne donc.
L'INTIMÉ.
La peste!
ISABELLE.
Oh! ne donnez donc pas.
Avec votre billet retournez sur vos pas.
L'INTIMÉ.
Tenez. Une autre fois ne soyez pas si prompte.

SCÈNE III.

CHICANEAU, ISABELLE, L'INTIMÉ.

CHICANEAU.
Oui, je suis donc un sot, un voleur, à son compte.
Un sergent s'est chargé de la remercier;
Et je lui vais servir un plat de mon métier.
Je serais bien fâché que ce fût à refaire,
Ni qu'elle m'envoyât assigner la première.
Mais un homme ici parle à ma fille! Comment!
Elle lit un billet! Ah! c'est assez plaisant.
Approchons.

ISABELLE.
Tout de bon ton maître est-il sincère?
Le croirai-je?
L'INTIMÉ.
Il ne dort non plus que votre père.
Apercevant Chicaneau.
Il se tourmente; il vous... fera voir aujourd'hui
Que l'on ne gagne rien à plaider contre lui.
ISABELLE, apercevant Chicaneau.
C'est mon père!
A l'Intimé.
Vraiment, vous leur pouvez apprendre
Que si l'on nous poursuit nous saurons nous défendre.
Déchirant le billet.
Tenez, voilà le cas qu'on fait de votre exploit.
CHICANEAU.
Comment! c'est un exploit que ma fille lisoit!
Ah! tu seras un jour l'honneur de ta famille :
Tu défendras ton bien. Viens, mon sang; viens, ma fille.
Va, je t'achèterai le *Praticien françois*.
Mais, diantre! il ne faut pas déchirer les exploits.
ISABELLE, à l'Intimé.
Au moins, dites-leur bien que je ne les crains guère :
Ils me feront plaisir; je les mets à pis faire.
CHICANEAU.
Eh! ne te fâche point.
ISABELLE, à l'Intimé.
Adieu, monsieur.

SCÈNE IV.

CHICANEAU, L'INTIMÉ.

L'INTIMÉ, se mettant en état d'écrire.
Or çà,
Verbalisons.
CHICANEAU.
Monsieur, de grâce, excusez-la :
Elle n'est pas instruite; et puis, si bon vous semble,
En voici les morceaux que je vais mettre ensemble.
L'INTIMÉ.
Non.

CHICANEAU.

Je le lirai bien.

L'INTIMÉ.

Je ne suis pas méchant :
J'en ai sur moi copie.

CHICANEAU.

Ah ! le trait est touchant :
Mais je ne sais pourquoi, plus je vous envisage,
Et moins je me remets, monsieur, votre visage.
Je connais force huissiers.

L'INTIMÉ.

Informez-vous de moi.
Je m'acquitte assez bien de mon petit emploi.

CHICANEAU.

Soit. Pour qui venez-vous ?

L'INTIMÉ.

Pour une brave dame,
Monsieur, qui vous honore, et de toute son âme
Voudrait que vous vinssiez, à ma sommation,
Lui faire un petit mot de réparation.

CHICANEAU.

De réparation ? je n'ai blessé personne.

L'INTIMÉ.

Je le crois : vous avez, monsieur, l'âme trop bonne.

CHICANEAU.

Que demandez-vous donc ?

L'INTIMÉ.

Elle voudrait, monsieur,
Que devant des témoins vous lui fissiez l'honneur
De l'avouer pour sage, et point extravagante.

CHICANEAU.

Parbleu, c'est ma comtesse !

L'INTIMÉ.

Elle est votre servante.

CHICANEAU.

Je suis son serviteur.

L'INTIMÉ.

Vous êtes obligeant,
Monsieur.

CHICANEAU.

Oui, vous pouvez l'assurer qu'un sergent
Lui doit porter pour moi tout ce qu'elle demande.

ACTE II, SCÈNE IV.

Eh! quoi donc! les battus, ma foi, paieront l'amende!
Voyons ce qu'elle chante. Hon... *Sixième janvier,*
Pour avoir faussement dit qu'il fallait lier
Étant à ce porté par esprit de chicane,
Haute et puissante dame Yolande Cudasne!
Comtesse de Pimbesche, Orbesche! et cœtera,
Il soit dit que sur l'heure il se transportera
Au logis de la dame, et là d'une voix claire,
Devant quatre témoins assistés d'un notaire,
(Zeste!) *ledit Hiérome avouera hautement*
Qu'il la tient pour sensée et de bon jugement...
LE BON. C'est donc le nom de votre seigneurie?

L'INTIMÉ.
A part.

Pour vous servir. Il faut payer d'effronterie.

CHICANEAU.

Le Bon! Jamais exploit ne fut signé Le Bon.
Monsieur Le Bon...

L'INTIMÉ.

Monsieur?

CHICANEAU.

Vous êtes un fripon.

L'INTIMÉ.

Monsieur, pardonnez-moi, je suis fort honnête homme.

CHICANEAU.

Mais fripon le plus franc qui soit de Caen à Rome.

L'INTIMÉ.

Monsieur, je ne suis pas pour vous désavouer :
Vous aurez la bonté de me le bien payer.

CHICANEAU.

Moi, payer? en soufflets.

L'INTIMÉ.

Vous êtes trop honnête :
Vous me le paierez bien.

CHICANEAU.

Oh! tu me romps la tête.
Tiens, voilà ton paiement.

L'INTIMÉ.

Un soufflet! écrivons.
Lequel Hiérome, après plusieurs rébellions,
Aurait atteint, frappé, moi sergent, à la joue,
Et fait tomber du coup mon chapeau dans la boue.

CHICANEAU, lui donnant un coup de pied.

Ajoute cela.

L'INTIMÉ.

Bon : c'est de l'argent comptant.
J'en avais bien besoin. *Et de ce non content,*
Aurait avec le pied réitéré. Courage !
Outre plus, le susdit serait venu de rage,
Pour lacérer ledit présent procès-verbal.
Allons, mon cher monsieur, cela ne va pas mal.
Ne vous relâchez point.

CHICANEAU.

Coquin.

L'INTIMÉ.

Ne vous déplaise !
Quelques coups de bâton, et je suis à mon aise.

CHICANEAU, tenant un bâton.

Oui-dà : je verrai bien s'il est sergent.

L'INTIMÉ, en posture d'écrire.

Tôt donc.
Frappez ! j'ai quatre enfants à nourrir.

CHICANEAU.

Ah ! pardon,
Monsieur, pour un sergent je ne pouvais vous prendre ;
Mais le plus habile homme enfin peut se méprendre.
Je saurai réparer ce soupçon outrageant.
Oui, vous êtes sergent, monsieur, et très-sergent.
Touchez-là : vos pareils sont gens que je révère,
Et j'ai toujours été nourri par feu mon père
Dans la crainte de Dieu, monsieur, et des sergents.

L'INTIMÉ.

Non, à si bon marché l'on ne bat point les gens.

CHICANEAU.

Monsieur, point de procès.

L'INTIMÉ.

Serviteur. Contumace.
Bâton levé, soufflet, coup de pied. Ah !

CHICANEAU.

De grâce,
Rendez-les moi plutôt.

L'INTIMÉ.

Suffit qu'ils soient reçus.
Je ne les voudrais pas donner pour mille écus.

SCÈNE V.

LÉANDRE, en robe de commissaire; CHICANEAU, L'INTIMÉ.

L'INTIMÉ.

Voici fort à propos monsieur le commissaire.
Monsieur, votre présence est ici nécessaire.
Tel que vous me voyez, monsieur ici présent,
M'a d'un fort grand soufflet fait un petit présent.

LÉANDRE.

A vous, monsieur?

L'INTIMÉ.

A moi, parlant à ma personne.
Item, un coup de pied; plus, les noms qu'il me donne.

LÉANDRE.

Avez-vous des témoins?

L'INTIMÉ.

Monsieur, tâtez plutôt :
Le soufflet sur ma joue est encore tout chaud.

LÉANDRE.

Pris en flagrant délit, affaire criminelle.

CHICANEAU.

Foin de moi!

L'INTIMÉ.

Plus sa fille, au moins soi-disant telle,
A mis un mien papier en morceaux, protestant
Qu'on lui ferait plaisir, et que d'un œil content
Elle nous défiait.

LÉANDRE, à l'Intimé.

Faites venir la fille.
L'esprit de contumace est dans cette famille.

CHICANEAU, à part.

Il faut absolument qu'on m'ait ensorcelé :
Si j'en connais pas un, je veux être étranglé.

LÉANDRE.

Comment! battre un huissier! Mais voici la rebelle.

SCÈNE VI.

LÉANDRE, ISABELLE, CHICANEAU, L'INTIMÉ.

L'INTIMÉ, à Isabelle.

Vous le reconnaissez ?

LÉANDRE.

Eh bien ! mademoiselle,
C'est donc vous qui tantôt braviez notre officier,
Et qui si hautement osiez nous défier ?
Votre nom ?

ISABELLE.

Isabelle.

LÉANDRE.

Écrivez. Et votre âge ?

ISABELLE.

Dix-huit ans.

CHICANEAU.

Elle en a quelque peu davantage,
Mais n'importe.

LÉANDRE.

Êtes-vous en pouvoir de mari ?

ISABELLE.

Non, monsieur.

LÉANDRE.

Vous riez ! Écrivez qu'elle a ri.

CHICANEAU.

Monsieur, ne parlons point de maris à des filles ;
Voyez-vous ce sont là des secrets de familles.

LÉANDRE.

Mettez qu'il interrompt.

CHICANEAU.

Hé ! je n'y pensais pas.
Prends bien garde, ma fille, à ce que tu diras.

LÉANDRE.

Là, ne vous troublez point. Répondez à votre aise.
On ne veut pas rien faire ici qui vous déplaise.
N'avez-vous pas reçu de l'huissier que voilà
Certain papier tantôt ?

...Écrivez....

Acte II, Scène VI.

LES PLAIDEURS.

ISABELLE.
Oui, monsieur.

CHICANEAU.
Bon cela.

LÉANDRE.
Avez-vous déchiré ce papier sans le lire?

ISABELLE.
Monsieur, je l'ai lu.

CHICANEAU.
Bon.

LÉANDRE, à l'Intimé.
Continuez d'écrire.

A Isabelle.
Et pourquoi l'avez-vous déchiré?

ISABELLE.
J'avais peur
Que mon père ne prît l'affaire trop à cœur,
Et qu'il ne s'échauffât le sang à sa lecture.

CHICANEAU.
Et tu fuis les procès? C'est méchanceté pure.

LÉANDRE.
Vous ne l'avez donc pas déchiré par dépit,
Ou par mépris de ceux qui vous l'avaient écrit?

ISABELLE.
Monsieur, je n'ai pour eux ni mépris ni colère.

LÉANDRE, à l'Intimé.
Ecrivez.

CHICANEAU.
Je vous dis qu'elle tient de son père;
Elle répond fort bien.

LÉANDRE.
Vous montrez cependant
Pour tous les gens de robe un mépris évident.

ISABELLE.
Une robe toujours m'avait choqué la vue :
Mais cette aversion à présent diminue.

CHICANEAU.
La pauvre enfant! Va, va, je te marierai bien
Dès que je le pourrai, s'il ne m'en coûte rien.

LÉANDRE.
A la justice donc vous voulez satisfaire?

ISABELLE.

Monsieur, je ferai tout pour ne vous pas déplaire.

L'INTIMÉ.

Monsieur, faites signer.

LÉANDRE.

Dans les occasions
Soutiendrez-vous au moins vos dépositions?

ISABELLE.

Monsieur, assurez-vous qu'Isabelle est constante.

LÉANDRE.

Signez. Cela va bien, la justice est contente.
Çà, ne signez-vous pas, monsieur?

CHICANEAU.

Oui-dà, gaîment,
A tout ce qu'elle a dit, je signe aveuglément.

LÉANDRE, bas à Isabelle.

Tout va bien. A mes vœux le succès est conforme :
Il signe un bon contrat écrit en bonne forme,
Et sera condamné tantôt sur son écrit.

CHICANEAU, à part.

Que lui dit-il? Il est charmé de son esprit.

LÉANDRE.

Adieu. Soyez toujours aussi sage que belle :
Tout ira bien. Huissier, ramenez-la chez elle.
Et vous, monsieur, marchez.

CHICANEAU.

Où, monsieur?

LÉANDRE.

Suivez-moi.

CHICANEAU.

Où donc?

LÉANDRE.

Vous le saurez. Marchez, de par le roi.

CHICANEAU.

Comment!

SCÈNE VII.

LÉANDRE, CHICANEAU, PETIT-JEAN.

PETIT-JEAN.

Holà! quelqu'un n'a-t-il point vu mon maître?
Quel chemin a-t-il pris? la porte, ou la fenêtre?

LÉANDRE.

A l'autre!

PETIT-JEAN.

Je ne sais qu'est devenu son fils;
Et pour le père, il est où le diable l'a mis.
Il me redemandait sans cesse ses épices,
Et j'ai tout bonnement couru dans les offices
Chercher la boîte au poivre; et lui, pendant cela,
Est disparu.

SCÈNE VIII.

DANDIN, à une lucarne du toit; LÉANDRE, CHICANEAU, L'INTIMÉ,
PETIT-JEAN.

DANDIN.

Paix! paix, que l'on se taise là.

LÉANDRE.

Hé! grand Dieu!

PETIT-JEAN.

Le voilà, ma foi, dans les gouttières.

DANDIN.

Quelles gens êtes-vous? Quelles sont vos affaires?
Qui sont ces gens en robe? Êtes-vous avocats?
Çà, parlez.

PETIT-JEAN.

Vous verrez qu'il va juger les chats.

DANDIN.

Avez-vous eu le soin de voir mon secrétaire?
Allez lui demander si je sais votre affaire.

LÉANDRE.

Il faut bien que je l'aille arracher de ces lieux.
Sur votre prisonnier, huissier, ayez les yeux.

PETIT-JEAN.

Oh! oh! monsieur!

LÉANDRE.

Tais-toi, sur les yeux de ta tête,
Et suis-moi.

SCÈNE IX.

LA COMTESSE, DANDIN, CHICANEAU, L'INTIMÉ.

DANDIN.

Dépêchez, donnez votre requête.

CHICANEAU.

Monsieur, sans votre aveu l'on me fait prisonnier.

LA COMTESSE.

Eh! mon Dieu! j'aperçois monsieur dans son grenier.
Que fait-il là?

L'INTIMÉ.

Madame, il y donne audience.
Le champ vous est ouvert.

CHICANEAU.

On me fait violence,
Monsieur, on m'injurie; et je venais ici
Me plaindre à vous.

LA COMTESSE.

Monsieur, je viens me plaindre aussi.

CHICANEAU ET LA COMTESSE.

Vous voyez devant vous mon adverse partie.

L'INTIMÉ.

Parbleu! je veux me mettre aussi de la partie.

LA COMTESSE, CHICANEAU ET L'INTIMÉ.

Monsieur, je viens ici pour un petit exploit.

CHICANEAU.

Hé! messieurs, tour à tour exposons notre droit.

LA COMTESSE.

Son droit? Tout ce qu'il dit sont autant d'impostures.

DANDIN.

Qu'est-ce qu'on vous a fait?

LA COMTESSE, CHICANEAU, L'INTIMÉ.

On m'a dit des injures.

L'INTIMÉ, continuant.

Outre un soufflet, monsieur, que j'ai reçu plus qu'eux.

CHICANEAU.

Monsieur, je suis cousin de l'un de vos neveux.

LA COMTESSE.

Monsieur, père Cordon vous dira mon affaire.

L'INTIMÉ.

Monsieur, je suis le fils de votre apothicaire.

DANDIN.

Vos qualités?

LA COMTESSE.

Je suis comtesse.

L'INTIMÉ.

Huissier.

CHICANEAU.

Bourgeois,
Messieurs...

DANDIN, se retirant de la lucarne du toit.

Parlez toujours : je vous entends tous trois.

CHICANEAU.

Monsieur...

L'INTIMÉ.

Bon ! le voilà qui fausse compagnie.

LA COMTESSE.

Hélas !

CHICANEAU.

Eh quoi ! déjà l'audience est finie ?
Je n'ai pas eu le temps de lui dire deux mots.

SCÈNE X.

LÉANDRE, sans robe; CHICANEAU, LA COMTESSE, L'INTIMÉ.

LÉANDRE.

Messieurs, voulez-vous bien nous laisser en repos ?

CHICANEAU.

Monsieur, peut-on entrer ?

LÉANDRE.

Non, monsieur, ou je meure.

CHICANEAU.

Eh ! pourquoi ? J'aurai fait en une petite heure ;
En deux heures au plus.

LÉANDRE.

On n'entre point, monsieur.

LA COMTESSE.

C'est bien fait de fermer la porte à ce crieur.
Mais moi...

LÉANDRE.
L'on n'entre point, madame, je vous jure.
LA COMTESSE.
Oh! monsieur, j'entrerai.
LÉANDRE.
Peut-être.
LA COMTESSE.
J'en suis sûre.
LÉANDRE.
Par la fenêtre donc?
LA COMTESSE.
Par la porte.
LÉANDRE.
Il faut voir.
CHICANEAU.
Quand je devrais ici demeurer jusqu'au soir...

SCÈNE XI.

LÉANDRE, CHICANEAU, LA COMTESSE, L'INTIMÉ, PETIT-JEAN.

PETIT-JEAN, à Léandre.
On ne l'entendra pas, quelque chose qu'il fasse,
Parbleu : je l'ai fourré dans notre salle basse,
Tout auprès de la cave.
LÉANDRE.
En un mot comme en cent,
On ne voit point mon père.
CHICANEAU.
Eh bien donc! Si pourtant,
Sur toute cette affaire il faut que je le voie...
Dandin paraît par le soupirail.
Mais que vois-je? Ah! c'est lui que le ciel nous renvoie!
LÉANDRE.
Quoi! par le soupirail!
PETIT-JEAN.
Il a le diable au corps.
CHICANEAU.
Monsieur...
DANDIN.
L'impertinent! Sans lui j'étais dehors.

CHICANEAU.

Monsieur...

DANDIN.

Retirez-vous, vous êtes une bête.

CHICANEAU.

Monsieur, voulez-vous bien...

DANDIN.

Vous me rompez la tête.

CHICANEAU.

Monsieur, j'ai commandé...

DANDIN.

Taisez-vous, vous dit-on.

CHICANEAU.

Que l'on portât chez vous...

DANDIN.

Qu'on le mette en prison.

CHICANEAU.

Certain quartaut de vin.

DANDIN.

Eh ! je n'en ai que faire.

CHICANEAU.

C'est de très-bon muscat.

DANDIN.

Redites votre affaire.

LÉANDRE, à l'Intimé.

Il faut les entourer ici de tous côtés.

LA COMTESSE.

Monsieur, il va vous dire autant de faussetés.

CHICANEAU.

Monsieur, je vous dis vrai.

DANDIN.

Mon Dieu ! laissez-la dire !

LA COMTESSE.

Monsieur, écoutez-moi.

DANDIN.

Souffrez que je respire.

CHICANEAU.

Monsieur...

DANDIN.

Vous m'étranglez.

LA COMTESSE.

Tournez les yeux vers moi.

DANDIN.

Elle m'étrangle... Aye! aye!

CHICANEAU.

Vous m'entraînez, ma foi!
Prenez garde, je tombe.

PETIT-JEAN.

Ils sont, sur ma parole,
L'un et l'autre encavés.

LÉANDRE.

Vite, que l'on y vole.
Courez à leur secours. Mais au moins je prétends
Que monsieur Chicaneau, puisqu'il est là-dedans,
N'en sorte d'aujourd'hui. L'Intimé, prends-y garde.

L'INTIMÉ.

Gardez le soupirail.

LÉANDRE.

Va vite! je le garde.

SCÈNE XII.

LA COMTESSE, LÉANDRE.

LA COMTESSE.

Misérable! il s'en va lui prévenir l'esprit.
Par le soupirail.
Monsieur, ne croyez rien de tout ce qu'il vous dit :
Il n'a point de témoins; c'est un menteur.

LÉANDRE.

Madame,
Que leur contez-vous là? Peut-être ils rendent l'âme.

LA COMTESSE.

Il lui fera, monsieur, croire ce qu'il voudra.
Souffrez que j'entre.

LÉANDRE.

Oh! non! personne n'entrera.

LA COMTESSE.

Je le vois bien, monsieur, le vin muscat opère
Aussi bien sur le fils que sur l'esprit du père.
Patience, je vais protester comme il faut
Contre monsieur le juge et contre le quartaut.

LÉANDRE.

Allez donc, et cessez de nous rompre la tête.
Que de fous! Je ne fus jamais à telle fête.

SCÈNE XIII.

DANDIN, LÉANDRE, L'INTIMÉ.

L'INTIMÉ.

Monsieur, où courez-vous? C'est vous mettre en danger,
Et vous boitez tout bas.

DANDIN.

Je veux aller juger.

LÉANDRE.

Comment, mon père! Allons, permettez qu'on vous panse;
Vite, un chirurgien.

DANDIN.

Qu'il vienne à l'audience.

LÉANDRE.

Eh! mon père! arrêtez...

DANDIN.

Oh! je vois ce que c'est.
Tu prétends faire ici de moi ce qu'il te plaît;
Tu ne gardes pour moi respect ni complaisance;
Je ne puis prononcer une seule sentence:
Achève, prends ce sac, prends vite.

LÉANDRE.

Eh! doucement,
Mon père. Il faut trouver quelque accommodement.
Si pour vous, sans juger, la vie est un supplice,
Si vous êtes pressé de rendre la justice,
Il ne faut point sortir pour cela de chez vous:
Exercez le talent, et jugez parmi nous.

DANDIN.

Ne raillons point ici de la magistrature:
Vois-tu; je ne veux point être juge en peinture.

LÉANDRE.

Vous serez, au contraire, un juge sans appel,
Et juge du civil comme du criminel.
Vous pourrez tous les jours tenir deux audiences.
Tout vous sera chez vous matière de sentences.
Un valet manque-t-il de rendre un verre net,

Condamnez-le à l'amende, ou, s'il le casse, au fouet.
DANDIN.
C'est quelque chose. Encor passe quand on raisonne.
Et mes vacations qui les paîra? Personne?
LÉANDRE.
Leurs gages vous tiendront lieu de nantissement :
DANDIN.
Il parle, ce me semble, assez pertinemment.
LÉANDRE.
Contre un de vos voisins...

SCÈNE XIV.

DANDIN, LÉANDRE, L'INTIMÉ, PETIT-JEAN.

PETIT-JEAN.
Arrrête! arrête! attrape!
LÉANDRE, à l'Intimé.
Ah! c'est mon prisonnier, sans doute, qui s'échappe!
L'INTIMÉ.
Non, non, ne craignez rien.
PETIT-JEAN.
Tout est perdu... Citron...
Votre chien... vient là-bas de manger un chapon.
Rien n'est sûr devant lui : ce qu'il trouve il l'emporte.
LÉANDRE.
Bon, voilà pour mon père une cause. Main-forte!
Qu'on se mette après lui. Courez tous.
DANDIN.
Point de bruit,
Tout doux. Un amené sans scandale suffit.
LÉANDRE.
Ça, mon père, il faut faire un exemple authentique :
Jugez sévèrement ce voleur domestique.
DANDIN.
Mais je veux faire au moins la chose avec éclat.
Il faut de part et d'autre avoir un avocat.
Nous n'en avons pas un.
LÉANDRE.
Eh bien! il en faut faire.
Voilà votre portier et votre secrétaire;
Vous en ferez, je crois d'excellents avocats :

Ils sont fort ignorants.
L'INTIMÉ.
Non pas, monsieur, non pas.
J'endormirai monsieur tout aussi bien qu'un autre.
PETIT-JEAN.
Pour moi, je ne sais rien; n'attendez rien du nôtre.
LÉANDRE.
C'est ta première cause, et l'on te la fera.
PETIT-JEAN.
Mais je ne sais pas lire.
LÉANDRE.
Eh! l'on te soufflera.
DANDIN.
Allons nous préparer. Ça, messieurs, point d'intrigue.
Fermons l'œil aux présents, et l'oreille à la brigue.
Vous, maître Petit-Jean, serez le demandeur;
Vous, maître l'Intimé, soyez le défendeur.

ACTE TROISIÈME

SCÈNE I.

LÉANDRE, CHICANEAU, LE SOUFFLEUR.

CHICANEAU.
Oui, monsieur, c'est ainsi qu'ils ont conduit l'affaire.
L'huissier m'est inconnu comme le commissaire.
Je ne mens pas d'un mot.
LÉANDRE.
Oui, je crois tout cela;
Mais, si vous m'en croyez, vous les laisserez là.
En vain vous prétendez les pousser l'un et l'autre.
Vous troublerez bien moins leur repos que le vôtre.
Les trois quarts de vos biens sont déjà dépensés
A faire enfler des sacs l'un sur l'autre entassés;
Et dans une poursuite à vous-même contraire...
CHICANEAU.
Vraiment vous me donnez un conseil salutaire,

Et devant qu'il soit peu je veux en profiter ;
Mais je vous prie au moins de bien solliciter :
Puisque monsieur Dandin va donner audience,
Je vais faire venir ma fille en diligence.
On peut l'interroger, elle est de bonne foi ;
Et même elle saura mieux répondre que moi.
LÉANDRE.
Allez et revenez, l'on vous fera justice.
LE SOUFFLEUR.
Quel homme !

SCÈNE II.

LÉANDRE, LE SOUFFLEUR.

LÉANDRE.
Je me sers d'un étrange artifice ;
Mais mon père est un homme à se désespérer,
Et d'une cause en l'air il le faut bien leurrer.
D'ailleurs j'ai mon dessein, et je veux qu'il condamne
Ce fou qui réduit tout au pied de la chicane.
Mais voici tous nos gens qui marchent sur nos pas.

SCÈNE III.

DANDIN, LÉANDRE, L'INTIMÉ, PETIT-JEAN, en robe; LE SOUFFLEUR.

DANDIN.
Çà, qu'êtes-vous ici ?
LÉANDRE.
Ce sont les avocats.
DANDIN, au souffleur.
Vous ?
LE SOUFFLEUR.
Je viens secourir leur mémoire troublée.
DANDIN.
Je vous entends. Et vous ?
LÉANDRE.
Moi, je suis l'assemblée.
DANDIN.
Commencez donc.

... Venez, famille désolée.

Acte III, Scène III.

LES PLAIDEURS.

ACTE III, SCÈNE III.

LE SOUFFLEUR.

Messieurs...

PETIT-JEAN.

Oh! prenez-le plus bas :
Si vous soufflez si haut, l'on ne m'entendra pas.
Messieurs...

DANDIN.

Couvrez-vous.

PETIT-JEAN.

Oh! mes...

DANDIN.

Couvrez-vous, vous dis-je.

PETIT-JEAN.

Oh! monsieur, je sais bien à quoi l'honneur m'oblige.

DANDIN.

Ne te couvre donc pas.

PETIT-JEAN, se couvrant.

Au souffleur.

Messieurs, Vous, doucement ;
Ce que je sais le mieux, c'est mon commencement.
Messieurs, quand je regarde avec exactitude
L'inconstance du monde et sa vicissitude ;
Lorsque je vois, parmi tant d'hommes différents,
Pas une étoile fixe, et tant d'astres errants ;
Quand je vois les Césars, quand je vois leur fortune ;
Quand je vois le soleil, et quand je vois la lune ;

(Babyloniens.)

Quand je vois les États des Babiboniens

(Persans.)   (Macédoniens.)

Transférés des Serpents aux Nacédoniens ;

(Romains.)   (despotique.)

Quand je vois les Lorrains, de l'état dépotique.

(démocratique.)

Passer au démocrite, et puis au monarchique ;
Quand je vois le Japon...

L'INTIMÉ.

Quand aura-t-il tout vu?

PETIT-JEAN.

Oh! pourquoi celui-là m'a-t-il interrompu?
Je ne dirai plus rien.

DANDIN.

Avocat incommode,

Que ne lui laissiez-vous finir sa période?
Je suais sang et eau, pour voir si du Japon
Il viendrait à bon port au fait de son chapon;
Et vous l'interrompez par un discours frivole!
Parlez donc, avocat.

PETIT-JEAN.
J'ai perdu la parole.

LÉANDRE.
Achève, Petit-Jean : c'est fort bien débuté.
Mais que font là tes bras pendants à ton côté?
Te voilà sur tes pieds droit comme une statue.
Dégourdis-toi. Courage : allons, qu'on s'évertue.

PETIT-JEAN, remuant les bras.
Quand... je vois... Quand... je vois...

LÉANDRE.
Dis donc ce que tu vois.

PETIT-JEAN.
Oh! dame! on ne court pas deux lièvres à la fois.

LE SOUFFLEUR.
On lit...

PETIT-JEAN.
On lit...

LE SOUFFLEUR.
Dans la...

PETIT-JEAN.
Dans la...

LE SOUFFLEUR.
Métamorphose...

PETIT-JEAN.
Comment?

LE SOUFFLEUR.
Que la métem...

PETIT-JEAN.
Que la métem...

LE SOUFFLEUR.
Psycose...

PETIT-JEAN.
Psycose...

LE SOUFFLEUR.
Hé! le cheval;

PETIT-JEAN.
Et le cheval...

ACTE III, SCÈNE III.

LE SOUFFLEUR.

Encor !

PETIT-JEAN.

Encor...

LE SOUFFLEUR.

Le chien !...

PETIT-JEAN.

Le chien.

LE SOUFFLEUR.

Le butor !

PETIT-JEAN.

Le butor...

LE SOUFFLEUR.

Peste de l'avocat !

PETIT-JEAN.

Ah ! peste de toi-même !
Voyez cet autre avec sa face de carême !
Va-t'en au diable !

DANDIN.

Et vous, venez au fait. Un mot
Du fait.

PETIT-JEAN.

Hé ! faut-il tant tourner autour du pot ?
Ils me font dire ici des mots longs d'une toise,
De grands mots qui tiendraient d'ici jusqu'à Pontoise.
Pour moi, je ne sais point tant faire de façon
Pour dire qu'un mâtin vient de prendre un chapon.
Tant y a qu'il n'est rien que votre chien ne prenne :
Qu'il a mangé là-bas un bon chapon du Maine ;
Que la première fois que je l'y trouverai,
Son procès est tout à fait, et je l'assommerai.

LÉANDRE.

Belle conclusion, et digne de l'exorde !

PETIT-JEAN.

On l'entend bien toujours. Qui voudra mordre y morde.

DANDIN.

Appelez les témoins.

LÉANDRE,

C'est bien dit, s'il le peut :
Les témoins sont fort cher, et n'en a pas qui veut.

PETIT-JEAN.

Nous en avons pourtant, et qui sont sans reproche.

DANDIN.

Faites-les donc venir.

PETIT-JEAN.

Je les ai dans ma poche.
Tenez : voilà la tête et les pieds du chapon.
Voyez-les, et jugez.

L'INTIMÉ.

Je les récuse.

DANDIN.

Bon !

Pourquoi les récuser?

L'INTIMÉ.

Monsieur, ils sont du Maine.

DANDIN.

Il est vrai que du Mans il en vient par douzaine...

L'INTIMÉ.

Messieurs...

DANDIN.

Serez-vous long, avocat, dites-moi?

L'INTIMÉ.

Je ne réponds de rien.

DANDIN.

Il est de bonne foi.

L'INTIMÉ, *d'un ton finissant en fausset.*

Messieurs, tout ce qui peut étonner un coupable,
Tout ce que les mortels ont de plus redoutable,
Semble s'être assemblé contre nous par hasard,
Je veux dire la brigue et l'éloquence. Car,
D'un côté, le crédit du défunt m'épouvante;
Et de l'autre côté, l'éloquence éclatante
De maître Petit-Jean m'éblouit.

DANDIN.

Avocat,
De votre ton vous-même adoucissez l'éclat.

L'INTIMÉ.

D'un ton ordinaire.   *Du beau ton.*

Oui-dà, j'en ai plusieurs... Mais quelque défiance
Que nous doive donner la susdite éloquence,
Et le susdit crédit; ce néanmoins, messieurs,
L'ancre de vos bontés nous rassure. D'ailleurs,

Devant le grand Dandin l'innocence est hardie;
Oui, devant ce Caton de Basse-Normandie,
Ce soleil d'équité qui n'est jamais terni :
Victrix causa diis placuit, sed victa Catoni.
####### DANDIN.
Vraiment, il plaide bien.
####### L'INTIMÉ.
Sans craindre aucune chose.
Je prends donc la parole, et je viens à ma cause.
Aristote, *primò, peri Politicon,*
Dit fort bien...
####### DANDIN.
Avocat, il s'agit d'un chapon,
Et non point d'Aristote et de sa Politique.
####### L'INTIMÉ.
Oui; mais l'autorité du Péripatétique
Prouverait que le bien et le mal...
####### DANDIN.
Je prétends
Qu'Aristote n'a point d'autorité céans.
Au fait.
####### L'INTIMÉ.
Pausanias, en ses Corinthiaques...
####### DANDIN.
Au fait.
####### L'INTIMÉ.
Rebuffe...
####### DANDIN.
Au fait, vous dis-je.
####### L'INTIMÉ.
Le grand Jacques...
####### DANDIN.
Au fait, au fait, au fait.
####### L'INTIMÉ.
Harmenopul, *in Prompt*..
####### DANDIN.
Oh! je te vais juger.
####### L'INTIMÉ.
Oh! vous êtes si prompt!
####### Vite.
Voici le fait. Un chien vient dans une cuisine;
Il y trouve un chapon, lequel a bonne mine.

Or, celui pour lequel je parle est affamé ;
Celui contre lequel je parle *autem* plumé ;
Et celui pour lequel je suis prend en cachette
Celui contre lequel je parle. L'on décrète :
On le prend. Avocat pour et contre appelé ;
Jour pris. Je dois parler, je parle, j'ai parlé.

DANDIN.

Ta, ta, ta, ta. Voilà bien instruire une affaire !
Il dit fort posément ce dont on n'a que faire,
Et court le grand galop quand il est à son fait.

L'INTIMÉ.

Mais le premier, monsieur, c'est le beau.

DANDIN.

C'est le laid.
A-t-on jamais plaidé d'une telle méthode ?
Mais qu'en dit l'assemblée ?

LÉANDRE.

Il est fort à la mode.

L'INTIMÉ, d'un ton véhément.

Qu'arrive-t-il, messieurs ? On vient. Comment vient-on ?
On poursuit ma partie. On force une maison.
Quelle maison ? maison de notre propre juge !
On brise le cellier qui nous sert de refuge !
De vol, de brigandage on nous déclare auteurs !
On nous traîne, on nous livre à nos accusateurs,
A maître Petit-Jean, messieurs. Je vous atteste :
Qui ne sait que la loi *Si quis canis*, Digeste
De vi paragrapho, messieurs... *Caponibus*,
Est manifestement contraire à cet abus ?
Et quand il serait vrai que Citron, ma partie,
Aurait mangé, messieurs, le tout ou bien partie
Dudit chapon : qu'on mette en compensation
Ce que nous avons fait avant cette action.
Quand ma partie a-t-elle été réprimandée ?
Par qui votre maison a-t-elle été gardée ?
Quand avons-nous manqué d'aboyer au larron ?
Témoin, trois procureurs, dont icelui Citron
A déchiré la robe. On en verra les pièces.
Pour nous justifier, voulez-vous d'autres pièces ?

PETIT-JEAN.

Maître Adam...

ACTE III, SCÈNE III.

L'INTIMÉ.

Laissez-nous.

PETIT-JEAN.

L'Intimé...

L'INTIMÉ.

Laissez-nous.

PETIT-JEAN.

S'enroue.

L'INTIMÉ.

Eh! laissez-nous! Euh, euh!

DANDIN.

Reposez-vous,
Et concluez.

L'INTIMÉ, d'un ton pesant.

Puis donc qu'on nous permet de prendre
Haleine, et que l'on nous défend de nous étendre,
Je vais, sans rien omettre et sans prévariquer,
Compendieusement énoncer, expliquer,
Exposer à vos yeux l'idée universelle
De ma cause, et des faits renfermés en icelle.

DANDIN.

Il aurait plus tôt fait de dire tout vingt fois,
Que de l'abréger une. Homme, ou qui que tu sois,
Diable, conclus; ou bien que le ciel te confonde!

L'INTIMÉ.

Je finis.

DANDIN.

Ah!

L'INTIMÉ.

Avant la naissance du monde.

DANDIN, bâillant.

Avocat, ah! passons au déluge.

L'INTIMÉ.

Avant donc
La naissance du monde, et sa création,
Le monde, l'univers, tout, la nature entière
Était enseveli au fond de la matière.
Les éléments, le feu, l'air, et la terre et l'eau,
Enfoncés, entassés, ne faisaient qu'un monceau,
Une confusion, une masse sans forme,
Un désordre, un chaos, une cohue énorme :
UNUS ERAT TOTO NATURÆ VULTUS IN ORBE,

QUEM GRÆCI DIXERE CHAOS, RUDIS INDIGESTAQUE MOLES.

Dandin, endormi, se laisse tomber.

LÉANDRE.

Quelle chute! mon père?

PETIT-JEAN.

Ah! monsieur! comme il dort!

LÉANDRE.

Mon père, éveillez-vous.

PETIT-JEAN.

Monsieur, êtes-vous mort?

LÉANDRE.

Mon père!

DANDIN.

Eh bien! eh bien! Quoi? qu'est-ce? ah! ah! quel homme!
Certes, je n'ai jamais dormi d'un si bon somme.

LÉANDRE.

Mon père, il faut juger.

DANDIN.

Aux galères.

LÉANDRE.

Un chien
Aux galères!

DANDIN.

Ma foi, je n'y conçois plus rien;
De monde, de chaos, j'ai la tête troublée.
Eh! concluez.

L'INTIMÉ, *lui présentant de petits chiens.*

Venez, famille désolée;
Venez, pauvres enfants qu'on veut rendre orphelins,
Venez faire parler vos esprits enfantins.
Oui, messieurs, vous voyez ici notre misère :
Nous sommes orphelins, rendez-nous notre père,
Notre père, par qui nous fûmes engendrés,
Notre père qui nous...

DANDIN.

Tirez, tirez, tirez.

L'INTIMÉ.

Notre père, messieurs...

DANDIN.

Tirez donc. Quels vacarmes!
Ils ont mouillé partout.

L'INTIMÉ.
Monsieur, voyez nos larmes.
DANDIN.
Ouf! je me sens déjà pris de compassion.
Ce que c'est qu'à propos toucher la passion!
Je suis bien empêché. La vérité me presse;
Le crime est avéré; lui-même il le confesse.
Mais s'il est condamné, l'embarras est égal:
Voilà bien des enfants réduits à l'hôpital,
Mais je suis occupé, je ne veux voir personne.

SCÈNE IV.

DANDIN, LÉANDRE, CHICANEAU, ISABELLE, PETIT-JEAN, L'INTIMÉ.

CHICANEAU.
Monsieur...
DANDIN, à Petit-Jean et à l'Intimé.
Oui, pour vous seuls l'audience se donne.
A Chicaneau.
Adieu. Mais s'il vous plaît, quel est cet enfant-là?
CHICANEAU.
C'est ma fille, monsieur.
DANDIN.
Eh! tôt, rappelez-la.
ISABELLE.
Vous êtes occupé.
DANDIN.
Moi, je n'ai point d'affaire.
A Chicaneau.
Que ne me disiez-vous que vous étiez son père?
CHICANEAU.
Ah! monsieur...
ISABELLE.
Je vous ai trop d'obligation.
DANDIN.
N'avez-vous jamais vu donner la question?
ISABELLE.
Non; et ne le verrai, que je crois, de ma vie.
DANDIN.
Venez, je vous en veux faire passer l'envie.

ISABELLE.

Eh! monsieur, peut-on voir souffrir des malheureux?

DANDIN.

Bon! cela fait toujours passer une heure ou deux.

CHICANEAU.

Monsieur, je viens ici pour vous dire...

LÉANDRE.

       Mon père,
Je vous vais en deux mots dire toute l'affaire :
C'est pour un mariage. Et vous saurez d'abord
Qu'il ne tient plus qu'à vous, et que tout est d'accord.
La fille le veut bien ; son futur le respire ;
Ce que la fille veut, le père le désire.
C'est à vous de juger.

DANDIN, se rasseyant.

     Mariez au plus tôt :
Dès demain, si l'on veut; aujourd'hui, s'il le faut.

LÉANDRE.

Mademoiselle, allons, voilà votre beau-père :
Saluez-le.

CHICANEAU.

  Comment?

DANDIN.

     Quel est donc ce mystère?

LÉANDRE.

Ce que vous avez dit se fait de point en point.

DANDIN.

Puisque je l'ai jugé, je n'en reviendrai point.

CHICANEAU.

Mais on ne donne pas une fille sans elle.

LÉANDRE.

Sans doute; et j'en croirai la charmante Isabelle.

CHICANEAU.

Es-tu muette? Allons, c'est à toi de parler.
Parle.

ISABELLE.

  Je n'ose pas, mon père, en appeler.

CHICANEAU.

Mais j'en appelle, moi.

LÉANDRE, lui montrant un papier.

     Voyez cette écriture.
Vous n'appellerez pas de votre signature ?

CHICANEAU.

Plaît-il ?

DANDIN.

C'est un contrat en fort bonne façon.

CHICANEAU.

Je vois qu'on m'a surpris; mais j'en aurai raison :
De plus de vingt procès ceci sera la source.
On a la fille ; soit : on n'aura pas la bourse.

LÉANDRE.

Eh! monsieur, qui vous dit qu'on vous demande rien ?
Laissez-nous votre fille, et gardez votre bien.

CHICANEAU.

Ah !

LÉANDRE.

Mon père, êtes-vous content de l'audience ?

DANDIN.

Oui-dà. Que les procès viennent en abondance,
Et je passe avec vous le reste de mes jours.
Mais que les avocats soient désormais plus courts.
Et notre criminel ?

LÉANDRE.

Ne parlons que de joie.
Grâce ! grâce ! mon père.

LÉANDRE.

Eh bien! qu'on le renvoie ;
C'est en votre faveur, ma bru, ce que j'en fais.
Allons nous délasser à voir d'autres procès.

BRITANNICUS

TRAGÉDIE (1669).

PRÉFACE

Voici celle de mes tragédies que je puis dire que j'ai le plus travaillée. Cependant j'avoue que le succès ne répondit pas d'abord à mes espérances : à peine elle parut sur le théâtre, qu'il s'éleva quantité de critiques qui semblaient la devoir détruire. Je crus moi-même que sa destinée serait à l'avenir moins heureuse que celle de mes autres tragédies. Mais enfin il est arrivé de cette pièce ce qui arrivera toujours des ouvrages qui auront quelque bonté : les critiques se sont évanouies, la pièce est demeurée. C'est maintenant celle des miennes que la cour et le public revoient le plus volontiers. Et si j'ai fait quelque chose de solide et qui mérite quelque louange, la plupart des connaisseurs demeurent d'accord que c'est ce même *Britannicus*.

A la vérité j'avais travaillé sur des modèles qui m'avaient extrêmement soutenu dans la peinture que je voulais faire de la cour d'Agrippine et de Néron. J'avais copié mes personnages d'après le plus grand peintre de l'antiquité, je veux dire d'après Tacite; et j'étais alors si rempli de la lecture de cet excellent historien, qu'il n'y a presque pas un trait éclatant dans ma tragédie dont il ne m'ait donné l'idée. J'avais voulu mettre dans ce recueil un extrait des plus beaux endroits que j'ai tâché d'imiter; mais j'ai trouvé que cet extrait tiendrait presque autant de place que la tragédie. Ainsi le lecteur trouvera bon que je le renvoie à cet auteur, qui aussi bien est entre les mains de tout le monde; et je me contenterai de rapporter ici quelques-uns de ses passages sur chacun des personnages que j'introduis sur la scène.

Pour commencer par Néron, il faut se souvenir qu'il est ici dans les premières années de son règne, qui ont été heureuses, comme l'on sait. Ainsi, il ne m'a pas été permis de le représenter aussi méchant qu'il l'a été depuis. Je ne le représente pas non plus comme un homme vertueux, car il ne l'a jamais été. Il n'a pas encore tué sa mère, sa femme, ses gouverneurs; mais il a en lui les semences de tous ces crimes : il commence à vouloir secouer le joug ; il les hait les uns et les autres : il leur cache sa haine sous de fausses caresses, *factus natura velare odium fallacibus blanditiis* [1]. En un mot, c'est ici un monstre naissant, mais qui n'ose encore se déclarer, et qui cherche des couleurs à ses méchantes actions : *Hactenus Nero flagitiis et sceleribus velamenta quæsivit* [2]. Il ne pouvait souffrir Octavie, princesse d'une bonté et d'une vertu exemplaires.

Je lui donne Narcisse pour confident. J'ai suivi en cela Tacite, qui dit que Néron porta impatiemment la mort de Narcisse, parce que cet affranchi avait une conformité merveilleuse avec les vices du prince encore cachés : *Cujus abditis adhuc vitiis mire congruebat*. Ce passage prouve deux choses : il prouve, et que Néron était déjà vicieux, mais qu'il dissimulait ses vices, et que Narcisse l'entretenait dans ses mauvaises inclinations.

J'ai choisi Burrhus pour opposer un honnête homme à cette peste de cour ; et je l'ai choisi plutôt que Sénèque ; en voici la raison : ils étaient tous deux gouverneurs de la jeunesse de Néron, l'un pour les armes, et l'autre pour les lettres ; et ils étaient fameux, Burrhus pour son expérience dans les armes et pour la sévérité de ses mœurs, *militaribus curis et severitate morum ;* Sénèque pour son éloquence et le tour agréable de son esprit, *Seneca præcoptis eloquentiæ et comitate honesta* [3]. Burrhus, après sa mort, fut extrêmement regretté à cause de sa vertu : *Civitati grande desiderium ejus mansit per memoriam virtutis* [4]. Toute leur peine était de résister à l'orgueil et à la férocité d'Agrippine, *quæ, cunctis malæ dominationis cupidinibus flagrans, habebat in partibus Pallantem* [5]. Je ne dis que ce mot d'Agrippine, car il y aurait trop de choses à en dire. C'est elle que je me suis surtout efforcé de bien exprimer, et ma tragédie n'est pas moins la disgrâce d'Agrippine que la mort de Britannicus. Cette mort fut un coup de foudre pour elle ; et il parut, dit Tacite, par sa frayeur et par sa consternation, qu'elle était aussi innocente de cette mort qu'Octavie. Agrippine perdait en lui sa dernière espérance, et ce crime lui en faisait craindre un plus grand : *Sibi supremum auxilium ereptum, et parricidii exemplum intelligebat* [6].

L'âge de Britannicus était si connu, qu'il ne m'a été permis de le représenter autrement que comme un jeune prince qui avait beaucoup de cœur et beaucoup de franchise, qualités ordinaires d'un jeune homme. Il avait quinze ans, et on dit qu'il avait beaucoup d'esprit, soit qu'on dise vrai, ou que ses

---

[1] Tacit., *Annal.*, lib. xiv, cap. 56.
[2] Idem, *ibid.*, lib. xiii, cap. 47.
[3] Idem, *ibid.*, lib. xiii, cap. 2.
[4] Idem, *ibid.*, lib. xiv, 51.
[5] « Enflammée de toutes les passions de la tyrannie, elle avait dans son parti Pallas. » (Tacit., *Annal.*, lib. xiii, cap. 2.) (G.)
[6] « Elle sentait vivement que Néron venait de lui ravir son dernier appui, et de faire l'essai du parricide. » (Tacit., *Ann.*, lib. xiii, cap. 16.) (G.)

malheurs aient fait croire cela de lui, sans qu'il ait pu en donner des marques : *Neque segnem ei fuisse indolem ferunt; sive verum, seu, periculis commendatus, retinuit famam sine experimento* [1].

Il ne faut pas s'étonner s'il n'a auprès de lui qu'un aussi méchant homme que Narcisse, car il y avait longtemps qu'on avait donné ordre qu'il n'y eût auprès de Britannicus que des gens qui n'eussent ni foi ni honneur : *Nam ut proximus quisque Britannico neque fas neque fidem pensi haberet olim provisum erat.*

Il me reste à parler de Junie. Il ne la faut pas confondre avec une vieille coquette qui s'appelait *Junia Silana*. C'est ici une autre Junie, que Tacite appelle *Junia Calvina*, de la famille d'Auguste, sœur de Silanus, à qui Claudius avait promis Octavie. Je la fais entrer dans les vestales, quoique, selon Aulu-Gelle, on n'y reçût jamais personne au-dessous de six ans, ni au-dessus de dix. Mais le peuple prend ici Junie sous sa protection; et j'ai cru qu'en considération de sa naissance, de sa vertu et de son malheur, il pouvait la dispenser de l'âge prescrit par les lois, comme il a dispensé de l'âge pour le consulat tant de grands hommes qui avaient mérité ce privilége [2].

---

[1] Tacit., *Annal.*, lib. xiii, cap. 26.
[2] Racine confond ici la république avec la monarchie · le peuple n'était rien sous les empereurs : sa protection était inutile et même nuisible; il ne faisait point de lois, et ne pouvait en donner aucune dispense. Racine ne peut donc pas supposer au peuple le droit de faire entrer Junie dans les vestales malgré les lois (G.).

PERSONNAGES :

NÉRON, empereur, fils d'Agrippine.
BRITANNICUS, fils de l'empereur Claudius et de Messaline.
AGRIPPINE, veuve de Domitius Ænobarbus, père de Néron, et, en secondes noces, veuve de l'empereur Claudius.
JUNIE.
BURRHUS, gouverneur de Néron.
NARCISSE, gouverneur de Britannicus.
ALBINE, confidente d'Agrippine.
GARDES.

La scène est à Rome, dans une chambre du palais de Néron.

BRITANNICUS

TRAGÉDIE (1669).

ACTE PREMIER.

SCÈNE I.

AGRIPPINE, ALBINE.

ALBINE.

Quoi ! tandis que Néron s'abandonne au sommeil,
Faut-il que vous veniez attendre son réveil?
Qu'errant dans le palais, sans suite et sans escorte,
La mère de César veille seule à sa porte?
Madame, retournez dans votre appartement.

AGRIPPINE.

Albine, il ne faut pas s'éloigner un moment.
Je veux l'attendre ici : les chagrins qu'il me cause
M'occuperont assez tout le temps qu'il repose.
Tout ce que j'ai prédit n'est que trop assuré :
Contre Britannicus Néron s'est déclaré.
L'impatient Néron cesse de se contraindre ;
Las de se faire aimer, il veut se faire craindre.
Britannicus le gêne, Albine; et chaque jour
Je sens que je deviens importune à mon tour.

ALBINE.

Quoi ! vous à qui Néron doit le jour qu'il respire,
Qui l'avez appelé de si loin à l'empire?
Vous qui, déshéritant le fils de Claudius,
Avez nommé César l'heureux Domitius?

Tout lui parle, madame, en faveur d'Agrippine :
Il vous doit son amour.
AGRIPPINE.
Il me le doit, Albine ;
Tout, s'il est généreux, lui prescrit cette loi ;
Mais tout, s'il est ingrat, lui parle contre moi.
ALBINE.
S'il est ingrat, madame ? Ah ! toute sa conduite
Marque dans son devoir une âme trop instruite.
Depuis trois ans entiers, qu'a-t-il dit, qu'a-t-il fait
Qui ne promette à Rome un empereur parfait ?
Rome, depuis trois ans, par ses soins gouvernée,
Au temps de ses consuls croit être retournée :
Il la gouverne en père. Enfin Néron naissant
A toutes les vertus d'Auguste vieillissant.
AGRIPPINE.
Non, non, mon intérêt ne me rend point injuste :
Il commence, il est vrai, par où finit Auguste ;
Mais crains que, l'avenir détruisant le passé,
Il ne finisse ainsi qu'Auguste a commencé.
Il se déguise en vain : je lis sur son visage
Des fiers Domitius l'humeur triste et sauvage ;
Il mêle avec l'orgueil qu'il a pris dans leur sang
La fierté des Nérons qu'il puisa dans mon flanc [1].
Toujours la tyrannie a d'heureuses prémices !
De Rome, pour un temps, Caïus fut les délices [2] ;
Mais sa feinte bonté se tournant en fureur,
Les délices de Rome en devinrent l'horreur.
Que m'importe, après tout, que Néron, plus fidèle,
D'une longue vertu laisse un jour le modèle ?
Ai-je mis dans sa main le timon de l'État
Pour le conduire au gré du peuple et du sénat ?
Ah ! que de la patrie il soit, s'il veut, le père,
Mais qu'il songe un peu plus qu'Agrippine est sa mère.
De quel nom cependant pouvons-nous appeler
L'attentat que le jour vient de nous révéler ?

---

[1] Agrippine était petite-fille de Claudius Drusus Néron, fils de Tiberius Claudius Néron et de Livie. La famille des Claudius était l'une des plus anciennes et des plus illustres de Rome. (G.)

[2] Agrippine, suivant l'usage des Romains, dans le discours familier, appelle ici par le prénom de Caïus celui qui dans l'histoire est connu sous le nom de Caligula. Quelques vers plus haut elle appelle également son fils Domitius, au lieu de Néron.

ACTE I, SCÈNE I.

Il sait, car leur amour ne peut être ignorée,
Que de Britannicus Junie est adorée,
Et ce même Néron, que la vertu conduit,
Fait enlever Junie au milieu de la nuit !
Que veut-il ? Est-ce bien la haine qui l'inspire ?
Cherche-t-il seulement le plaisir de leur nuire ;
Ou plutôt n'est-ce point que sa malignité
Punit sur eux l'appui que je leur ai prêté ?

ALBINE.

Vous leur appui, madame ?

AGRIPPINE.

Arrête, chère Albine.
Je sais que j'ai moi seule avancé leur ruine ;
Que du trône où le sang l'a dû faire monter,
Britannicus pour moi s'est vu précipiter.
Par moi seule éloigné de l'hymen d'Octavie,
Le frère de Junie abandonna la vie,
Silanus, sur qui Claude avait jeté les yeux,
Et qui comptait Auguste au rang de ses aïeux.
Néron jouit de tout : et moi, pour récompense,
Il faut qu'entre eux et lui je tienne la balance,
Afin que quelque jour, par une même loi,
Britannicus la tienne entre mon fils et moi.

ALBINE.

Quel dessein !

AGRIPPINE.

Je m'assure un port dans la tempête.
Néron m'échappera, si ce frein ne l'arrête.

ALBINE.

Mais prendre contre un fils tant de soins superflus !

AGRIPPINE.

Je le craindrais bientôt s'il ne me craignait plus.

ALBINE.

Une juste frayeur vous alarme peut-être.
Mais si Néron n'est plus pour vous ce qu'il doit être,
Du moins son changement ne vient pas jusqu'à nous,
Et ce sont des secrets entre César et vous.
Quelques titres nouveaux que Rome lui défère,
Néron n'en reçoit point qu'il ne donne à sa mère.
Sa prodigue amitié ne se réserve rien :
Votre nom est dans Rome aussi saint que le sien ;
A peine parle-t-on de la triste Octavie.

Auguste, votre aïeul, honora moins Livie :
Néron devant sa mère a permis le premier
Qu'on portât les faisceaux couronnés de laurier.
Quels effets voulez-vous de sa reconnaissance ?
AGRIPPINE.
Un peu moins de respect, et plus de confiance.
Tous ces présents, Albine, irritent mon dépit :
Je vois mes honneurs croître et tomber mon crédit.
Non, non, le temps n'est plus que Néron, jeune encore,
Me renvoyait les vœux d'une cour qui l'adore ;
Lorsqu'il se reposait sur moi de tout l'État ;
Que mon ordre au palais assemblait le sénat ;
Et que derrière un voile, invisible et présente,
J'étais de ce grand corps l'âme toute puissante.
Des volontés de Rome alors mal assuré,
Néron de sa grandeur n'était point enivré.
Ce jour, ce triste jour frappe encor ma mémoire,
Où Néron fut lui-même ébloui de sa gloire,
Quand les ambassadeurs de tant de rois divers
Vinrent le reconnaître au nom de l'univers.
Sur son trône avec lui j'allais prendre ma place :
J'ignore quel conseil prépara ma disgrâce ;
Quoi qu'il en soit, Néron, d'aussi loin qu'il me vit,
Laissa sur son visage éclater son dépit.
Mon cœur même en conçut un malheureux augure.
L'ingrat, d'un faux respect colorant son injure,
Se leva par avance ; et courant m'embrasser,
Il m'écarta du trône où je m'allais placer.
Depuis ce coup fatal, le pouvoir d'Agrippine
Vers sa chute à grands pas chaque jour s'achemine.
L'ombre seule m'en reste ; et l'on n'implore plus
Que le nom de Sénèque, et l'appui de Burrhus.
ALBINE.
Ah ! si de ce soupçon votre âme est prévenue,
Pourquoi nourrissez-vous le venin qui vous tue ?
Allez avec César vous éclaircir du moins.
AGRIPPINE.
César ne me voit plus, Albine, sans témoins :
En public, à mon heure, on me donne audience.
Sa réponse est dictée, et même son silence.
Je vois deux surveillants, ses maîtres et les miens,
Présider l'un ou l'autre à tous nos entretiens.

Mais je le poursuivrai d'autant plus qu'il m'évite :
De son désordre, Albine, il faut que je profite.
J'entends du bruit; on ouvre. Allons subitement
Lui demander raison de cet enlèvement :
Surprenons, s'il se peut, les secrets de son âme.
Mais quoi! déjà Burrhus sort de chez lui!

SCÈNE II.

AGRIPPINE, BURRHUS, ALBINE.

BURRHUS.

Madame,
Au nom de l'empereur, j'allais vous informer
D'un ordre qui d'abord a pu vous alarmer,
Mais qui n'est que l'effet d'une sage conduite,
Dont César a voulu que vous soyez instruite.

AGRIPPINE.

Puisqu'il le veut, entrons : il m'en instruira mieux.

BURRHUS.

César pour quelque temps s'est soustrait à nos yeux.
Déjà par une porte au public mal connue
L'un et l'autre consul vous avaient prévenue,
Madame. Mais souffrez que je retourne exprès...

AGRIPPINE.

Non, je ne trouble point ces augustes secrets;
Cependant voulez-vous qu'avec moins de contrainte
L'un et l'autre une fois nous nous parlions sans feinte?

BURRHUS.

Burrhus pour le mensonge eut toujours trop d'horreur.

AGRIPPINE.

Prétendez-vous longtemps me cacher l'empereur?
Ne le verrai-je plus qu'à titre d'importune?
Ai-je donc élevé si haut votre fortune
Pour mettre une barrière entre mon fils et moi?
Ne l'osez-vous laisser un moment sur ma foi?
Entre Sénèque et vous disputez-vous la gloire
A qui m'effacera plutôt de sa mémoire?
Vous l'ai-je confié pour en faire un ingrat,
Pour être, sous son nom, les maîtres de l'État?
Certes, plus je médite, et moins je me figure

Que vous m'osiez compter pour votre créature,
Vous dont j'ai pu laisser vieillir l'ambition
Dans les honneurs obscurs de quelque légion ;
Et moi qui sur le trône ai suivi mes ancêtres,
Moi, fille, femme, sœur et mère de vos maîtres !
Que prétendez-vous donc? Pensez-vous que ma voix
Ait fait un empereur pour m'en imposer trois ?
Néron n'est plus enfant : n'est-il pas temps qu'il règne?
Jusqu'à quand voulez-vous que l'empereur vous craigne?
Ne saurait-il rien voir qu'il n'emprunte vos yeux ?
Pour se conduire enfin, n'a-t-il pas ses aïeux ?
Qu'il choisisse, s'il veut, d'Auguste ou de Tibère ;
Qu'il imite, s'il peut, Germanicus mon père.
Parmi tant de héros je n'ose me placer ;
Mais il est des vertus que je lui puis tracer :
Je puis l'instruire au moins combien sa confidence
Entre un sujet et lui doit laisser de distance.

BURRHUS.

Je ne m'étais chargé dans cette occasion
Que d'excuser César d'une seule action ;
Mais puisque, sans vouloir que je le justifie,
Vous me rendez garant du reste de sa vie,
Je répondrai, madame, avec la liberté
D'un soldat qui sait mal farder la vérité.
Vous m'avez de César confié la jeunesse,
Je l'avoue ; et je dois m'en souvenir sans cesse.
Mais vous avais-je fait serment de le trahir,
D'en faire un empereur qui ne sût qu'obéir?
Non. Ce n'est plus à vous qu'il faut que j'en réponde :
Ce n'est plus votre fils, c'est le maître du monde.
J'en dois compte, madame, à l'empire romain,
Qui croit voir son salut ou sa perte en ma main.
Ah ! si dans l'ignorance il le fallait instruire,
N'avait-on que Sénèque et moi pour le séduire?
Pourquoi de sa conduite éloigner les flatteurs ?
Fallait-il dans l'exil chercher des corrupteurs?
La cour de Claudius, en esclaves fertile,
Pour deux que l'on cherchait en eût présenté mille,
Qui tous auraient brigué l'honneur de l'avilir.
Dans une longue enfance ils l'auraient fait vieillir.
De quoi vous plaignez-vous, madame? On vous révère :
Ainsi que par César, on jure par sa mère.

L'empereur, il est vrai, ne vient plus chaque jour
Mettre à vos pieds l'empire, et grossir votre cour;
Mais le doit-il, madame? et sa reconnaissance
Ne peut-elle éclater que dans sa dépendance?
Toujours humble, toujours le timide Néron
N'ose-t-il être Auguste et César que de nom?
Vous le dirai-je, enfin? Rome le justifie.
Rome, à trois affranchis si longtemps asservie,
A peine respirant du joug qu'elle a porté,
Du règne de Néron compte sa liberté.
Que dis-je? la vertu semble même renaître.
Tout l'empire n'est plus la dépouille d'un maître :
Le peuple au champ de Mars nomme ses magistrats;
César nomme les chefs sur la foi des soldats;
Thraséas au sénat, Corbulon dans l'armée,
Sont encore innocents, malgré leur renommée;
Les déserts, autrefois peuplés de sénateurs,
Ne sont plus habités que par leurs délateurs.
Qu'importe que César continue à nous croire,
Pourvu que nos conseils ne tendent qu'à sa gloire;
Pourvu que dans le cours d'un règne florissant
Rome soit toujours libre, et César tout puissant?
Mais, madame, Néron suffit pour se conduire.
J'obéis, sans prétendre à l'honneur de l'instruire.
Sur ses aïeux, sans doute, il n'a qu'à se régler;
Pour bien faire, Néron n'a qu'à se ressembler.
Heureux si ses vertus, l'une à l'autre enchaînées,
Ramènent tous les ans ses premières années!

AGRIPPINE.

Ainsi, sur l'avenir n'osant vous assurer,
Vous croyez que sans vous Néron va s'égarer.
Mais vous qui, jusqu'ici content de votre ouvrage,
Venez de ses vertus nous rendre témoignage,
Expliquez-nous pourquoi, devenu ravisseur,
Néron de Silanus fait enlever la sœur?
Ne tient-il qu'à marquer de cette ignominie
Le sang de mes aïeux qui brille dans Junie!
De quoi l'accuse-t-il? Et par quel attentat
Devient-elle en un jour criminelle d'État,
Elle qui, sans orgueil jusqu'alors élevée,
N'aurait point vu Néron, s'il ne l'eût enlevée,
Et qui même aurait mis au rang de ses bienfaits

L'heureuse liberté de ne le voir jamais ?
BURRHUS.
Je sais que d'aucun crime elle n'est soupçonnée ;
Mais jusqu'ici César ne l'a point condamnée,
Madame. Aucun objet ne blesse ici ses yeux.
Elle est dans un palais tout plein de ses aïeux.
Vous savez que les droits qu'elle porte avec elle
Peuvent de son époux faire un prince rebelle ;
Que le sang de César ne se doit allier
Qu'à ceux à qui César le veut bien confier ;
Et vous-même avoûrez qu'il ne serait pas juste
Qu'on disposât sans lui de la nièce d'Auguste.
AGRIPPINE.
Je vous entends : Néron m'apprend par votre voix
Qu'en vain Britannicus s'assure sur mon choix.
En vain, pour détourner ses yeux de sa misère,
J'ai flatté ses désirs d'un hymen qu'il espère :
A ma confusion, Néron veut faire voir
Qu'Agrippine promet par-delà son pouvoir.
Rome de ma faveur est trop préoccupée ;
Il veut par cet affront qu'elle soit détrompée,
Et que tout l'univers apprenne avec terreur
A ne confondre plus mon fils et l'empereur.
Il le peut. Toutefois j'ose encore lui dire
Qu'il doit avant ce coup affermir son empire ;
Et qu'en me réduisant à la nécessité
D'éprouver contre lui ma faible autorité,
Il expose la sienne ; et que dans la balance
Mon nom peut-être aura plus de poids qu'il ne pense.
BURRHUS.
Quoi ! madame, toujours soupçonner son respect ?
Ne peut-il faire un pas qui ne vous soit suspect !
L'empereur vous croit-il du parti de Junie ?
Avec Britannicus vous croit-il réunie ?
Quoi ! de vos ennemis devenez-vous l'appui
Pour trouver un prétexte à vous plaindre de lui !
Sur le moindre discours qu'on pourra vous redire,
Serez-vous toujours prête à partager l'empire ?
Vous craindrez-vous sans cesse ; et vos embrassements
Ne se passeront-ils qu'en éclaircissements ?
Ah ! quittez d'un censeur la triste diligence ;
D'une mère facile affectez l'indulgence,

Souffrez quelques froideurs sans les faire éclater,
Et n'avertissez point la cour de vous quitter.
AGRIPPINE.
Et qui s'honorerait de l'appui d'Agrippine,
Lorsque Néron lui-même annonce ma ruine,
Lorsque de sa présence il semble me bannir,
Quand Burrhus à sa porte ose me retenir?
BURRHUS.
Madame, je vois bien qu'il est temps de me taire,
Et que ma liberté commence à vous déplaire.
La douleur est injuste; et toutes les raisons
Qui ne la flattent point aigrissent ses soupçons.
Voici Britannicus. Je lui cède ma place.
Je vous laisse écouter et plaindre sa disgrâce,
Et peut-être, madame, en accuser les soins
De ceux que l'empereur a consultés le moins.

SCÈNE III.

BRITANNICUS, AGRIPPINE, NARCISSE, ALBINE.

AGRIPPINE.
Ah! prince, où courez-vous? Quelle ardeur inquiète
Parmi vos ennemis en aveugle vous jette?
Que venez-vous chercher?
BRITANNICUS.
     Ce que je cherche? Ah! dieux!
Tout ce que j'ai perdu, madame, est en ces lieux.
De mille affreux soldats Junie environnée
S'est vue en ce palais indignement traînée.
Hélas! de quelle horreur ses timides esprits
A ce nouveau spectacle auront été surpris!
Enfin, on me l'enlève. Une loi trop sévère
Va séparer deux cœurs qu'assemblait leur misère :
Sans doute on ne veut pas que, mêlant nos douleurs,
Nous nous aidions l'un l'autre à porter nos malheurs.
AGRIPPINE.
Il suffit. Comme vous je ressens vos injures;
Mes plaintes ont déjà précédé vos murmures.
Mais je ne prétends pas qu'un impuissant courroux
Dégage ma parole et m'acquitte envers vous.

Je ne m'explique point. Si vous voulez m'entendre,
Suivez-moi chez Pallas, où je vais vous attendre.

SCÈNE IV.

BRITANNICUS, NARCISSE.

BRITANNICUS.

La croirai-je, Narcisse? et dois-je sur ma foi
La prendre pour arbitre entre son fils et moi?
Qu'en dis-tu? N'est-ce pas cette même Agrippine
Que mon père épousa jadis pour ma ruine,
Et qui, si je t'en crois, a de ses derniers jours,
Trop lents pour ses desseins, précipité le cours?

NARCISSE.

N'importe. Elle se sent comme vous outragée;
A vous donner Junie elle s'est engagée.
Unissez vos chagrins, liez vos intérêts :
Ce palais retentit en vain de vos regrets.
Tandis qu'on vous verra d'une voix suppliante
Semer ici la plainte et non pas l'épouvante,
Que vos ressentiments se perdront en discours,
Il n'en faut pas douter, vous vous plaindrez toujours.

BRITANNICUS.

Ah! Narcisse, tu sais si de la servitude
Je prétends faire encore une longue habitude;
Tu sais si pour jamais, de ma chute étonné,
Je renonce à l'empire où j'étais destiné.
Mais je suis seul encor : les amis de mon père
Sont autant d'inconnus que glace ma misère,
Et ma jeunesse même écarte loin de moi
Tous ceux qui dans le cœur me réservent leur foi.
Pour moi, depuis un an qu'un peu d'expérience
M'a donné de mon sort la triste connaissance,
Que vois-je autour de moi, que des amis vendus
Qui sont de tous mes pas les témoins assidus,
Qui, choisis par Néron pour ce commerce infâme,
Trafiquent avec lui des secrets de mon âme?
Quoi qu'il en soit, Narcisse, on me vend tous les jours :
Il prévoit mes desseins, il entend mes discours;
Comme toi, dans mon cœur il sait ce qui se passe.

Que t'en semble, Narcisse?
NARCISSE.
Ah ! quelle âme assez basse...
C'est à vous de choisir des confidents discrets,
Seigneur, et de ne pas prodiguer vos secrets.
BRITANNICUS.
Narcisse, tu dis vrai ; mais cette défiance
Est toujours d'un grand cœur la dernière science ;
On le trompe longtemps. Mais enfin je te croi,
Ou plutôt je fais vœu de ne croire que toi.
Mon père, il m'en souvient, m'assura de ton zèle :
Seul de ses affranchis, tu m'es toujours fidèle ;
Tes yeux, sur ma conduite incessamment ouverts,
M'ont sauvé jusqu'ici de mille écueils couverts.
Va donc voir si le bruit de ce nouvel orage
Aura de nos amis excité le courage ;
Examine leurs yeux, observe leurs discours ;
Vois si j'en puis attendre un fidèle secours.
Cependant de Néron je vais trouver la mère
Chez Pallas, comme toi l'affranchi de mon père :
Je vais la voir, l'aigrir, la suivre, et s'il se peut,
M'engager sous son nom plus loin qu'elle ne veut.

ACTE DEUXIÈME.

SCÈNE I.

NÉRON, BURRHUS, NARCISSE, GARDES.

NÉRON.
N'en doutez point, Burrhus : malgré ses injustices,
C'est ma mère, et je veux ignorer ses caprices.
Mais je ne prétends plus ignorer ni souffrir
Le ministre insolent qui les ose nourrir.
Pallas de ses conseils empoisonne ma mère ;
Il séduit, chaque jour, Britannicus mon frère ;
Ils l'écoutent lui seul ; et qui suivrait leurs pas,
Les trouverait peut-être assemblés chez Pallas.

C'en est trop. De tous deux il faut que je l'écarte.
Pour la dernière fois, qu'il s'éloigne, qu'il parte :
Je le veux, je l'ordonne ; et que la fin du jour
Ne le retrouve plus dans Rome ou dans ma cour.
Allez : cet ordre importe au salut de l'empire.

Aux gardes.

Vous, Narcisse, approchez. Et vous, qu'on se retire.

SCÈNE II.

NÉRON, NARCISSE.

NARCISSE.

Grâces aux dieux, seigneur, Junie entre vos mains
Vous assure aujourd'hui du reste des Romains.
Vos ennemis, déchus de leur vaine espérance,
Sont allés chez Pallas pleurer leur impuissance.
Mais que vois-je ? Vous-même, inquiet, étonné,
Plus que Britannicus paraissez consterné.

NÉRON.

Dis-moi : Britannicus l'aime-t-il ?

NARCISSE.

Quoi ! s'il l'aime,
Seigneur ?

NÉRON.

Si jeune encor, se connaît-il lui-même ?

NARCISSE.

Seigneur, à ses désirs il sait s'accommoder,
Et peut-être déjà sait-il persuader.

NÉRON.

Que dis-tu ? Sur son cœur il aurait quelque empire ?

NARCISSE.

Je ne sais. Mais, seigneur, ce que je puis vous dire,
Je l'ai vu quelquefois s'arracher de ces lieux,
Le cœur plein d'un courroux qu'il cachait à vos yeux ;
D'une cour qui le fuit pleurant l'ingratitude,
Las de votre grandeur et de sa servitude,
Entre l'impatience et la crainte flottant,
Il allait voir Junie et revenait content.

NÉRON.

D'autant plus malheureux qu'il aura su lui plaire.
Narcisse, il doit plutôt souhaiter sa colère :

Néron impunément ne sera pas jaloux.

NARCISSE.

Vous? Et de quoi, seigneur, vous inquiétez-vous?
Junie a pu le plaindre et partager ses peines :
Elle n'a vu couler de larmes que les siennes ;
Mais aujourd'hui, seigneur, que ses yeux dessillés,
Regardant de plus près l'éclat dont vous brillez,
Verront autour de vous les rois sans diadème,
Inconnus dans la foule, et son héros lui-même,
Attachés sur vos yeux, s'honorer d'un regard
Que vous aurez sur eux fait tomber au hasard :
Quand elle vous verra, de ce degré de gloire,
Venir en soupirant avouer sa victoire,
Maître, n'en doutez point, d'un cœur déjà charmé,
Commandez qu'on vous aime, et vous serez aimé.

NÉRON.

A combien de chagrins il faut que je m'apprête !
Que d'importunités !

NARCISSE.

Quoi donc, qui vous arrête,
Seigneur ?

NÉRON.

Tout : Octavie, Agrippine, Burrhus,
Sénèque, Rome entière, et trois ans de vertus.
Non que pour Octavie un reste de tendresse
M'attache à son hymen et plaigne sa jeunesse :
Mes yeux, depuis longtemps fatigués de ses soins,
Rarement de ses pleurs daignent être témoins.
Trop heureux, si bientôt la faveur d'un divorce
Me soulageait d'un joug qu'on m'imposa par force !
L'empire vainement demande un héritier.

NARCISSE.

Que tardez-vous, seigneur, à la répudier?

NÉRON.

Et ne connais-tu pas l'implacable Agrippine ?
Mon esprit inquiet déjà se l'imagine
Qui m'amène Octavie, et d'un œil enflammé
Atteste les saints droits d'un nœud qu'elle a formé;
Et, portant à mon cœur des atteintes plus rudes,
Me fait un long récit de mes ingratitudes.
De quel front soutenir ce fâcheux entretien ?

NARCISSE.

N'êtes-vous pas, seigneur, votre maître et le sien?
Vous verrons-nous toujours trembler sous sa tutelle?
Vivez, régnez pour vous : c'est trop régner pour elle.
Craignez-vous? Mais, seigneur, vous ne la craignez pas;
Vous venez de bannir le superbe Pallas,
Pallas, dont vous savez qu'elle soutient l'audace.

NÉRON.

Éloigné de ses yeux, j'ordonne, je menace,
J'écoute vos conseils, j'ose les approuver;
Je m'excite contre elle, et tâche à la braver;
Mais, je t'expose ici mon âme toute nue,
Sitôt que mon malheur me ramène à sa vue,
Soit que je n'ose encor démentir le pouvoir
De ces yeux où j'ai lu si longtemps mon devoir;
Soit qu'à tant de bienfaits ma mémoire fidèle
Lui soumette en secret tout ce que je tiens d'elle;
Mais enfin mes efforts ne me servent de rien :
Mon génie étonné tremble devant le sien.
Et c'est pour m'affranchir de cette dépendance,
Que je la fuis partout, que même je l'offense,
Et que, de temps en temps, j'irrite ses ennuis,
Afin qu'elle m'évite autant que je la fuis.
Mais je t'arrête trop : retire-toi, Narcisse;
Britannicus pourrait t'accuser d'artifice.

NARCISSE.

Non, non; Britannicus s'abandonne à ma foi.
Par son ordre, seigneur, il croit que je vous voi,
Que je m'informe ici de tout ce qui le touche,
Et veut de vos secrets être instruit par ma bouche.

NÉRON.

J'ai mes raisons, Narcisse. On ouvre; la voici.
Va retrouver ton maître, et l'amener ici.

SCÈNE III.

NÉRON, JUNIE.

NÉRON.

Vous vous troublez, madame, et changez de visage!
Lisez-vous dans mes yeux quelque triste présage?

ACTE II, SCÈNE III.

JUNIE.

Seigneur, je ne vous puis déguiser mon erreur ;
J'allais voir Octavie, et non pas l'empereur.

NÉRON.

Je le sais bien, madame, et n'ai pu sans envie
Apprendre vos bontés pour l'heureuse Octavie.

JUNIE.

Vous, seigneur ?

NÉRON.

Pensez-vous, madame, qu'en ces lieux
Seule pour vous connaître, Octavie ait des yeux ?

JUNIE.

Et quel autre, seigneur, voulez-vous que j'implore ?
A qui demanderais-je un crime que j'ignore ?
Vous qui le punissez, vous ne l'ignorez pas :
De grâce, apprenez-moi, seigneur, mes attentats.

NÉRON.

On dit que vous souffrez, sans en être offensée,
Que mon frère vous ose expliquer sa pensée :
Car je ne croirai point que, sans me consulter,
La sévère Junie ait voulu le flatter.

JUNIE.

Il n'a point détourné ses regards d'une fille
Seul reste du débris d'une illustre famille :
Peut-être il se souvient qu'en un temps plus heureux
Son père me nomma pour l'objet de ses vœux.
Il m'aime ; il obéit à l'empereur son père,
Et j'ose dire encore, à vous, à votre mère :
Vos désirs sont toujours si conformes aux siens...

NÉRON.

Ma mère a ses desseins, madame ; et j'ai les miens.
Ne parlons plus ici de Claude et d'Agrippine ;
Ce n'est point par leur choix que je me détermine.
C'est à moi seul, madame, à répondre de vous ;
Et je veux de ma main vous choisir un époux.

JUNIE.

Ah ! seigneur ! songez-vous que toute autre alliance
Fera honte aux Césars, auteurs de ma naissance ?

NÉRON.

Non, madame, l'époux dont je vous entretiens
Peut sans honte assembler vos aïeux et les siens ;
Vous pouvez, sans rougir, me découvrir votre âme.

JUNIE.

Et quel est donc, seigneur, cet époux?

NÉRON.

Moi, madame.

JUNIE.

Vous!

NÉRON.

Je vous nommerais, madame, un autre nom,
Si j'en savais quelque autre au-dessus de Néron.
Oui, pour vous faire un choix où vous puissiez souscrire
J'ai parcouru des yeux la cour, Rome et l'empire.
Plus j'ai cherché, madame, et plus je cherche encor
En quelles mains je dois confier ce trésor,
Plus je vois que César, digne seul de vous plaire,
En doit être lui seul l'heureux dépositaire,
Et ne peut dignement vous confier qu'aux mains
A qui Rome a commis l'empire des humains.
Vous-même, consultez vos premières années :
Claudius à son fils les avait destinées;
Mais c'était en un temps où de l'empire entier
Il croyait quelque jour le nommer l'héritier.
Les dieux ont prononcé. Loin de leur contredire,
C'est à vous de passer du côté de l'empire.
En vain de ce présent ils m'auraient honoré,
Si votre cœur devait en être séparé;
Qu'Octavie à vos yeux ne fasse point d'ombrage.
Rome, aussi bien que moi, vous donne son suffrage,
Répudie Octavie, et me fait dénouer
Un hymen que le ciel ne veut point avouer.

JUNIE.

Seigneur, avec raison je demeure étonnée.
Je me vois, dans le cours d'une même journée,
Comme une criminelle amenée en ces lieux;
Et lorsque avec frayeur je parais à vos yeux,
Que sur mon innocence à peine je me fie,
Vous m'offrez tout d'un coup la place d'Octavie.
J'ose dire pourtant que je n'ai mérité
Ni cet excès d'honneur, ni cette indignité.
Et pouvez vous, seigneur, souhaiter qu'une fille
Qui vit presque en naissant éteindre sa famille,
Qui, dans l'obscurité nourrissant sa douleur,
S'est fait une vertu conforme à son malheur,

Passe subitement de cette nuit profonde
Dans un rang qui l'expose aux yeux de tout le monde,
Dont je n'ai pu de loin soutenir la clarté,
Et dont une autre enfin remplit la majesté?

NÉRON.

Je vous ai déjà dit que je la répudie :
Ayez moins de frayeur, ou moins de modestie;
N'accusez point ici mon choix d'aveuglement;
Je vous réponds de vous; consentez seulement.
Du sang dont vous sortez rappelez la mémoire;
Et ne préférez point à la sublime gloire
Des honneurs dont César prétend vous revêtir,
La gloire d'un refus sujet au repentir.

JUNIE.

Le ciel connaît, seigneur, le fond de ma pensée :
Je ne me flatte point d'une gloire insensée;
Je sais de vos présents mesurer la grandeur;
Mais plus ce rang sur moi répandrait de splendeur,
Plus il me ferait honte, et mettrait en lumière
Le crime d'en avoir dépouillé l'héritière.

NÉRON.

C'est de ses intérêts prendre beaucoup de soin,
Madame; et l'amitié ne peut aller plus loin.
Mais ne nous flattons point, et laissons le mystère :
La sœur vous touche ici beaucoup moins que le frère;
Et pour Britannicus...

JUNIE.

Il a su me toucher,
Seigneur, et je n'ai point prétendu m'en cacher.
Cette sincérité, sans doute, est peu discrète;
Mais toujours de mon cœur ma bouche est l'interprète.
Absente de la cour, je n'ai pas dû penser,
Seigneur, qu'en l'art de feindre il fallût m'exercer.
J'aime Britannicus. Je lui fus destinée
Quand l'empire devait suivre son hyménée :
Mais ces mêmes malheurs qui l'en ont écarté,
Ses honneurs abolis, son palais déserté,
La fuite d'une cour que sa chute a bannie,
Sont autant de liens qui retiennent Junie.
Tout ce que vous voyez conspire à vos désirs;
Vos jours toujours sereins coulent dans les plaisirs;
L'empire en est pour vous l'inépuisable source,

Ou, si quelque chagrin en interrompt la course,
Tout l'univers, soigneux de les entretenir,
S'empresse à l'effacer de votre souvenir.
Britannicus est seul. Quelque ennui qui le presse,
Il ne voit, dans son sort, que moi qui s'intéresse.

NÉRON.

Si ses jours vous sont chers, éloignez-le de vous
Sans qu'il ait aucun lieu de me croire jaloux.
De son bannissement prenez sur vous l'offense :
Et, soit par vos discours, soit par votre silence,
Du moins par vos froideurs, faites-lui concevoir
Qu'il doit porter ailleurs ses vœux et son espoir.

SCÈNE IV.

NÉRON, JUNIE, NARCISSE.

NARCISSE.

Britannicus, seigneur, demande la princesse;
Il approche.

NÉRON.

Qu'il vienne.

JUNIE.

Ah! seigneur!

NÉRON.

Je vous laisse
Sa fortune dépend de vous plus que de moi;
Madame, en le voyant, songez que je vous voi.

SCÈNE V.

JUNIE, NARCISSE.

JUNIE.

Ah! cher Narcisse, cours au-devant de ton maître;
Dis-lui... Je suis perdue ! et je le vois paraître.

SCÈNE VI.

BRITANNICUS, JUNIE, NARCISSE.

BRITANNICUS.

Madame, quel bonheur me rapproche de vous?
Quoi! je puis donc jouir d'un entretien si doux?...

. . . Je vous laisse,
Sa fortune dépend de vous plus que de moi.

Acte II, Scène IV.

BRITANNICUS.

Vous ne me dites rien ! Quel accueil ! Quelle glace !
Est-ce ainsi que vos soins accueillent ma disgrâce ?
Parlez : nous sommes seuls. Notre ennemi, trompé,
Tandis que je vous parle, est ailleurs occupé.
Ménageons les moments de cette heureuse absence.

JUNIE.

Vous êtes en des lieux tout pleins de sa puissance :
Ces murs mêmes, seigneur, peuvent avoir des yeux ;
Et jamais l'empereur n'est absent de ces lieux.

BRITANNICUS.

Ah ! bannissez, madame, une inutile crainte :
La foi dans tous les cœurs n'est pas encore éteinte ;
Chacun semble des yeux approuver mon courroux ;
La mère de Néron se déclare pour nous.
Rome, de sa conduite elle-même offensée...

JUNIE.

Mais, seigneur, vous parlez contre votre pensée.
Vous-même vous m'avez avoué mille fois
Que Rome le louait d'une commune voix ;
Toujours à sa vertu vous rendiez quelque hommage.
Sans doute la douleur vous dicte ce langage.

BRITANNICUS.

Ce discours me surprend, il le faut avouer :
Je ne vous cherchais pas pour l'entendre louer.
Quoi ! pour vous confier la douleur qui m'accable,
A peine je dérobe un moment favorable ;
Et ce moment si cher, madame, est consumé
A louer l'ennemi dont je suis opprimé !
Qui vous rend à vous-même, en un jour, si contraire ?
Quoi ! même vos regards ont appris à se taire ?
Parlez. Ne suis-je plus dans votre souvenir ?

JUNIE.

Retirez-vous, seigneur ; l'empereur va venir.

BRITANNICUS.

Après ce coup, Narcisse, à qui dois-je m'attendre [1] ?

---

[1] Dans toutes les éditions faites pendant la vie de l'auteur, on lit ce vers tel qu'il est imprimé ici ; on ne peut donc douter que Racine n'ait mis, *à qui dois-je m'attendre*, et n'ait préféré l'exactitude du sens à celle de la grammaire. (G.)

SCÈNE VII.

NÉRON, JUNIE, NARCISSE.

NÉRON.

Madame...

JUNIE.

Non, seigneur, je ne puis rien entendre.

SCÈNE VIII.

NÉRON, NARCISSE.

NÉRON.

Je la suis. Mon rival t'attend pour éclater :
Par de nouveaux soupçons, va, cours le tourmenter.

NARCISSE.

Suivons jusques au bout ses ordres favorables;
Et, pour nous rendre heureux, perdons les misérables.

ACTE TROISIÈME.

SCÈNE I.

NÉRON, BURRHUS.

BURRHUS.

Pallas obéira, seigneur.

NÉRON.

Et de quel œil
Ma mère a-t-elle vu confondre son orgueil?

BURRHUS.

Ne doutez point, seigneur, que ce coup ne la frappe;
Qu'en reproches bientôt sa douleur ne s'échappe.
Ses transports dès longtemps commencent d'éclater;
A d'inutiles cris puissent-ils s'arrêter!

NÉRON.

Quoi! de quelque dessein la croyez-vous capable?

BURRHUS.
Agrippine, seigneur, est toujours redoutable :
Rome et tous vos soldats révèrent ses aïeux;
Germanicus son père est présent à leurs yeux.
Elle sait son pouvoir; vous savez son courage;
Et ce qui me la fait redouter davantage,
C'est que vous appuyez vous-même son courroux,
Et que vous lui donnez des armes contre vous.

NÉRON.
Moi, Burrhus?

BURRHUS.
Cette ardeur, seigneur, qui vous possède...

NÉRON.
Je vous entends, Burrhus. Le mal est sans remède.

BURRHUS.
Mais si dans son devoir votre cœur affermi
Voulait ne point s'entendre avec son ennemi;
Si de vos premiers ans vous consultiez la gloire;
Si vous daigniez, seigneur, rappeler la mémoire
Des vertus d'Octavie indignes de ce prix,
Et de son dévoûment vainqueur de vos mépris..

NÉRON.
Je vous croirai, Burrhus, lorsque dans les alarmes
Il faudra soutenir la gloire de nos armes,
Ou lorsque, plus tranquille, assis dans le sénat,
Il faudra décider du destin de l'État.
Adieu. Pour le moment je retourne à Junie.

SCÈNE II.

BURRHUS.

Enfin, Burrhus, Néron découvre son génie :
Cette férocité que tu croyais fléchir,
De tes faibles liens est prête à s'affranchir.
En quels excès peut-être elle va se répandre!
O dieux! en ce malheur quel conseil dois-je prendre?
Sénèque, dont les soins me devraient soulager,
Occupé loin de Rome, ignore ce danger.
Mais quoi! si d'Agrippine excitant la tendresse
Je pouvais... La voici : mon bonheur me l'adresse.

SCÈNE III.

AGRIPPINE, BURRHUS, ALBINE.

AGRIPPINE.

Eh bien! je me trompais, Burrhus, dans mes soupçons?
Et vous vous signalez par d'illustres leçons!
On exile Pallas, dont le crime peut-être
Est d'avoir à l'empire élevé votre maître.
Vous le savez trop bien; jamais, sans ses avis,
Claude qu'il gouvernait n'eût adopté mon fils.
Que dis-je? A son épouse on donne une rivale;
On affranchit Néron de la foi conjugale :
Digne emploi d'un ministre ennemi des flatteurs,
Choisi pour mettre un frein à ses jeunes ardeurs,
De les flatter lui-même, et nourrir dans son âme
Le mépris de sa mère et l'oubli de sa femme!

BURRHUS.

Madame, jusqu'ici c'est trop tôt m'accuser;
L'empereur n'a rien fait qu'on ne puisse excuser.
N'imputez qu'à Pallas un exil nécessaire :
Son orgueil dès longtemps exigeait ce salaire;
Et l'empereur ne fait qu'accomplir à regret
Ce que toute la cour demandait en secret.
Le reste est un malheur qui n'est point sans ressource :
Des larmes d'Octavie on peut tarir la source.
Mais calmez vos transports; par un chemin plus doux,
Vous lui pourrez plus tôt ramener son époux :
Les menaces, les cris, le rendront plus farouche.

AGRIPPINE.

Ah! l'on s'efforce en vain de me fermer la bouche.
Je vois que mon silence irrite vos dédains;
Et c'est trop respecter l'ouvrage de mes mains.
Pallas n'emporte pas tout l'appui d'Agrippine :
Le ciel m'en laisse assez pour venger ma ruine.
Le fils de Claudius commence à ressentir
Des crimes dont je n'ai que le seul repentir.
J'irai, n'en doutez point, le montrer à l'armée,
Plaindre aux yeux des soldats son enfance opprimée,
Leur faire, à mon exemple, expier leur erreur.
On verra d'un côté le fils d'un empereur

Redemandant la foi jurée à sa famille,
Et de Germanicus on entendra la fille;
De l'autre, l'on verra le fils d'Ænobarbus,
Appuyé de Sénèque et du tribun Burrhus,
Qui, tous deux de l'exil rappelés par moi-même,
Partagent à mes yeux l'autorité suprême.
De nos crimes communs je veux qu'on soit instruit;
On saura les chemins par où je l'ai conduit :
Pour rendre sa puissance et la vôtre odieuses,
J'avoûrai les rumeurs les plus injurieuses.
Je confesserai tout, exils, assassinats,
Poison même...

BURRHUS.

Madame, ils ne vous croiront pas :
Ils sauront récuser l'injuste stratagème
D'un témoin irrité qui s'accuse lui-même.
Pour moi qui le premier secondai vos desseins,
Qui fis même jurer l'armée entre ses mains,
Je ne me repens point de ce zèle sincère.
Madame, c'est un fils qui succède à son père.
En adoptant Néron, Claudius, par son choix,
De son fils et du vôtre a confondu les droits.
Rome l'a pu choisir. Ainsi, sans être injuste,
Elle choisit Tibère adopté par Auguste;
Et le jeune Agrippa, de son sang descendu,
Se vit exclu du rang vainement prétendu.
Sur tant de fondements sa puissance établie
Par vous-même aujourd'hui ne peut être affaiblie :
Et s'il m'écoute encor, madame, sa bonté
Vous en fera bientôt perdre la volonté.
J'ai commencé, je vais poursuivre mon ouvrage.

SCÈNE IV.

AGRIPPINE, ALBINE.

ALBINE.

Dans quel emportement la douleur vous engage,
Madame! L'empereur puisse-t-il l'ignorer!

AGRIPPINE.

Ah! lui-même à mes yeux puisse-t-il se montrer!
Quoi! tu ne vois donc pas jusqu'où l'on me ravale,

Albine? C'est à moi qu'on donne une rivale.
Bientôt, si je ne romps ce funeste lien,
Ma place est occupée, et je ne suis plus rien.
Que dis-je? l'on m'évite, et déjà délaissée..
Ah! je ne puis, Albine, en souffrir la pensée.
Quand je devrais du ciel hâter l'arrêt fatal,
Néron, l'ingrat Néron... Mais voici son rival.

SCÈNE V.

BRITANNICUS, AGRIPPINE, NARCISSE, ALBINE.

BRITANNICUS.

Nos ennemis communs ne sont pas invincibles,
Madame; nos malheurs trouvent des cœurs sensibles :
Vos amis et les miens, jusqu'alors si secrets,
Tandis que nous perdions le temps en vains regrets,
Animés du courroux qu'allume l'injustice,
Viennent de confier leur douleur à Narcisse.
La moitié du sénat s'intéresse pour nous :
Sylla, Pison, Plautus...

AGRIPPINE.

Prince, que dites-vous?
Sylla, Pison, Plautus, les chefs de la noblesse!

BRITANNICUS.

Madame, je vois bien que ce discours vous blesse,
Et que votre courroux, tremblant, irrésolu,
Craint déjà d'obtenir tout ce qu'il a voulu.
Non, vous avez trop bien établi ma disgrâce;
D'aucun ami pour moi ne redoutez l'audace :
Il ne m'en reste plus, et vos soins trop prudents
Les ont tous écartés ou séduits dès longtemps.

AGRIPPINE.

Seigneur, à vos soupçons donnez moins de créance;
Notre salut dépend de notre intelligence.
J'ai promis, il suffit. Malgré vos ennemis,
Je ne révoque rien de ce que j'ai promis.
Le coupable Néron fuit en vain ma colère :
Tôt ou tard il faudra qu'il entende sa mère
J'essairai tour à tour la force et la douceur;
Ou moi-même, avec moi conduisant votre sœur,
J'irai semer partout ma crainte et ses alarmes;

Et ranger tous les cœurs du parti de ses larmes.
Adieu. J'assiégerai Néron de toutes parts.
Vous, si vous m'en croyez, évitez ses regards.

SCÈNE VI.

BRITANNICUS, NARCISSE.

BRITANNICUS.

Ne m'as-tu point flatté d'une fausse espérance?
Puis-je sur son récit fonder quelque assurance,
Narcisse?
NARCISSE.
Oui. Mais, seigneur, ce n'est pas en ces lieux
Qu'il faut développer ce mystère à vos yeux.
BRITANNICUS
Eh bien! Narcisse, allons... Mais que vois-je? c'est elle.
NARCISSE, à part.
Ah! dieux! A l'empereur portons cette nouvelle.

SCÈNE VII.

BRITANNICUS, JUNIE.

JUNIE.

Retirez-vous, seigneur, et fuyez un courroux
Que ma persévérance allume contre vous.
Néron est irrité. Je me suis échappée
Tandis qu'à l'arrêter sa mère est occupée.
BRITANNICUS.
Eh bien! il faut partir!
JUNIE.
Seigneur, sans m'imputer...
BRITANNICUS.
Ah! vous deviez du moins plus longtemps disputer.
Je ne murmure point qu'une amitié commune
Se range du parti que flatte la fortune :
Que l'éclat d'un empire ait pu vous éblouir;
Qu'aux dépens de ma sœur vous en vouliez jouir;
Mais que, de ces grandeurs comme une autre occupée,
Vous m'en ayez paru si longtemps détrompée;
Non, je l'avoue encor, mon cœur désespéré

Contre ce seul malheur n'était point préparé.
J'ai vu sur ma ruine élever l'injustice ;
De mes persécuteurs j'ai vu le ciel complice :
Tant d'horreurs n'avaient point épuisé son courroux,
Madame ; il me restait d'être oublié de vous.

####### JUNIE.

Dans un temps plus heureux, ma juste impatience
Vous ferait repentir de votre défiance ;
Mais Néron vous menace : en ce pressant danger,
Seigneur, j'ai d'autres soins que de vous affliger.

SCÈNE VIII.

NÉRON, BRITANNICUS, JUNIE.

####### NÉRON.

Madame, à vous parler je viens de le surprendre,
Mais il aurait aussi quelque grâce à me rendre ;
Ce lieu le favorise ; et je vous y retiens
Pour lui faciliter de si doux entretiens.

####### BRITANNICUS.

Je puis mettre à ses pieds ma douleur ou ma joie
Partout où sa bonté consent que je la voie,
Et l'aspect de ces lieux où vous la retenez
N'a rien dont mes regards doivent être étonnés.

####### NÉRON.

Et que vous montrent-ils qui ne vous avertisse
Qu'il faut qu'on me respecte et que l'on m'obéisse ?

####### BRITANNICUS.

Ils ne nous ont pas vu l'un et l'autre élever,
Moi pour vous obéir et vous pour me braver,
Et ne s'attendaient pas, lorsqu'ils nous virent naître,
Qu'un jour Domitius me dût parler en maître.

####### NÉRON.

Ainsi par le destin nos vœux sont traversés,
J'obéissais alors, et vous obéissez.
Si vous n'avez appris à vous laisser conduire,
Vous êtes jeune encore, et l'on peut vous instruire.

####### BRITANNICUS.

Et qui m'en instruira ?

####### NÉRON.

Tout l'empire à la fois,

Rome.
BRITANNICUS.
Rome met-elle au nombre de vos droits
Tout ce qu'a de cruel l'injustice et la force,
Les emprisonnements, le rapt et le divorce?
NÉRON.
Rome ne porte point ses regards curieux
Jusque dans des secrets que je cache à ses yeux.
Imitez son respect.
BRITANNICUS.
On sait ce qu'elle en pense.
NÉRON.
Elle se tait du moins, imitez son silence.
BRITANNICUS.
Ainsi Néron commence à ne se plus forcer.
NÉRON.
Néron de vos discours commence à se lasser.
BRITANNICUS.
Chacun devait bénir le bonheur de son règne.
NÉRON.
Heureux ou malheureux, il suffit qu'on me craigne.
BRITANNICUS.
Je connais mal Junie, ou de tels sentiments
Ne mériteront pas ses applaudissements.
NÉRON.
Du moins, si je ne sais le secret de lui plaire,
Je sais l'art de punir un rival téméraire.
BRITANNICUS.
Pour moi, quelque péril qui me puisse accabler,
Sa seule inimitié peut me faire trembler.
Je la laisse expliquer sur tout ce qui me touche,
Et ne me cache point pour lui fermer la bouche.
NÉRON.
Je vous entends. Eh bien! gardes!
JUNIE.
Que faites-vous?
C'est votre frère. Hélas! c'est un prince jaloux.
Seigneur, mille malheurs persécutent sa vie :
Ah! son bonheur peut-il exciter votre envie?
Souffrez que, de vos cœurs rapprochant les liens,
Je me cache à vos yeux et me dérobe aux siens.
Ma fuite arrêtera vos discordes fatales;

Seigneur, j'irai remplir le nombre des vestales.
Ne lui disputez plus des vœux infortunés;
Souffrez que les dieux seuls en soient importunés.
NÉRON.
L'entreprise, madame, est étrange et soudaine.
Dans son appartement, gardes, qu'on la ramène!
Gardez Britannicus dans celui de sa sœur.
BRITANNICUS.
C'est ainsi que Néron sait disputer un cœur!

SCÈNE IX.

NÉRON, BURRHUS.

NÉRON, sans voir Burrhus.

Agrippine ne s'est présentée à ma vue,
Ne s'est dans ses discours si longtemps étendue,
Que pour faire jouer ce ressort odieux.
Apercevant Burrhus.
Qu'on sache si ma mère est encore en ces lieux.
Burrhus, dans ce palais je veux qu'on la retienne,
Et qu'au lieu de sa garde on lui donne la mienne.
BURRHUS.
Quoi! seigneur, sans l'ouïr! Une mère?
NÉRON.
         Arrêtez.
J'ignore quel projet, Burrhus, vous méditez;
Mais, depuis quelques jours, tout ce que je désire
Trouve en vous un censeur prêt à me contredire.
Répondez-m'en, vous dis-je, ou, sur votre refus,
D'autres me répondront et d'elle et de Burrhus.

ACTE QUATRIÈME.

SCÈNE I.

AGRIPPINE, BURRHUS.

BURRHUS.
Oui, madame, à loisir vous pourrez vous défendre :
César lui-même ici consent de vous entendre.

Si son ordre au palais vous a fait retenir,
C'est peut-être à dessein de vous entretenir.
Quoi qu'il en soit, si j'ose expliquer ma pensée,
Ne vous souvenez plus qu'il vous ait offensée ;
Préparez-vous plutôt à lui tendre les bras ;
Défendez-vous, madame, et ne l'accusez pas.
Vous voyez, c'est lui seul que la cour envisage.
Quoiqu'il soit votre fils, et même votre ouvrage,
Il est votre empereur. Vous êtes, comme nous,
Sujette à ce pouvoir qu'il a reçu de vous.
Selon qu'il vous menace, ou bien qu'il vous caresse,
La cour autour de vous ou s'écarte ou s'empresse.
C'est son appui qu'on cherche, en cherchant votre appui.
Mais voici l'empereur.

AGRIPPINE.

Qu'on me laisse avec lui.

SCÈNE II.

NÉRON, AGRIPPINE.

AGRIPPINE, s'asseyant.

Approchez-vous, Néron, et prenez votre place.
On veut sur vos soupçons que je vous satisfasse.
J'ignore de quel crime on a pu me noircir ;
De tous ceux que j'ai faits je vais vous éclaircir.
Vous régnez, vous savez combien votre naissance
Entre l'empire et vous avait mis de distance.
Les droits de mes aïeux, que Rome a consacrés,
Étaient même sans moi d'inutiles degrés.
Quand de Britannicus la mère condamnée
Laissa de Claudius disputer l'hyménée,
Parmi tant de beautés qui briguèrent son choix,
Qui de ses affranchis mendièrent les voix,
Je souhaitai sa main, dans la seule pensée
De vous laisser au trône où je serais placée.
Aussitôt de Pallas j'implorai le secours ;
Claude vous adopta, vaincu par ses discours,
Vous appela Néron ; et du pouvoir suprême
Voulut, avant le temps, vous faire part lui-même.
C'est alors que chacun, rappelant le passé,
Découvrit mon dessein déjà trop avancé :

Que de Britannicus la disgrâce future
Des amis de son père excita le murmure.
Mes promesses aux uns éblouirent les yeux ;
L'exil me délivra des plus séditieux ;
Claude même, lassé de ma plainte éternelle,
Éloigna de son fils tous ceux de qui le zèle,
Engagé dès longtemps à suivre son destin,
Pouvait du trône encor lui rouvrir le chemin.
Je fis plus ; je choisis moi-même dans ma suite
Ceux à qui je voulais qu'on livrât sa conduite ;
J'eus soin de vous nommer, par un contraire choix,
Des gouverneurs que Rome honorait de sa voix :
Je fus sourde à la brigue, et crus la renommée :
J'appelai de l'exil, je tirai de l'armée,
Et ce même Sénèque, et ce même Burrhus,
Qui depuis... Rome alors estimait leurs vertus.
De Claude en même temps épuisant les richesses,
Ma main, sous votre nom, répandait ses largesses.
Les spectacles, les dons, invincibles appâts,
Vous attiraient les cœurs du peuple et des soldats,
Qui d'ailleurs, réveillant leur tendresse première,
Favorisaient en vous Germanicus mon père.
Cependant Claudius penchait vers son déclin.
Ses yeux, longtemps fermés, s'ouvrirent à la fin ;
Il connut son erreur. Occupé de sa crainte,
Il laissa pour son fils échapper quelque plainte,
Et voulut, mais trop tard, assembler ses amis.
Ses gardes, son palais, son lit, m'étaient soumis.
Je lui laissai sans fruit consumer sa tendresse,
De ses derniers soupirs je me rendis maîtresse ;
Mes soins, en apparence, épargnant ses douleurs,
De son fils, en mourant, lui cachèrent les pleurs.
Il mourut. Mille bruits en courent à ma honte.
J'arrêtai de sa mort la nouvelle trop prompte,
Et tandis que Burrhus allait secrètement
De l'armée en vos mains exiger le serment,
Que vous marchiez au camp, conduit sous mes auspices,
Dans Rome les autels fumaient de sacrifices ;
Par mes ordres trompeurs tout le peuple excité
Du prince déjà mort demandait la santé.
Enfin, des légions l'entière obéissance
Ayant de votre empire affermi la puissance,

On vit Claude; et le peuple, étonné de son sort,
Apprit en même temps votre règne et sa mort.
C'est le sincère aveu que je voulais vous faire :
Voilà tous mes forfaits. En voici le salaire :
Du fruit de tant de soins à peine jouissant,
En avez-vous six mois paru reconnaissant,
Que, lassé d'un respect qui vous gênait peut-être,
Vous avez affecté de ne me plus connaître.
J'ai vu Burrhus, Sénèque, aigrissant vos soupçons,
De l'infidélité vous tracer des leçons,
Ravis d'être vaincus dans leur propre science.
J'ai vu, favorisés de votre confiance
Othon, Sénécion, jeunes volupteux,
Et de tous vos plaisirs flatteurs respectueux;
Et lorsque, vos mépris excitant mes murmures,
Je vous ai demandé raison de tant d'injures
(Seul recours d'un ingrat qui se voit confondu),
Par de nouveaux affronts vous m'avez répondu.
Aujourd'hui je promets Junie à votre frère;
Ils se flattent tous deux du choix de votre mère :
Je vois Pallas banni, votre frère arrêté;
Vous attentez enfin jusqu'à ma liberté;
Burrhus ose sur moi porter ses mains hardies;
Et lorsque, convaincu de tant de perfidies,
Vous deviez ne me voir que pour les expier,
C'est vous qui m'ordonnez de me justifier !

NÉRON.

Je me souviens toujours que je vous dois l'empire,
Et sans vous fatiguer du soin de le redire,
Votre bonté, madame, avec tranquillité
Pouvait se reposer sur ma fidélité.
Aussi bien ces soupçons, ces plaintes assidues
Ont fait croire à tous ceux qui les ont entendues
Que jadis, j'ose ici vous le dire entre nous,
Vous n'aviez, sous mon nom, travaillé que pour vous.
« Tant d'honneurs, disaient-ils, et tant de déférences,
» Sont ce de ses bienfaits de faibles récompenses?
» Quel crime a donc commis ce fils tant condamné?
» Est-ce pour obéir qu'elle l'a couronné?
» N'est-il de son pouvoir que le dépositaire? »
Non que, si jusque-là j'avais pu vous complaire,
Je n'eusse pris plaisir, madame, à vous céder

Ce pouvoir que vos cris semblaient redemander ;
Mais Rome veut un maître, et non une maîtresse.
Vous entendiez les bruits qu'excitait ma faiblesse.
Le sénat chaque jour et le peuple, irrités
De s'ouïr par ma voix dicter vos volontés,
Publiaient qu'en mourant Claude avec sa puissance
M'avait encore laissé sa simple obéissance.
Vous avez vu cent fois nos soldats en courroux
Porter en murmurant leurs aigles devant vous :
Honteux de rabaisser par cet indigne usage
Les héros dont encore elles portent l'image.
Toute autre se serait rendue à leurs discours ;
Mais si vous ne régnez, vous vous plaignez toujours.
Avec Britannicus contre moi réunie,
Vous le fortifiez du parti de Junie ;
Et la main de Pallas trame tous ces complots.
Et, lorsque malgré moi j'assure mon repos,
On vous voit de colère et de haine animée ;
Vous voulez présenter mon rival à l'armée :
Déjà jusques au camp le bruit en a couru.

AGRIPPINE.

Moi, le faire empereur ? Ingrat ! l'avez-vous crû !
Quel serait mon dessein ? qu'aurais-je pu prétendre ?
Quels honneurs dans sa cour, quel rang pourrais-je attendre ?
Ah ! si sous votre empire on ne m'épargne pas,
Si mes accusateurs observent tous mes pas,
Si de leur empereur ils poursuivent la mère,
Que ferais-je au milieu d'une cour étrangère ?
Ils me reprocheraient, non des cris impuissants,
Des desseins étouffés aussitôt que naissants,
Mais des crimes pour vous commis à votre vue,
Et dont je ne serais que trop tôt convaincue.
Vous ne me trompez point, je vois tous vos détours ;
Vous êtes un ingrat, vous le fûtes toujours.
Dès vos plus jeunes ans mes soins et mes tendresses
N'ont arraché de vous que de feintes caresses.
Rien ne vous a pu vaincre ; et votre dureté
Aurait dû dans son cours arrêter ma bonté.
Que je suis malheureuse ! et par quelle infortune
Faut-il que tous mes soins me rendent importune !
Je n'ai qu'un fils. O ciel ! qui m'entends aujourd'hui,
T'ai-je fait quelques vœux qui ne fussent pour lui ?

Remords, crainte, périls, rien ne m'a retenue ;
J'ai vaincu ses mépris ; j'ai détourné ma vue
Des malheurs qui dès lors me furent annoncés,
J'ai fait ce que j'ai pu ; vous régnez, c'est assez.
Avec ma liberté, que vous m'avez ravie,
Si vous le souhaitez, prenez encor ma vie,
Pourvu que par ma mort tout le peuple irrité
Ne vous ravisse pas ce qui m'a tant coûté.

NÉRON.

Eh bien ! donc, prononcez. Que voulez-vous qu'on fasse ?

AGRIPPINE.

De mes accusateurs qu'on punisse l'audace ;
Que de Britannicus on calme le courroux ;
Que Junie à son choix puisse prendre un époux ;
Qu'ils soient libres tous deux, et que Pallas demeure ;
Que vous me permettiez de vous voir à toute heure ;

Apercevant Burrhus dans le fond du théâtre.

Que ce même Burrhus, qui nous vient écouter,
A votre porte enfin n'ose plus m'arrêter.

NÉRON.

Oui, madame, je veux que ma reconnaissance,
Désormais dans les cœurs grave votre puissance ;
Et je bénis déjà cette heureuse froideur,
Qui de notre amitié va rallumer l'ardeur.
Quoi que Pallas ait fait, il suffit, je l'oublie ;
Avec Britannicus je me réconcilie ;
Et, quant à ce débat qui nous a séparés,
Je vous fais notre arbitre, et vous nous jugerez.
Allez donc, et portez cette joie à mon frère.
Gardes, qu'on obéisse aux ordres de ma mère.

SCÈNE III.

NÉRON, BURRHUS.

BURRHUS.

Que cette paix, seigneur, et ces embrassements
Vont offrir à mes yeux de spectacles charmants !
Vous savez si jamais ma voix lui fut contraire,
Si de son amitié j'ai voulu vous distraire,
Et si j'ai mérité cet injuste courroux.

NÉRON.

Je ne vous flatte point, je me plaignais de vous,
Burrhus; je vous ai cru tous deux d'intelligence,
Mais son inimité vous rend ma confiance.
Elle se hâte trop, Burrhus, de triompher;
J'embrasse mon rival, mais c'est pour l'étouffer.

BURRHUS.

Quoi, seigneur!

NÉRON.

C'en est trop; il faut que sa ruine
Me délivre à jamais des fureurs d'Agrippine.
Tant qu'il respirera, je ne vis qu'à demi.
Elle m'a fatigué de ce nom ennemi :
Et je ne prétends pas que sa coupable audace
Une seconde fois lui promette ma place.

BURRHUS.

Elle va donc bientôt pleurer Britannicus?

NÉRON.

Avant la fin du jour je ne le craindrai plus.

BURRHUS.

Et qui de ce dessein vous inspire l'envie?

NÉRON.

Ma gloire, ses projets, ma sûreté, ma vie.

BURRHUS.

Non, quoi que vous disiez, cet horrible dessein
Ne fut jamais, seigneur, conçu dans votre sein.

NÉRON.

Burrhus!

BURRHUS.

De votre bouche, ô ciel! puis-je l'apprendre?
Vous-même, sans frémir, avez-vous pu l'entendre?
Songez-vous dans quel sang vous allez vous baigner?
Néron dans tous les cœurs est-il las de régner?
Que dira-t-on de vous? quelle est votre pensée?

NÉRON.

Quoi! toujours enchaîné de ma gloire passée,
J'aurai devant les yeux je ne sais quel amour
Que le hasard nous donne et nous ôte en un jour?
Soumis à tous leurs vœux, à mes désirs contraire,
Suis-je leur empereur seulement pour leur plaire?

BURRHUS.

Eh! ne suffit-il pas, seigneur, à vos souhaits,

ACTE IV, SCÈNE III.

Que le bonheur public soit un de vos bienfaits?
C'est à vous à choisir, vous êtes encor maître.
Vertueux jusqu'ici, vous pouvez toujours l'être :
Le chemin est tracé, rien ne vous retient plus,
Vous n'avez qu'à marcher de vertus en vertus.
Mais si de vos flatteurs vous suivez la maxime,
Il vous faudra, seigneur, courir de crime en crime,
Soutenir vos rigueurs par d'autres cruautés,
Et laver dans le sang vos bras ensanglantés.
Britannicus mourant excitera le zèle
De ses amis tout prêts à prendre sa querelle.
Ces vengeurs trouveront de nouveaux défenseurs,
Qui, même après leur mort, auront des successeurs :
Vous allumez un feu qui ne pourra s'éteindre.
Craint de tout l'univers, il vous faudra tout craindre,
Toujours punir, toujours trembler dans vos projets,
Et pour vos ennemis compter tous vos sujets.
Ah! de vos premiers ans l'heureuse expérience
Vous fait-elle, seigneur, haïr votre innocence?
Songez-vous au bonheur qui les a signalés?
Dans quel repos, ô ciel! les avez-vous coulés!
Quel plaisir de penser et de dire en vous-même :
« Partout en ce moment on me bénit, on m'aime :
» On ne voit point le peuple à mon nom s'alarmer;
» Le ciel dans tous leurs pleurs ne m'entend point nommer.
» Leur sombre inimitié ne fuit point mon visage,
» Je vois voler partout les cœurs à mon passage! »
Tels étaient vos plaisirs. Quel changement! ô dieux!
Le sang le plus abject vous était précieux.
Un jour, il m'en souvient, le sénat équitable
Vous pressait de souscrire à la mort d'un coupable;
Vous résistiez, seigneur, à leur sévérité,
Votre cœur s'accusait de trop de cruauté;
Et plaignant les malheurs attachés à l'empire,
« Je voudrais, disiez-vous, ne savoir pas écrire. »
Non, ou vous me croirez, ou bien de ce malheur
Ma mort m'épargnera la vue et la douleur;
On ne me verra point survivre à votre gloire.
Si vous allez commettre une action si noire,

Se jetant aux pieds de Néron.

Me voilà prêt, seigneur : avant que de partir,
Faites percer ce cœur qui n'y peut consentir;

Appelez les cruels qui vous l'ont inspirée ;
Qu'ils viennent essayer leur main mal assurée...
Mais je vois que mes pleurs touchent mon empereur ;
Je vois que sa vertu frémit de leur fureur.
Ne perdez point de temps, nommez-moi les perfides
Qui vous osent donner ces conseils parricides ;
Appelez votre frère, oubliez dans ses bras...

NÉRON.

Ah ! que demandez-vous ?

BURRHUS.

Non, il ne vous hait pas ;
Seigneur, on le trahit : je sais son innocence ;
Je vous réponds pour lui de son obéissance.
J'y cours. Je vais presser un entretien si doux.

NÉRON.

Dans mon appartement qu'il m'attende avec vous.

SCÈNE IV.

NÉRON, NARCISSE.

NARCISSE.

Seigneur, j'ai tout prévu pour une mort si juste :
Le poison est tout prêt. La fameuse Locuste
A redoublé pour moi ses soins officieux :
Elle a fait expirer un esclave à mes yeux ;
Et le fer est moins prompt, pour trancher une vie,
Que le nouveau poison que sa main me confie.

NÉRON.

Narcisse, c'est assez ; je reconnais ce soin,
Et ne souhaite pas que vous alliez plus loin.

NARCISSE.

Quoi ! pour Britannicus votre haine affaiblie
Me défend...

NÉRON.

Oui, Narcisse : on nous réconcilie.

NARCISSE.

Je me garderai bien de vous en détourner,
Seigneur. Mais il s'est vu tantôt emprisonner.
Cette offense en son cœur sera longtemps nouvelle :
Il n'est point de secret que le temps ne révèle :
Il saura que ma main lui devait présenter

Un poison que votre ordre avait fait apprêter.
Les dieux de ce dessein puissent-ils le distraire!
Mais peut-être il fera ce que vous n'osez faire.

NÉRON.

On répond de son cœur, et je vaincrai le mien.

NARCISSE.

Et l'hymen de Junie en est-il le lien?
Seigneur, lui faites-vous encor ce sacrifice?

NÉRON.

C'est prendre trop de soin. Quoi qu'il en soit, Narcisse,
Je ne le compte plus parmi mes ennemis.

NARCISSE.

Agrippine, seigneur, se l'était bien promis :
Elle a repris sur vous son souverain empire.

NÉRON.

Quoi donc! qu'a-t-elle dit? et que voulez-vous dire?

NARCISSE.

Elle s'en est vantée assez publiquement.

NÉRON.

De quoi?

NARCISSE.

Qu'elle n'avait qu'à vous voir un moment;
Qu'à tout ce grand éclat, à ce courroux funeste,
On verrait succéder un silence modeste;
Que vous-même à la paix souscririez le premier :
Heureux que sa bonté daignât tout oublier!

NÉRON.

Mais, Narcisse, dis-moi, que veux-tu que je fasse?
Je n'ai que trop de pente à punir son audace;
Et, si je m'en croyais, ce triomphe indiscret
Serait bientôt suivi d'un éternel regret.
Mais de tout l'univers quel sera le langage?
Sur les pas des tyrans veux-tu que je m'engage,
Et que Rome, effaçant tant de titres d'honneur,
Me laisse pour tout nom celui d'empoisonneur?
Ils mettront ma vengeance au rang des parricides.

NARCISSE.

Et prenez-vous, seigneur, leurs caprices pour guides?
Avez-vous prétendu qu'ils se tairaient toujours?
Est-ce à vous de prêter l'oreille à leurs discours?
De vos propres désirs perdrez-vous la mémoire,
Et serez-vous le seul que vous n'oserez croire?

Mais, seigneur, les Romains ne vous sont pas connus;
Non, non, dans leurs discours ils sont plus retenus.
Tant de précaution affaiblit votre règne;
Ils croiront, en effet, mériter qu'on les craigne.
Au joug, depuis longtemps, ils se sont façonnés;
Ils adorent la main qui les tient enchaînés.
Vous les verrez toujours ardents à vous complaire;
Leur prompte servitude a fatigué Tibère.
Moi-même, revêtu d'un pouvoir emprunté,
Que je reçus de Claude avec la liberté,
J'ai cent fois, dans le cours de ma gloire passée,
Tenté leur patience, et ne l'ai point lassée.
D'un empoisonnement vous craignez la noirceur!
Faites périr le frère, abandonnez la sœur;
Rome, sur les autels prodiguant les victimes,
Fussent-ils innocents, leur trouvera des crimes :
Vous verrez mettre au rang des jours infortunés
Ceux où jadis la sœur et le frère sont nés.

NÉRON.

Narcisse, encore un coup, je ne puis l'entreprendre.
J'ai promis à Burrhus, il a fallu me rendre.
Je ne veux point encore, en lui manquant de foi,
Donner à sa vertu des armes contre moi,
J'oppose à ses raisons un courage inutile.
Je ne l'écoute point avec un cœur tranquille.

NARCISSE.

Burrhus ne pense pas, seigneur, tout ce qu'il dit :
Son adroite vertu ménage son crédit;
Ou plutôt ils n'ont tous qu'une même pensée.
Ils verraient par ce coup leur puissance abaissée;
Vous seriez libre alors, seigneur, et devant vous
Ces maîtres orgueilleux fléchiraient comme nous.
Quoi donc! ignorez-vous tout ce qu'ils osent dire?
« Néron, s'ils en sont crus, n'est point né pour l'empire;
» Il ne dit, il ne fait que ce qu'on lui prescrit :
» Burrhus conduit son cœur, Sénèque son esprit.
» Pour toute ambition, pour vertu singulière,
» Il excelle à conduire un char dans la carrière,
» A disputer des prix indignes de ses mains,
» A se donner lui-même en spectacle aux Romains,
» A venir prodiguer sa voix sur un théâtre,
» A réciter des chants qu'il veut qu'on idolâtre;

» Tandis que des soldats, de moments en moments,
» Vont arracher pour lui les applaudissements. »
Ah! ne voulez-vous pas les forcer à se taire?
NÉRON.
Viens, Narcisse; allons voir ce que nous devons faire.

ACTE CINQUIÈME.

SCÈNE I.

BRITANNICUS, JUNIE.

BRITANNICUS.
Oui, madame, Néron, qui l'aurait pu penser?
Dans son appartement m'attend pour m'embrasser.
Il y fait de sa cour inviter la jeunesse;
Il veut que d'un festin la pompe et l'allégresse
Confirment à leurs yeux la foi de nos serments,
Et réchauffent l'ardeur de nos embrassements.
Il éteint ces soupçons, source de tant de haine;
Il vous fait de mon sort arbitre souveraine.
Pour moi, quoique banni du rang de mes aïeux,
Quoique de leur dépouille il se pare à mes yeux,
Depuis qu'à tous mes vœux cessant d'être contraire
Il semble me céder la gloire de vous plaire,
Mon cœur, je l'avoûrai, lui pardonne en secret,
Et lui laisse le reste avec moins de regret.
Ah! madame!... Mais quoi! Quelle nouvelle crainte
Tient parmi mes transports votre joie en contrainte?
Néron ne trouble plus notre félicité.
JUNIE.
Mais me répondez-vous de sa sincérité?
BRITANNICUS.
Quoi! vous le soupçonnez d'une haine couverte?
JUNIE.
Néron m'aimait tantôt; il jurait votre perte;
Il me fuit, il vous cherche : un si grand changement
Peut-il être, seigneur, l'ouvrage d'un moment?

BRITANNICUS.

Cet ouvrage, madame, est un coup d'Agrippine :
Elle a cru que ma perte entraînait sa ruine.
Grâce aux préventions de son esprit jaloux,
Nos plus grands ennemis ont combattu pour nous.
Je m'en fie aux transports qu'elle m'a fait paraître ;
Je m'en fie à Burrhus ; j'en crois même son maître :
Je crois qu'à mon exemple impuissant à trahir,
Il hait à cœur ouvert, ou cesse de haïr.

JUNIE.

Seigneur, ne jugez pas de son cœur par le vôtre ;
Sur des pas différents vous marchez l'un et l'autre.
Je ne connais Néron et la cour que d'un jour ;
Mais, si j'ose le dire, hélas ! dans cette cour,
Combien tout ce qu'on dit est loin de ce qu'on pense !
Que la bouche et le cœur sont peu d'intelligence !
Avec combien de joie on y trahit sa foi !
Quel séjour étranger et pour vous et pour moi !

BRITANNICUS.

Mais que son amitié soit véritable ou feinte,
Si vous craignez Néron, lui-même est-il sans crainte ?
Non, non, il n'ira point, par un lâche attentat,
Soulever contre lui le peuple et le sénat.
Que dis-je ? il reconnaît sa dernière injustice ;
Ses remords ont paru, même aux yeux de Narcisse.
Ah ! s'il vous avait dit, ma princesse, à quel point...

JUNIE.

Mais Narcisse, seigneur, ne vous trahit-il point ?

BRITANNICUS.

Et pourquoi voulez-vous que mon cœur s'en défie ?

JUNIE.

Et que sais-je ? Il y va, seigneur, de votre vie.
Tout m'est suspect : je crains que tout ne soit séduit ;
Je crains Néron ; je crains le malheur qui me suit.
D'un noir pressentiment malgré moi prévenue,
Je vous laisse à regret éloigner de ma vue.
Hélas ! si cette paix dont vous vous repaissez
Couvrait contre vos jours quelques piéges dressés ;
Si Néron, irrité de notre intelligence,
Avait choisi la nuit pour cacher sa vengeance ;
S'il préparait ses coups tandis que je vous vois ;
Et si je vous parlais pour la dernière fois !

SCÈNE II.

BRITANNICUS, AGRIPPINE, JUNIE.

AGRIPPINE.

Prince, que tardez-vous? partez en diligence.
Néron impatient se plaint de votre absence.
La joie et le plaisir de tous les conviés
Attend pour éclater que vous vous embrassiez.
Ne faites point languir une si juste envie;
Allez. Et nous, madame, allons chez Octavie.

BRITANNICUS.

Allez, belle Junie; et, d'un esprit content,
Hâtez-vous d'embrasser ma sœur qui vous attend.
Dès que je le pourrai, je reviens sur vos traces,
Madame; et de vos soins j'irai vous rendre grâces.

SCÈNE III.

AGRIPPINE, JUNIE.

AGRIPPINE.

Madame, ou je me trompe, ou durant vos adieux,
Quelques pleurs répandus ont obscurci vos yeux.
Puis-je savoir quel trouble a formé ce nuage?
Doutez-vous d'une paix dont je fais mon ouvrage?

JUNIE.

Après tous les ennuis que ce jour a coûtés,
Ai-je pu rassurer mes esprits agités?
Hélas! à peine encor je conçois ce miracle.
Quand même à vos bontés je craindrais quelque obstacle,
Le changement, madame, est commun à la cour;
Et toujours quelque crainte en trouble le séjour.

AGRIPPINE.

Il suffit, j'ai parlé, tout a changé de face :
Mes soins à vos soupçons ne laissent point de place.
Je réponds d'une paix jurée entre mes mains;
Néron m'en a donné des gages trop certains.
Ah! si vous aviez vu par combien de caresses
Il m'a renouvelé la foi de ses promesses;
Par quels embrassements il vient de m'arrêter!

Ses bras, dans nos adieux, ne pouvaient me quitter,
Sa facile bonté, sur son front répandue,
Jusqu'aux moindres secrets est d'abord descendue :
Il s'épanchait en fils qui vient en liberté
Dans le sein de sa mère oublier sa fierté.
Mais bientôt reprenant un visage sévère,
Tel que d'un empereur qui consulte sa mère,
Sa confidence auguste a mis entre mes mains
Des secrets d'où dépend le destin des humains.
Non, il le faut ici confesser à sa gloire,
Son cœur n'enferme point une malice noire,
Et nos seuls ennemis, altérant sa bonté,
Abusaient contre nous de sa facilité.
Mais enfin, à son tour, leur puissance décline;
Rome encor une fois va connaître Agrippine;
Déjà de ma faveur on adore le bruit.
Cependant en ces lieux n'attendons pas la nuit :
Passons chez Octavie, et donnons-lui le reste
D'un jour autant heureux que je l'ai cru funeste.
Mais qu'est-ce que j'entends? Quel tumulte confus?
Que peut-on faire?

JUNIE.

O ciel! sauvez Britannicus!

SCÈNE IV.

AGRIPPINE, JUNIE, BURRHUS.

AGRIPPINE.

Burrhus, où courez-vous? Arrêtez. Que veut dire...

BURRHUS.

Madame, c'en est fait, Britannicus expire.

JUNIE.

Ah! mon prince!

AGRIPPINE.

Il expire?

BURRHUS.

Ou plutôt il est mort,
Madame.

JUNIE.

Pardonnez, madame, à ce transport,
Je vais le secourir, si je puis, ou le suivre.

SCÈNE V.

AGRIPPINE, BURRHUS.

AGRIPPINE.

Quel attentat, Burrhus !

BURRHUS.

Je n'y pourrai survivre,
Madame ; il faut quitter la cour et l'empereur.

AGRIPPINE.

Quoi ! du sang de son frère il n'a point eu d'horreur !

BURRHUS.

Ce dessein s'est conduit avec plus de mystère.
A peine l'empereur a vu venir son frère,
Il se lève, il l'embrasse ; on se tait, et soudain
César prend le premier une coupe à la main :
« Pour achever ce jour sous de meilleurs auspices,
» Ma main de cette coupe épanche les prémices,
» Dit-il. Dieux, que j'appelle à cette effusion,
» Venez favoriser notre réunion. »
Par les mêmes serments Britannicus se lie ;
La coupe dans ses mains par Narcisse est remplie ;
Mais ses lèvres à peine en ont touché les bords,
Le fer ne produit point de si puissants efforts,
Madame : la lumière à ses yeux est ravie ;
Il tombe sur son lit sans chaleur et sans vie.
Jugez combien ce coup frappe tous les esprits.
La moitié s'épouvante et sort avec des cris ;
Mais ceux qui de la cour ont un plus long usage
Sur les yeux de César composaient leur visage.
Cependant sur son lit il demeure penché ;
D'aucun étonnement il ne paraît touché :
« Ce mal dont vous craignez, dit-il, la violence,
» A souvent sans péril attaqué son enfance. »
Narcisse veut en vain affecter quelque ennui,
Et sa perfide joie éclate malgré lui.
Pour moi, dût l'empereur punir ma hardiesse,
D'une odieuse cour j'ai traversé la presse ;
Et j'allais, accablé de cet assassinat,
Pleurer Britannicus, César et tout l'État.

AGRIPPINE.
Le voici. Vous verrez si c'est moi qui l'inspire.

SCÈNE VI.

NÉRON, AGRIPPINE, BURRHUS, NARCISSE.

NÉRON, voyant Agrippine.

Dieux !

AGRIPPINE.

Arrêtez, Néron : j'ai deux mots à vous dire.
Britannicus est mort : je reconnais les coups :
Je connais l'assassin.

NÉRON.

Et qui, madame?

AGRIPPINE.

Vous.

NÉRON.

Moi ! voilà les soupçons dont vous êtes capable.
Il n'est point de malheur dont je ne sois coupable.
Et si l'on veut, madame, écouter vos discours,
Ma main de Claude même aura tranché les jours.
Son fils vous était cher, sa mort peut vous confondre;
Mais des coups du destin je ne puis pas répondre.

AGRIPPINE.

Non, non, Britannicus est mort empoisonné ;
Narcisse a fait le coup, vous l'avez ordonné.

NÉRON.

Madame !... Mais qui peut vous tenir ce langage?

NARCISSE.

Hé! seigneur, ce soupçon vous fait-il tant d'outrage?
Britannicus, madame, eut des desseins secrets
Qui vous auraient couté de plus justes regrets :
Il aspirait plus loin qu'à l'hymen de Junie ;
De vos propres bontés il vous aurait punie.
Il vous trompait vous-même ; et son cœur offensé
Prétendait tôt ou tard rappeler le passé.
Soit donc que malgré vous le sort vous ait servie,
Soit qu'instruit des complots qui menaçaient sa vie,
Sur ma fidélité César s'en soit remis,
Laissez les pleurs, madame, à vos seuls ennemis :
Qu'ils mettent ce malheur au rang des plus sinistres :

... Arrêtez, Néron : j'ai deux mots à vous dire.
Britannicus est mort.

Acte V, Scène VI.

BRITANNICUS.

Mais vous...
####### AGRIPPINE.

    Poursuis, Néron : avec de tels ministres,
Par des faits glorieux tu te vas signaler ;
Poursuis. Tu n'as pas fait ce pas pour reculer :
Ta main a commencé par le sang de ton frère ;
Je prévois que tes coups viendront jusqu'à ta mère,
Dans le fond de ton cœur je sais que tu me hais,
Tu voudrais t'affranchir du joug de mes bienfaits.
Mais je veux que ma mort te soit même inutile :
Ne crois pas qu'en mourant je te laisse tranquille ;
Rome, ce ciel, ce jour que tu reçus de moi,
Partout, à tout moment, m'offriront devant toi.
Tes remords te suivront comme autant de furies ;
Tu croiras les calmer par d'autres barbaries ;
Ta fureur, s'irritant soi-même dans son cours,
D'un sang toujours nouveau marquera tous tes jours.
Mais j'espère qu'enfin le ciel, las de tes crimes,
Ajoutera ta perte à tant d'autres victimes ;
Qu'après t'être couvert de leur sang et du mien,
Tu te verras forcé de répandre le tien :
Et ton nom paraîtra, dans la race future,
Aux plus cruels tyrans une cruelle injure.
Voilà ce que mon cœur se présage de toi.
Adieu : tu peux sortir.
####### NÉRON.
    Narcisse, suivez-moi.

SCÈNE VII.

####### AGRIPPINE, BURRHUS.

####### AGRIPPINE.
Ah, ciel ! de mes soupçons quelle était l'injustice !
Je condamnais Burrhus pour écouter Narcisse !
Burrhus, avez-vous vu quels regards furieux
Néron en me quittant m'a laissé pour adieux !
C'en est fait, le cruel n'a plus rien qui l'arrête ;
Le coup qu'on m'a prédit va tomber sur ma tête,
Il vous accablera vous-même à votre tour.
####### BURRHUS.
Ah, madame ! pour moi, j'ai vécu trop d'un jour.

Plût au ciel que sa main, heureusement cruelle,
Eût fait sur moi l'essai de sa fureur nouvelle;
Qu'il ne m'eût pas donné, par ce triste attentat,
Un gage trop certain des malheurs de l'État !
Son crime seul n'est pas ce qui me désespère ;
Sa jalousie a pu l'armer contre son frère :
Mais s'il vous faut, madame, expliquer ma douleur,
Néron l'a vu mourir sans changer de couleur.
Ses yeux indifférents ont déja la constance
D'un tyran dans le crime endurci dès l'enfance,
Qu'il achève, madame, et qu'il fasse périr
Un ministre importun qui ne le peut souffrir.
Hélas ! loin de vouloir éviter sa colère,
La plus soudaine mort me sera la plus chère.

SCÈNE VIII.

AGRIPPINE, BURRHUS, ALBINE.

ALBINE.
Ah ! madame ! ah ! seigneur ! courez vers l'empereur;
Venez sauver César de sa propre fureur;
Il se voit pour jamais séparé de Junie.

AGRIPPINE.
Quoi ! Junie elle-même a terminé sa vie?

ALBINE.
Pour accabler César d'un éternel ennui,
Madame, sans mourir elle est morte pour lui,
Vous savez de ces lieux comme elle s'est ravie :
Elle a feint de passer chez la triste Octavie :
Mais bientôt elle a pris des chemins écartés,
Où mes yeux ont suivi ses pas précipités.
Des portes du palais elle sort éperdue.
D'abord elle a d'Auguste aperçu la statue,
Et mouillant de ses pleurs le marbre de ses pieds
Que de ses bras pressants elle tenait liés -
« Prince, par ce genoux dit-elle, que j'embrasse,
» Protége en ce moment le reste de ta race ;
» Rome, dans ton palais, vient de voir immoler
» Le seul de tes neveux qui te pût ressembler.
» On veut après sa mort que je lui sois parjure;
» Mais pour lui conserver une foi toujours pure,

» Prince, je me dévoue à ces dieux immortels
» Dont ta vertu t'a fait partager les autels. »
Le peuple, cependant, que ce spectacle étonne,
Vole de toutes parts, se presse, l'environne,
S'attendrit à ses pleurs, et plaignant son ennui,
D'une commune voix la prend sous son appui;
Ils la mènent au temple où depuis tant d'années
Au culte des autels nos vierges destinées
Gardent fidèlement le dépôt précieux
Du feu toujours ardent qui brûle pour nos dieux.
César les voit partir sans oser les distraire.
Narcisse, plus hardi, s'empresse pour lui plaire;
Il vole vers Junie, et, sans s'épouvanter,
D'une profane main commence à l'arrêter.
De mille coups mortels son audace est punie;
Son infidèle sang rejaillit sur Junie.
César, de tant d'objets en même temps frappé,
Le laisse entre les mains qui l'ont enveloppé.
Il rentre. Chacun fuit son silence farouche;
Le nom seul de Junie échappe de sa bouche.
Il marche sans dessein; ses yeux mal assurés
N'osent lever au ciel leurs regards égarés;
Et l'on craint, si la nuit jointe à la solitude
Vient de son désespoir aigrir l'inquiétude,
Si vous l'abandonnez plus longtemps sans secours,
Que sa douleur bientôt n'attente sur ses jours,
Le temps presse : courez. Il ne faut qu'un caprice :
Il se perdrait, madame.

AGRIPPINE.

Il se ferait justice.
Mais, Burrhus, allons voir jusqu'où vont ses transports :
Voyons quel changement produiront ses remords;
S'il voudra désormais suivre d'autres maximes.

BURRHUS.

Plût aux dieux que ce fût le dernier de ses crimes !

BÉRÉNICE

TRAGÉDIE (1670).

PRÉFACE.

Titus, reginam Berenicem... *cui etiam nuptias pollicitus ferebatur... sta tim ab urbe dimisit invitus invitam* [1].

C'est-à-dire que « Titus, qui aimait Bérénice, et qui même, à ce qu'on » croyait, lui avait promis de l'épouser, la renvoya de Rome, malgré lui et » malgré elle, dès les premiers jours de son empire. » Cette action est très-fameuse dans l'histoire, et je l'ai trouvée très-propre pour le théâtre. Ce n'est point une nécessité qu'il y ait du sang et des morts dans une tragédie : il suffit que l'action en soit grande, que les acteurs en soient héroïques, que les passions y soient excitées, et que tout s'y ressente de cette tristesse majestueuse qui fait tout le plaisir de la tragédie.

Je crus que je pourrais rencontrer toutes ces parties dans mon sujet; mais ce qui m'en plut davantage, c'est que je le trouvai extrêmement simple. Il y avait longtemps que je voulais essayer si je pourrais faire une tragédie avec cette simplicité d'action qui a été si fort du goût des anciens : car c'est un des premiers préceptes qu'ils nous ont laissés : « Que ce que vous ferez, dit Horace, soit toujours simple et ne soit qu'un. » Ils ont admiré l'*Ajax* de Sophocle, qui n'est autre chose qu'Ajax qui se tue de regret, à cause de la fureur où il était tombé après le refus qu'on lui avait fait des armes d'Achille. Ils ont admiré le *Philoctète*, dont tout le sujet est Ulysse qui vient pour surprendre les flèches d'Hercule. L'*Œdipe* même, quoique tout plein de reconnaissance, est moins chargé de matière que la plus simple tragédie de nos jours. Nous voyons enfin que les partisans de Térence, qui l'élèvent avec raison au-dessus de tous les poètes comiques, pour l'élégance de sa diction et pour la vraisemblance de ses mœurs, ne laissent pas de confesser que Plaute a un grand avantage sur lui par la simplicité qui est dans la plupart des sujets de

---

[1] Suet., *in Tito*, cap. 7.

Plaute. Et c'est sans doute cette simplicité merveilleuse qui a attiré à ce dernier toutes les louanges que les anciens lui ont données. Combien Ménandre était-il encore plus simple, puisque Térence est obligé de prendre deux comédies de ce poète pour en faire une des siennes.

Et il ne faut point croire que cette règle ne soit fondée que sur la fantaisie de ceux qui l'ont faite : il n'y a que la vraisemblance qui touche dans la tragédie; et quelle vraisemblance y a-t-il qu'il arrive en un jour une multitude de choses qui pourraient à peine arriver en plusieurs semaines? Il y en a qui pensent que cette simplicité est une marque de peu d'invention. Ils ne songent pas qu'au contraire toute l'invention consiste à faire quelque chose de rien, et que tout ce grand nombre d'incidents a toujours été le refuge des poètes qui ne sentaient dans leur génie ni assez d'abondance ni assez de force pour attacher, durant cinq actes, leurs spectateurs par une action simple, soutenue de la violence des passions, de la beauté des sentiments, et de l'élégance de l'expression. Je suis bien éloigné de croire que toutes ces choses se rencontrent dans mon ouvrage; mais aussi je ne puis croire que le public me sache mauvais gré de lui avoir donné une tragédie qui a été honorée de tant de larmes, et dont la trentième représentation a été aussi suivie que la première.

Ce n'est pas que quelques personnes ne m'aient reproché cette simplicité que j'avais recherchée avec tant de soin. Ils ont cru qu'une tragédie qui était si peu chargée d'intrigues ne pouvait être selon les règles du théâtre. Je m'informai s'ils se plaignaient qu'elle les eût ennuyés. On me dit qu'ils avouaient tous qu'elle n'ennuyait point, qu'elle les touchait même en plusieurs endroits, et qu'ils la verraient encore avec plaisir. Que veulent-ils davantage? Je les conjure d'avoir assez bonne opinion d'eux-mêmes, pour ne pas croire qu'une pièce qui les touche et qui leur donne du plaisir puisse être absolument contre les règles. La principale règle est de plaire et de toucher : toutes les autres ne sont faites que pour parvenir à cette première; mais toutes ces règles sont d'un long détail, dont je ne leur conseille pas de s'embarrasser : ils ont des occupations plus importantes. Qu'ils se reposent sur nous de la fatigue d'éclaircir les difficultés de la poétique d'Aristote, qu'ils se réservent le plaisir de pleurer et d'être attendris; et qu'ils me permettent de leur dire ce qu'un musicien disait à Philippe, roi de Macédoine, qui prétendait qu'une chanson n'était pas selon les règles : « A Dieu ne plaise, seigneur, que vous » soyez jamais si malheureux que de savoir ces choses-là mieux que moi! »

Voilà tout ce que j'ai à dire à ces personnes à qui je me ferai toujours gloire de plaire, car pour le libelle que l'on a fait contre moi, je crois que les lecteurs me dispenseront volontiers d'y répondre. Et que répondrais-je à un homme [1] qui ne pense rien et qui ne sait pas même construire ce qu'il pense? Il parle de protase comme s'il entendait ce mot, et veut que cette première

---

[1] L'abbé de Villars, auteur du *Comte de Gabalis*, et d'une pesante critique de *Bérénice*.

des quatre parties de la tragédie soit toujours la plus proche de la dernière, qui est la catastrophe. Il se plaint que la trop grande connaissance des règles l'empêche de se divertir à la comédie. Certainement, si l'on en juge par sa dissertation, il n'y eut jamais de plainte plus mal fondée. Il paraît bien qu'il n'a jamais lu Sophocle, qu'il loue très-injustement d'*une grande multiplicité d'incidents;* et qu'il n'a jamais rien lu de la poétique que dans quelques préfaces de tragédies. Mais je lui pardonne de ne pas savoir les règles du théâtre, puisque, heureusement pour le public, il ne s'applique pas à ce genre d'écrire. Ce que je ne lui pardonne pas, c'est de savoir si peu les règles de la bonne plaisanterie, lui qui ne veut pas dire un mot sans plaisanter. Croit-il réjouir beaucoup les honnêtes gens par ces *hélas de poche,* ces *mesdemoiselles mes règles,* et quantité d'autres basses affectations qu'il trouvera condamnés dans tous les bons auteurs, s'il se mêle jamais de les lire ?

Toutes ces critiques sont le partage de quatre ou cinq petits auteurs infortunés qui n'ont jamais pu par eux-mêmes exciter la curiosité du public. Ils attendent toujours l'occasion de quelque ouvrage qui réussisse pour l'attaquer, non point par jalousie, car sur quel fondement seraient-ils jaloux? mais dans l'espérance qu'on se donnera la peine de leur répondre, et qu'on les tirera de l'obscurité où leurs propres ouvrages les auraient laissés toute leur vie.

PERSONNAGES :

TITUS, empereur de Rome.
BÉRÉNICE, reine de Palestine.
ANTIOCHUS, roi de Comagène.
PAULIN, confident de Titus.
ARSACE, confident d'Antiochus.
PHÉNICE, confidente de Bérénice.
RUTILE, Romain.
SUITE DE TITUS.

La scène est à Rome, dans un cabinet qui est entre l'appartement de Titus et celui de Bérénice.

BÉRÉNICE

TRAGÉDIE (1670).

ACTE PREMIER.

SCÈNE I.

ANTIOCHUS, ARSACE.

ANTIOCHUS.
Arsace, entrerons-nous?
ARSACE.
Seigneur, j'ai vu la reine :
Mais, pour me faire voir, je n'ai percé qu'à peine
Les flots toujours nouveaux d'un peuple adorateur
Qu'attire sur ses pas sa prochaine grandeur.
Titus, après huit jours d'une retraite austère,
Cesse enfin de pleurer Vespasien son père :
Ce prince se redonne à l'empire en ce jour;
Et, si j'en crois, seigneur, l'entretien de la cour,
Peut-être avant la nuit l'heureuse Bérénice
Change le nom de reine au nom d'impératrice.
ANTIOCHUS.
Hélas!
ARSACE.
Quoi! ce discours pourrait-il vous troubler?
ANTIOCHUS.
Ainsi donc, sans témoins, je ne lui puis parler?
ARSACE.
Vous la verrez, seigneur; Bérénice est instruite

Que vous voulez ici la voir seule et sans suite.
La reine d'un regard a daigné m'avertir
Qu'à votre empressement elle allait consentir;
Et sans doute elle attend le moment favorable
Pour disparaître aux yeux d'une cour qui l'accable.

ANTIOCHUS.

Il suffit. Cependant n'as-tu rien négligé
Des ordres importants dont je t'avais chargé?

ARSACE.

Seigneur, vous connaissez ma prompte obéissance.
Des vaisseaux dans Ostie armés en diligence,
Prêts à quitter le port de moments en moments,
N'attendent pour partir que vos commandements,
Mais qui renvoyez-vous dans votre Comagène?

ANTIOCHUS.

Arsace, il faut partir quand j'aurai vu la reine.

ARSACE.

Qui doit partir?

ANTIOCHUS.

Moi.

ARSACE.

Vous?

ANTIOCHUS.

En sortant du palais,
Je sors de Rome, Arsace, et j'en sors pour jamais.

ARSACE.

Je suis surpris, sans doute, et c'est avec justice.
Quoi! depuis si longtemps la reine Bérénice
Vous arrache, seigneur, du sein de vos États,
Depuis trois ans dans Rome elle arrête vos pas;
Et lorsque cette reine, assurant sa conquête,
Vous attend pour témoin de cette auguste fête,
Quand l'illustre Titus devenant son époux,
Lui prépare un éclat qui rejaillit sur vous...

ANTIOCHUS.

Arsace, laisse-la jouir de sa fortune,
Et quitte un entretien dont le cours m'importune.

ARSACE.

Je vous entends, seigneur : ces mêmes dignités
Ont rendu Bérénice ingrate à vos bontés.
L'inimitié succède à l'amitié trahie.

ACTE 1, SCÈNE 1.

ANTIOCHUS.

Non, Arsace, jamais je ne l'ai moins haïe.

ARSACE.

Quoi donc! de sa grandeur déjà trop prévenu,
Le nouvel empereur vous a-t-il méconnu?
Quelque pressentiment de son indifférence
Vous fait-il loin de Rome éviter sa présence?

ANTIOCHUS.

Titus n'a point pour moi paru se démentir :
J'aurais tort de me plaindre.

ARSACE.

      Et pourquoi donc partir?
Quel caprice vous rend ennemi de vous-même?
Le ciel met sur le trône un prince qui vous aime,
Un prince qui, jadis témoin de vos combats,
Vous vit chercher la gloire et la mort sur ses pas,
Et de qui la valeur, par vos soins secondée,
Mit enfin sous le joug la rebelle Judée.
Il se souvient d'un jour illustre et douloureux
Qui décida du sort d'un long siége douteux.
Sur leurs triples remparts les ennemis tranquilles
Contemplaient sans péril nos assauts inutiles;
Le bélier impuissant les menaçait en vain :
Vous seul, seigneur, vous seul, une échelle à la main,
Vous portâtes la mort jusque sur leurs murailles.
Ce jour presque éclaira vos propres funérailles :
Titus vous embrassa mourant entre mes bras,
Et tout le camp vainqueur pleura votre trépas.
Voici le temps, seigneur, où vous devez attendre
Le fruit de tant de sang qu'il vous ont vu répandre.
Si, pressé du désir de revoir vos États,
Vous vous lassez de vivre où vous ne régnez pas,
Faut-il que sans honneurs l'Euphrate vous revoie?
Attendez pour partir que César vous renvoie
Triomphant et chargé des titres souverains
Qu'ajoute encore aux rois l'amitié des Romains.
Rien ne peut-il, seigneur, changer votre entreprise?
Vous ne répondez point!

ANTIOCHUS.

     Que veux-tu que je dise?
J'attends de Bérénice un moment d'entretien.

ARSACE.
Eh bien! seigneur?
ANTIOCHUS.
Son sort décidera du mien.
ARSACE.
Comment?
ANTIOCHUS.
Sur son hymen j'attends qu'elle s'explique.
Si sa bouche s'accorde avec la voix publique,
S'il est vrai qu'on l'élève au trône des Césars,
Si Titus a parlé, s'il l'épouse, je pars.
ARSACE.
Mais qui rend à vos yeux cet hymen si funeste?
ANTIOCHUS.
Quand nous serons partis, je te dirai le reste.
ARSACE.
Dans quel trouble, seigneur, jetez-vous mon esprit!
ANTIOCHUS.
La reine vient. Adieu. Fais tout ce que j'ai dit.

SCÈNE II.

BÉRÉNICE, ANTIOCHUS, PHÉNICE.

BÉRÉNICE.
Enfin je me dérobe à la joie importune
De tant d'amis nouveaux que me fait la fortune;
Je fuis de leurs respects l'inutile longueur,
Pour chercher un ami qui me parle du cœur.
Il ne faut point mentir, ma juste impatience
Vous accusait déjà de quelque négligence.
Quoi! cet Antiochus, disais-je, dont les soins
Ont eu tout l'Orient et Rome pour témoins;
Lui que j'ai vu toujours, constant dans mes traverses,
Suivre d'un pas égal mes fortunes diverses,
Aujourd'hui que le ciel semble me présager
Un honneur qu'avec vous je prétends partager,
Ce même Antiochus, se cachant à ma vue,
Me laisse à la merci d'une foule inconnue!
ANTIOCHUS.
Il est donc vrai, madame? et, selon ce discours,
L'hymen va vous lier dès ce soir, pour toujours?

BÉRÉNICE.

Titus de mes États étendra la frontière ;
Il y joint l'Arabie et la Syrie entière ;
Et, si de ses amis j'en dois croire la voix,
Si j'en crois ses serments redoublés mille fois,
Il va sur tant d'États couronner Bérénice,
Pour joindre à plus de noms le nom d'impératrice.
Il m'en viendra lui-même assurer en ce lieu.
Et je viens donc vous dire un éternel adieu.

ANTIOCHUS.

Madame, il faut partir. Votre gloire s'apprête ;
Assez d'autres sans moi, témoins de cette fête,
A vos heureux transports viendront joindre les leurs :
Pour moi je ne pourrais y mêler que des pleurs.

BÉRÉNICE.

Le ciel sait qu'au milieu des honneurs qu'il m'envoie,
Je n'attendais que vous pour témoin de ma joie ;
Avec tout l'univers j'honorais vos vertus ;
Titus vous chérissait, vous admiriez Titus.
Cent fois je me suis fait une douceur extrême
D'entretenir Titus dans un autre lui-même...

ANTIOCHUS.

Et c'est ce que je fuis. J'évite, mais trop tard,
Ces cruels entretiens où je n'ai point de part.
Je fuis Titus ; je fuis ce nom qui m'inquiète ;
Ce nom qu'à tous moments votre bouche répète.
Surtout ne craignez point qu'une aveugle douleur
Remplisse l'univers du bruit de mon malheur :
Madame, le seul bruit d'une mort que j'implore
Vous fera souvenir que je vivais encore.
Adieu.

SCÈNE III.

BÉRÉNICE, PHÉNICE.

PHÉNICE.

Que je le plains ! tant de fidélité,
Madame, méritait plus de prospérité.
Ne le plaignez-vous pas ?

BÉRÉNICE.

Cette prompte retraite

Me laisse, je l'avoue, une douleur secrète.
PHÉNICE.
Je l'aurais retenu.
BÉRÉNICE.
Qui? Moi, le retenir!
J'en dois perdre plutôt jusques au souvenir.
Tu veux donc que je flatte une humeur insensée?
PHÉNICE.
Titus n'a point encore expliqué sa pensée.
Rome vous voit, madame, avec des yeux jaloux;
La rigueur de ses lois m'épouvante pour vous :
L'hymen chez les Romains n'admet qu'une Romaine :
Rome hait tous les rois, et Bérénice est reine.
BÉRÉNICE.
Le temps n'est plus, Phénice, où je pouvais trembler.
Titus règne; il peut tout; il n'a plus qu'à parler,
Il verra le sénat m'apporter ses hommages,
Et le peuple de fleurs couronner ses images.
De cette nuit, Phénice, as-tu vu la splendeur?
Tes yeux ne sont-ils pas tout pleins de sa grandeur?
Ces flambeaux, ce bûcher, cette nuit enflammée,
Ces aigles, ces faisceaux, ce peuple, cette armée,
Cette foule de rois, ces consuls, ce sénat,
Qui tous du souverain empruntaient leur éclat;
Cette pourpre, cet or, que rehaussait sa gloire,
Et ces lauriers encore témoins de sa victoire;
Tous ces yeux qu'on voyait venir de toutes parts
Confondre sur lui seul leurs avides regards;
Ce port majestueux, cette douce présence...
Ciel! avec quel respect et quelle complaisance...
Tous les cœurs en secret l'assuraient de leur foi !
Parle : peut-on le voir sans penser, comme moi,
Qu'en quelque obscurité que le sort l'eût fait naître,
Le monde en le voyant eût reconnu son maître !
Mais, Phénice, où m'emporte un souvenir charmant?
Cependant Rome entière, en ce même moment,
Fait des vœux pour Titus, et, par des sacrifices,
De son règne naissant consacre les prémices.
Que tardons-nous? Allons, pour son empire heureux,
Au ciel, qui le protége, offrir aussi nos vœux.

ACTE DEUXIÈME.

SCÈNE I.

TITUS, PAULIN, SUITE.

TITUS.

A-t-on vu de ma part le roi de Comagène?
Sait-il que je l'attends?

PAULIN.

J'ai couru chez la reine :
Dans son appartement ce prince avait paru;
Il en était sorti lorsque j'y suis couru.
De vos ordres, seigneur, j'ai dit qu'on l'avertisse.

TITUS.

Il suffit. Et que fait la reine Bérénice?

PAULIN.

La reine, en ce moment, sensible à vos bontés,
Charge le ciel de vœux pour vos prospérités.
Elle sortait, seigneur.

TITUS.

Trop aimable princesse!

Hélas!

PAULIN.

En sa faveur d'où naît cette tristesse?
L'Orient presque entier va fléchir sous sa loi :
Vous la plaignez?

TITUS.

Paulin, qu'on vous laisse avec moi.

SCÈNE II.

TITUS, PAULIN.

TITUS.

Eh bien! de mes desseins Rome encore incertaine
Attend que deviendra le destin de la reine,
Paulin; et les secrets de son cœur et du mien

Sont de tout l'univers devenus l'entretien.
Voici le temps enfin qu'il faut que je m'explique.
De la reine et de moi que dit la voix publique?
Parlez, qu'entendez-vous?

PAULIN.

Seigneur, soyez heureux,
La cour sera toujours du parti de vos vœux.

TITUS.

Et je l'ai vue aussi, cette cour peu sincère,
A ses maîtres toujours trop soigneuse de plaire,
Des crimes de Néron approuver les horreurs;
Je l'ai vue à genoux consacrer ses fureurs.
Je ne prends point pour juge une cour idolâtre,
Paulin : je me propose un plus noble théâtre;
Et, sans prêter l'oreille à la voix des flatteurs,
Je veux par votre bouche entendre tous les cœurs :
Vous me l'avez promis. Le respect et la crainte
Ferment autour de moi le passage à la plainte :
Pour mieux voir, cher Paulin, et pour entendre mieux,
Je vous ai demandé des oreilles, des yeux;
J'ai mis même à ce prix mon amitié secrète :
J'ai voulu que des cœurs vous fussiez l'interprète;
Qu'au travers des flatteurs votre sincérité
Fît toujours jusqu'à moi passer la vérité.
Parlez donc. Que faut-il que Bérénice espère?
Rome lui sera-t-elle indulgente ou sévère?
Dois-je croire qu'assis au trône des Césars
Une si belle reine offensât ses regards?

PAULIN.

N'en doutez point, seigneur : soit raison, soit caprice,
Rome ne l'attend point pour son impératrice.
On sait qu'elle est charmante; et de si belles mains
Semblent vous demander l'empire des humains;
Elle a même, dit-on, le cœur d'une Romaine;
Elle a mille vertus; mais, seigneur, elle est reine :
Rome, par une loi qui ne se peut changer,
N'admet avec son sang aucun sang étranger,
Et ne reconnaît point les fruits illégitimes
Qui naissent d'un hymen contraire à ses maximes.
D'ailleurs, vous le savez, en bannissant ses rois,
Rome à ce nom, si noble et si saint autrefois,
Attacha pour jamais une haine puissante;

Et quoiqu'à ses Césars fidèle, obéissante,
Cette haine, seigneur, reste de sa fierté,
Survit dans tous les cœurs après la liberté.
Vous m'avez commandé surtout d'être sincère.
De l'affranchi Pallas nous avons vu le frère,
Des fers de Claudius Félix encor flétri,
De deux reines, seigneur, devenir le mari;
Et, s'il faut jusqu'au bout que je vous obéisse,
Ces deux reines étaient du sang de Bérénice.
Et vous croiriez pouvoir, sans blesser nos regards,
Faire asseoir une reine au trône des Césars,
Tandis que l'Orient au trône de ses reines
Voit passer un esclave au sortir de nos chaînes!
C'est ce que les Romains pensent dans votre cour :
Et je ne réponds pas, avant la fin du jour,
Que le sénat, chargé des vœux de tout l'empire,
Ne vous redise ici ce que je viens de dire;
Et que Rome avec lui, tombant à vos genoux,
Ne vous demande un choix digne d'elle et de vous.
Vous pouvez préparer, seigneur, votre réponse.

TITUS.

Hélas! à quel dessein on veut que je renonce!
Je vais, Paulin... O ciel! puis-je le déclarer!

PAULIN.

Quoi, seigneur?

TITUS.

Pour jamais je vais m'en séparer.
Mon cœur en ce moment ne vient pas de se rendre.
Si je t'ai fait parler, si j'ai voulu t'entendre,
Je voulais que ton zèle achevât en secret
De confondre un désir qui se tait à regret.
Rome observe aujourd'hui ma conduite nouvelle :
Quelle honte pour moi, quel présage pour elle,
Si, dès le premier pas, renversant tous ses droits,
Je fondais mon bonheur sur le débris des lois!
Résolu d'accomplir ce noble sacrifice,
J'y voulus préparer la triste Bérénice;
Mais par où commencer? Vingt fois, depuis huit jours,
J'ai voulu devant elle en ouvrir le discours;
Et, dès le premier mot, ma langue embarrassée,
Dans ma bouche vingt fois a demeuré glacée.
J'attends Antiochus pour lui recommander

Ce depôt précieux que je ne puis garder :
Jusque dans l'Orient je veux qu'il la ramène.
Demain Rome avec lui verra partir la reine.
Elle en sera bientôt instruite par ma voix;
Et je vais lui parler pour la dernière fois.

PAULIN.

Je n'attendais pas moins de cet amour de gloire
Qui partout après vous attacha la victoire.
La Judée asservi, et ses remparts fumants,
De cette noble ardeur éternels monuments,
Me répondaient assez que votre grand courage
Ne voudrait pas, seigneur, détruire son ouvrage,
Et qu'un héros vainqueur de tant de nations
Saurait bien tôt ou tard vaincre ses passions.

TITUS.

Je lui dois tout, Paulin. Récompense cruelle!
Tout ce que je lui dois va retomber sur elle.
Pour prix de tant de gloire et de tant de vertus,
Je lui dirai : Partez, et ne me voyez plus.

PAULIN.

Eh quoi, seigneur! eh quoi! cette magnificence
Qui va jusqu'à l'Euphrate étendre sa puissance,
Tant d'honneurs dont l'excès a surpris le sénat,
Vous laissent-ils encor craindre le nom d'ingrat?
Sur cent peuples nouveaux Bérénice commande.

TITUS.

Faibles amusements d'une douleur si grande!
Quelle nouvelle, ô ciel : je lui vais annoncer!
Encore un coup, allons, il n'y faut plus penser.
Je connais mon devoir, c'est à moi de le suivre.
Je n'examine point si j'y pourrai survivre.

SCÈNE III.

TITUS, PAULIN, RUTILE.

RUTILE.

Bérénice, seigneur, demande à vous parler.

TITUS.

Ah! Paulin!

PAULIN.

Quoi! déjà vous semblez reculer!

De vos nobles projets, seigneur, qu'il vous souvienne :
Voici le temps.

TITUS.

Eh bien ! voyons-la. Qu'elle vienne.

SCÈNE IV.

TITUS, BÉRÉNICE, PAULIN, PHÉNICE.

BÉRÉNICE.

Ne vous offensez pas si mon zèle indiscret
De votre solitude interrompt le secret.
Tandis qu'autour de moi votre cour assemblée
Retentit des bienfaits dont vous m'avez comblée,
Est-il juste, seigneur, que seule en ce moment
Je demeure sans voix et sans ressentiment?
Mais, seigneur (car je sais que cet ami sincère
Du secret de nos cœurs connaît tout le mystère),
Votre deuil est fini, rien n'arrête vos pas,
Vous êtes seul enfin, et ne me cherchez pas !

TITUS.

Madame...

BÉRÉNICE.

Eh bien ! seigneur. Mais quoi ? sans me répondre
Vous détournez les yeux, et semblez vous confondre!
Ne m'offrirez-vous plus qu'un visage interdit !
Toujours la mort d'un père occupe votre esprit :
Rien ne peut-il charmer l'ennui qui vous dévore?

TITUS.

Plût aux cieux que mon père, hélas ! vécût encore?
Que je vivais heureux !

BÉRÉNICE.

Seigneur, tous ces regrets
De votre piété sont de justes effets.
Mais vos pleurs ont assez honoré sa mémoire :
Vous devez d'autres soins à Rome, à votre gloire.

SCÈNE V.

BÉRÉNICE, PHÉNICE.

BÉRÉNICE.

Quoi ! me quitter sitôt ! et ne me dire rien.
Chère Phénice, hélas ! quel funeste entretien !

BÉRÉNICE.
Qu'ai-je fait? Que veut-il? Et que dit ce silence?
PHÉNICE.
Comme vous, je me perds d'autant plus que j'y pense.
Mais ne s'offre-t-il rien à votre souvenir
Qui contre vous, madame, ait pu le prévenir?
BÉRÉNICE.
Mais tu nous entendais. Il ne faut rien me taire :
Parle. N'ai-je rien dit qui lui puisse déplaire ?
Que sais-je? J'ai peut-être avec trop de chaleur
Rabaissé ses présents, ou blâmé sa douleur...
N'est-ce point que de Rome il redoute la haine !
Il craint peut-être, il craint d'épouser une reine.
Hélas ! s'il était vrai... Mais non, il a cent fois
Rassuré mon esprit contre leurs dures lois;
Cent fois... Ah! qu'il m'explique un silence si rude.
Je ne respire pas dans cette incertitude.
Moi, je vivrais, Phénice, et je pourrais penser
Qu'il me néglige, ou bien que j'ai pu l'offenser!

ACTE TROISIÈME.

SCÈNE I.

TITUS, ANTIOCHUS, ARSACE.

TITUS.
Quoi ! prince, vous partiez! Quelle raison subite
Presse votre départ, ou plutôt votre fuite?
Vouliez-vous me cacher jusques à vos adieux ?
Est-ce comme ennemi que vous quittez ces lieux?
Que diront, avec moi, la cour, Rome, l'empire?
Mais, comme votre ami, que ne puis-je point dire!
De quoi m'accusez-vous? vous avais-je sans choix
Confondu jusqu'ici dans la foule des rois ?
Mon cœur vous fut ouvert tant qu'a vécu mon père :
C'était le seul présent que je pouvais vous faire ;
Et lorsque avec mon cœur ma main peut s'épancher,

Vous fuyez mes bienfaits tout prêts à vous chercher !
Pensez-vous qu'oubliant ma fortune passée,
Sur ma seule grandeur j'arrête ma pensée,
Et que tous mes amis s'y présentent de loin
Comme autant d'inconnus dont je n'ai plus besoin !
Vous-même, à mes regards qui vouliez vous soustraire,
Prince, plus que jamais vous m'êtes nécessaire.

ANTIOCHUS.

Moi, seigneur ?

TITUS.

Vous.

ANTIOCHUS.

Hélas ! d'un prince malheureux
Que pouvez-vous, seigneur, attendre que des vœux ?

TITUS.

Je n'ai pas oublié, prince, que ma victoire
Devait à vos exploits la moitié de sa gloire ;
Que Rome vit passer au nombre des vaincus
Plus d'un captif chargé des fers d'Antiochus ;
Que dans le Capitole elle voit attachées
Les dépouilles des Juifs, par vos mains arrachées.
Je n'attends pas de vous de ces sanglants exploits,
Et je veux seulement emprunter votre voix.
Je sais que Bérénice, à vos soins redevable,
Croit posséder en vous un ami véritable :
Elle ne voit dans Rome et n'écoute que vous ;
Vous ne faites qu'un cœur et qu'une âme avec nous...
Au nom d'une amitié si constante et si belle,
Employez le pouvoir que vous avez sur elle.
Mon bonheur aujourd'hui s'attendait d'éclater ;
Cependant aujourd'hui, prince, il faut la quitter.

ANTIOCHUS.

La quitter ! vous, seigneur ?

TITUS.

Telle est ma destinée :
Pour elle et pour Titus il n'est plus d'hyménée.
D'un espoir si flatteur je m'abusais en vain.
Prince, il faut avec vous qu'elle parte demain.

ANTIOCHUS.

Qu'entends-je ? ô ciel !

TITUS.

Plaignez ma grandeur importune ;

Maître de l'univers, je règle sa fortune ;
Je puis faire les rois, je puis les déposer.
Cependant de mon cœur je ne puis disposer.
Jules céda lui-même au torrent qui m'entraîne.
Si le peuple demain ne voit partir la reine,
Demain, elle entendra ce peuple furieux
Me venir demander son départ à ses yeux.
Sauvons de cet affront mon nom et sa mémoire,
Et puisqu'il faut céder, cédons à notre gloire.
Ma bouche et mes regards, muets depuis huit jours,
L'auront pu préparer à ce triste discours,
Et même en ce moment, inquiète, empressée,
Elle veut qu'à ses yeux j'explique ma pensée.
De Titus interdit soulagez le tourment ;
Épargnez à mon cœur cet éclaircissement.
Allez, expliquez-lui mon trouble et mon silence ;
Surtout, qu'elle me laisse éviter sa présence.

ARSACE.

Ah ! la voici, seigneur : prenez votre parti.

ANTIOCHUS.

O ciel !

SCÈNE II.

BÉRÉNICE, ANTIOCHUS, ARSACE, PHÉNICE.

BÉRÉNICE.

Eh quoi ! seigneur, vous n'êtes point parti !

ANTIOCHUS.

Madame, je vois bien que vous êtes déçue,
Et que c'était César que cherchait votre vue.
Mais n'accusez que lui, si, malgré mes adieux,
De ma présence encor j'importune vos yeux.
Peut-être en ce moment je serais dans Ostie,
S'il ne m'eût de sa cour défendu la sortie.

BÉRÉNICE.

Il vous cherche vous seul. Il nous évite tous.

ANTIOCHUS.

Il ne m'a retenu que pour parler de vous.

BÉRÉNICE.

De moi, prince ?

ACTE III, SCÈNE II.

ANTIOCHUS.
Oui, madame.
BÉRÉNICE.
Et qu'a-t-il pu vous dire ?
ANTIOCHUS.
Mille autres mieux que moi pourront vous en instruire.
BÉRÉNICE.
Quoi, seigneur !...
ANTIOCHUS.
Suspendez votre ressentiment.
D'autres, loin de se taire en ce même moment,
Triompheraient peut-être, et pleins de confiance,
Céderaient avec joie à votre impatience.
Avant la fin du jour vous me justifîrez.
Adieu, madame.
BÉRÉNICE.
O ciel ! quel discours ! Demeurez.
Éclaircissez le trouble où vous voyez mon âme :
Que vous a dit Titus ?
ANTIOCHUS.
Au nom des dieux, madame...
BÉRÉNICE.
Quoi ! vous craignez si peu de me désobéir !
ANTIOCHUS.
Je n'ai qu'à vous parler pour me faire haïr.
BÉRÉNICE.
Je veux que vous parliez.
ANTIOCHUS.
Dieux ! quelle violence !
Madame, encore un coup, vous louerez mon silence.
BÉRÉNICE.
Prince, dès ce moment contentez mes souhaits,
Ou soyez de ma haine assuré pour jamais.
ANTIOCHUS.
Madame, après cela, je ne puis plus me taire.
Eh bien ! vous le voulez, il faut vous satisfaire.
Mais ne vous flattez point ; je vais vous annoncer
Peut-être des malheurs où vous n'osez penser.
Je connais votre cœur ; vous devez vous attendre
Que je le vais frapper par l'endroit le plus tendre.
Titus m'a commandé...

BÉRÉNICE.
Quoi ?
ANTIOCHUS.
De vous déclarer
Qu'à jamais l'un de l'autre il faut vous séparer.
BÉRÉNICE.
Nous séparer ! Qui ? Moi ? Titus de Bérénice ?
ANTIOCHUS.
Il faut que devant vous je lui rende justice ;
Une reine est suspecte à l'empire romain.
Il faut vous séparer, et vous partez demain.
BÉRÉNICE.
Nous séparer ! Hélas ! Phénice.
PHÉNICE.
Eh bien ! madame,
Il faut ici montrer la grandeur de votre âme.
Ce coup sans doute est rude, il doit vous étonner.
BÉRÉNICE.
Après tant de serments, Titus m'abandonner !
Non, je vous crois point ; mais, quoi qu'il en puisse être,
Pour jamais à mes yeux évitez de paraître.

SCÈNE III.

ANTIOCHUS, ARSACE.

ANTIOCHUS.
Je m'en garderai bien. Et ne partais-je pas,
Si Titus, malgré moi, n'eût arrêté mes pas ?
Sans doute il faut partir. Continuons, Arsace.
Elle croit m'affliger : sa haine me fait grâce.
ARSACE.
Moins que jamais, seigneur, il faut vous éloigner.
ANTIOCHUS.
Moi, je demeurerai pour me voir dédaigner ?
Des froideurs de Titus je serai responsable ?
Je me verrai puni parce qu'il est coupable ?
ARSACE.
Et de quel soin, seigneur, vous allez-vous troubler !
Laissez à ce torrent le temps de s'écouler ;

Il faut vous séparer, et vous partez demain.

Acte III, Scène III.

BÉRÉNICE.

Dans huit jours, dans un mois, n'importe, il faut qu'il passe.
Demeurez seulement.

ANTIOCHUS.
Non, je la quitte, Arsace.

ACTE QUATRIÈME.

SCÈNE I.

TITUS, PAULIN, SUITE.

TITUS.
Que l'on me laisse.

PAULIN, à part.
O ciel! que je crains ce combat!
Grands dieux! sauvez sa gloire et l'honneur de l'État!
Voyons la reine.

SCÈNE II.

TITUS.

Eh bien! Titus, que viens-tu faire?
Bérénice t'attend. Où viens-tu, téméraire?
Tes adieux sont-ils prêts? t'es-tu bien consulté?
Ton cœur te promet-il assez de cruauté?
Car enfin au combat qui pour toi se prépare,
C'est peu d'être constant, il faut être barbare.
Si Rome était pour nous... Titus, ouvre les yeux!
Quel air respires-tu? N'es-tu pas dans ces lieux
Où la haine des rois, avec le lait sucée,
Par crainte ou par amour ne peut être effacée?
Rome jugea ta reine en condamnant ses rois.
N'as-tu pas en naissant entendu cette voix?
Et n'as-tu pas encore ouï la renommée
T'annoncer ton devoir jusque dans ton armée?
Et lorsque Bérénice arriva sur tes pas,

Ce que Rome en jugeait, ne l'entendis-tu pas?
Faut-il donc tant de fois te le faire redire?
Ah! lâche! fuis le trône, et renonce à l'empire.
Au bout de l'univers, va, cours te confiner,
Et fais place à des cœurs plus dignes de régner.
Sont-ce là ces projets de grandeur et de gloire
Qui devaient dans les cœurs consacrer ma mémoire?
Quels pleurs ai-je séchés? Dans quels yeux satisfaits
Ai-je déjà goûté le fruit de mes bienfaits?
L'univers a-t-il vu changer ses destinées?
Sais-je combien le ciel m'a compté de journées?
Et de ce peu de jours si longtemps attendus,
Ah! malheureux! combien j'en ai déjà perdus!
Ne tardons plus : faisons ce que l'honneur exige;
Rompons le seul lien...

SCÈNE III.

TITUS, BÉRÉNICE.

BÉRÉNICE, en sortant de son appartement.

Non, laissez-moi, vous dis-je.
En vain tous vos conseils me retiennent ici.
Il faut que je le voie. Ah! seigneur! vous voici!
Eh bien! il est donc vrai que Titus m'abandonne!
Il faut nous séparer! et celui qui l'ordonne!

TITUS.

N'accablez point, madame, un prince malheureux.
Il ne faut point ici nous attendrir tous deux.
Il en est temps. Forcez vos regrets à se taire;
Et d'un œil que la gloire et la raison éclaire
Contemplez mon devoir dans toute sa rigueur.
Vous-même, contre vous, fortifiez mon cœur,
Et que tout l'univers reconnaisse sans peine
Les pleurs d'un empereur et les pleurs d'une reine.

BÉRÉNICE.

Eh bien! seigneur, eh bien! que peut-il arriver?
Voyez-vous les Romains prêts à se soulever?

TITUS.

Et qui sait de quel œil ils prendront cette injure?
S'ils parlent, si les cris succèdent au murmure,

ACTE IV, SCÈNE III.

Faudra-t-il par le sang justifier mon choix?
S'ils se taisent, madame, et me vendent leurs lois,
A quoi m'exposez-vous! Par quelle complaisance
Faudra-t-il quelque jour payer leur patience?
Que n'oseront-ils point alors me demander?
Maintiendrai-je des lois que je ne puis garder?

BÉRÉNICE.

Rome a ses droits, seigneur : n'avez-vous pas les vôtres?
Ses intérêts sont-ils plus sacrés que les nôtres?

TITUS.

Rome me fit jurer de maintenir ses droits :
Je dois les maintenir. Déjà, plus d'une fois,
Rome a de mes pareils exercé la constance.
Ah! si vous remontiez jusques à sa naissance,
Vous les verriez toujours à ses ordres soumis;
L'un, jaloux de sa foi, va chez les ennemis
Chercher, avec la mort, la peine toute prête;
D'un fils victorieux l'autre proscrit la tête;
L'autre, avec des yeux secs, et presque indifférents,
Voit mourir ses deux fils, par son ordre expirants.
Malheureux! mais toujours la patrie et la gloire
Ont parmi les Romains remporté la victoire.
Je sais qu'en vous quittant le malheureux Titus
Passe l'austérité de toutes leurs vertus;
Qu'elle n'approche point de cet effort insigne :
Mais, madame, après tout, me croyez-vous indigne
De laisser un exemple à la postérité,
Qui, sans de grands efforts, ne puisse être imité?

BÉRÉNICE.

Non, je crois tout facile à votre barbarie :
Je vous crois digne encor de m'arracher la vie,
De tous vos sentiments mon cœur est éclairci.
Je ne vous parle plus de me laisser ici :
Qui? moi, j'aurais voulu, honteuse et méprisée,
D'un peuple qui me hait soutenir la risée?
J'ai voulu vous pousser jusques à ce refus.
C'en est fait, et bientôt vous ne me craindrez plus.
N'attendez pas ici que j'éclate en injures,
J'en atteste le ciel, ennemi des parjures :
Adieu.

SCÈNE IV.

TITUS, PAULIN.

PAULIN.

Ne craignez rien. Voilà les plus grands coups,
Seigneur; continuez, la victoire est à vous.
Je sais que sans pitié vous n'avez pu l'entendre;
Moi-même, en la voyant, je n'ai pu m'en défendre.
Mais regardez plus loin : songez, en ce malheur,
Quelle gloire va suivre un moment de douleur,
Quels applaudissements l'univers vous prépare,
Quel rang dans l'avenir...

TITUS.

Non, je suis un barbare :
Moi-même je me hais. Néron tant détesté,
N'a point à cet excès poussé sa cruauté.

PAULIN.

Ne troublez point le cours de votre renommée :
Déjà de vos adieux la nouvelle est semée;
Rome, qui gémissait, triomphe avec raison;
Tous les temples ouverts fument en votre nom :
Et le peuple, élevant vos vertus jusqu'aux nues,
Va partout de lauriers couronner vos statues.

SCÈNE V.

TITUS, ANTIOCHUS, PAULIN, RUTILE.

RUTILE.

Seigneur, tous les tribuns, les consuls, le sénat,
Viennent vous demander au nom de tout l'État.
Un grand peuple les suit, qui, plein d'impatience,
Dans votre appartement attend votre présence.

TITUS.

Je vous entends, grands dieux! vous voulez rassurer
Ce cœur que vous voyez tout prêt à s'égarer!

PAULIN.

Venez, seigneur, passons dans la chambre prochaine :

Allons voir le sénat.
                    ANTIOCHUS.
                Ah! courez chez la reine.
                            PAULIN.
Quoi! vous pourriez, seigneur, par cette indignité,
De l'empire à vos pieds fouler la majesté?

ACTE CINQUIÈME.

SCÈNE I.

ARSACE.

Où pourrai-je trouver ce prince trop fidèle?
Ciel, conduisez mes pas, et secondez mon zèle :
Faites qu'en ce moment je lui puisse annoncer
Un bonheur où peut-être il n'ose plus penser !

SCÈNE II.

ANTIOCHUS, ARSACE.

ARSACE.
Ah! quel heureux destin en ces lieux vous renvoie,
Seigneur?
               ANTIOCHUS.
            Si mon retour t'apporte quelque joie,
Arsace, rends-en grâce à mon seul désespoir.
                    ARSACE.
La reine part, seigneur.
                ANTIOCHUS.
            Elle part?
                ARSACE.
                            Dès ce soir :
Ses ordres sont donnés. Elle s'est offensée
Que Titus à ses pleurs l'ait si longtemps laissée.
Un généreux dépit succède à sa fureur :

Bérénice renonce à Rome, à l'empereur;
Et même veut partir avant que Rome instruite
Puisse voir cet outrage et jouir de sa fuite.
Elle écrit à César.

ANTIOCHUS.

O ciel! qui l'aurait cru?
Et Titus?

ARSACE.

A ses yeux Titus n'a point paru.
Le peuple avec transport l'arrête et l'environne,
Applaudissant aux noms que le sénat lui donne;
Et ces noms, ces respects, ces applaudissements,
Deviennent pour Titus autant d'engagements,
Qui, le liant, seigneur, d'une honorable chaîne,
Malgré tous ses regrets, et les pleurs de la reine,
Fixent dans son devoir ses vœux irrésolus.
C'en est fait : et peut-être il ne la verra plus.

ANTIOCHUS.

Que de sujets d'espoir, Arsace! je l'avoue :
Mais d'un soin si cruel la fortune me joue.

SCÈNE III.

TITUS, BÉRÉNICE, PHÉNICE.

TITUS.

Eh! princesse, d'où vient ce changement soudain.

BÉRÉNICE.

C'en est fait. Vous voulez que je parte demain;
Et moi, j'ai résolu de partir tout-à-l'heure :
Et je pars.

TITUS.

Demeurez.

BÉRÉNICE.

Oh! ciel! que je demeure!
Et pourquoi? Pour entendre un peuple injurieux
Qui fait de mon malheur retentir tous ces lieux?

TITUS.

Écoutez-vous, madame, une foule insensée?

BÉRÉNICE.

Je ne vois rien ici dont je ne sois blessée.

Vous m'avez arraché ce que je viens d'écrire.

Acte V, Scène V.

BÉRÉNICE.

Oui, déjà de votre âme exilée en secret,
J'abandonne un ingrat qui me perd sans regret.
Titus lit une lettre.
Vous m'avez arraché ce que je viens d'écrire.
Voilà de votre cœur tout ce que je désire :
Lisez, seigneur, lisez, et me laissez sortir.
TITUS.
Vous ne sortirez point, je n'y puis consentir.
Quoi ! ce départ n'est donc qu'un cruel stratagème ?
Vous cherchez à mourir ! et bientôt de vous-même
Il ne restera plus qu'un triste souvenir !
Qu'on cherche Antiochus, qu'on le fasse venir.

SCÈNE IV.

TITUS, BÉRÉNICE, ANTIOCHUS.

ANTIOCHUS.
Vous m'avez honoré, seigneur, de votre estime,
Et moi, je puis ici vous le jurer sans crime,
A vos plus chers amis j'ai disputé ce rang.
Je l'ai disputé même aux dépens de mon sang.
Vous m'avez malgré moi confié, l'un et l'autre,
La reine, son espoir, et vous, seigneur, le vôtre.
La reine, qui m'entend, peut me désavouer ;
Elle m'a vu toujours, ardent à vous louer,
Répondre par mes soins à votre confidence.
Vous croyez m'en devoir quelque reconnaissance,
Mais le pourriez-vous croire en ce moment fatal,
Qu'un ami si fidèle était votre rival ?
TITUS.
Mon rival !
ANTIOCHUS.
Il est temps que je vous éclaircisse.
Oui, seigneur, j'ai toujours désiré Bérénice.
Et pour ne la plus voir j'ai cent fois combattu :
Je n'ai pu l'oublier ; au moins, je me suis tû.
BÉRÉNICE, à Titus.
C'en est assez : je veux, en ce moment funeste,
Par un dernier effort couronner tout le reste :
Je vivrai, je suivrai vos ordres absolus.

Adieu, seigneur, régnez : je ne vous verrai plus.
A Antiochus.
Prince, après cet adieu, laissez-moi vous le dire,
Non, je ne consens pas de quitter cet empire
Pour aller loin de Rome écouter d'autres vœux.
Vivez, et faites-vous un effort généreux.
Sur Titus et sur moi réglez votre conduite...
Je l'estime et le fuis; il m'estime et me quitte.
Tout est prêt; on m'attend. Ne suivez point mes pas.
A Titus.
Pour la dernière fois, adieu, seigneur.

ANTIOCHUS.

Hélas.

BAJAZET

TRAGÉDIE (1672).

FRAGMENTS.

CONSPIRATION CONTRE LE SULTAN AMURAT EN FAVEUR DE BAJAZET.

PRÉFACE.

Sultan Amurat, ou sultan Morat [1], empereur des Turcs, celui qui prit Babylone en 1638, a eu quatre frères. Le premier, c'est à savoir Osman, fut empereur avant lui, et régna environ trois ans, au bout desquels les janissaires lui ôtèrent l'empire et la vie. Le second se nommait Orcan. Amurat, dès les premiers jours de son règne, le fit étrangler. Le troisième était Bajazet, prince de grande espérance : et c'est lui qui est le héros de ma tragédie. Amurat, ou par politique, ou par amitié, l'avait épargné jusqu'au siége de Babylone. Après la prise de cette ville, le sultan victorieux envoya un ordre à Constantinople pour le faire mourir : ce qui fut conduit et exécuté à peu près de la manière que je le représente. Amurat avait encore un frère, qui fut depuis le sultan Ibrahim, et que ce même Amurat négligea comme un prince stupide, qui ne lui donnait point d'ombrage. Sultan Mahomet, qui règne aujourd'hui, est fils de cet Ibrahim, et par conséquent neveu de Bajazet.

Quelques lecteurs pourront s'étonner qu'on ait osé mettre sur la scène une histoire si récente ; mais je n'ai rien vu dans les règles du poëme dramatique qui dût me détourner de mon entreprise. A la vérité, je ne conseillerais pas

---

[1] Amurat IV, surnommé *l'Intrépide*, fils d'Achmet Ier, salué empereur au mois de septembre 1623, à l'âge de quinze ans. Il mourut à trente-deux ans, des suites de ses débauches, le 8 février 1640 (C.).

à un auteur de prendre pour sujet d'une tragédie une action aussi moderne que celle-ci, si elle s'était passée dans le pays où il veut faire représenter sa tragédie, ni de mettre des héros sur le théâtre qui auraient été connus de la plupart des spectateurs. Les personnages tragiques doivent être regardés d'un autre œil que nous ne regardons d'ordinaire les personnages que nous avons vus de si près. On peut dire que le respect que l'on a pour les héros augmente à mesure qu'ils s'éloignent de nous : *major è longinquo reverentia*. L'éloignement des pays répare, en quelque sorte, la trop grande proximité des temps : car le peuple ne met guère de différence entre ce qui est, si j'ose ainsi parler, à mille ans de lui, et ce qui est à mille lieues. C'est ce qui fait, par exemple, que les personnages turcs, quelque modernes qu'ils soient, ont de la dignité sur notre théâtre; on les regarde de bonne heure comme anciens. Ce sont des mœurs et des coutumes toutes différentes. Nous avons si peu de commerce avec les princes et les autres personnes qui vivent dans le sérail, que nous les considérons, pour ainsi dire, comme des gens qui vivent dans un autre siècle que le nôtre.

C'était à peu près de cette manière que les Persans étaient anciennement considérés des Athéniens. Aussi le poëte Eschyle ne fit point de difficulté d'introduire dans une tragédie de la mère de Xerxès, qui était peut-être encore vivante, et de faire représenter sur le théâtre d'Athènes la désolation de la cour de Perse après la déroute de ce prince. Cependant ce même Eschyle s'était trouvé en personne à la bataille de Salamine, où Xerxès avait été vaincu ; et il s'était encore trouvé à la défaite des lieutenants de Darius, père de Xerxès, dans la plaine de Marathon : car Eschyle était homme de guerre, et il était frère de ce fameux Cynégire, dont il est tant parlé dans l'antiquité, et qui mourut si glorieusement en attaquant un des vaisseaux du roi de Perse.

PERSONNAGES :

BAJAZET, frère du sultan Amurat.
ROXANE, sultane favorite d'Amurat.
ATALIDE, fille du sang ottoman.
ACOMAT, grand visir.

OSMIN, confident du grand visir.
ZATIME, esclave de la sultane.
ZAIRE, esclave d'Atalide.
GARDES.

La scène est à Constantinople, autrement dite Byzance,
dans le palais du Grand Seigneur.

BAJAZET

TRAGÉDIE (1672).

ACTE PREMIER.

SCÈNE I.

ACOMAT, OSMIN.

ACOMAT.
Viens, suis-moi. La sultane en ce lieu se doit rendre.
Je pourrai cependant te parler et t'entendre.
OSMIN.
Et depuis quand, seigneur, entre-t-on dans ces lieux
Dont l'accès était même interdit à nos yeux?
Jadis une mort prompte eût suivi cette audace.
ACOMAT.
Quand tu seras instruit de tout ce qui se passe,
Mon entrée en ces lieux ne te surprendra plus.
Mais laissons, cher Osmin, les discours superflus.
Que ton retour tardait à mon impatience!
Et que d'un œil content je te vois dans Byzance!
Instruis-moi des secrets que peut t'avoir appris
Un voyage si long pour moi seul entrepris.
De ce qu'ont vu tes yeux parle en temoin sincère!
Songe que du récit, Osmin, que tu vas faire,
Dépendent les destins de l'empire ottoman.
Qu'as-tu vu dans l'armée, et que fait le sultan?
OSMIN.
Babylone, seigneur, à son prince fidèle,

Voyait sans s'étonner notre armée autour d'elle ;
Les Persans rassemblés marchaient à son secours,
Et du camp d'Amurat s'approchaient tous les jours ;
Lui-même, fatigué d'un long siége inutile,
Semblait vouloir laisser Babylone tranquille ;
Et, sans renouveler ses assauts impuissants,
Résolu de combattre, attendait les Persans ;
Mais, comme vous savez, malgré ma diligence,
Un long chemin sépare et le camp et Byzance ;
Mille obstacles divers m'ont même traversé :
Et je puis ignorer tout ce qui s'est passé.

ACOMAT.

Que faisaient cependant nos braves janissaires ?
Rendent-ils au sultan des hommages sincères ?
Dans le secret des cœurs, Osmin, n'as-tu rien lu ?
Amurat jouit-il d'un pouvoir absolu ?

OSMIN.

Amurat est content, si nous voulons le croire,
Et semblait se promettre une heureuse victoire.
Mais en vain par ce calme il croit nous éblouir :
Il affecte un repos dont il ne peut jouir.
C'est en vain que, forçant ses soupçons ordinaires,
Il se rend accessible à tous les janissaires :
Il se souvient toujours que son inimitié
Voulut de ce grand corps retrancher la moitié,
Lorsque, pour affermir sa puissance nouvelle,
Il voulait, disait-il, sortir de leur tutelle.
Moi-même j'ai souvent entendu leurs discours ;
Comme il les craint sans cesse, ils le craignent toujours :
Ses caresses n'ont point effacé cette injure.
Votre absence est pour eux un sujet de murmure :
Ils regrettent le temps à leur grand cœur si doux,
Lorsque assurés de vaincre ils combattaient sous vous.

ACOMAT.

Quoi ! tu crois, cher Osmin, que ma gloire passée
Flatte encor leur valeur, et vit dans leur pensée ?
Crois-tu qu'ils me suivraient encor avec plaisir,
Et qu'ils reconnaîtraient la voix de leur visir ?

OSMIN.

Le succès du combat réglera leur conduite :
Il faut voir du sultan la victoire ou la fuite.
Quoiqu'à regret, seigneur, ils marchent sous ses lois,

Ils ont à soutenir le bruit de leurs exploits :
Ils ne trahiront point l'honneur de tant d'années;
Mais enfin le succès dépend des destinées.
Si l'heureux Amurat, secondant leur grand cœur,
Aux champs de Babylone est déclaré vainqueur,
Vous les verrez, soumis, rapporter dans Byzance
L'exemple d'une aveugle et basse obéissance;
Mais si dans le combat le destin plus puissant
Marque de quelque affront son empire naissant,
S'il fuit, ne doutez point que, fiers de sa disgrâce,
A la haine bientôt ils ne joignent l'audace,
Et n'expliquent, seigneur, la perte du combat
Comme un arrêt du ciel qui réprouve Amurat.
Cependant, s'il en faut croire la renommée,
Il a depuis trois mois fait partir de l'armée
Un esclave chargé de quelque ordre secret.
Tout le camp interdit tremblait pour Bajazet :
On craignait qu'Amurat, par un ordre sévère,
N'envoyât demander la tête de son frère.

ACOMAT.
Tel était son dessein : cet esclave est venu;
Il a montré son ordre, et n'a rien obtenu.

OSMIN.
Quoi ! seigneur, le sultan reverra son visage
Sans que de vos respects il lui porte ce gage ?

ACOMAT.
Cet esclave n'est plus : un ordre, cher Osmin,
L'a fait précipiter dans le fond de l'Euxin.

OSMIN.
Mais le sultan, surpris d'une trop longue absence,
En cherchera bientôt la cause et la vengeance.
Que lui répondrez-vous ?

ACOMAT.
     Peut-être avant ce temps
Je saurai l'occuper de soins plus importants.
Je sais bien qu'Amurat a juré ma ruine,
Je sais à son retour l'accueil qu'il me destine.
Tu vois, pour m'arracher du cœur de ses soldats,
Qu'il va chercher sans moi les siéges, les combats :
Il commande l'armée; et moi, dans une ville
Il me laisse exercer un pouvoir inutile.
Quel emploi, quel séjour, Osmin, pour un visir !

Mais j'ai plus dignement employé ce loisir :
J'ai su lui préparer des craintes et des veilles ;
Et le bruit en ira bientôt à ses oreilles.

OSMIN.

Quoi donc ? qu'avez-vous fait ?

ACOMAT.

J'espère qu'aujourd'hui
Bajazet se déclare, et Roxane avec lui.

OSMIN.

Quoi ! Roxane, seigneur, qu'Amurat a choisie
Entre tant de beautés et d'Europe et d'Asie ?

ACOMAT.

Il a fait plus pour elle, Osmin : il a voulu
Qu'elle eût dans son absence un pouvoir absolu.
Tu sais de nos sultans les rigueurs ordinaires :
Le frère rarement laisse jouir ses frères
De l'honneur dangereux d'être sortis d'un sang
Qui les a de trop près approchés de son rang.
L'imbécile Ibrahim, sans craindre sa naissance,
Traîne exempt de péril, une éternelle enfance :
Indigne également de vivre et de mourir,
On l'abandonne aux mains qui daignent le nourrir.
L'autre, trop redoutable, et trop digne d'envie,
Voit sans cesse Amurat armé contre sa vie.
Car enfin Bajazet dédaigna de tout temps
La molle oisiveté des enfants des sultans.
Il vint chercher la guerre au sortir de l'enfance,
Et même en fit sous moi la noble expérience.
Toi-même tu l'as vu courir dans les combats
Emportant après lui tous les cœurs des soldats,
Et goûter, tout sanglant, le plaisir et la gloire
Que donne aux jeunes cœurs la première victoire.
Mais, malgré ses soupçons, le cruel Amurat,
Avant qu'un fils naissant eût rassuré l'État,
N'osait sacrifier ce frère à sa vengeance,
Ni du sang ottoman proscrire l'espérance.
Ainsi donc pour un temps Amurat désarmé
Laissa dans le sérail Bajazet enfermé.
Il partit, et voulut que, fidèle à sa haine,
Et des jours de son frère arbitre souveraine,
Roxane, au moindre bruit, et sans autres raisons,
Le fît sacrifier à ses moindres soupçons.

Pour moi, demeuré seul, une juste colère
Tourna bientôt mes vœux du côté de son frère.
J'entretins la sultane, et, cachant mon dessein,
Lui montrai d'Amurat le retour incertain,
Les murmures du camp, la fortune des armes;
Je plaignis Bajazet, je lui vantai ses charmes.
Par elle, Bajazet, en m'approchant de lui,
Me va contre lui-même assurer un appui.
Un visir aux sultans fait toujours quelque ombrage;
A peine ils l'ont choisi qu'ils craignent leur ouvrage;
Sa dépouille est un bien qu'ils veulent recueillir,
Et jamais leurs chagrins ne nous laissent vieillir.
Bajazet aujourd'hui m'honore et me caresse;
Ses périls tous les jours réveillent ma tendresse :
Ce même Bajazet, sur le trône affermi,
Méconnaîtra peut-être un inutile ami.
Et moi, si mon devoir, si ma foi ne l'arrête,
S'il ose quelque jour me demander ma tête...
Je ne m'explique point, Osmin, mais je prétends
Que du moins il faudra la demander longtemps.
Je sais rendre aux sultans de fidèles services;
Mais je laisse au vulgaire adorer leurs caprices,
Et ne me pique point du scrupule insensé
De bénir mon trépas quand ils l'ont prononcé.
Voilà donc de ces lieux ce qui m'ouvre l'entrée
Et comme enfin Roxane à mes yeux s'est montrée.
Invisible d'abord, elle entendait ma voix,
Et craignait du sérail les rigoureuses lois;
Mais enfin, bannissant cette importune crainte
Qui dans nos entretiens jetait trop de contrainte,
Elle-même a choisi cet endroit écarté,
Où nous pouvons parler en toute liberté.
Par un chemin obscur une esclave me guide,
Et... Mais on vient : c'est elle et sa chère Atalide.
Demeure; et, s'il le faut, sois prêt à confirmer
Ce récit important dont je vais l'informer.

SCÈNE II.

ROXANE, ATALIDE, ACOMAT, OSMIN, ZATIME, ZAÏRE.

ACOMAT.
La vérité s'accorde avec la renommée,

Madame. Osmin a vu le sultan et l'armée.
Le superbe Amurat est toujours inquiet,
Et toujours tous les cœurs penchent vers Bajazet :
D'une commune voix ils l'appellent au trône.
Cependant les Persans marchaient vers Babylone,
Et bientôt les deux camps, au pied de son rempart,
Devaient de la bataille éprouver le hasard.
Ce combat doit, dit-on, fixer nos destinées,
Et même, si d'Osmin je compte les journées,
Le ciel en a déjà réglé l'événement,
Et le sultan triomphe, ou fuit en ce moment.
Déclarons-nous, madame, et rompons le silence ;
Fermons-lui dès ce jour les portes de Byzance ;
Et sans nous informer s'il triomphe ou s'il fuit,
Croyez-moi, hâtons-nous d'en prévenir le bruit.
S'il fuit, que craignez-vous ? s'il triomphe au contraire,
Le conseil le plus prompt est le plus salutaire.
Vous voudrez, mais trop tard, soustraire à son pouvoir
Un peuple dans ses murs prêt à le recevoir.
Pour moi, j'ai su déjà par mes brigues secrètes
Gagner de notre loi les sacrés interprètes :
Je sais combien, crédule en sa dévotion,
Le peuple suit le frein de la religion ;
Souffrez que Bajazet voie enfin la lumière :
Des murs de ce palais ouvrez-lui la barrière ;
Déployez en son nom cet étendard fatal [1],
Des extrêmes périls l'ordinaire signal.
Les peuples, prévenus de ce nom favorable,
Savent que sa vertu le rend seule coupable.
D'ailleurs, un bruit confus, par mes soins confirmé,
Fait croire heureusement à ce peuple alarmé
Qu'Amurat le dédaigne, et veut loin de Byzance
Transporter désormais son trône et sa présence.
Déclarons le péril dont son frère est pressé ;
Montrons l'ordre cruel qui vous fut adressé ;
Surtout qu'il se déclare et se montre lui-même,
Et fasse voir ce front digne du diadème.

ROXANE.
Il suffit. Je tiendrai tout ce que j'ai promis.

---

[1] Cet étendard fatal est la bannière de Mahomet, gardée religieusement dans le trésor du prince. Lorsqu'elle est arborée, tous les sujets, depuis l'âge de sept ans, sont obligés de prendre les armes et de se ranger sous ce drapeau. (L.-B.)

Allez, brave Acomat, assembler vos amis :
De tous leurs sentiments venez me rendre compte;
Je vous rendrai moi-même une réponse prompte.
Je verrai Bajazet. Je ne puis dire rien,
Sans savoir si son cœur s'accorde avec le mien.

ACTE DEUXIÈME.

SCÈNE I.

BAJAZET, ROXANE.

ROXANE.

Prince, l'heure fatale est enfin arrivée
Qu'à notre liberté le ciel a réservée.
Je fais ce que je puis, je vous l'avais promis :
J'aime votre valeur contre vos ennemis;
J'écarte de vos jours un péril manifeste;
Votre vertu, seigneur, achèvera le reste.
Osmin a vu l'armée : elle penche pour vous ;
Les chefs de notre loi conspirent avec nous ;
Le vizir Acomat vous répond de Byzance ;
Et moi, vous le savez, je tiens sous ma puissance
Cette foule de chefs, d'esclaves, de muets,
Peuple que dans ses murs renferme ce palais,
Et dont à ma faveur les âmes asservies
M'ont vendu dès longtemps leur silence et leurs vies.
Commencez maintenant : c'est à vous de courir
Dans le champ glorieux que j'ai su vous offrir.
Vous n'entreprenez point une injuste carrière,
Vous repoussez, seigneur, une main meurtrière :
L'exemple en est commun; et, parmi les sultans,
Ce chemin à l'empire a conduit de tous temps.
Mais, pour mieux commencer, hâtons-nous l'un et l'autre
D'assurer à la fois mon bonheur et le vôtre.
Soliman (vous savez qu'entre tous vos aïeux,
Dont l'univers a craint le bras victorieux,

Nul n'éleva si haut la grandeur ottomane),
Ce Soliman jeta les yeux sur Roxelane.
Malgré tout son orgueil, ce monarque si fier
A son trône, pourtant, daigna l'associer.
Sans qu'elle eût d'autres droits au rang d'impératrice,
Qu'un peu d'attraits peut-être, et beaucoup d'artifice.

BAJAZET.

Il est vrai. Mais aussi voyez ce que je puis,
Ce qu'était Soliman, et le peu que je suis.
Soliman jouissait d'une pleine puissance :
L'Égypte ramenée à son obéissance;
Rhodes, des Ottomans ce redoutable écueil,
De tous ses défenseurs devenu le cercueil;
Du Danube asservi les rives désolées,
De l'empire persan les bornes reculées,
Dans leurs climats brûlants les Africains domptés,
Faisant taire les lois devant ses volontés.
Que suis-je? J'attends tout du peuple et de l'armée.
Mes malheurs font encore toute ma renommée.
Infortuné, proscrit, incertain de régner,
Dois-je irriter les cœurs au lieu de les gagner?
Témoins de nos plaisirs, plaindront-ils nos misères?
Croiront-ils mes périls et vos larmes sincères?
Songez, sans me flatter du sort de Soliman,
Au meurtre tout récent du malheureux Osman [1].
Dans leur rébellion, les chefs des janissaires,
Cherchant à colorer leurs desseins sanguinaires,
Se crurent à sa perte assez autorisés
Par le fatal hymen que vous me proposez.
Que vous dirai-je enfin? Maître de leur suffrage,
Peut-être avec le temps j'oserai davantage.
Ne précipitons rien ; et daignez commencer
De me mettre en état de vous récompenser.

ROXANE.

Je vous entends, seigneur. Je vois mon imprudence ;
Je vois que rien n'échappe à votre prévoyance :
Vous avez pressenti jusqu'au moindre danger
Où mon esprit trop prompt allait vous engager.
Pour vous, pour votre honneur, vous en craignez les suites.

---

[1] Osman II, étranglé par les janissaires en 1623, et successeur de Mustapha II, frère d'Achmet I⁰, père d'Osman, et mort en 1617.

Vous pouvez retourner, je n'ai rien à vous dire.

Acte II, Scène II.

BAJAZET.

Et je le crois, seigneur, puisque vous me le dites.
Mais avez-vous prévu, si vous ne m'épousez,
Des périls plus certains où vous vous exposez ?
Songez-vous que, sans moi, tout vous devient contraire,
Que c'est à moi surtout qu'il importe de plaire ?
Songez-vous que je tiens les portes du palais ;
Que je puis vous l'ouvrir ou fermer pour jamais ?

BAJAZET.

Oui, je tiens tout de vous; et j'avais lieu de croire
Que c'était pour vous-même une assez grande gloire,
En voyant devant moi tout l'empire à genoux,
De m'entendre avouer que je tiens tout de vous.
Je ne m'en défends point; ma bouche le confesse,
Et mon respect saura le confirmer sans cesse :
Je vous dois tout mon sang; ma vie est votre bien.
Mais enfin voulez-vous...

ROXANE.

Non, je ne veux plus rien.
Ne désespérez point une femme en furie.
S'il m'échappait un mot, c'est fait de votre vie.

BAJAZET.

Vous pouvez me l'ôter, elle est entre vos mains :
Ma mort sera, peut-être, utile à vos desseins.
Daignez m'ouvrir au trône un chemin légitime,
Ou bien, me voilà prêt, prenez votre victime.

ROXANE.

Ah ! c'en est trop enfin, tu seras satisfait.
Holà ! gardes, qu'on vienne !

SCÈNE II.

BAJAZET, ROXANE, ACOMAT.

ROXANE.

Acomat, c'en est fait.
Vous pouvez retourner, je n'ai rien à vous dire :
Du sultan Amurat je reconnais l'empire :
Sortez. Que le palais soit désormais fermé,
Et que tout rentre ici dans l'ordre accoutumé.

SCÈNE III.

BAJAZET, ACOMAT.

ACOMAT.
Seigneur, qu'ai-je entendu ? quelle surprise extrême !
Qu'allez-vous devenir ! que deviens-je moi-même ?
D'où naît ce changement ? qui dois-je en accuser ?
O ciel !

BAJAZET.
Il ne faut point ici vous abuser.
Roxane est offensée, et court à la vengeance :
Un obstacle éternel rompt notre intelligence.
Visir, songez à vous, je vous en averti ;
Et, sans compter sur moi, prenez votre parti.

ACOMAT.
Quoi !

BAJAZET.
Vous et vos amis, cherchez quelque retraite.
Je sais dans quel péril mon amitié vous jette ;
Et j'espérais un jour vous mieux récompenser.
Mais c'en est fait, vous dis-je ; il n'y faut plus penser.

ACOMAT.
Et quel est donc, seigneur, cet obstacle invincible ?
Tantôt dans le palais j'ai laissé tout paisible.
Quelle fureur saisit votre esprit et le sien ?

BAJAZET.
Elle veut, Acomat, que je l'épouse !

ACOMAT.
Eh bien !
L'usage de l'empire à ses vœux est contraire :
Mais cet usage, enfin, est-ce une loi sévère,
Qu'aux dépens de vos jours vous deviez observer ?
La plus sainte des lois, ah ! c'est de vous sauver,
Et d'arracher, seigneur, d'une mort manifeste
Le sang des Ottomans dont vous faites le reste !

BAJAZET.
Ce reste malheureux serait trop acheté,
S'il faut le conserver par une lâcheté.

ACOMAT.

Eh! pourquoi vous en faire une image si noire?
L'hymen de Soliman ternit-il sa mémoire?
Cependant Soliman n'était point menacé
Des périls évidents dont vous êtes pressé.

BAJAZET.

Et ce sont ces périls et ce soin de ma vie
Qui d'un servile hymen feraient l'ignominie.
Soliman n'avait point ce prétexte odieux :
Son obstacle trouva grâce devant ses yeux.
La mort n'est point pour moi le comble des disgrâces ;
J'osai, tout jeune encor, la chercher sur vos traces ;
Et l'indigne prison où je suis renfermé
A la voir de plus près m'a même accoutumé ;
Amurat à mes yeux l'a vingt fois présentée ;
Elle finit le cours d'une vie agitée.
Hélas! si je la quitte avec quelque regret...
Pardonnez, Acomat, je plains avec sujet
Des cœurs dont les bontés trop mal récompensées,
M'avaient pris pour objet de toutes leurs pensées.

ACOMAT.

Ah! si nous périssons, n'en accusez que vous,
Seigneur : dites un mot, et vous nous sauvez tous.
Tout ce qui reste ici de braves janissaires,
De la religion les saints dépositaires,
Du peuple byzantin ceux qui, plus respectés,
Par leur exemple seul règlent ses volontés,
Sont prêts de vous conduire à la porte sacrée
D'où les nouveaux sultans font leur première entrée.

BAJAZET.

Eh bien! brave Acomat, si je leur suis si cher,
Que des mains de Roxane ils viennent m'arracher ;
Du palais, s'il le faut, venez forcer la porte ;
Entrez accompagné de leur vaillante escorte ;
J'aime mieux en sortir sanglant, couvert de coups,
Que chargé malgré moi du nom de son époux.
Peut-être je saurai, dans ce désordre extrême,
Par un beau désespoir me secourir moi-même ;
Attendre, en combattant, l'effet de votre foi,
Et vous donner le temps de venir jusqu'à moi.

ACOMAT.

Eh! pourrai-je empêcher, malgré ma diligence,

Que Roxane d'un coup n'assure sa vengeance?
Alors qu'aura servi ce zèle impétueux,
Qu'à charger vos amis d'un crime infructueux?
Promettez : affranchi du péril qui vous presse,
Vous verrez de quel poids sera votre promesse.

BAJAZET.

Moi!

ACOMAT.

Ne rougissez point : le sang des Ottomans
Ne doit point en esclave obéir aux serments.
Consultez ces héros que le droit de la guerre
Mena victorieux jusqu'au bout de la terre :
Libres dans leur victoire, et maîtres de leur foi,
L'intérêt de l'État fut leur unique loi,
Et d'un trône si saint la moitié n'est fondée
Que sur la foi promise et rarement gardée.
Je m'emporte, seigneur.

BAJAZET.

Oui, je sais, Acomat,
Jusqu'où les a portés l'intérêt de l'État.
Mais ces mêmes héros, prodigues de leur vie,
Ne la rachetaient point par une perfidie.

ACOMAT.

O courage inflexible! ô trop constante foi,
Que, même en périssant, j'admire malgré moi!
Faut-il qu'en un moment un scrupule timide
Perde!... Mais quel bonheur nous envoie Atalide?

SCÈNE IV.

BAJAZET, ATALIDE, ACOMAT.

ACOMAT.

Ah! madame! venez avec moi vous unir.
Il se perd.

ATALIDE.

C'est de quoi je viens l'entretenir.
Mais laissez-nous : Roxane, à sa perte animée,
Veut que de ce palais la porte soit fermée.
Toutefois, Acomat, ne vous éloignez pas.
Peut-être on vous fera revenir sur vos pas.

ACTE TROISIÈME.

SCÈNE I.

ATALIDE, ZAÏRE.

ATALIDE.
Zaïre, il est donc vrai, sa grâce est prononcée ?
ZAÏRE.
Je vous l'ai dit, madame : une esclave empressée,
Qui courait de Roxane accomplir le désir,
Aux portes du palais a reçu le visir.
Ils ne m'ont point parlé; mais, mieux qu'aucun langage,
Le transport du visir marquait sur son visage
Qu'un heureux changement le rappelle au palais,
Et qu'il y vient signer une éternelle paix.
Roxane a pris sans doute une plus douce voie.
ATALIDE.
Ainsi, de toutes parts, les plaisirs et la joie
M'abandonnent, Zaïre, et marchent sur leurs pas.
J'ai fait ce j'ai dû; je ne me repens pas.

SCÈNE II.

ATALIDE, ACOMAT, ZAÏRE.

ACOMAT.
La sultane a laissé désarmer sa colère;
Elle m'a déclaré sa volonté dernière;
Et, tandis qu'elle montre au peuple épouvanté
Du prophète divin l'étendard redouté,
Qu'à marcher sur mes pas Bajazet se dispose,
Je vais de ce signal faire entendre la cause,
Remplir tous les esprits d'une juste terreur,
Et proclamer enfin le nouvel empereur.
ATALIDE.
Seigneur, à dire vrai, ce miracle m'étonne.
Et dit-on à quel prix Roxane lui pardonne?

ACOMAT.

J'étais de ce palais sorti désespéré.
Déjà, sur un vaisseau dans le port préparé,
Chargeant de mon débris les reliques plus chères,
Je méditais ma fuite aux terres étrangères.
Dans ce triste dessein au palais rappelé,
Plein de joie et d'espoir, j'ai couru, j'ai volé :
La porte du sérail à ma voix s'est ouverte,
Et d'abord une esclave à mes yeux s'est offerte,
Qui m'a conduit sans bruit dans les appartements
Où Roxane et le prince étaient depuis longtemps.
Tout gardait devant eux un auguste silence :
Moi-même, résistant à mon impatience,
En respectant de loin leur secret entretien,
J'ai longtemps, immobile, observé leur maintien.

ATALIDE.

Eh bien !

ACOMAT.

Ils m'ont alors aperçu l'un et l'autre.
«. Voilà, m'a-t-elle dit, votre prince et le nôtre.
» Je vais, brave Acomat, le remettre en vos mains.
» Allez lui préparer les honneurs souverains ;
» Qu'un peuple obéissant l'attende dans le temple :
» Le sérail va bientôt vous en donner l'exemple. »
Aux pieds de Bajazet alors je suis tombé ;
Et soudain à leurs yeux je me suis dérobé :
Trop heureux d'avoir pu, par un récit fidèle,
De leur paix, en passant, vous conter la nouvelle,
Et m'acquitter vers vous de mes respects profonds !
Je vais le couronner, madame, et j'en réponds.

. . . .

SCÈNE V.

BAJAZET, ROXANE.

ROXANE.

Venez, seigneur, venez : il est temps de paraître,
Et que tout le palais reconnaisse son maître :
Tout ce peuple nombreux dont il est habité,
Assemblé par mon ordre, attend ma volonté.
Mes esclaves gagnés, que le reste va suivre,

Sont les premiers sujets que mon zèle vous livre.
BAJAZET.
Oui, je vous ai promis et j'ai donné ma foi
De n'oublier jamais tout ce que je vous doi ;
J'ai juré que mes soins, ma juste complaisance,
Vous répondront toujours de ma reconnaissance.
Si je puis à ce prix mériter vos bienfaits,
Je vais de vos bontés attendre les effets.

SCÈNE VI.

ROXANE, ATALIDE, ZAÏRE.

ROXANE.
De quel étonnement, ô ciel! suis-je frappée !
Est-ce un songe? et mes yeux ne m'ont-ils point trompée?
Quel est ce sombre accueil et ce discours glacé
Qui semble révoquer tout ce qui s'est passé?
Sur quel espoir croit-il que je me sois rendue,
Et qu'il ait regagné mon amitié perdue?
Mais de grâce, comment pouvez-vous expliquer
Ce chagrin qu'en sortant il m'a fait remarquer?
ATALIDE.
Madame, ce chagrin n'a point frappé ma vue.
Il m'a de vos bontés longtemps entretenue,
Il en était tout plein quand je l'ai rencontré ;
J'ai cru le voir sortir tel qu'il était entré.
Mais, madame, après tout, faut-il être surprise
Que, tout près d'achever cette grande entreprise,
Bajazet s'inquiète et qu'il laisse échapper
Quelques marques des soins qui doivent l'occuper?
ROXANE.
Je vois qu'à l'excuser votre adresse est extrême :
Vous parlez mieux pour lui qu'il ne parle lui-même.
ATALIDE.
Et quel autre intérêt...
ROXANE.
Madame, c'est assez.
Je conçois vos raisons mieux que vous ne pensez.
Laissez-moi : j'ai besoin d'un peu de solitude :
Ce jour me jette aussi dans quelque inquiétude ;

J'ai, comme Bajazet, mon chagrin et mes soins;
Et je veux un moment y penser sans témoins.

SCÈNE VII.

ROXANE.

De tout ce que je vois que faut-il que je pense?
Tous deux à me tromper sont-ils d'intelligence?
Pourquoi ce changement, ce discours, ce départ?
N'ai-je pas même entre eux surpris quelque regard?
Bajazet interdit! Atalide étonnée!
O ciel! à cet affront m'auriez-vous condamnée?
De mes aveugles soins seraient ce là les fruits?
Tant de jours douloureux, tant d'inquiètes nuits;
Mes brigues, mes complots, ma trahison fatale,
N'aurai-je tout tenté que pour une rivale?
Que de justes raisons... Mais qui vient me parler?
Que veut-on?

SCÈNE VIII.

ROXANE, ZATIME.

ZATIME.

Pardonnez si j'ose vous troubler :
Mais, madame, un esclave arrive de l'armée;
Et, quoique sur la mer la porte fût fermée,
Les gardes, sans tarder, l'ont ouverte à genoux,
Aux ordres du sultan qui s'adressent à vous.
Mais ce qui me surprend, c'est Orcan qu'il envoie.

ROXANE.

Orcan?

ZATIME.

Oui, de tous ceux que le sultan emploie,
Orcan, le plus fidèle à servir ses desseins,
Né sous le ciel brûlant des plus noirs Africains.
Madame, il vous demande avec impatience.
Mais j'ai cru vous devoir avertir par avance;
Et, souhaitant surtout, qu'il ne vous surprît pas,
Dans votre appartement j'ai retenu ses pas.

ROXANE.

Quel malheur imprévu vient encor me confondre!
Quel peut être cet ordre? et que puis-je répondre?
Il n'en faut point douter, le sultan inquiet
Une seconde fois condamne Bajazet.
On ne peut sur ses jours sans moi rien entreprendre :
Tout m'obéit ici. Mais dois-je le défendre?
Quel est mon empereur? Bajazet? Amurat?
J'ai trahi l'un ; mais l'autre est peut-être un ingrat.
Le temps presse. Que faire en ce doute funeste?
Allons, employons bien le moment qui nous reste.

ACTE QUATRIÈME.

SCÈNE I.

ATALIDE, ZAÏRE.

ATALIDE.

Ah! sais-tu mes frayeurs? sais-tu que dans ces lieux
J'ai vu du fier Orcan le visage odieux?
En ce moment fatal que je crains sa venue!
Que je crains... Mais, dis-moi, Bajazet t'a-t-il vue?
Qu'a-t-il dit? se rend-il, Zaïre, à mes raisons?
Ira-t-il voir Roxane, et calmer ses soupçons?

ZAÏRE.

Il ne peut plus la voir sans qu'elle le commande :
Roxane ainsi l'ordonne, elle veut qu'il l'attende.
Sans doute à cet esclave elle veut le cacher.
J'ai feint en le voyant de ne le point chercher.

. . . .

SCÈNE III.

ROXANE, ATALIDE, ZATIME.

ROXANE.

Madame, j'ai reçu des lettres de l'armée.
De tout ce qui s'y passe êtes-vous informée?

ATALIDE.

On m'a dit que du camp un esclave est venu :
Le reste est un secret qui ne m'est pas connu.

ROXANE.

Amurat est heureux : la fortune est changée,
Madame, et sous ses lois Babylone est rangée.

ATALIDE.

Eh quoi! madame! Osmin...

ROXANE.

Était mal averti;
Et depuis son départ cet esclave est parti.
C'en est fait.

ATALIDE, à part.

Quels revers!

ROXANE.

Pour comble de disgrâces,
Le sultan qui l'envoie est parti sur ses traces.

ATALIDE.

Quoi! les Persans armés ne l'arrêtent donc pas?

ROXANE.

Non, madame; vers nous il revient à grands pas.

ATALIDE.

Que je vous plains, madame! et qu'il est nécessaire
D'achever promptement ce que vous vouliez faire!

ROXANE.

Il est tard de vouloir s'opposer au vainqueur.

ATALIDE, à part.

O ciel!

ROXANE.

Le temps n'a point adouci sa rigueur.
Vous voyez dans mes mains sa volonté suprême.

ATALIDE.

Et que vous mande-t-il?

ROXANE.

Voyez : lisez vous-même.
Vous connaissez, madame, et la lettre et le seing.

ATALIDE.

Du cruel Amurat je reconnais la main.

Elle lit.

« Avant que Babylone éprouvât ma puissance,
» Je vous ai fait porter mes ordres absolus :
» Je ne veux point douter de votre obéissance,

Du cruel Amurat je reconnais la main.

Acte IV, Scène III.

BAJAZET.

» Et crois que maintenant Bajazet ne vit plus.
» Je laisse sous mes lois Babylone asservie,
» Et confirme en partant mon ordre souverain.
» Vous, si vous avez soin de votre propre vie,
» Ne vous montrez à moi que sa tête à la main. »

ROXANE.

Eh bien !

ATALIDE, à part.

Cache tes pleurs, malheureuse Atalide !

ROXANE.

Que vous semble ?

ATALIDE.

Il poursuit son dessein parricide.
Mais il pense proscrire un prince sans appui :
Il ne sait pas encor qui vous parle pour lui :
Que vous et Bajazet vous ne faites qu'une âme ;
Que plutôt, s'il le faut, vous mourrez...

ROXANE.

Moi, madame,
Je voudrais le sauver, je ne le puis haïr,
Mais...

ATALIDE.

Quoi donc ? qu'avez-vous résolu ?

ROXANE.

D'obéir.

ATALIDE.

D'obéir !

ROXANE.

Et que faire en ce péril extrême ?
Il le faut.

ATALIDE.

Quoi ! ce prince aimable qui vous aime,
Verra finir ses jours qu'il vous a destinés !

ROXANE.

Il le faut, et déjà mes ordres sont donnés.

ATALIDE.

Je me meurs.

ZATIME.

Elle tombe, et ne vit plus qu'à peine.

ROXANE.

Allez, conduisez-la dans la chambre prochaine.

SCÈNE VI.

ROXANE, ACOMAT, OSMIN.

ACOMAT.

Que faites-vous, madame ? en quels retardements
D'un jour si précieux perdez-vous les moments ?
Byzance, par mes soins presque entière assemblée,
Interroge ses chefs, de leur crainte troublée ;
Et tous pour s'expliquer, ainsi que mes amis,
Attendent le signal que vous m'aviez promis.
D'où vient que, sans répondre à leur impatience,
Le palais cependant garde un triste silence ?
Déclarez-vous, madame ; et, sans plus différer...

ROXANE.

Oui, vous serez content, je vais me déclarer.

ACOMAT.

Madame, quel regard et quelle voix sévère,
Malgré votre discours, m'assurent du contraire ?
Votre projet déjà, des obstacles vaincu...

ROXANE.

Bajazet est un traître, et n'a que trop vécu.

ACOMAT.

Qui ? Lui !

ROXANE, lui présentant un billet.

Lisez : jugez, après cette insolence,
Si nous devons d'un traître embrasser la défense.
Obéissons plutôt à la juste rigueur
D'Amurat qui s'approche et retourne vainqueur ;
Et, livrant sans regret un indigne complice,
Apaisons le sultan par un prompt sacrifice.

ACOMAT, lui rendant le billet.

Oui, puisque jusque-là l'ingrat m'ose outrager,
Moi-même, s'il le faut, je m'offre à vous venger,
Madame. Laissez-moi nous laver l'un et l'autre
Du crime que sa vie a jeté sur la nôtre.
Montrez-moi le chemin, j'y cours.

ROXANE.

Non, Acomat.
Laissez-moi le plaisir de confondre l'ingrat.

Je veux voir son désordre et jouir de sa honte.
Je perdrais ma vengeance en la rendant si prompte.
Je vais tout préparer. Vous cependant, allez,
Dispersez promptement vos amis assemblés.

SCÈNE VII.

ACOMAT, OSMIN.

ACOMAT.
Demeure : il n'est pas temps, cher Osmin, que je sorte.
OSMIN.
Quoi! jusque-là, seigneur, la fureur vous transporte?
N'avez-vous pas poussé la vengeance assez loin?
Voulez-vous de sa mort être encor le témoin?
ACOMAT.
Que veux-tu dire? Es-tu toi-même si crédule
Que de me soupçonner d'un courroux ridicule?
Cher Osmin! Plût au ciel qu'en me manquant de foi
L'imprudent Bajazet n'eût offensé que moi!
OSMIN.
Et pourquoi donc, seigneur, au lieu de le défendre...
ACOMAT.
Eh! la sultane est-elle en état de m'entendre?
Ne voyais-tu pas bien, quand je l'allais trouver,
Que j'allais avec lui me perdre ou me sauver?
Ah! de tant de conseils événement sinistre?
Prince aveugle! ou plutôt trop aveugle ministre.
Il te sied bien d'avoir en de si jeunes mains,
Chargé d'ans et d'honneurs, confié tes desseins,
Et laissé d'un visir la fortune flottante
Suivre de Bajazet la conduite imprudente!
OSMIN.
Eh! laissez-les entre eux exercer leur courroux :
Bajazet veut périr; seigneur, songez à vous.
Qui peut de vos desseins révéler le mystère,
Sinon quelques amis engagés à se taire?
Vous verrez par sa mort le sultan adouci.
ACOMAT.
Roxane en sa fureur peut raisonner ainsi :
Mais moi qui vois plus loin, qui par un long usage,

Des maximes du trône ai fait l'apprentissage ;
Qui, d'emplois en emplois, vieilli sous trois sultans,
Ai vu de mes pareils les malheurs éclatants,
Je sais, sans me flatter, que de sa seule audace
Un homme tel que moi peut attendre sa grâce,
Et qu'une mort sanglante est l'unique traité
Qui reste entre l'esclave et le maître irrité.

OSMIN.

Fuyez donc.

ACOMAT.

J'approuvais tantôt cette pensée.
Mon entreprise alors était moins avancée ;
Mais il m'est désormais trop dur de reculer.
Par une belle chute il faut me signaler,
Et laisser un débris du moins après ma fuite,
Qui de mes ennemis retarde la poursuite.
Bajazet vit encor : pourquoi nous étonner ?
Acomat de plus loin a su le ramener.
Sauvons-le malgré lui de ce péril extrême,
Pour nous, pour nos amis, pour Roxane elle-même.
Tu vois combien son cœur, prêt à le protéger,
A retenu mon bras, trop prompt à le venger.

OSMIN.

Enfin, que vous inspire une si noble audace ?
Si Roxane l'ordonne, il faut quitter la place,
Ce palais est tout plein...

ACOMAT.

Oui, d'esclaves obscurs,
Nourris, loin de la guerre, à l'ombre de ses murs.
Mais toi, dont la valeur, d'Amurat oubliée,
Par des communs chagrins à mon sort s'est liée,
Voudrais-tu jusqu'au bout seconder mes fureurs !

OSMIN.

Seigneur, vous m'offensez : si vous mourez, je meurs.

ACOMAT.

D'amis et de soldats une troupe hardie
Aux portes du palais attend notre sortie ;
La sultane d'ailleurs se fie à mes discours :
Nourri dans le sérail, j'en connais les détours :
Je sais de Bajazet l'ordinaire demeure ;
Ne tardons plus, marchons ; et s'il faut que je meure,
Mourons ; moi, cher Osmin, comme un visir ; et toi,
Comme le favori d'un homme tel que moi.

ACTE CINQUIÈME.

SCÈNE I.

ATALIDE.

ATALIDE.

Hélas! je cherche en vain : rien ne s'offre à ma vue.
Malheureuse! comment puis-je l'avoir perdue?
J'étais en ce lieu même, et ma timide main,
Quand Roxane a paru, l'a cachée en mon sein.
Sa présence a surpris mon âme désolée;
Ses menaces, sa voix, un ordre m'a troublée :
J'ai senti défaillir ma force et mes esprits;
Ses femmes m'entouraient quand je les ai repris;
A mes yeux étonnés leur troupe est disparue.
Ah! trop cruelles mains, qui m'avez secourue,
Vous m'avez vendu cher vos secours inhumains;
Et par vous cette lettre a passé dans ses mains !
Quels desseins maintenant occupent sa pensée?
Sur qui sera d'abord sa vengeance exercée?
Quel sang pourra suffire à son ressentiment?
Ah! Bajazet est mort, ou meurt en ce moment.
Cependant on m'arrête, on me tient enfermée.
On ouvre : de son sort je vais être informée.

SCÈNE II.

ROXANE, ATALIDE, ZATIME, GARDES.

ROXANE, à Atalide.

Retirez-vous.

ATALIDE.

Madame... excusez l'embarras...

ROXANE.

Retirez-vous, vous dis-je, et ne répliquez pas.
Gardes, qu'on la retienne.

SCÈNE III.

ROXANE, ZATIME.

ROXANE.

Oui; tout est prêt, Zatime :
Orcan et les muets attendent leur victime.
Je suis pourtant toujours maîtresse de son sort;
Je puis le retenir; mais s'il sort, il est mort.
Vient-il?

ZATIME.

Oui, sur mes pas un esclave l'amène;
Et, loin de soupçonner sa disgrâce prochaine,
Il m'a paru, madame, avec empressement
Sortir, pour vous chercher, de son appartement.

ROXANE.

Ame lâche, et trop digne enfin d'être déçue,
Peux-tu souffrir encor qu'il paraisse à ta vue?
Crois-tu par tes discours le vaincre ou l'étonner?
Quand même il se rendrait, peux-tu lui pardonner?
Quoi! ne devrais-tu pas être déjà vengée?
Ne crois-tu pas encore être assez outragée?
Sans perdre tant d'efforts sur ce cœur endurci,
Que ne le laissons-nous périr!... Mais le voici.

SCÈNE IV.

BAJAZET, ROXANE.

ROXANE.

Je ne vous ferai point des reproches frivoles :
Les moments sont trop chers pour les perdre en paroles.
Mes soins vous sont connus; en un mot, vous vivez;
Et je ne vous dirai que ce que vous savez.
Mais je m'étonne au moins que, pour reconnaissance,
Pour prix de tant de soins, de tant de confiance,
Vous ayez si longtemps, par des détours si bas,
Feint un zèle pour moi que vous ne sentiez pas.

BAJAZET.

Qui? moi, madame?

ACTE V, SCÈNE IV.

ROXANE.
Oui, toi. Voudrais-tu point encore
Me nier un mépris que tu crois que j'ignore?
Ne prétendrais-tu point, par les fausses couleurs,
Déguiser un attrait qui te retient ailleurs ;
Et me jurer enfin, d'une bouche perfide,
Tout ce que tu ne sens que pour ton Atalide?

BAJAZET.
Atalide, madame! O ciel! qui vous a dit...

ROXANE.
Tiens, perfide, regarde, et démens cet écrit.

BAJAZET, après avoir regardé la lettre.
Je ne vous dis plus rien : cette lettre sincère
D'un malheureux secret contient tout le mystère :
Vous savez ce secret que tout prêt à s'ouvrir
Mon cœur a mille fois voulu vous découvrir.

ROXANE.
Dans ce comble de gloire où je suis arrivée,
A quel indigne honneur m'avais-tu réservée?
Traînerais-je en ces lieux un sort infortuné,
Vil rebut d'un ingrat que j'aurais couronné,
De mon rang descendue à mille autres égale,
Ou la première esclave enfin de ma rivale?
Laissons ces vains discours ; et sans m'importuner,
Pour la dernière fois, veux-tu vivre et régner?
J'ai l'ordre d'Amurat, et je puis t'y soustraire.
Mais tu n'as qu'un moment : parle.

BAJAZET.
Que faut-il faire?

ROXANE.
Atalide est ici, suis-moi sans différer;
Dans la main des muets viens la voir expirer.
Et, libre d'un serment à ta gloire funeste,
Viens m'engager ta foi ; le temps fera le reste.
Ta grâce est à ce prix, si tu veux l'obtenir.

BAJAZET.
Je ne l'accepterais que pour vous en punir,
Que pour faire éclater aux yeux de tout l'empire
L'horreur et le mépris que cette offre m'inspire.
Aux ordres d'Amurat hâtez-vous d'obéir,
Mais laissez-moi du moins mourir sans vous haïr.
Amurat avec moi ne l'a point condamnée :

Épargnez une vie assez infortunée.
Ajoutez cette grâce à tant d'autres bontés,
Madame; et si jamais je vous fus cher...
ROXANE.
Sortez.
Pour la dernière fois, perfide, tu m'as vue.
Et tu vas rencontrer la peine qui t'est due.

SCÈNE V.
ROXANE, ATALIDE, ZATIME.

ZATIME.
Ah! venez vous montrer, madame, ou désormais
Le rebelle Acomat est maître du palais :
Profanant des sultans la demeure sacrée,
Ses criminels amis en ont forcé l'entrée.
Vos esclaves tremblants, dont la moitié s'enfuit,
Doutent si le visir vous sert ou vous trahit.
ROXANE.
Ah! les traîtres! Allons et courons le confondre.
Toi, garde ma captive, et songe à m'en répondre.

SCÈNE VI.
ATALIDE, ZATIME.

ATALIDE.
Hélas ! pour qui mon cœur doit-il faire des vœux?
J'ignore quel dessein les anime tous deux.
Si de tant de malheurs quelque pitié te touche,
Je ne demande point, Zatime, que ta bouche
Trahisse en ma faveur Roxane et son secret;
Mais, de grâce, dis-moi ce que fait Bajazet.
L'as-tu vu? Pour ses jours n'ai-je encor rien à craindre?
ZATIME.
Madame, en vos malheurs je ne puis que vous plaindre.
ATALIDE.
Quoi! Roxane déjà l'a-t-elle condamné?
ZATIME.
Madame, le secret m'est surtout ordonné.

ATALIDE.

Malheureuse ! Dis-moi seulement s'il respire.

ZATIME.

Il y va de ma vie et je ne puis rien dire.

ATALIDE.

Ah ! c'en est trop, cruelle. Achève, et que ta main
Lui donne de ton zèle un gage plus certain ;
Perce toi-même un cœur que ton silence accable,
D'une esclave barbare esclave impitoyable ;
Précipite des jours qu'elle me veut ravir ;
Montre-toi, s'il se peut, digne de la servir.
Tu me retiens en vain ; et dès cette même heure,
Il faut que je le voie, ou du moins que je meure.

SCÈNE VII.

ATALIDE, ACOMAT, ZATIME.

ACOMAT.

Ah ! que fait Bajazet ? où puis-je le trouver,
Madame ? Aurai-je encore le temps de le sauver ?
Je cours tout le palais ; et, même dès l'entrée,
De mes braves amis la moitié séparée
A marché sur les pas du courageux Osmin :
Le reste m'a suivi par un autre chemin.
Je cours, et je ne vois que les troupes craintives
D'esclaves effrayés, de femmes fugitives.

ATALIDE.

Ah ! je suis de son sort moins instruite que vous.
Cette esclave le sait.

ACOMAT.

Crains mon juste courroux,
Malheureuse ! réponds.

SCÈNE VIII.

ATALIDE, ACOMAT, ZATIME, ZAÏRE.

ZAÏRE.
Madame...

ATALIDE.

Hé bien, Zaïre,

Qu'est-ce?
ZAÏRE.
Ne craignez plus; votre ennemie expire.
ATALIDE.
Roxane?
ZAÏRE.
Et ce qui va bien plus vous étonner,
Orcan lui-même, Orcan vient de l'assassiner.
ATALIDE.
Quoi! lui?
ZAÏRE.
Désespéré d'avoir manqué son crime,
Sans doute il a voulu prendre cette victime.
ATALIDE.
Juste ciel, l'innocence a trouvé ton appui!
Bajazet vit encor : visir, courez à lui.
ZAÏRE.
Par la bouche d'Osmin vous serez mieux instruite.
Il a tout vu.

SCÈNE IX.

ATALIDE, ACOMAT, OSMIN, ZAÏRE.

ACOMAT.
Ses yeux ne l'ont-ils point séduite?
Roxane est-elle morte?
OSMIN.
Oui, j'ai vu l'assassin
Retirer son poignard tout fumant de son sein.
Orcan, qui méditait ce cruel stratagème,
La servait à dessein de la perdre elle-même :
Le sultan l'a chargé, dans le plus grand secret,
De lui sacrifier Roxane et Bajazet.
Lui-même, d'aussi loin qu'il nous a vus paraître :
« Adorez, a-t-il dit, l'ordre de votre maître,
» De son auguste seing reconnaissez les traits,
» Perfides, et sortez de ce sacré palais. »
A ce discours, laissant la sultane expirante,
Il a marché vers nous; et d'une main sanglante
Il nous a déployé l'ordre dont Amurat
Autorise ce monstre à ce double attentat.

Mais, seigneur, sans vouloir l'écouter davantage,
Transportés à la fois de douleur et de rage,
Nos bras impatients ont puni ce forfait,
Et vengé dans son sang la mort de Bajazet.

ATALIDE.

Bajazet !

ACOMAT.

Que dis-tu !

OSMIN.

Bajazet est sans vie.

L'ignoriez-vous ?

ATALIDE.

O ciel !

OSMIN.

La sultane en furie,
Près de ces lieux, seigneur, craignant votre secours,
Avait au nœud fatal abandonné ses jours.
Moi-même des objets j'ai vu le plus funeste,
Et de sa vie en vain j'ai cherché quelque reste :
Bajazet était mort. Nous l'avons rencontré
De morts et de mourants noblement entouré,
Que, vengeant sa défaite, et cédant sous le nombre,
Ce héros a forcés d'accompagner son ombre.
Mais, puisque c'en est fait, seigneur, songeons à nous.

ACOMAT.

Ah ! destins ennemis où me réduisez-vous !
Je sais en Bajazet la perte que vous faites,
Madame ; je sais trop qu'en l'état où vous êtes
Il ne m'appartient point de vous offrir l'appui
De quelques malheureux qui n'espéraient qu'en lui :
Saisi, désespéré d'une mort qui m'accable,
Je vais, non point sauver cette tête coupable,
Mais, redevable aux soins de mes tristes amis,
Défendre jusqu'au bout leurs jours qu'ils m'ont commis.
Pour vous, si vous voulez qu'en quelque autre contrée,
Nous allions confier votre tête sacrée,
Madame, consultez : maîtres de ce palais,
Mes fidèles amis attendront vos souhaits,
Et moi, pour ne point perdre un temps si salutaire,
Je cours où ma présence est encor nécessaire :
Et jusqu'au pied des murs que la mer vient laver,
Sur mes vaisseaux tout prêts je viens vous retrouver.

MITHRIDATE

TRAGÉDIE (1672).

FRAGMENTS.

DÉFAITE ET MORT DE MITHRIDATE.

PRÉFACE.

Il n'y a guère de nom plus connu que celui de Mithridate [1] : sa vie et sa mort font une partie considérable de l'histoire romaine ; et, sans compter les victoires qu'il a remportées, on peut dire que ses seules défaites ont fait presque toute la gloire de trois des plus grands capitaines de la république : c'est à savoir, de Sylla, de Lucullus et de Pompée. Ainsi, je ne pense pas qu'il soit besoin de citer ici mes auteurs : car, excepté quelques événements que j'ai un peu rapprochés par le droit que donne la poésie, tout le monde reconnaîtra aisément que j'ai suivi l'histoire avec beaucoup de fidélité. En effet, il n'y a guère d'actions éclatantes dans la vie de Mithridate qui n'aient trouvé place dans ma tragédie. J'y ai inséré tout ce qui pouvait mettre en jour les mœurs et les sentiments de ce prince, je veux dire sa haine violente contre les Romains, son grand courage, sa dissimulation, et enfin sa jalousie qui lui était si naturelle.

La seule chose qui pourrait n'être pas aussi connue que le reste, c'est le dessein que je lui fais prendre de passer dans l'Italie. Comme ce dessein m'a fourni une des scènes qui ont le plus réussi dans ma tragédie, je crois que le plaisir du lecteur pourra redoubler quand il verra que presque tous les historiens ont dit ce que je fais dire ici à Mithridate.

Florus, Plutarque et Dion Cassius nomment les pays par où il devait passer. Apppien d'Alexandrie entre plus dans le détail ; et, après avoir marqué les facilités et les secours que Mithridate espérait trouver dans sa marche, il ajoute que ce projet fut le prétexte dont Pharnace se servit pour faire révol-

---

[1] Plusieurs princes ont porté ce nom. Le héros de la tragédie de Racine est Mithridate, troisième du nom, septième roi de Pont, surnommé Eupator, monarque vraiment extraordinaire, et qui joue le rôle le plus brillant dans l'histoire romaine. Il régna soixante ans, et en vécut environ soixante et douze. (G.)

ter toute l'armée, et que les soldats, effrayés de l'entreprise de son père, la regardèrent comme le désespoir d'un prince qui ne cherchait qu'à périr avec éclat. Ainsi elle fut en partie cause de sa mort, qui est l'action de ma tragédie.

J'ai encore lié ce dessein de plus près à mon sujet : je m'en suis servi pour faire connaître à Mithridate les secrets sentiments de ses deux fils. On ne peut prendre trop de précaution pour ne rien mettre sur le théâtre qui ne soit très-nécessaire; et les plus belles scènes sont en danger d'ennuyer, du moment qu'on les peut séparer de l'action, et qu'elles l'interrompent au lieu de la conduire vers sa fin.

Voici la réflexion que fait Dion Cassius sur ce dessein de Mithridate :
« Cet homme était véritablement né pour entreprendre de grandes choses.
» Comme il avait souvent éprouvé la bonne et la mauvaise fortune, il ne
» croyait rien au-dessus de ses espérances et de son audace, et mesurait ses
» desseins bien plus à la grandeur de son courage qu'au mauvais état de ses
» affaires ; bien résolu, si son entreprise ne réussissait point, de faire une fin
» digne d'un grand roi, et de s'ensevelir lui-même sous les ruines de son
» empire, plutôt que de vivre dans l'obscurité et dans la bassesse [1]. »

Xipharès était fils de Mithridate et d'une de ses femmes qui se nommait Stratonice. Elle livra aux Romains une place de grande importance, où étaient les trésors de Mithridate, pour mettre son fils Xipharès dans les bonnes grâces de Pompée. Il y a des historiens qui prétendent que Mithridate fit mourir ce jeune prince pour se venger de la perfidie de sa mère.

Je ne dis rien de Pharnace : car qui ne sait pas que ce fut lui qui souleva contre Mithridate ce qui lui restait de troupes, et qui força ce prince à se vouloir empoisonner, et à se passer son épée au travers du corps pour ne pas tomber entre les mains de ses ennemis? C'est ce même Pharnace qui fut vaincu depuis par Jules César, et qui fut tué ensuite dans une autre bataille.

[1] *Hist. Rom.*, lib. XXXVII.

PERSONNAGES :

MITHRIDATE, roi de Pont et de quantité d'autres royaumes.
MONIME, accordée avec Mithridate, et déjà déclarée reine.
PHARNACE,) fils de Mithridate, mais
XIPHARÈS,) de différentes mères.

ARBATE, confident de Mithridate, et gouverneur de la place de Nymphée.
PHOEDIME, confidente de Monime.
ARCAS, domestique de Mithridate.
GARDES.

La scène est à Nymphée, port de mer sur le Bosphore Cimmérien, dans la Chersonèse Taurique.

MITHRIDATE

TRAGÉDIE (1672).

ACTE PREMIER.

SCÈNE I.

XIPHARÈS, ARBATE.

XIPHARÈS.

On nous faisait, Arbate, un fidèle rapport :
Rome en effet triomphe, et Mithridate est mort.
Les Romains, vers l'Euphrate, ont attaqué mon père,
Et trompé dans la nuit sa prudence ordinaire.
Après un long combat, tout son camp dispersé
Dans la foule des morts, en fuyant l'a laissé ;
Et j'ai su qu'un soldat, dans les mains de Pompée
Avec son diadème a remis son épée.
Ainsi ce roi qui seul a, depuis quarante ans,
Lassé tout ce que Rome eut de chefs importants,
Et qui, dans l'Orient balançant la fortune,
Vengeait de tous les rois la querelle commune,
Meurt, et laisse après lui, pour venger son trépas,
Deux fils infortunés qui ne s'accordent pas.

ARBATE.

Vous, seigneur ! Quoi ! l'ardeur de régner en sa place
Rend déjà Xipharès ennemi de Pharnace ?

XIPHARÈS.

Non, je ne prétends point, cher Arbate, à ce prix,

D'un malheureux empire acheter les débris.
Je sais en lui des ans respecter l'avantage;
Et, content des États marqués pour mon partage,
Je verrai sans regret tomber entre ses mains
Tout ce que lui promet l'amitié des Romains.
ARBATE.
L'amitié des Romains! le fils de Mithridate,
Seigneur! Est-il bien vrai?
XIPHARÈS.
N'en doute point, Arbate :
Pharnace, dès longtemps tout Romain dans le cœur,
Attend tout maintenant de Rome et du vainqueur.
Et moi, plus que jamais, à mon père fidèle,
Je conserve aux Romains une haine immortelle.
Qui des deux te paraît plus digne de ta foi,
L'esclave des Romains, ou le fils de ton roi?
Fier de leur amitié, Pharnace croit peut-être
Commander dans Nymphée et me parler en maître.
Mais ici mon pouvoir ne connaît point le sien :
Le Pont est son partage, et Colchos est le mien;
Et l'on sait que toujours la Colchide et ses princes
Ont compté le Bosphore au rang de leurs provinces.
ARBATE.
Commandez-moi, seigneur. Si j'ai quelque pouvoir,
Mon choix est déjà fait, je ferai mon devoir
Avec le même zèle, avec la même audace
Que je servais le père, et gardais cette place,
Et contre votre frère, et même contre vous.
Après la mort du roi je vous sers contre tous.
Sans vous ne sais-je pas que ma mort assurée
De Pharnace en ces lieux allait suivre l'entrée?
Sais-je pas que mon sang, par ses mains répandu,
Eût souillé ce rempart contre lui défendu?
Assurez-vous du cœur et du choix de la reine;
Du reste, ou mon crédit n'est plus qu'une ombre vaine,
Ou Pharnace, laissant le Bosphore en vos mains,
Ira jouir ailleurs des bontés des Romains.

SCÈNE IV.

MONIME, PHARNACE, XIPHARÈS, PHŒDIME.

PHŒDIME.

Princes, toute la mer est de vaisseaux couverte;
Et bientôt, démentant le faux bruit de sa mort,
Mithridate lui-même arrive dans le port.
MONIME.
Mithridate !
XIPHARÈS.
Mon père !
PHARNACE.
Ah ! que viens-je d'entendre ?
PHŒDIME.
Quelques vaisseaux légers sont venus nous l'apprendre;
C'est lui-même : et déjà, pressé de son devoir,
Arbate loin du bord l'est allé recevoir.

ACTE DEUXIÈME.

SCÈNE I.

MONIME, PHŒDIME.

PHŒDIME.

Quoi ! vous êtes ici quand Mithridate arrive !
Quand pour le recevoir chacun court sur la rive !
Que faites-vous, madame? et quel ressouvenir
Tout à coup vous arrête, et vous fait revenir ?
N'offenserez-vous point un roi qui vous adore,
Qui, presque votre époux...
MONIME.
Il ne l'est pas encore,
Phœdime; et jusque-là je crois que mon devoir
Est de l'attendre ici sans l'aller recevoir.

PHŒDIME.

Mais ce n'est point, madame, un époux ordinaire.
Songez qu'à ce grand roi promise par un père,
Vous avez de ses vœux un gage solennel
Qu'il peut, quand il voudra confirmer à l'autel.
Croyez-moi, montrez-vous, venez à sa rencontre.

MONIME.

Regarde en quel état tu veux que je me montre :
Vois ce visage en pleurs ; et, loin de le chercher,
Dis-moi plutôt, dis-moi que je m'aille cacher.

PHŒDIME.

Que dites-vous ? ô dieux !

MONIME

Ah ! retour qui me tue !
Malheureuse ! comment paraîtrai-je à sa vue ?

PHŒDIME.

On vient. Que faites-vous, madame ?

MONIME.

Je ne puis :
Je ne paraîtrai point dans le trouble où je suis.

SCÈNE II.

MITHRIDATE, PHARNACE, XIPHARÈS, ARBATE, GARDES.

MITHRIDATE.

Princes, quelques raisons que vous me puissiez dire,
Votre devoir ici n'a point dû vous conduire,
Ni vous faire quitter, en de si grands besoins,
Vous, le Pont, vous, Colchos, confiés à vos soins.
Mais vous avez pour juge un père qui vous aime ;
Vous avec cru des bruits que j'ai semés moi-même.
Je vous crois innocents, puisque vous le voulez,
Et je rends grâce au ciel qui nous a rassemblés.
Tout vaincu que je suis, et voisin du naufrage,
Je médite un dessein digne de mon courage.
Vous en serez tantôt instruit plus amplement :
Allez, et laissez-moi reposer un moment.

SCÈNE III.

MITHRIDATE, ARBATE.

Enfin, après un an, tu me revois, Arbate :
Non plus, comme autrefois, cet heureux Mithridate
Qui de Rome toujours balançant le destin,
Tenait entre elle et moi l'univers incertain.
Je suis vaincu, Pompée a saisi l'avantage,
D'une nuit qui laissait peu de place au courage ;
Mes soldats presque nus dans l'ombre intimidés,
Les rangs de toutes parts mal pris et mal gardés,
Le désordre partout redoublant les alarmes,
Nous-mêmes contre nous tournant nos propres armes,
Les cris que les rochers renvoyaient plus affreux,
Enfin toute l'horreur d'un combat ténébreux :
Que pouvait la valeur dans ce trouble funeste !
Les uns sont morts, la fuite a sauvé tout le reste ;
Et je ne dois la vie, en ce commun effroi,
Qu'au bruit de mon trépas que je laisse après moi.
Quelque temps inconnu, j'ai traversé le Phase ;
Et, de là, pénétrant jusqu'au pied du Caucase,
Bientôt dans des vaisseaux sur l'Euxin préparés,
J'ai rejoint de mon camp les restes séparés.

. . . .

ACTE TROISIÈME.

SCÈNE I.

MITHRIDATE, PHARNACE, XIPHARÈS.

MITHRIDATE.

Approchez, mes enfants. Enfin l'heure est venue
Qu'il faut que mon secret éclate à votre vue.
A mes nobles projets je vois tout conspirer ;
Il ne me reste plus qu'à vous les déclarer.

Je fuis : ainsi le veut la fortune ennemie.
Mais vous savez trop bien l'histoire de ma vie
Pour croire que longtemps, soigneux de me cacher,
J'attende en ces déserts qu'on me vienne chercher.
La guerre a ses faveurs, ainsi que ses disgrâces :
Déjà plus d'une fois, retournant sur mes traces,
Tandis que l'ennemi, par ma fuite trompé,
Tenait après son char un vain peuple occupé,
Et gravant en airain ses frêles avantages,
De mes États conquis enchaînait les images,
Le Bosphore m'a vu, par de nouveaux apprêts,
Ramener la terreur du fond de ses marais,
Et, chassant les Romains de l'Asie étonnée,
Renverser en un jour l'ouvrage d'une année.
D'autres temps, d'autres soins. L'Orient accablé
Ne peut plus soutenir leur effort redoublé :
Il voit plus que jamais ses campagnes couvertes
De Romains que la guerre enrichit de nos pertes.
Des biens des nations ravisseurs altérés,
Le bruit de nos trésors les a tous attirés :
Ils y courent en foule ; et, jaloux l'un de l'autre,
Désertent leur pays pour inonder le nôtre.
Moi seul je leur résiste : ou lassés, ou soumis,
Ma funeste amitié pèse à tous mes amis ;
Chacun à ce fardeau veut dérober sa tête ;
Le grand nom de Pompée assure sa conquête,
C'est l'effroi de l'Asie ; et, loin de l'y chercher,
C'est à Rome, mes fils, que je prétends marcher.
Ce dessein vous surprend ; et vous croyez peut-être
Que le seul désespoir aujourd'hui le fait naître,
J'excuse votre erreur ; et, pour être approuvés,
De semblables projets veulent être achevés.
Ne vous figurez point que de cette contrée
Par d'éternels remparts Rome soit séparée :
Je sais tous les chemins par où je dois passer :
Et si la mort bientôt ne me vient traverser,
Sans reculer plus loin l'effet de ma parole,
Je vous rends dans trois mois au pied du Capitole.
Doutez-vous que l'Euxin ne me porte en deux jours
Aux lieux où le Danube y vient finir son cours ?
Que du Scythe avec moi l'alliance jurée
De l'Europe en ces lieux ne me livre l'entrée ?

Obéissez, c'est trop vous le faire redire.

Acte III, Scène I.

MITHRIDATE.

Recueilli dans leurs ports, accru de leurs soldats,
Nous verrons notre camp grossir à chaque pas.
Daces, Pannoniens, la fière Germanie,
Tous n'attendent qu'un chef contre la tyrannie.
Vous avez vu l'Espagne, et surtout les Gaulois,
Contre ces mêmes murs qu'ils ont pris autrefois,
Exciter ma vengeance, et, jusque dans la Grèce,
Par des ambassadeurs accuser ma paresse.
Ils savent que sur eux, prêts à se déborder,
Ce torrent, s'il m'entraîne, ira tout inonder ;
Et vous les verrez tous, prévenant son ravage,
Guider dans l'Italie et suivre son passage.
 C'est là qu'en arrivant, plus qu'en tout le chemin,
Vous trouverez partout l'horreur du nom romain,
Et la triste Italie encor toute fumante
Des feux qu'a rallumés sa liberté mourante.
Non, princes, ce n'est point au bout de l'univers
Que Rome fait sentir tout le poids de ses fers :
Et de près inspirant les haines les plus fortes,
Tes plus grands ennemis, Rome, sont à tes portes.
Ah ! s'ils ont pu choisir pour leur libérateur
Spartacus, un esclave, un vil gladiateur ;
S'ils suivent au combat des brigands qui les vengent,
De quelle noble ardeur pensez-vous qu'ils se rangent
Sous les drapeaux d'un roi longtemps victorieux,
Qui voit jusqu'à Cyrus remonter ses aïeux ?
Que dis-je ? En quel état croyez-vous la surprendre ?
Vide de légions qui la puissent défendre,
Tandis que tout s'occupe à me persécuter,
Leurs femmes, leurs enfants pourront-ils m'arrêter ?
Marchons, et dans son sein rejetons cette guerre
Que sa fureur envoie aux deux bouts de la terre :
Attaquons dans leurs murs ces conquérants si fiers ;
Qu'ils tremblent à leur tour pour leurs propres foyers ;
Annibal l'a prédit, croyons-en ce grand homme :
Jamais on ne vaincra les Romains que dans Rome.
Noyons-la dans son sang justement répandu ;
Brûlons ce Capitole où j'étais attendu ;
Détruisons ses honneurs, et faisons disparaître
La honte de cent rois, et la mienne peut-être ;
Et, la flamme à la main, effaçons tous ces noms
Que Rome y consacrait à d'éternels affronts.

Voilà l'ambition dont mon âme est saisie.
Ne croyons point pourtant qu'éloigné de l'Asie
J'en laisse les Romains tranquilles possesseurs :
Je sais où je lui dois trouver des défenseurs ;
Je veux que d'ennemis partout enveloppée,
Rome rappelle en vain le secours de Pompée.
Le Parthe, des Romains comme moi la terreur,
Consent de succéder à ma juste fureur ;
Prêt d'unir avec moi sa haine et sa famille,
Il me demande un fils pour époux à sa fille.
Cet honneur vous regarde, et j'ai fait choix de vous,
Pharnace ; allez, soyez ce bienheureux époux.
Demain, sans différer, je prétends que l'aurore
Découvre mes vaisseaux déjà loin du Bosphore.
Vous que rien n'y retient, partez dès ce moment,
Et méritez mon choix par votre empressement.
Achevez cet hymen ; et repassant l'Euphrate,
Faites voir à l'Asie un autre Mithridate ;
Que nos tyrans communs en pâlissent d'effroi,
Et que le bruit à Rome en vienne jusqu'à moi.

PHARNACE.

Seigneur, je ne vous puis déguiser ma surprise.
J'écoute avec transport cette grande entreprise ;
Je l'admire, et jamais un plus hardi dessein
Ne mit à des vaincus les armes à la main.
Surtout j'admire en vous ce cœur infatigable
Qui semble s'affermir sous le faix qui l'accable.
Mais, si j'ose parler avec sincérité,
En êtes-vous réduit à cette extrémité ?
Pourquoi tenter si loin des courses inutiles,
Quand vos États encor vous offrent tant d'asiles ;
Et vouloir affronter des travaux infinis,
Dignes plutôt d'un chef de malheureux bannis,
Que d'un roi qui naguère, avec quelque apparence,
De l'aurore au couchant portait son espérance,
Fondait sur trente États son trône florissant,
Dont le débris est même un empire puissant !
Vous seul, seigneur, vous seul, après quarante années,
Pouvez encor lutter contre les destinées.
Implacable ennemi de Rome et du repos,
Comptez-vous vos soldats pour autant de héros ?
Pensez-vous que ces cœurs, tremblants de leur défaite,

Fatigués d'une longue et pénible retraite,
Cherchent avidement sous un ciel étranger
La mort, et le travail pire que le danger?
Vaincus plus d'une fois aux yeux de la patrie,
Soutiendront-ils ailleurs un vainqueur en furie?
Sera-t-il moins terrible, et le vaincront-ils mieux
Dans le sein de sa ville, à l'aspect de ses dieux?
Le Parthe vous recherche et vous demande un gendre.
Mais ce Parthe, seigneur, ardent à nous défendre
Lorsque tout l'univers semblait nous protéger,
D'un gendre sans appui voudra-t-il se charger?
M'en irai-je moi seul, rebut de la fortune,
Essuyer l'inconstance au Parthe si commune;
Et peut-être, pour fruit d'un téméraire amour,
Exposer votre nom au mépris de sa cour?
Du moins, s'il faut céder, si, contre notre usage,
Il faut d'un suppliant emprunter le visage,
Sans m'envoyer du Parthe embrasser les genoux,
Sans vous-même implorer des rois moindres que vous,
Ne pourrions-nous pas prendre une plus sûre voie?
Jetons-nous dans les bras qu'on nous tend avec joie :
Rome en notre faveur facile à s'apaiser...

XIPHARÈS.

Rome, mon frère! O ciel! qu'osez-vous proposer?
Voulez-vous que le roi s'abaisse et s'humilie?
Qu'il démente en un jour tout le cours de sa vie?
Qu'il se fie aux Romains et subisse des lois
Dont il a quarante ans défendu tous les rois?
Continuez, seigneur : tout vaincu que vous êtes,
La guerre, les périls sont vos seules retraites.
Rome poursuit en vous un ennemi fatal
Plus conjuré contre elle et plus craint qu'Annibal.
Tout couvert de son sang, quoi que vous puissiez faire,
N'en attendez jamais qu'une paix sanguinaire,
Telle qu'en un seul jour un ordre de vos mains
La donna dans l'Asie à cent mille Romains.
Toutefois épargnez votre tête sacrée :
Vous-même n'allez point de contrée en contrée
Montrer aux nations Mithridate détruit,
Et de votre grand nom diminuer le bruit.
Votre vengeance est juste; il la faut entreprendre :
Brûlez le Capitole et mettez Rome en cendre.

Mais c'est assez pour vous d'en ouvrir les chemins;
Faites porter ce feu par de plus jeunes mains :
Et tandis que l'Asie occupera Pharnace,
De cette autre entreprise honorez mon audace.
Commandez : laissez-nous, de votre nom suivis,
Justifier partout que nous sommes vos fils.
Embrassez par nos mains le couchant et l'aurore;
Remplissez l'univers, sans sortir du Bosphore;
Que les Romains, pressés de l'un à l'autre bout,
Doutent où vous serez, et vous trouvent partout.
Dès ce même moment ordonnez que je parte.
Ici tout vous retient; et moi, tout m'en écarte :
Et si ce grand dessein surpasse ma valeur,
Du moins ce désespoir convient à mon malheur.
Trop heureux d'avancer la fin de ma misère,
J'irai... J'effacerai le crime de ma mère.
Seigneur, vous m'en voyez rougir à vos genoux ;
J'ai honte de me voir si peu digne de vous :
Tout mon sang doit laver une tache si noire,
Mais je cherche un trépas utile à votre gloire;
Et Rome, unique objet d'un désespoir si beau,
Du fils de Mithridate est le digne tombeau.

MITHRIDATE, se levant.

Mon fils, ne parlons plus d'une mère infidèle.
Votre père est content, il connaît votre zèle,
Et ne vous verra point affronter le danger
Qu'avec vous son amour ne veuille partager :
Vous me suivrez : je veux que rien ne nous sépare.
Et vous, à m'obéir, prince, qu'on se prépare;
Les vaisseaux sont tout prêts : j'ai moi-même ordonné
La suite et l'appareil qui vous est destiné..
Arbate, à cet hymen, chargé de vous conduire,
De votre obéissance aura soin de m'instruire.
Allez, et soutenant l'honneur de vos aïeux.
Dans cet embrassement recevez mes adieux.

PHARNACE.

Seigneur...

MITHRIDATE.

Ma volonté, prince, vous doit suffire.
Obéissez. C'est trop vous le faire redire.

PHARNACE.

Seigneur, si, pour vous plaire, il ne faut que périr,

Plus ardent qu'aucun autre on m'y verra courir :
Combattant à vos yeux, permettez que je meure.
MITHRIDATE.
Je vous ai commandé de partir tout-à-l'heure.
Mais après ce moment... Prince, vous m'entendez,
Et vous êtes perdu si vous me répondez.

ACTE QUATRIÈME.

SCÈNE VI.
MITHRIDATE, ARBATE.

ARBATE.

. . . .
Seigneur, tous vos soldats refusent de partir;
Pharnace les retient, Pharnace leur révèle
Que vous cherchez à Rome une guerre nouvelle.
MITHRIDATE.
Pharnace?
ARBATE.
Il a séduit ses gardes les premiers;
Et le seul nom de Rome étonne les plus fiers.
De mille affreux périls ils se forment l'image.
Les uns avec transport embrassent le rivage;
Les autres, qui partaient, s'élancent dans les flots,
Ou présentent leurs dards aux yeux des matelots.
Le désordre est partout; et, loin de nous entendre,
Ils demandent la paix, et parlent de se rendre.
Pharnace est à leur tête; et, flattant leurs souhaits,
De la part des Romains il leur promet la paix.
MITHRIDATE.
Ah! le traître! Courez : qu'on appelle son frère;
Qu'il me suive, qu'il vienne au secours de son père.
ARBATE.
J'ignore son dessein : mais un soudain transport,
L'a déjà fait descendre et courir vers le port;
Et l'on dit que, suivi d'un gros d'amis fidèles,
On l'a vu se mêler au milieu des rebelles.

C'est tout ce que j'en sais.
MITHRIDATE.
Ah! qu'est-ce que j'entends?
Perfides, ma vengeance a tardé trop longtemps!
Mais je ne vous crains point : malgré leur insolence,
Les mutins n'oseraient soutenir ma présence.
Je ne veux que les voir; je ne veux qu'à leurs yeux
Immoler de ma main deux fils audacieux.

SCÈNE VII.

MITHRIDATE, ARBATE, ARCAS.

ARCAS.
Seigneur, tout est perdu. Les rebelles, Pharnace,
Les Romains sont en foule autour de cette place.
MITHRIDATE.
Les Romains!
ARCAS.
De Romains le rivage est chargé,
Et bientôt dans ces murs vous êtes assiégé.

ACTE CINQUIÈME.

SCÈNE III.

MONIME, ARBATE, PHŒDIME, ARCAS.

ARBATE.
Arrêtez! arrêtez!
ARCAS.
Que faites-vous, Arbate?
ARBATE.
Arrêtez! j'accomplis l'ordre de Mithridate.
MONIME.
Ah! laissez-moi...
ARBATE, jetant le poison.
Cessez, vous dis-je, et laissez-moi,

Arrêtez, j'accomplis l'ordre de Mithridate.

Acte V, Scène III.

MITHRIDATE.

Madame, exécuter les ordres du roi :
Vivez. Et vous, Arcas, du succès de mon zèle
Courez à Mithridate apprendre la nouvelle.

SCÈNE IV.

MONIME, ARBATE, PHŒDIME.

MONIME.

Ah! trop cruel Arbate, à quoi m'exposez-vous?
Est-ce qu'on croit encore mon supplice trop doux?
Et le roi, m'enviant une mort si soudaine,
Veut-il plus d'un trépas pour contenter sa haine;

ARBATE.

Vous l'allez voir paraître; et j'ose m'assurer
Que vous-même avec moi vous allez le pleurer.

MONIME.

Quoi! le roi...

ARBATE.

Le roi touche à son heure dernière,
Madame, et ne voit plus qu'un reste de lumière.
Je l'ai laissé sanglant, porté par des soldats;
Et Xipharès en pleurs accompagne leurs pas.

MONIME.

Xipharès! Ah! grands dieux! je doute si je veille,
Et n'ose qu'en tremblant en croire mon oreille.
Xipharès vit encor! Xipharès, que mes pleurs...

ARBATE.

Il vit chargé de gloire, accablé de douleurs,
De sa mort en ces lieux la nouvelle semée
Ne vous a pas vous seule et sans cause alarmée :
Les Romains, qui partout l'appuyaient par des cris,
Ont par ce bruit fatal glacé tous les esprits.
Le roi, trompé lui-même, en a versé des larmes,
Et, désormais certain du malheur de ses armes,
Par un rebelle fils de toutes parts pressé,
Sans espoir de secours tout près d'être forcé,
Et voyant pour surcroît de douleur et de haine,
Parmi ses étendards porter l'aigle romaine,
Il n'a plus aspiré qu'à s'ouvrir des chemins
Pour éviter l'affront de tomber dans leurs mains.

D'abord il a tenté les atteintes mortelles
Des poisons que lui-même a crus les plus fidèles ;
Il les a trouvés tous sans force et sans vertu.
« Vain secours, a-t-il dit, que j'ai trop combattu !
» Contre tous les poisons soigneux de me défendre,
» J'ai perdu tout le fruit que j'en pouvais attendre.
» Essayons maintenant des secours plus certains,
» Et cherchons un trépas plus funeste aux Romains. »
Il parle ; et défiant leurs nombreuses cohortes,
Du palais à ces mots, il fait ouvrir les portes.
A l'aspect de ce front dont la noble fureur
Tant de fois dans leur rangs répandit la terreur,
Vous les eussiez vus tous, retournant en arrière,
Laisser entre eux et nous une large carrière ;
Et déjà quelques-uns couraient épouvantés
Jusque dans les vaisseaux qui les ont apportés.
Mais, le dirai-je ? ô ciel ! rassurés par Pharnace,
Et la honte en leurs cœurs réveillant leur audace,
Ils reprennent courage, ils attaquent le roi
Qu'un reste de soldats défendait avec moi.
Qui pourrait exprimer par quels faits incroyables,
Quels coups accompagnés de regards effroyables,
Son bras, se signalant pour la dernière fois,
A de ce grand héros terminé les exploits ?
Enfin, las et couvert de sang et de poussière,
Il s'était fait de morts une noble barrière :
Un autre bataillon s'est avancé vers nous ;
Les Romains pour le joindre ont suspendu leurs coups.
Ils voulaient tous ensemble accabler Mithridate,
Mais lui : « C'en est assez, m'a-t-il dit, cher Arbate ;
» Le sang et la fureur m'emportent trop avant,
» Ne livrons pas surtout Mithridate vivant. »
Aussitôt dans son sein il plonge son épée.
Mais la mort fuit encor sa grande âme trompée.
Ce héros dans mes bras est tombé tout sanglant,
Faible, et qui s'irritait contre un trépas si lent ;
Et, se plaignant à moi de ce reste de vie,
Il soulevait encor sa main appesantie,
Et, marquant à mon bras la place de son cœur,
Semblait d'un coup plus sûr implorer la faveur.
Tandis que, possédé de ma douleur extrême,
Je songe bien plutôt à me percer moi-même,

De grands cris ont soudain attiré mes regards :
J'ai vu, qui l'aurait cru ? j'ai vu de toutes parts
Vaincus et renversés les Romains et Pharnace,
Fuyant vers leurs vaisseaux, abandonner la place ;
Et le vainqueur vers nous s'avançant de plus près,
A mes yeux éperdus à montré Xipharès.

MONIME.

Juste ciel !

ARBATE.

Xipharès, toujours resté fidèle,
Et qu'au fort du combat une troupe rebelle,
Par ordre de son frère, avait enveloppé,
Mais qui, d'entre leurs bras à la fin échappé,
Força les plus mutins, et, regagnant le reste,
Heureux et plein de joie en ce moment funeste,
A travers mille morts, ardent, victorieux,
S'était fait vers son père un chemin glorieux.
Jugez de quelle horreur cette joie est suivie.
Son bras aux pieds du roi l'allait jeter sans vie ;
Mais on court, on s'oppose à son emportement.
Le roi m'a regardé dans ce triste moment,
Et m'a dit, d'une voix qu'il poussait avec peine :
« S'il en est temps encor, cours et sauve la reine. »
Ces mots m'ont fait trembler pour vous, pour Xipharès.
J'ai craint, j'ai soupçonné quelques ordres secrets.
Tout lassé que j'étais, ma frayeur et mon zèle
M'ont donné pour courir une force nouvelle ;
Et malgré nos malheurs, je me tiens trop heureux
D'avoir paré le coup qui vous perdait tous deux.

SCÈNE V.

MITHRIDATE, MONIME, XIPHARÈS, ARBATE, PHŒDIME, ARCAS.
Gardes qui soutiennent Mithridate.

MONIME.

Ah ! que vois-je, seigneur, et quel sort est le vôtre !

MITHRIDATE.

Cessez et retenez vos larmes l'un et l'autre :
Mon sort de sa tendresse et de votre amitié
Veut d'autres sentiments que ceux de la pitié :

Et ma gloire, plutôt digne d'être admirée,
Ne doit point par des pleurs être déshonorée.
J'ai vengé l'univers autant que je l'ai pu :
La mort dans ce projet m'a seule interrompu.
Ennemi des Romains et de la tyrannie,
Je n'ai point de leur joug subi l'ignominie ;
Et j'ose me flatter qu'entre les noms fameux
Qu'une pareille haine a signalés contre eux,
Nul ne leur a plus fait acheter la victoire,
Ni de jours malheureux plus rempli notre histoire.
Le ciel n'a pas voulu, qu'achevant mon dessein,
Rome en cendres me vît expirer dans son sein ;
Mais au moins quelque joie en mourant me console :
J'expire environné d'ennemis que j'immole ;
Dans leur sang odieux j'ai pu tremper les mains,
Et mes derniers regards ont vu fuir les Romains.
A mon fils Xipharès je dois cette fortune ;
Il épargne à ma mort leur présence importune.
Que ne puis-je payer ce service important
De tout ce que mon trône eut de plus éclatant !
Mais vous me tenez lieu d'empire, de couronne !
Vous seule me restez : souffrez que je vous donne,
Madame, et tous ces vœux que j'exigeais de vous,
Mon cœur pour Xipharès vous les demande tous.

MONIME.

Vivez, seigneur, vivez, pour le bonheur du monde,
Et pour sa liberté, qui sur vous seul se fonde ;
Vivez pour triompher d'un ennemi vaincu,
Pour venger ..

MITHRIDATE.

C'en est fait, madame, et j'ai vécu.
Mon fils, songez à vous : gardez vous de prétendre
Que de tant d'ennemis vous puissiez vous défendre.
Bientôt tous les Romains, de leur honte irrités,
Viendront ici sur vous fondre de tous côtés,
Ne perdez point le temps que vous laisse leur fuite
A rendre à mon tombeau des soins dont je vous quitte
Tant de Romains sans vie, en cent lieux dispersés,
Suffisent à ma cendre et l'honorent assez.
Cachez-leur pour un temps vos noms et votre vie...
Allez, réservez-vous...

ACTE V, SCÈNE V.

XIPHARÈS.

Moi, seigneur, que je fuie !
Que Pharnace impuni, les Romains triomphants,
N'éprouvent pas bientôt...

MITHRIDATE.

Non, je vous le défends.
Tôt ou tard il faudra que Pharnace périsse :
Fiez-vous aux Romains du soin de son supplice.
Mais je sens affaiblir ma force et mes esprits;
Je sens que je me meurs. Approchez-vous, mon fils.
Dans cet embrassement dont la douceur me flatte,
Venez, et recevez l'âme de Mithridate.

MONIME.

Il expire.

XIPHARÈS.

Ah ! madame, unissons nos douleurs.
Et par tout l'univers cherchons-lui des vengeurs.

IPHIGÉNIE EN AULIDE

TRAGÉDIE (1674).

PRÉFACE.

Il n'y a rien de plus célèbre dans les poètes que le sacrifice d'Iphigénie ; mais ils ne s'accordent pas tous ensemble sur les plus importantes particularités de ce sacrifice. Les uns, comme Eschyle dans *Agamemnon*, Sophocle dans *Électre*, et, après eux, Lucrèce, Horace, et beaucoup d'autres, veulent qu'on ait en effet répandu le sang d'Iphigénie, fille d'Agamemnon, et qu'elle soit morte en Aulide. Il ne faut que lire Lucrèce, au commencement de son premier livre :

> « Aulide quo pacto Triviai virginis aram
> » Iphianassæï turparunt sanguine fœde
> » Ductores Danum, etc. [1]. »

Et Clytemnestre dit : dans Eschyle, qu'Agamemnon, son mari, qui vient d'expirer, rencontrera dans les enfers Iphigénie, sa fille, qu'il a autrefois immolée.

D'autres ont feint que Diane, ayant eu pitié de cette jeune princesse, l'avait enlevée et portée dans la Tauride, au moment qu'on l'allait sacrifier, et que la déesse avait fait trouver en sa place ou une biche ou une autre victime de cette nature. Euripide a suivi cette fable, et Ovide l'a mise au nombre des métamorphoses.

Il y a une troisième opinion, qui n'est pas moins ancienne que les deux autres, sur Iphigénie. Plusieurs auteurs, et entre autres Stésichorus, un des plus fameux et des plus anciens poètes lyriques, ont écrit qu'il était bien vrai qu'une princesse de ce nom avait été sacrifiée, mais que cette Iphigénie était une fille qu'Hélène avait eue de Thésée. Hélène, disent ces auteurs, ne l'avait osé avouer pour sa fille, parce qu'elle n'osait déclarer à Ménélas qu'elle eût été mariée en secret avec Thésée. Pausanias (*Corinth.*, p. 125) rapporte et le

---

[1] « Comment les chefs des Grecs, rassemblés dans l'Aulide, souillèrent honteusement l'autel de Diane du sang d'Iphigénie. » (G.)

témoignage et le nom des poètes qui ont été de ce sentiment, et il ajoute que c'était la créance commune de tout le pays d'Argos.

Homère enfin, le père des poètes, a si peu prétendu qu'Iphigénie, fille d'Agamemnon, eût été, ou sacrifiée en Aulide, ou transportée dans la Scythie, que, dans le neuvième livre de l'*Iliade*, c'est-à-dire près de dix ans depuis l'arrivée des Grecs devant Troie, Agamemnon fait offrir en mariage à Achille sa fille Iphigénie, qu'il a, dit-il, laissée à Mycène, dans sa maison.

J'ai rapporté tous ces avis si différents, et surtout le passage de Pausanias, parce que c'est à cet auteur que je dois l'heureux personnage d'Ériphile, sans lequel je n'aurais jamais osé entreprendre cette tragédie. Quelle apparence que j'eusse souillé la scène par le meurtre horrible d'une personne aussi vertueuse et aussi aimable qu'il fallait représenter Iphigénie? et quelle apparence encore de dénouer ma tragédie par le secours d'une déesse et d'une machine, et par une métamorphose, qui pouvait bien trouver quelque créance du temps d'Euripide, mais qui serait trop absurde et trop incroyable parmi nous?

Je puis dire donc que j'ai été très-heureux de trouver dans les anciens cette autre Iphigénie que j'ai pu représenter telle qu'il m'a plu, et qui, tombant dans le malheur où cette femme jalouse voulait précipiter sa rivale, mérite en quelque façon d'être punie, sans être pourtant tout-à-fait indigne de compassion. Ainsi le dénouement de la pièce est tiré du fond même de la pièce : et il ne faut que l'avoir vu représenter pour comprendre quel plaisir j'ai fait au spectateur, et en sauvant à la fin une princesse vertueuse pour qui il s'est si fort intéressé dans le cours de la tragédie, et en la sauvant par une autre voie que par un miracle, qu'il n'aurait pu souffrir, parce qu'il ne le saurait jamais croire.

J'ai reconnu avec plaisir, par l'effet qu'a produit sur notre théâtre tout ce que j'ai imité ou d'Homère ou d'Euripide, que le bon sens et la raison étaient les mêmes dans tous les siècles. Le goût de Paris s'est trouvé conforme à celui d'Athènes; mes spectateurs ont été émus des mêmes choses qui ont mis autrefois en larmes le plus savant peuple de la Grèce, et qui ont fait dire qu'entre les poètes Euripide était extrêmement tragique, c'est-à-dire qu'il savait merveilleusement exciter la compassion et la terreur, qui sont les véritables effets de la tragédie.

Je m'étonne, après cela, que les modernes aient témoigné depuis peu tant de dégoût pour ce grand poète, dans le jugement de son *Alceste*. Il ne s'agit point ici de l'*Alceste*, mais en vérité j'ai trop d'obligation à Euripide pour ne pas prendre quelque soin de sa mémoire, et pour laisser échapper l'occasion de le réconcilier avec ces messieurs. Je m'assure qu'il n'est si mal dans leur esprit que parce qu'ils n'ont pas bien lu l'ouvrage sur lequel ils l'ont condamné. J'ai choisi la plus importante de leurs objections, pour leur montrer que j'ai raison de parler ainsi. Je dis *la plus importante de leurs objections*, car ils la répètent à chaque page, et ils ne soupçonnent pas seulement que l'on puisse répliquer.

PRÉFACE.

Il y a, dans l'*Alceste* d'Euripide, une scène merveilleuse, où Alceste, qui se meurt et qui ne peut plus se soutenir, dit à son mari les derniers adieux. Admète, tout en larmes, la prie de reprendre ses forces, et de ne se point abandonner elle-même. Alceste, qui a l'image de la mort devant les yeux, lui parle ainsi :

> Je vois déjà la rame et la barque fatale,
> J'entends le vieux nocher sur la rive infernale,
> Impatient, il crie : « On t'attend ici-bas ;
> Tout est prêt, descends, viens, ne me retarde pas. »

J'aurais souhaité de pouvoir exprimer dans ces vers les grâces qu'ils ont dans l'original ; mais au moins en voilà le sens : Voici comme ces messieurs les ont entendus : il leur est tombé dans les mains une malheureuse édition d'Euripide, où l'imprimeur a oublié de mettre dans le latin, à côté de ces vers, un *Al.*, qui signifie que c'est Alceste qui parle ; à côté des vers suivants, un *Ad.*, qui signifie que c'est Admète qui répond. La-dessus, il leur est venu dans l'esprit la plus étrange pensée du monde : ils ont mis dans la bouche d'Admète les paroles qu'Alceste dit à Admète, et celles qu'elle se fait dire par Caron. Ainsi ils supposent qu'Admète, quoiqu'il soit en parfaite santé, *pense voir déjà Caron qui le vient prendre :* et au lieu que, dans ce passage d'Euripide, Caron, impatient, presse Alceste de le venir trouver, selon ces messieurs, c'est Admète effrayé qui est l'impatient, et qui presse Alceste d'expirer, de peur que Caron ne le prenne. *Il l'exhorte*, ce sont leurs termes, *à avoir courage, à ne pas faire une lâcheté, et à mourir de bonne grâce : il interrompt les adieux d'Alceste, pour lui dire de se dépêcher de mourir.* Peu s'en faut, à les entendre, qu'il ne la fasse mourir lui-même. Ce sentiment leur a paru *fort vilain*, et ils ont raison : il n'y a personne qui n'en fût très-scandalisé. Mais comment l'ont-ils pu attribuer à Euripide ? En vérité, quand toutes les autres éditions où cet *Al.* n'a point été oublié ne donneraient pas un démenti au malheureux imprimeur qui les a trompés, la suite de ces quatre vers, et tous les discours qu'Admète tient dans la même scène, étaient plus que suffisants pour les empêcher de tomber dans une erreur si déraisonnable : car Admète, bien éloigné de presser Alceste de mourir, s'écrie : « Que toutes » les morts ensemble lui seraient moins cruelles que de la voir dans l'état où » il la voit. »

Ils ne sont pas plus heureux dans les autres objections. Ils disent, par exemple, qu'Euripide a fait deux *époux surannés* d'Admète et d'Alceste ; que l'un est un *vieux mari*, et l'autre une *princesse déjà sur l'âge*. Euripide a pris soin de leur répondre en un seul vers, où il fait dire par le chœur qu'Alceste, toute jeune, et dans la première fleur de son âge, expire pour son jeune époux.

Ils reprochent encore à Alceste qu'elle a deux grands enfants à marier. Comment n'ont-ils point lu le contraire en cent endroits, et surtout dans ce beau récit où l'on dépeint Alceste mourante au milieu de ses deux petits enfants, qui la tirent, en pleurant, par la robe, et qu'elle prend sur ses bras, l'un après l'autre, pour les baiser.

Tout le reste de leurs critiques est à peu près de la force de celle-ci. Mais je crois qu'en voilà assez pour la défense de mon auteur. Je conseille à ces messieurs de ne plus décider si légèrement sur les ouvrages des anciens. Un homme tel qu'Euripide méritait au moins qu'ils l'examinassent, puisqu'ils avaient envie de le condamner ; ils devaient se souvenir de ces sages paroles de Quintilien : « Il faut être extrêmement circonspect et très-retenu à pro-
» noncer sur les ouvrages de ces grands hommes, de peur qu'il ne nous ar-
» rive, comme à plusieurs, de condamner ce que nous n'entendons pas ; et
» s'il faut tomber dans quelque excès, encore vaut-il mieux pécher en admi-
» rant tout dans leurs écrits, qu'en y blâmant beaucoup de choses. » — « Mo-
» deste tamen et circumspecto judicio de tantis viris pronuntiandum est, ne,
» quod plerisque accedit, damnent quæ non intelligunt : Ac si necesse est in
» alteram errare partem, omnia eorum legentibus placere quam multa dis-
» plicere maluerim [1]. »

[1] *Inst. Orator.*, lib. x, cap. 1.

PERSONNAGES :

AGAMEMNON.
ACHILLE.
ULYSSE.
CLYTEMNESTRE, femme d'Agamemnon.
IPHIGÉNIE, fille d'Agamemnon.
ÉRIPHILE, fille d'Hélène et de Thésée.

ARCAS, } domestiques d'Agamem-
EURYBATE, } non.
ÆGINE, femme de la suite de Clytemnestre.
DORIS, confidente d'Ériphile.
GARDES.

La scène est en Aulide, dans la tente d'Agamemnon.

IPHIGÉNIE EN AULIDE

TRAGÉDIE (1674).

ACTE PREMIER.

SCÈNE I.

AGAMEMNON, ARCAS.

AGAMEMNON.
Oui, c'est Agamemnon, c'est ton roi qui t'éveille.
Viens, reconnais la voix qui frappe ton oreille.
ARCAS.
C'est vous-même, seigneur! Quel important besoin
Vous a fait devancer l'aurore de si loin?
A peine un faible jour vous éclaire et me guide,
Vos yeux seuls et les miens sont ouverts dans l'Aulide.
Avez-vous dans les airs entendu quelque bruit?
Les vents nous auraient-ils exaucés cette nuit?
Mais tout dort, et l'armée, et les vents, et Neptune.
AGAMEMNON.
Heureux qui, satisfait de son humble fortune,
Libre du joug superbe où je suis attaché,
Vit dans l'état obscur où les dieux l'ont caché!
ARCAS.
Et depuis quand, seigneur, tenez-vous ce langage?
Comblé de tant d'honneurs, par quel secret outrage
Les dieux, à vos désirs toujours si complaisants,
Vous font-ils méconnaître et haïr leurs présents?
Roi, père, époux heureux, fils du puissant Atrée,

Vous possédez des Grecs la plus riche contrée :
Du sang de Jupiter issu de tous côtés,
L'hymen vous lie encore aux dieux dont vous sortez ;
Le jeune Achille enfin, vanté par tant d'oracles,
Achille, à qui le ciel promet tant de miracles,
Recherche votre fille, et d'un hymen si beau
Veut dans Troie embrasée allumer le flambeau.
Quelle gloire, seigneur, quels triomphes égalent
Le spectacle pompeux que ces bords vous étalent!
Tous ces mille vaisseaux, qui, chargés de vingt rois,
N'attendent que les vents pour partir sous vos lois?
Ce long calme, il est vrai, retarde vos conquêtes :
Ces vents depuis trois mois enchaînés sur nos têtes
D'Ilion trop longtemps vous ferment le chemin :
Mais, parmi tant d'honneurs, vous êtes homme enfin ;
Tandis que vous vivrez, le sort, qui toujours change,
Ne vous a point promis un bonheur sans mélange.
Bientôt... Mais quels malheurs dans ce billet tracés,
Vous arrachent, seigneur, les pleurs que vous versez?
Votre Oreste, au berceau, va-t-il finir sa vie?
Pleurez-vous Clytemnestre ou bien Iphigénie?
Qu'est-ce qu'on vous écrit? daignez m'en avertir.

AGAMEMNON.

Non, tu ne mourras point ; je n'y puis consentir.

ARCAS.

Seigneur...

AGAMEMNON.

Tu vois mon trouble ; apprends ce qui le cause,
Et juge s'il est temps, ami, que je repose.
Tu te souviens du jour qu'en Aulide assemblés
Nos vaisseaux par les vents semblaient être appelés :
Nous partions ; et déjà, par mille cris de joie,
Nous menacions de loin les rivages de Troie.
Un prodige étonnant fit taire ce transport ;
Le vent qui nous flattait nous laissa dans le port.
Il fallut s'arrêter, et la rame inutile
Fatigua vainement une mer immobile.
Ce miracle inouï me fit tourner les yeux
Vers la divinité qu'on adore en ces lieux :
Suivi de Ménélas, de Nestor et d'Ulysse,
J'offris sur ses autels un secret sacrifice.
Quelle fut sa réponse! et que devins-je, Arcas,

Quand j'entendis ces mots prononcés par Calchas :
« Vous armez contre Troie une puissance vaine,
» Si, dans un sacrifice auguste et solennel,
  » Une fille du sang d'Hélène,
» De Diane, en ces lieux, n'ensanglante l'autel.
» Pour obtenir les vents que le ciel vous dénie,
  » Sacrifiez Iphigénie ! »

ARCAS.

Votre fille !

AGAMEMNON.

Surpris, comme tu peux penser,
Je sentis dans mon corps tout mon sang se glacer.
Je demeurai sans voix, et n'en repris l'usage
Que par mille sanglots qui se firent passage.
Je condamnai les dieux, et, sans plus rien ouïr,
Fis vœu, sur leurs autels, de leur désobéir.
Que n'en croyais-je alors ma tendresse alarmée !
Je voulais sur-le-champ congédier l'armée.
Ulysse, en apparence approuvant mes discours,
De ce premier torrent laissa passer le cours.
Mais bientôt, rappelant sa coupable industrie,
Il me représenta l'honneur et la patrie,
Tout ce peuple, ces rois, à mes ordres soumis,
Et l'empire d'Asie à la Grèce promis.
De quel front, immolant tout l'État à ma fille,
Roi sans gloire, j'irais vieillir dans ma famille.
Moi-même, je l'avoue avec quelque pudeur,
Charmé de mon pouvoir et plein de ma grandeur,
Ce nom de roi des rois, et de chef de la Grèce,
Chatouillait de mon cœur l'orgueilleuse faiblesse.
Pour comble de malheur, les dieux, toutes les nuits,
Dès qu'un léger sommeil suspendait mes ennuis,
Vengeant de leurs autels le sanglant privilége,
Me venaient reprocher ma pitié sacrilége ;
Et, présentant la foudre à mon esprit confus,
Le bras déjà levé, menaçaient mes refus.
Je me rendis, Arcas ; et, vaincu par Ulysse,
De ma fille, en pleurant, j'ordonnai le supplice.
Mais des bras d'une mère il fallait l'arracher.
Quel funeste artifice il me fallut chercher !
D'Achille, qui l'aimait, j'empruntai le langage :
J'écrivis en Argos, pour hâter ce voyage,

Que ce guerrier, pressé de partir avec nous,
Voulait revoir ma fille, et partir son époux.
ARCAS.
Et ne craignez-vous point l'impatient Achille?
Avez-vous prétendu que, muet et tranquille,
Ce héros, qu'armera l'honneur et la raison,
Vous laisse pour ce meurtre abuser de son nom?
Verra-t-il à ses yeux votre fille immolée?
AGAMEMNON.
Achille était absent; et son père Pélée
D'un ennemi voisin redoutant les efforts,
L'avait, tu t'en souviens, rappelé sur ces bords :
Et cette guerre, Arcas, selon toute apparence,
Aurait dû plus longtemps prolonger son absence.
Mais qui peut dans sa course arrêter ce torrent?
Achille va combattre, et triomphe en courant;
Et ce vainqueur, suivant de près sa renommée,
Hier avec la nuit arriva dans l'armée.
Mais des nœuds plus puissants me retiennent le bras :
Ma fille, qui s'approche, et court à son trépas ;
Qui, loin de soupçonner un arrêt si sévère,
Peut-être s'applaudit des bontés de son père;
Ma fille... Ce nom seul, dont les droits sont si saints,
Sa jeunesse, mon sang, n'est pas ce que je plains :
Je plains mille vertus qui la rendent plus belle,
Sa piété pour moi, ma tendresse pour elle,
Un respect qu'en son cœur rien ne peut balancer,
Et que j'avais promis de mieux récompenser.
Non, je ne croirai point, ô ciel! que ta justice
Approuve la fureur de ce noir sacrifice ;
Tes oracles sans doute ont voulu m'éprouver;
Et tu me punirais si j'osais l'achever.
Arcas, je t'ai choisi pour cette confidence;
Il faut montrer ici ton zèle et ta prudence.
La reine, qui dans Sparte avait connu ta foi,
T'a placé dans le rang que tu tiens près de moi.
Prends cette lettre, cours au-devant de la reine,
Et suis, sans t'arrêter, le chemin de Mycène.
Dès que tu la verras, défends lui d'avancer,
Et rends-lui ce billet que je viens de tracer.
Mais ne t'écarte pas; prends un fidèle guide.
Si ma fille une fois met le pied dans l'Aulide,

Elle est morte. Calchas, qui l'attend en ces lieux,
Fera taire nos pleurs, fera parler les dieux,
Et la religion, contre nous irritée,
Par les timides Grecs sera seule écoutée ;
Ceux même dont ma gloire aigrit l'ambition
Réveilleront leur brigue et leur prétention,
M'arracheront peut-être un pouvoir qui les blesse...
Va, dis-je, sauve-la de ma propre faiblesse.
Mais surtout ne va point, par un zèle indiscret,
Découvrir à ses yeux mon funeste secret.
Que, s'il se peut, ma fille, à jamais abusée,
Ignore à quel péril je l'avais exposée ;
D'une mère en fureur épargne-moi les cris ;
Et que ta voix s'accorde avec ce que j'écris.
Pour renvoyer la fille, et la mère offensée,
Je leur écris qu'Achille a changé de pensée ;
Et qu'il veut désormais jusques à son retour
Différer cet hymen qu'il pressait chaque jour.
Ajoute, tu le peux, que des froideurs d'Achille.
On accuse en secret cette jeune Ériphile
Que lui-même captive amena de Lesbos,
Et qu'auprès de ma fille on garde dans Argos.
C'est leur en dire assez : le reste, il le faut taire.
Déjà le jour plus grand nous frappe et nous éclaire ;
Déjà même l'on entre, et j'entends quelque bruit.
C'est Achille. Va, pars. Dieux ! Ulysse le suit !

SCÈNE II.

AGAMEMNON, ACHILLE, ULYSSE.

AGAMEMNON.

Quoi ! seigneur, se peut-il que d'un cours si rapide
La victoire vous ait ramené dans l'Aulide ?
D'un courage naissant sont-ce là les essais ?
Quels triomphes suivront de si nobles succès !
La Thessalie entière, ou vaincue ou calmée,
Lesbos même conquise en attendant l'armée,
De toute autre valeur éternels monuments,
Ne sont d'Achille oisif que les amusements.

ACHILLE.

Seigneur, honorez moins une faible conquête ;

Et que puisse bientôt le ciel qui nous arrête
Ouvrir un champ plus noble à ce cœur excité
Par le prix glorieux dont vous l'avez flatté!
Mais cependant, seigneur, que faut-il que je croie
D'un bruit qui me surprend et me comble de joie?
Daignez-vous avancer le succès de mes vœux?
Et bientôt des mortels suis-je le plus heureux?
On dit qu'Iphigénie, en ces lieux amenée,
Doit bientôt à son sort unir ma destinée.

AGAMEMNON.

Ma fille? Qui vous dit qu'on la doit amener?

ACHILLE.

Seigneur, qu'a donc ce bruit qui vous doive étonner?

AGAMEMNON, à Ulysse.

Juste ciel! saurait-il mon funeste artifice?

ULYSSE.

Seigneur, Agamemnon s'étonne avec justice.
Songez-vous aux malheurs qui nous menacent tous?
O ciel! pour un hymen quel temps choisissez-vous.
Tandis qu'à nos vaisseaux la mer toujours fermée
Trouble toute la Grèce et consume l'armée;
Tandis que, pour fléchir l'inclémence des dieux,
Il faut du sang peut-être, et du plus précieux,
Achille seul, Achille à son bonheur s'applique!
Voudrait-il insulter à la crainte publique,
Et que le chef des Grecs, irritant les destins,
Préparât d'un hymen la pompe et les festins?
Ah! seigneur, est-ce ainsi que votre âme attendrie
Plaint le malheur des Grecs, et chérit la patrie?

ACHILLE.

Dans les champs phrygiens les effets feront foi
Qui la chérit le plus ou d'Ulysse ou de moi.
Jusque-là je vous laisse étaler votre zèle;
Vous pouvez à loisir faire des vœux pour elle.
Remplissez les autels d'offrandes et de sang.
Des victimes vous-même interrogez le flanc,
Du silence des vents demandez-leur la cause;
Mais, moi, qui de ce soin sur Chalcas me repose,
Souffrez, seigneur, souffrez que je coure hâter
Un hymen dont les dieux ne sauraient s'irriter.
Transporté d'une ardeur qui ne peut être oisive,
Je rejoindrai bientôt les Grecs sur cette rive :

ACTE I, SCÈNE II.

J'aurais trop de regret si quelque autre guerrier
Au rivage troyen descendait le premier.

AGAMEMNON.

O ciel! pourquoi faut-il que ta secrète envie
Ferme à de tels héros le chemin de l'Asie?
N'aurai-je vu briller cette noble chaleur
Que pour m'en retourner avec plus de douleur?

ULYSSE.

Dieux! qu'est-ce que j'entends?

ACHILLE.

Seigneur, qu'osez-vous dire?

AGAMEMNON.

Qu'il faut, princes, qu'il faut que chacun se retire;
Que, d'un crédule espoir trop longtemps abusés,
Nous attendons les vents qui nous sont refusés.
Le ciel protége Troie; et par trop de présages
Son courroux nous défend d'en chercher les passages.

ACHILLE.

Quels présages affreux nous marquent son courroux?

AGAMEMNON.

Vous-même consultez ce qu'il prédit de vous,
Que sert de se flatter? On sait qu'à votre tête
Les dieux ont d'Ilion attaché la conquête ;
Mais on sait que, pour prix d'un triomphe si beau,
Ils ont aux champs troyens marqué votre tombeau;
Que votre vie ailleurs et longue et fortunée,
Devant Troie, en sa fleur, doit être moissonnée.

ACHILLE.

Ainsi, pour vous venger, tant de rois assemblés
D'un opprobre éternel retourneront comblés!
Et Pâris, couronnant son insolente flamme,
Retiendra sans péril la sœur de votre femme.

AGAMEMNON.

Eh quoi! votre valeur, qui nous a devancés,
N'a-t-elle pas pris soin de nous venger assez?
Les malheurs de Lesbos, par vos mains ravagée,
Épouvantent encore toute la mer Égée;
Troie en a vu la flamme; et, jusque dans ses ports,
Les flots en ont poussé les débris et les morts.
Que dis-je? Les Troyens pleurent une autre Hélène
Que vous avez captive envoyée à Mycène :
Car je n'en doute point, cette jeune beauté,

22

Garde en vain un secret que trahit sa fierté;
Et son silence même, accusant sa noblesse,
Nous dit qu'elle nous cache une illustre princesse.
ACHILLE.
Non, non, tous ces détours sont trop ingénieux :
Vous lisez de trop loin dans les secrets des dieux.
Moi, je m'arrêterais à de vaines menaces?
Et je fuirais l'honneur qui m'attend sur vos traces!
Mais, puisqu'il faut enfin que j'arrive au tombeau,
Voudrais-je de la terre, inutile fardeau.
Trop avare d'un sang reçu d'une déesse,
Attendre chez mon père une obscure vieillesse;
Et, toujours de la gloire évitant le sentier,
Ne laisser aucun nom, et mourir tout entier?
Ah! ne nous formons point ces indignes obstacles;
L'honneur parle, il suffit : ce sont là nos oracles.
Les dieux sont de nos jours les maîtres souverains;
Mais, seigneur, notre gloire est dans nos propres mains.
Pourquoi nous tourmenter de leurs ordres suprêmes?
Ne songeons qu'à nous rendre immortels comme eux-mêmes;
Et laissant faire au sort, courons où la valeur
Nous promet un destin aussi grand que le leur.
C'est à Troie, et j'y cours, et, quoi qu'on me prédise,
Je ne demande aux dieux qu'un vent qui m'y conduise;
Et quand moi seul enfin il faudrait l'assiéger,
Patrocle et moi, seigneur, nous irons vous venger.
Mais non, c'est en vos mains que le destin la livre;
Je n'aspire en effet qu'à l'honneur de vous suivre.
Je ne vous presse plus d'approuver les transports
D'un amour qui m'allait éloigner de ces bords :
Ce même amour, soigneux de votre renommée,
Veut qu'ici mon exemple encourage l'armée,
Et me défend surtout de vous abandonner
Aux timides conseils qu'on ose vous donner.

SCÈNE III.

AGAMEMNON, ULYSSE.

ULYSSE.
Seigneur, vous entendez : quelque prix qu'il en coûte,
Il veut voler à Troie et poursuivre sa route.

Nous craignions son retour : et lui-même aujourd'hui
Par une heureuse erreur nous arme contre lui.

AGAMEMNON.

Hélas !

ULYSSE.

De ce soupir que faut-il que j'augure ?
Du sang qui se révolte est-ce quelque murmure ?
Croirai-je qu'une nuit a pu vous ébranler ?
Est-ce donc votre cœur qui vient de nous parler ?
Songez-y : vous devez votre fille à la Grèce :
Vous nous l'avez promise ; et, sur cette promesse,
Calchas, par tous les Grecs consulté chaque jour,
Leur a prédit des vents l'infaillible retour.
A ses prédictions si l'effet est contraire,
Pensez-vous que Calchas continue à se taire ;
Que ses plaintes, qu'en vain vous voudrez apaiser,
Laissent mentir les dieux sans vous en accuser ?
Et qui sait ce qu'aux Grecs, frustrés de leur victime,
Peut permettre un courroux qu'ils croiront légitime ?
Gardez-vous de réduire un peuple furieux,
Seigneur, à prononcer entre vous et les dieux.
N'est-ce pas vous enfin de qui la voix pressante
Nous a tous appelés aux campagnes de Xante,
Et qui de ville en ville attestiez les serments
Que d'Hélène autrefois firent les prétendants,
Quand presque tous les Grecs, rivaux de votre frère,
La demandaient en foule à Tyndare son père ?
De quelque heureux époux que l'on dût faire choix,
Nous jurâmes dès lors de défendre ses droits ;
Et, si quelque insolent lui volait sa conquête,
Nos mains du ravisseur lui promirent la tête.
Et quand, de toutes parts assemblés en ces lieux,
L'honneur de vous venger brille seul à nos yeux ;
Quand la Grèce déjà, vous donnant son suffrage,
Vous reconnaît l'auteur de ce fameux ouvrage ;
Que ses rois, qui pouvaient vous disputer ce rang,
Sont prêts pour vous servir de verser tout leur sang,
Le seul Agamemnon, refusant la victoire,
N'ose d'un peu de sang acheter tant de gloire ;
Et, dès le premier pas se laissant effrayer,
Ne commande les Grecs que pour les renvoyer !

AGAMEMNON.

Ah ! seigneur ! qu'éloigné du malheur qui m'opprime,
Votre cœur aisément se montre magnanime !
Mais que si vous voyiez ceint du bandeau mortel
Votre fils Télémaque approcher de l'autel,
Nous vous verrions, troublé de cette affreuse image,
Changer bientôt en pleurs ce superbe langage,
Éprouver la douleur que j'éprouve aujourd'hui,
Et courir vous jeter entre Calchas et lui !
Seigneur, vous le savez, j'ai donné ma parole ;
Et si ma fille vient, je consens qu'on l'immole.
Mais, malgré tous mes soins, si son heureux destin
La retient dans Argos, ou l'arrête en chemin,
Souffrez que, sans presser ce barbare spectacle,
En faveur de mon sang j'explique cet obstacle,
Que j'ose pour ma fille accepter le secours
De quelque dieu plus doux qui veille sur ses jours.
Vos conseils sur mon cœur n'ont eu que trop d'empire ;
Et je rougis...

SCÈNE IV.

AGAMEMNON, ULYSSE, EURYBATE.

EURYBATE.

Seigneur...
AGAMEMNON.
Ah ! que vient-on me dire ?
EURYBATE.
La reine, dont ma course a devancé les pas,
Va remettre bientôt sa fille entre vos bras ;
Elle approche. Elle s'est quelque temps égarée
Dans ces bois qui du camp semblent cacher l'entrée ;
A peine nous avons, dans leur obscurité,
Retrouvé le chemin que nous avions quitté.
AGAMEMNON.
Ciel !
EURYBATE.
Elle amène aussi cette jeune Ériphile,
Que Lesbos a livrée entre les mains d'Achille,
Et qui, de son destin qu'elle ne connaît pas,
Vient, dit-elle, en Aulide interroger Calchas.

Déjà de leur abord la nouvelle est semée ;
Et déjà de soldats une foule charmée,
Surtout d'Iphigénie admirant la beauté,
Pousse au ciel mille vœux pour sa félicité.
Les uns avec respect environnaient la reine,
D'autres me demandaient le sujet qui l'amène ;
Mais tous ils confessaient que si jamais les dieux
Ne mirent sur le trône un roi plus glorieux,
Également comblé de leurs faveurs secrètes,
Jamais père ne fut plus heureux que vous l'êtes.

AGAMEMNON.

Eurybate, il suffit ; vous pouvez nous laisser.
Le reste me regarde, et je vais y penser.

SCÈNE V.

AGAMEMNON, ULYSSE.

AGAMEMNON.

Juste ciel ! c'est ainsi qu'assurant ta vengeance
Tu romps tous les ressorts de ma vaine prudence !
Encor si je pouvais, libre dans mon malheur,
Par des larmes au moins soulager ma douleur !
Triste destin des rois ! Esclaves que nous sommes
Et des rigueurs du sort et des discours des hommes,
Nous nous voyons sans cesse assiégés de témoins ;
Et les plus malheureux osent pleurer le moins !

ULYSSE.

Je suis père, seigneur, et faible comme un autre ;
Mon cœur se met sans peine en la place du vôtre ;
Et, frémissant du coup qui vous fait soupirer,
Loin de blâmer vos pleurs, je suis près de pleurer.
Mais votre amour n'a plus d'excuse légitime ;
Les dieux ont à Calchas amené leur victime :
Il le sait, il l'attend ; et, s'il la voit tarder,
Lui-même à haute voix viendra la demander.
Nous sommes seuls encor : hâtez-vous de répandre
Des pleurs que vous arrache un intérêt si tendre
Pleurez ce sang, pleurez ; ou plutôt, sans pâlir,
Considérez l'honneur qui doit en rejaillir :
Voyez tout l'Hellespont blanchissant sous nos rames,
Et la perfide Troie abandonnée aux flammes,

Ses peuples dans vos fers, Priam à vos genoux,
Hélène par vos mains rendue à son époux;
Voyez de vos vaisseaux les poupes couronnées
Dans cette même Aulide avec vous retournées,
Et ce triomphe heureux qui s'en va devenir
L'éternel entretien des siècles à venir.
AGAMEMNON.
Seigneur, de mes efforts je connais l'impuissance :
Je cède, et laisse aux dieux opprimer l'innocence.
La victime bientôt marchera sur vos pas.
Allez. Mais cependant faites taire Calchas;
Et, m'aidant à cacher ce funeste mystère,
Laissez-moi de l'autel écarter une mère.

ACTE DEUXIÈME.

SCÈNE I.

ÉRIPHILE, DORIS.

ÉRIPHILE.
Ne les contraignons point, Doris, retirons-nous,
Laissons-les dans les bras d'un père et d'un époux;
Et tandis qu'à l'envi leur bonheur se déploie,
Mettons en liberté ma tristesse et leur joie.
DORIS.
Quoi, madame! toujours irritant vos douleurs,
Croirez-vous ne plus voir que des sujets de pleurs?
Je sais que tout déplaît aux yeux d'une captive,
Qu'il n'est point dans les fers de plaisir qui la suive;
Mais dans le temps fatal que, repassant les flots,
Nous suivions malgré nous le vainqueur de Lesbos;
Lorsque dans son vaisseau, prisonnière timide,
Vous voyiez devant vous ce vainqueur homicide,
Le dirai-je! vos yeux de larmes moins trempés,
A pleurer vos malheurs étaient moins occupés.
Maintenant tout vous rit : l'aimable Iphigénie
D'une amitié sincère avec vous est unie;

Elle vous plaint, vous voit avec des yeux de sœur;
Et vous seriez dans Troie avec moins de douceur.
Vous vouliez voir l'Aulide où son père l'appelle,
Et l'Aulide vous voit arriver avec elle :
Cependant par un sort que je ne conçois pas,
Votre douleur redouble et croît à chaque pas.

ÉRIPHILE.

Eh quoi! te semble-t-il que la triste Ériphile
Doive être de leur joie un témoin si tranquille?
Crois-tu que mes chagrins doivent s'évanouir
A l'aspect d'un bonheur dont je ne puis jouir?
Je vois Iphigénie entre les bras d'un père ;
Elle fait tout l'orgueil d'une superbe mère ;
Et moi, toujours en butte à de nouveaux dangers,
Remise dès l'enfance en des bras étrangers,
Je reçus et je vois le jour que je respire,
Sans que père ni mère ait daigné me sourire.
J'ignore qui je suis ; et, pour comble d'horreur,
Un oracle effrayant m'attache à mon erreur,
Et, quand je veux chercher le sang qui m'a fait naître,
Me dit que sans périr je ne me puis connaître.

DORIS.

Non, non, jusques au bout vous devez le chercher.
Un oracle toujours se plaît à se cacher ;
Toujours avec un sens il en présente un autre :
En perdant un faux nom vous reprendrez le vôtre.
C'est là tout le danger que vous pouvez courir,
Et c'est peut-être ainsi que vous devez périr.
Songez que votre nom fut changé dès l'enfance.

ÉRIPHILE.

Je n'ai de tout mon sort que cette connaissance;
Et ton père, du reste infortuné témoin,
Ne me permit jamais de pénétrer plus loin.
Hélas ; dans cette Troie où j'étais attendue,
Ma gloire, disait-il, m'allait être rendue ;
J'allais, en reprenant et mon nom et mon rang,
Des plus grands rois en moi reconnaître le sang.
Déjà je découvrais cette fameuse ville.
Le ciel mène à Lesbos l'impitoyable Achille :
Tout cède, tout ressent ses funestes efforts ;
Ton père, enseveli dans la foule des morts,
Me laisse dans les fers, à moi-même inconnue ;

Et, de tant de grandeurs dont j'étais prévenue,
Vile esclave des Grecs, je n'ai pu conserver
Que la fierté d'un sang que je ne puis prouver.

DORIS.

Ah! que perdant, madame, un témoin si fidèle,
La main qui vous l'ôta vous doit sembler cruelle!
Mais Calchas est ici, Calchas si renommé,
Qui des secrets des dieux fut toujours informé.
Le ciel souvent lui parle : instruit par un tel maître,
Il sait tout ce qui fut et tout ce qui doit être.
Pourrait-il de vos jours ignorer les auteurs?
Ce camp même est pour vous tout plein de protecteurs.
Bientôt Iphigénie, en épousant Achille,
Vous va sous son appui présenter un asile;
Elle vous l'a promis et juré devant moi;
Ce gage est le premier qu'elle attend de sa foi.

ÉRIPHILE.

Je périrai, Doris; et, par une mort prompte,
Dans la nuit du tombeau j'enfermerai ma honte,
Sans chercher des parents si longtemps ignorés,
Que mon funeste sort a trop déshonorés.

DORIS.

Que je vous plains, madame! et que la tyrannie...

ÉRIPHILE.

Tu vois Agamemnon avec Iphigénie.

SCÈNE II.

AGAMEMNON, IPHIGÉNIE, ÉRIPHILE, DORIS.

IPHIGÉNIE.

Seigneur, où courez-vous? et quels empressements
Vous dérobent sitôt à nos embrassements?
A qui dois-je imputer cette fuite soudaine?
Mon respect a fait place aux transports de la reine;
Un moment à mon tour ne vous puis-je arrêter?
Et ma joie à vos yeux n'ose-t-elle éclater?
Ne puis-je...

AGAMEMNON.

Eh bien! ma fille, embrassez votre père;
Il vous aime toujours.

ACTE II, SCÈNE II.

IPHIGÉNIE.

Que cette amour m'est chère !
Quel plaisir de vous voir et de vous contempler
Dans ce nouvel éclat dont je vous vois briller !
Quels honneurs ! quel pouvoir ! Déjà la renommée
Par d'étonnants récits m'en avait informée ;
Mais que, voyant de près ce spectacle charmant,
Je sens croître ma joie et mon étonnement !
Dieux ! avec quel amour la Grèce vous révère !
Quel bonheur de me voir la fille d'un tel père !

AGAMEMNON.

Vous méritiez, ma fille, un père plus heureux.

IPHIGÉNIE.

Quelle félicité peut manquer à vos vœux ?
A de plus grands honneurs un roi peut-il prétendre ?
J'ai cru n'avoir au ciel que des grâces à rendre.

AGAMEMNON, à part.

Grands dieux ! à son malheur dois-je la préparer !

IPHIGÉNIE.

Vous vous cachez, seigneur, et semblez soupirer ?
Tous vos regards sur moi ne tombent qu'avec peine :
Avons-nous sans votre ordre abandonné Mycène ?

AGAMEMNON.

Ma fille, je vous vois toujours des mêmes yeux ;
Mais les temps sont changés, aussi bien que les lieux ;
D'un soin cruel ma joie ici est combattue.

IPHIGÉNIE.

Eh ! mon père, oubliez votre rang à ma vue.
Je prévois la rigueur d'un long éloignement.
N'osez-vous sans rougir être père un moment ?
Vous n'avez devant vous qu'une jeune princesse
A qui j'avais pour moi vanté votre tendresse ;
Cent fois lui promettant mes soins, votre bonté,
J'ai fait gloire à ses yeux de ma félicité :
Que va-t-elle penser de votre indifférence ?
Ai-je flatté ses vœux d'une fausse espérance ?
N'éclaircirez vous point ce front chargé d'ennuis ?

AGAMEMNON.

Ah ! ma fille !

IPHIGÉNIE.

Seigneur, poursuivez.

AGAMEMNON.
Je ne puis.
IPHIGÉNIE.
Périsse le Troyen auteur de nos alarmes!
AGAMEMNON.
Sa perte à ses vainqueurs coûtera bien des larmes.
IPHIGÉNIE.
Les dieux daignent surtout prendre soin de vos jours!
AGAMEMNON.
Les dieux depuis un temps me sont cruels et sourds.
IPHIGÉNIE.
Calchas, dit-on, prépare un pompeux sacrifice?
AGAMEMNON.
Puissé-je auparavant fléchir leur injustice?
IPHIGÉNIE.
L'offrira-t-on bientôt?
AGAMEMNON.
Plus tôt que je ne veux.
IPHIGÉNIE.
Me sera-t-il permis de me joindre à vos vœux?
Verra-t-on à l'autel votre heureuse famille?
AGAMEMNON.
Hélas!
IPHIGÉNIE.
Vous vous taisez!
AGAMEMNON.
Vous y serez, ma fille.
Adieu.

SCÈNE III.

IPHIGÉNIE, ÉRIPHILE, DORIS.

IPHIGÉNIE.
De cet accueil que dois-je soupçonner?
D'une secrète horreur je me sens frissonner :
Je crains, malgré moi-même, un malheur que j'ignore.
Justes dieux! vous savez pour qui je vous implore!
ÉRIPHILE.
Quoi! parmi tous les soins qui doivent l'accabler,
Quelque froideur suffit pour vous faire trembler!
Hélas! à quels soupirs suis-je donc condamnée.

Moi qui, de mes parents toujours abandonnée,
Étrangère partout, n'ai pas même en naissant
Peut-être reçu d'eux un regard caressant !
Du moins, si vos respects sont rejetés d'un père,
Vous en pouvez gémir dans le sein d'une mère ;
Et de quelque disgrâce enfin que vous pleuriez,
Quels pleurs par un époux ne sont point essuyés ?

IPHIGÉNIE.

Je ne m'en défends point : mes pleurs, belle Ériphile,
Ne tiendront pas longtemps contre les soins d'Achille.
Sa gloire, ses vertus, mon père, mon devoir,
Lui donnent sur mon âme un trop juste pouvoir.
Mais de lui même ici que faut-il que je pense ?
Ce prince, pour me voir brûlant d'impatience,
Que les Grecs de ces bords ne pouvaient arracher,
Qu'un père de si loin m'ordonne de chercher,
S'empresse-t-il assez pour jouir d'une vue
Qu'avec tant de bonheur je croyais attendue ?
Pour moi depuis deux jours qu'approchant de ces lieux,
Leur aspect souhaité se découvre à nos yeux,
Je l'attendais partout ; et d'un regard timide,
Sans cesse parcourant les chemins de l'Aulide,
Mon cœur pour le chercher volait loin devant moi,
Et je demande Achille à tout ce que je voi.
Je viens, j'arrive enfin sans qu'il m'ait prévenue.
Je n'ai percé qu'à peine une foule inconnue ;
Lui seul ne paraît point ; le triste Agamemnon
Semble craindre à mes yeux de prononcer son nom.

SCÈNE IV.

CLYTEMNESTRE, IPHIGÉNIE, ÉRIPHILE, DORIS.

CLYTEMNESTRE.

Ma fille, il faut partir sans que rien nous retienne
Et sauver, en fuyant, votre gloire et la mienne.
Je ne m'étonne plus qu'interdit et distrait
Votre père ait paru nous revoir à regret.
Aux affronts d'un refus craignant de vous commettre,
Il m'avait, par Arcas, envoyé cette lettre.
Arcas s'est vu trompé par notre égarement,
Et vient de me la rendre en ce même moment.

Sauvons, encore un coup, notre gloire offensée :
Pour votre hymen Achille a changé de pensée,
Et, refusant l'honneur qu'on lui veut accorder,
Jusques à son retour il veut le retarder.
ÉRIPHILE.
Qu'entends-je?
CLYTEMNESTRE.
Je vous vois rougir de cet outrage.
Il faut d'un noble orgueil armer votre courage.
Moi-même de l'ingrat approuvant le dessein,
Je vous l'ai dans Argos présenté de ma main;
Et mon choix, que flattait le bruit de sa noblesse,
Vous donnait avec joie au fils d'une déesse.
Mais puisque désormais son lâche repentir
Dément le sang des dieux dont on le fait sortir,
Ma fille, c'est à nous de montrer qui nous sommes,
Et de ne voir en lui que le dernier des hommes.
Lui ferons-nous penser par un plus long séjour,
Que vos vœux de son cœur attendent le retour?
Rompons avec plaisir un hymen qu'il diffère.
J'ai fait de mon dessein avertir votre père;
Je ne l'attends ici que pour m'en séparer;
Et pour ce prompt départ je vais tout préparer.
A Ériphile.
Je ne vous presse point, madame, de nous suivre;
En de plus sûres mains ma retraite vous livre.
De vos desseins secrets on est trop éclairci;
Et ce n'est pas Calchas que vous cherchez ici.

SCÈNE V.

IPHIGÉNIE, ÉRIPHILE, DORIS.

IPHIGÉNIE.
En quel funeste état ces mots m'ont-ils laissée?
Pour mon hymen Achille a changé de pensée!
Il me faut sans honneur retourner sur mes pas!
Et vous cherchez ici quelque autre que Calchas!
ÉRIPHILE.
Madame, à ce discours je ne puis rien comprendre.
IPHIGÉNIE.
Vous m'entendez assez, si vous voulez m'entendre.

Le sort injurieux me ravit un époux;
Madame, à mon malheur m'abandonnerez-vous?
Vous ne pouviez sans moi demeurer à Mycène;
Me verra-t-on sans vous partir avec la reine?
ERIPHILE.
Je voulais voir Calchas avant que de partir.
IPHIGÉNIE.
Que tardez-vous, madame, à le faire avertir?
ÉRIPHILE.
D'Argos, dans un moment, vous reprenez la route.
IPHIGÉNIE.
Un moment quelquefois éclaircit plus d'un doute.
ÉRIPHILE.
Avez-vous pu penser qu'au sang d'Agamemnon
Achille préférât une fille sans nom,
Qui de tout son destin ce qu'elle a pu comprendre,
C'est qu'elle sort d'un sang qu'il brûle de répandre?

SCÈNE VI.

ACHILLE, IPHIGÉNIE, ÉRIPHILE, DORIS.

ACHILLE.
Il est donc vrai, madame, et c'est vous que je vois?
Je soupçonnais d'erreur tout le camp à la fois.
Vous en Aulide! vous! Eh! qu'y venez-vous faire?
D'où vient qu'Agamemnon m'assurait le contraire?
IPHIGÉNIE.
Seigneur, rassurez-vous : vos vœux seront contents.
Iphigénie encor n'y sera pas longtemps.

SCÈNE VII.

ACHILLE.

Elle me fuit? veillé-je? ou n'est-ce point un songe?
Dans quel trouble nouveau cette fuite me plonge!
Iphigénie me fuit. Quel crime ai-je commis?
Mais je ne vois partout que des yeux ennemis.
Que dis-je? en ce moment Calchas, Nestor, Ulysse,

De leur vaine éloquence employant l'artifice,
Combattaient mon ardeur, et semblaient m'annoncer
Que, si j'en crois ma gloire, il faut y renoncer.
Quelle entreprise ici pourrait être formée?
Suis-je, sans le savoir, la fable de l'armée?

ACTE TROISIÈME.

SCÈNE I.

AGAMEMNON, CLYTEMNESTRE.

CLYTEMNESTRE.

Oui, seigneur, nous partirons; et mon juste courroux
Laissait bientôt Achille et le camp loin de nous :
Ma fille dans Argos courait pleurer sa honte.
Mais lui-même, étonné d'une fuite si prompte,
Par combien de serments, dont je n'ai pu douter,
Vient-il de me convaincre, et de nous arrêter !
Il presse cet hymen qu'on prétend qu'il diffère,
Et vous cherche, seigneur, tout brûlant de colère :
Près d'imposer silence à ce bruit imposteur,
Achille en veut connaître et confondre l'auteur.
Bannissez ces soupçons qui troublaient notre joie.

AGAMEMNON.

Madame, c'est assez : je conçois qu'on le croie.
Je reconnais l'erreur qui nous avait séduits,
Et ressens votre joie autant que je le puis.
Vous voulez que Calchas l'unisse à ma famille;
Vous pouvez à l'autel envoyer votre fille :
Je l'attends. Mais avant que de passer plus loin,
J'ai voulu vous parler un instant sans témoin.
Vous voyez en quels lieux vous l'avez amenée :
Tout y ressent la guerre, et non point l'hyménée.
Le tumulte d'un camp, soldats et matelots,
Un autel hérissé de dards, de javelots,
Tout ce spectacle enfin, pompe digne d'Achille,
Pour attirer vos yeux n'est point assez tranquille ;

Et les Grecs y verraient l'épouse de leur roi
Dans un état indigne et de vous et de moi.
M'en croirez-vous? Laissez, de vos femmes suivie,
A cet hymen, sans vous, marcher Iphigénie.
CLYTEMNESTRE.
Qui? moi! que, remettant ma fille en d'autres bras
Ce que j'ai commencé je ne l'achève pas!
Qu'après l'avoir d'Argos amenée en Aulide,
Je refuse à l'autel de lui servir de guide !
Dois-je donc de Calchas être moins près que vous?
Et qui présentera ma fille à son époux?
Quel autre ordonnera cette pompe sacrée?
AGAMEMNON.
Vous n'êtes point ici dans le palais d'Atrée :
Vous êtes dans un camp...
CLYTEMNESTRE.
Où tout vous est soumis;
Où le sort de l'Asie en vos mains est remis ;
Où je vois sous vos lois marcher la Grèce entière ;
Où le fils de Thétis va m'appeler sa mère.
Dans quel palais superbe et plein de ma grandeur
Puis-je jamais paraître avec plus de splendeur?
AGAMEMNON.
Madame, au nom des dieux auteurs de notre race,
Daignez à mon amour accorder cette grâce.
J'ai mes raisons.
CLYTEMNESTRE.
Seigneur, au nom des mêmes dieux,
D'un spectacle si doux ne privez point mes yeux.
Daignez ne point ici rougir de ma présence.
AGAMEMNON.
J'avais plus espéré de votre complaisance.
Mais, puisque la raison ne vous peut émouvoir,
Puisqu'enfin ma prière a si peu de pouvoir,
Vous avez entendu ce que je vous demande,
Madame, je le veux, et je vous le commande.
Obéissez.

SCÈNE II.

CLYTEMNESTRE.

D'où vient que d'un soin si cruel
L'injuste Agamemnon m'écarte de l'autel?

Fier de son nouveau rang, m'ose-t-il méconnaître?
Me croit-il à sa suite indigne de paraître?
Ou, de l'empire encor timide possesseur,
N'oserait-il d'Hélène ici montrer la sœur?
Et pourquoi me cacher? et par quelle injustice
Faut-il que sur mon front sa honte rejaillisse?
Mais n'importe ; il le veut, et mon cœur s'y résout.
Ma fille, ton bonheur me console de tout!
Le ciel te donne Achille! et ma joie est extrême
De t'entendre nommer... Mais le voici lui-même.

SCÈNE III.

ACHILLE, CLYTEMNESTRE.

ACHILLE.

Tout succède, madame, à mon empressement :
Le roi n'a point voulu d'autre éclaircissement;
On en croit mes serments ; et, sans presque m'entendre,
Il vient, en m'embrassant, de m'accepter pour gendre.
Il ne m'a dit qu'un mot. Mais vous a-t-il conté
Quel bonheur dans le camp vous avez apporté?
Les dieux vont s'apaiser : du moins Calchas publie
Qu'avec eux, dans une heure, il nous réconcilie;
Que Neptune et les vents, prêts à nous exaucer,
N'attendent que le sang que sa main va verser.
Déjà dans les vaisseaux la voile se déploie,
Déjà sur sa parole ils se tournent vers Troie.
Puis-je ne point chérir l'heureuse occasion
D'aller du sang troyen sceller notre union,
Et de laisser bientôt, sous Troie ensevelie,
Le déshonneur d'un nom à qui le mien s'allie?

SCÈNE IV.

ACHILLE, CLYTEMNESTRE, IPHIGÉNIE, ÉRIPHILE, ÆGINE, DORIS.

ACHILLE.

Princesse, mon bonheur ne dépend que de vous;
Votre père à l'autel vous destine un époux.

IPHIGÉNIE.

Je viens vous présenter une jeune princesse;

ACTE III, SCÈNE IV.

Le ciel a sur son front imprimé sa noblesse.
De larmes tous les jours ses yeux sont arrosés ;
Vous savez ses malheurs, vous les avez causés.
Moi-même où m'emportait une aveugle colère !
J'ai tantôt, sans respect, affligé sa misère.
Que ne puis-je aussi bien, par d'utiles secours,
Réparer promptement mes injustes discours !
Je lui prête ma voix, je ne puis davantage.
Vous seul pouvez, seigneur, détruire votre ouvrage :
Elle est votre captive ; et ses fers, que je plains,
Quand vous l'ordonnerez, tomberont de ses mains.
Commencez donc par là cette heureuse journée.
Qu'elle puisse à nous voir n'être plus condamnée.
Montrez que je vais suivre aux pieds de nos autels
Un roi qui, non content d'effrayer les mortels,
A des embrassements ne borne point sa gloire,
Laisse aux pleurs d'une épouse attendrir sa victoire,
Et, par les malheureux quelquefois désarmé,
Sait imiter en tout les dieux qui l'ont formé.

ÉRIPHILE.

Oui, seigneur, des douleurs soulagez la plus vive.
La guerre dans Lesbos me fit votre captive ;
Mais c'est pousser trop loin ses droits injurieux,
Qu'y joindre le tourment que je souffre en ces lieux.

ACHILLE.

Vous, madame !

ÉRIPHILE.

Oui, seigneur ; et, sans compter le reste,
Pouvez-vous m'imposer une loi plus funeste
Que de rendre mes yeux les strictes spectateurs
De la félicité de mes persécuteurs ?
J'entends de toutes parts menacer ma patrie ;
Je vois marcher contre elle une armée en furie ;
Je vois déjà l'hymen, pour mieux me déchirer,
Mettre en vos mains le feu qui la doit dévorer :
Souffrez que, loin du camp et loin de votre vue,
Toujours infortunée et toujours inconnue,
J'aille cacher un sort si digne de pitié,
Et dont mes pleurs encore vous taisent la moitié.

ACHILLE.

C'est trop, belle princesse, il ne faut que nous suivre.
Venez : qu'aux yeux des Grecs Achille vous délivre ;

Et que le doux moment de ma félicité
Soit le moment heureux de votre liberté.

SCÈNE V.

ACHILLE, CLYTEMNESTRE, IPHIGÉNIE, ÉRIPHILE, ARCAS, ÆGINE, DORIS.

ARCAS.
Madame, tout est prêt pour la cérémonie.
Le roi près de l'autel attend Iphigénie.
Je viens la demander : ou plutôt contre lui,
Seigneur, je viens pour elle implorer votre appui.
ACHILLE.
Arcas, que dites-vous?
CLYTEMNESTRE.
Dieux! que vient-il m'apprendre!
ARCAS, à Achille.
Je ne vois plus que vous qui la puisse défendre.
ACHILLE.
Contre qui?
ARCAS.
Je le nomme et l'accuse à regret :
Autant que je l'ai pu, j'ai gardé son secret.
Mais le fer, le bandeau, la flamme est toute prête;
Dût tout cet appareil retomber sur ma tête,
Il faut parler.
CLYTEMNESTRE.
Je tremble. Expliquez-vous, Arcas.
ACHILLE.
Qui que ce soit, parlez, et ne le craignez pas.
ARCAS.
Vous êtes son époux, et vous êtes sa mère :
Gardez-vous d'envoyer la princesse à son père.
CLYTEMNESTRE.
Pourquoi le craindrons-nous?
ACHILLE.
Pourquoi m'en défier?
ARCAS.
Il l'attend à l'autel pour la sacrifier.

ACHILLE.

Lui!

CLYTEMNESTRE.

Sa fille!

IPHIGÉNIE.

Mon père!

ÉRIPHILE.

O ciel! quelle nouvelle!

ACHILLE.

Quelle aveugle fureur pourrait l'armer contre elle?
Ce discours sans horreur se peut-il écouter?

ARCAS.

Ah! seigneur! plût au ciel que je pusse en douter!
Par la voix de Calchas l'oracle la demande;
De toute autre victime il refuse l'offrande;
Et les dieux, jusque-là protecteurs de Pâris,
Ne nous promettent Troie et les vents qu'à ce prix.

CLYTEMNESTRE.

Les dieux ordonneraient un meurtre abominable!

IPHIGÉNIE.

Ciel! pour tant de rigueurs, de quoi suis-je coupable?

CLYTEMNESTRE.

Je ne m'étonne plus de cet ordre cruel
Qui m'avait interdit l'approche de l'autel.

IPHIGÉNIE, à Achille.

Et voilà donc l'hymen où j'étais destinée!

ARCAS.

Le roi, pour vous tromper, feignait cet hyménée :
Tout le camp même encore est trompé comme vous.

CLYTEMNESTRE.

Seigneur, c'est donc à moi d'embrasser vos genoux.

ACHILLE, la relevant.

Ah! madame!

CLYTEMNESTRE.

Oubliez une gloire importune;
Ce triste abaissement convient à ma fortune :
Heureuse si mes pleurs vous peuvent attendrir!
Une mère à vos pieds peut tomber sans rougir.
C'est votre épouse, hélas! qui vous est enlevée.
Dans cet heureux espoir je l'avais élevée.
C'est vous que nous cherchions sur ce funeste bord;
Et votre nom, seigneur, l'a conduite à la mort.

Ira-t-elle, des dieux implorant la justice,
Embrasser leurs autels parés pour son supplice?
Elle n'a que vous seul : vous êtes en ces lieux
Son père, son époux, son asile, ses dieux.
Je lis dans vos regards la douleur qui vous presse.
Auprès de votre époux, ma fille, je vous laisse.
Seigneur, daignez m'attendre, et ne la point quitter.
A mon perfide époux je cours me présenter :
Il ne soutiendra point la fureur qui m'anime.
Il faudra que Calchas cherche une autre victime :
Ou, si je ne vous puis dérober à leurs coups,
Ma fille, ils pourront bien m'immoler avant vous.

SCÈNE VI.

ACHILLE, IPHIGÉNIE.

ACHILLE.

Madame, je me tais, et demeure immobile.
Est-ce à moi que l'on parle, et connaît-on Achille?
Une mère pour vous croit devoir me prier?
Une reine à mes pieds se vient humilier!
Et, me déshonorant par d'injustes alarmes,
Pour attendrir mon cœur on a recours aux larmes!
Qui doit prendre à vos jours plus d'intérêt que moi?
Ah! sans doute on s'en peut reposer sur ma foi.
L'outrage me regarde; et, quoi qu'on entreprenne,
Je réponds d'une vie où j'attache la mienne.
Mais ma juste douleur va plus loin m'engager :
C'est peu de vous défendre, et je cours vous venger,
Et punir à la fois le cruel stratagème
Qui s'ose de mon nom armer contre vous-même.

IPHIGÉNIE.

Ah! demeurez, seigneur, et daignez m'écouter.

ACHILLE.

Quoi, madame! un barbare osera m'insulter!
Il voit que de sa sœur je cours venger l'outrage;
Il sait que, le premier, lui donnant mon suffrage,
Je le fis nommer chef de vingt rois ses rivaux;
Et, pour fruit de mes soins, pour fruit de mes travaux,
Pour tout le prix enfin d'une illustre victoire

Qui le doit enrichir, venger, combler de gloire,
Content et glorieux du nom de votre époux,
Je ne lui demandai que l'honneur d'être à vous :
Cependant aujourd'hui, sanguinaire, parjure,
C'est peu de violer l'amitié, la nature ;
C'est peu que de vouloir, sous un couteau mortel,
Me montrer votre cœur fumant sur un autel ;
D'un appareil d'hymen couvrant ce sacrifice,
Il veut que ce soit moi qui vous mène au supplice,
Que ma crédule main conduise le couteau,
Qu'au lieu de votre époux je sois votre bourreau !
Et quel était pour vous ce sanglant hyménée,
Si je fusse arrivé plus tard d'une journée ?
Quoi donc ! à leur fureur livrée en ce moment,
Vous iriez à l'autel me chercher vainement ;
Et d'un fer imprévu vous tomberiez frappée,
En accusant mon nom qui vous aurait trompée !
Il faut de ce péril, de cette trahison,
Aux yeux de tous les Grecs lui demander raison.
A l'honneur d'un époux vous-même intéressée,
Madame, vous devez approuver ma pensée.
Il faut que le cruel qui m'a pu mépriser
Apprenne de quel nom il osait abuser.

IPHIGÉNIE.

Hélas ! si vous m'aimez, si, pour grâce dernière,
Vous daignez d'une épouse écouter la prière,
C'est maintenant, seigneur, qu'il faut me le prouver :
Car enfin ce cruel que vous allez braver,
Cet ennemi barbare, injuste, sanguinaire,
Songez, quoi qu'il ait fait, songez qu'il est mon père.

ACHILLE.

Lui, votre père ! Après son horrible dessein,
Je ne le connais plus que pour votre assassin.

IPHIGÉNIE.

C'est mon père, seigneur, je vous le dis encore,
Mais un père que j'aime, un père que j'adore,
Qui me chérit lui-même, et dont, jusqu'à ce jour,
Je n'ai jamais reçu que des marques d'amour.
Mon cœur, dans ce respect élevé dès l'enfance,
Ne peut que s'affliger de tout ce qui l'offense,
Et je suis loin d'oser par un prompt changement,
Approuver la fureur de votre emportement.

Ah! pourquoi voulez-vous qu'inhumain et barbare
Il ne gémisse pas du coup qu'on me prépare?
Quel père de son sang se plaît à se priver?
Pourquoi me perdrait-il s'il pouvait me sauver?
J'ai vu, n'en doutez point, ses larmes se répandre.
Faut-il le condamner avant que de l'entendre?
Hélas! de tant d'horreurs son cœur déjà troublé
Doit-il de votre haine être encore accablé?

ACHILLE.

Quoi, madame! parmi tant de sujets de crainte,
Ce sont là les frayeurs dont vous êtes atteinte!
Un cruel (comment puis-je autrement l'appeler!)
Par la main de Calchas s'en va vous immoler;
Et, lorsqu'à sa fureur j'oppose ma tendresse,
Le soin de son repos est le seul qui vous presse!
On me ferme la bouche! on l'excuse! on le plaint!
C'est pour lui que l'on tremble, et c'est moi que l'on craint!
Triste effet de mes soins! Est-ce donc là, madame,
Tout le progrès qu'Achille avait fait dans votre âme?
Ah! si je vous suis cher, ma princesse, vivez!

SCÈNE VII.

ACHILLE, CLYTEMNESTRE, IPHIGÉNIE.

CLYTEMNESTRE.

Tout est perdu, seigneur, si vous ne nous sauvez.
Agamemnon m'évite, et craignant mon visage,
Il me fait de l'autel refuser le passage :
Des gardes que lui-même a pris soin de placer
Nous ont de toutes parts défendu de passer.
Il me fuit. Ma douleur étonne son audace.

ACHILLE.

Eh bien! c'est donc à moi de prendre votre place.
Il me verra, madame; et je vais lui parler.

IPHIGÉNIE.

Ah! madame!... Ah! seigneur! où voulez-vous aller!

ACHILLE.

Et que prétend de moi votre injuste prière?
Vous faudra-t-il toujours combattre la première.

CLYTEMNESTRE.

Quel est votre dessein, ma fille?

IPHIGÉNIE.
Au nom des dieux,
Madame, retenez un époux furieux :
De ce triste entretien détournons les approches.
Seigneur, trop d'amertume aigrirait vos reproches.
Je sais jusqu'où s'emporte un époux irrité ;
Et mon père est jaloux de son autorité.
On ne connaît que trop la fierté des Atrides.
Laissez parler, seigneur, des bouches plus timides.
Surpris, n'en doutez point, de mon retardement,
Lui-même il me viendra chercher dans un moment :
Il entendra gémir une mère oppressée ;
Et que ne pourra point m'inspirer la pensée
De prévenir les pleurs que vous verseriez tous,
D'arrêter vos transports et de vivre pour vous !

ACHILLE.
Enfin, vous le voulez : il faut donc vous complaire.
Donnez-lui l'une et l'autre un conseil salutaire :
Rappelez sa raison ; persuadez-le bien,
Pour vous, pour mon repos, et surtout pour le sien.
Je perds trop de moments en des discours frivoles ;
Il faut des actions et non pas des paroles.
Madame, à vous servir je vais tout disposer :
Dans votre appartement allez vous reposer.
Votre fille vivra, je puis vous le prédire.
Croyez du moins, croyez que, tant que je respire,
Les dieux auront en vain ordonné son trépas :
Cet oracle est plus sûr que celui de Calchas.

ACTE QUATRIÈME.

SCÈNE I.

ÉRIPHILE, DORIS.

ÉRIPHILE.
Non, te dis-je, les dieux l'ont en vain condamnée.
Je suis et je serai la seule infortunée.

Ah! si je m'en croyais...
DORIS.
Quoi! que méditez-vous?
ÉRIPHILE.
Je ne sais qui m'arrête et retient mon courroux,
Que, par un prompt avis de tout ce qui se passe,
Je ne coure des dieux divulguer la menace,
Et publier partout les complots criminels
Qu'on fait ici contre eux et contre leurs autels.
DORIS.
Ah! quel dessein, madame!
ÉRIPHILE.
Ah! Doris! quelle joie!
Que d'encens brûlerait dans les temples de Troie,
Si, troublant tous les Grecs, et vengeant ma prison,
Je pouvais contre Achille armer Agamemnon;
Si leur haine, de Troie oubliant la querelle,
Tournait contre eux le fer qu'ils aiguisent contre elle.
Et si de tout le camp mes avis dangereux
Faisaient à ma patrie un sacrifice heureux !
DORIS.
J'entends du bruit. On vient : Clytemnestre s'avance.
Remettez-vous, madame, ou fuyez sa présence.
ÉRIPHILE.
Rentrons. Et pour troubler leurs desseins odieux,
Consultons des fureurs qu'autorisent les dieux.

SCÈNE II.

CLYTEMNESTRE, ÆGINE.

CLYTEMNESTRE.
Ægine, tu le vois, il faut que je la fuie :
Loin que ma fille pleure et tremble pour sa vie,
Elle excuse son père, et veut que ma douleur
Respecte encor la main qui lui perce le cœur.
O constance! ô respect ! Pour prix de sa tendresse,
Le barbare à l'autel se plaint de sa paresse !
Je l'attends. Il viendra m'en demander raison,
Et croit pouvoir encore cacher sa trahison.
Il vient. Sans éclater contre son injustice,
Voyons s'il soutiendra son indigne artifice.

SCÈNE III.

AGAMEMNON, CLYTEMNESTRE, ÆGINE.

AGAMEMNON.

Que faites-vous, madame? et d'où vient que ces lieux
N'offrent point avec vous votre fille à mes yeux?
Mes ordres par Arcas vous l'avaient demandée :
Qu'attend-elle? Est-ce vous qui l'avez retardée?
A mes justes désirs ne vous rendez-vous pas?
Ne peut-elle à l'autel marcher que sur vos pas?
Parlez...

CLYTEMNESTRE.
S'il faut partir, ma fille est toute prête.
Mais vous, n'avez-vous rien, seigneur, qui vous arrête?

AGAMEMNON.
Moi, madame?

CLYTEMNESTRE.
Vos soins ont-ils tout préparé?

AGAMEMNON.
Calchas est prêt, madame, et l'autel est paré.
J'ai fait ce que m'ordonne un devoir légitime.

CLYTEMNESTRE.
Vous ne me parlez pas, seigneur, de la victime.

AGAMEMNON.
Que me voulez-vous dire? et de quel soin jaloux...

SCÈNE IV.

AGAMEMNON, CLYTEMNESTRE, IPHIGÉNIE, ÆGINE.

CLYTEMNESTRE.

Venez, venez ma fille, on n'attend plus que vous;
Venez remercier un père qui vous aime,
Et qui veut à l'autel vous conduire lui-même.

AGAMEMNON.
Que vois-je? Quel discours! Ma fille, vous pleurez,
Et baissez devant moi vos yeux mal assurés.
Quel trouble! Mais tout pleure, et la fille et la mère.
Ah! malheureux Arcas, tu m'as trahi!

IPHIGÉNIE EN AULIDE.

IPHIGÉNIE.

            Mon père,
Cessez de vous troubler, vous n'êtes point trahi :
Quand vous commanderez, vous serez obéi.
Ma vie est votre bien ; vous voulez le reprendre :
Vos ordres sans détours pouvaient se faire entendre.
D'un œil aussi content, d'un cœur aussi soumis
Que j'acceptais l'époux que vous m'aviez promis,
Je saurai, s'il le faut, victime obéissante,
Tendre au fer de Calchas une tête innocente ;
Et, respectant le coup par vous-même ordonné,
Vous rendre tout le sang que vous m'avez donné.
Si pourtant ce respect, si cette obéissance
Paraît digne à vos yeux d'une autre récompense ;
Si d'une mère en pleurs vous plaignez les ennuis,
J'ose vous dire ici qu'en l'état où je suis
Peut-être assez d'honneurs environnaient ma vie
Pour ne pas souhaiter qu'elle me fût ravie ;
Ni qu'on me l'arrachant, un sévère destin,
Si près de ma naissance, en eût marqué la fin.
Fille d'Agamemnon, c'est moi qui la première,
Seigneur, vous appelai de ce doux nom de père ;
C'est moi qui, si longtemps le plaisir de vos yeux,
Vous ai fait de ce nom remercier les dieux,
Et pour qui, tant de fois prodiguant vos caresses,
Vous n'avez point du sang dédaigné les faiblesses.
Hélas ! avec plaisir je me faisais conter
Tous les noms des pays que vous allez dompter ;
Et déjà, d'Ilion présageant la conquête,
D'un triomphe si beau je préparais la fête.
Je ne m'attendais pas que, pour le commencer,
Mon sang fût le premier que vous dussiez verser.
Non que la peur du coup dont je suis menacée
Me fasse rappeler votre bonté passée :
Ne craignez rien : mon cœur, de votre honneur jaloux,
Ne fera point rougir un père tel que vous ;
Et, si je n'avais eu que ma vie à défendre,
J'aurais su renfermer un souvenir si tendre ;
Mais à mon triste sort, vous le savez, seigneur,
Une mère, un époux, attachaient leur bonheur.
Un roi digne de vous a cru voir la journée
Qui devait éclairer notre illustre hyménée.

Déjà, sûr de mon cœur à ses désirs promis,
Il s'estimait heureux : vous me l'aviez permis.
Il sait votre dessein; jugez de ses alarmes.
Ma mère est devant vous, et vous voyez ses larmes.
Pardonnez aux efforts que je viens de tenter
Pour prévenir les pleurs que je leur vais coûter.

AGAMEMNON.

Ma fille, il est trop vrai : j'ignore pour quel crime
La colère des dieux demande une victime :
Mais ils vous ont nommée : un oracle cruel
Veut qu'ici votre sang coule sur un autel.
Pour défendre vos jours de leurs lois meurtrières,
Mon amour n'avait pas attendu vos prières.
Je ne vous dirai point combien j'ai résisté :
Croyez-en cet amour par vous-même attesté.
Cette nuit même encore, on a pu vous le dire,
J'avais révoqué l'ordre où l'on me fit souscrire :
Sur l'intérêt des Grecs vous l'aviez emporté,
Je vous sacrifiais mon rang, ma sûreté.
Arcas allait du camp vous défendre l'entrée :
Les dieux n'ont pas voulu qu'il vous ait rencontrée;
Ils ont trompé les soins d'un père infortuné
Qui protégeait en vain ce qu'ils ont condamné.
Ne vous assurez point sur ma faible puissance :
Quel frein pourrait d'un peuple arrêter la licence,
Quand les dieux, nous livrant à son zèle indiscret,
L'affranchissent d'un joug qu'il portait à regret?
Ma fille, il faut céder : votre heure est arrivée.
Songez bien dans quel rang vous êtes élevée :
Je vous donne un conseil qu'à peine je reçoi;
Du coup qui vous attend vous mourrez moins que moi :
Montrez, en expirant, de qui vous êtes née;
Faites rougir ces dieux qui vous ont condamnée.
Allez; et que les Grecs, qui vont vous immoler,
Reconnaissent mon sang en le voyant couler.

CLYTEMNESTRE.

Vous ne démentez point une race funeste :
Oui, vous êtes le sang d'Atrée et de Thyeste :
Bourreau de votre fille, il ne vous reste enfin
Que d'en faire à sa mère un horrible festin.
Barbare! c'est donc là cet heureux sacrifice
Que vos soins préparaient avec tant d'artifice!

Quoi! l'horreur de souscrire à cet ordre inhumain
N'a pas, en le traçant, arrêté votre main!
Pourquoi feindre à nos yeux une fausse tristesse?
Pensez-vous par des pleurs prouver votre tendresse?
Où sont-ils, ces combats que vous avez rendus?
Quels flots de sang pour elle avez-vous répandus?
Quel débris parle ici de votre résistance?
Quel champ couvert de morts me condamne au silence?
Voilà par quels témoins il fallait me prouver,
Cruel! que votre amour a voulu la sauver.
Un oracle fatal ordonne qu'elle expire!
Un oracle dit-il tout ce qu'il semble dire?
Le ciel, le juste ciel, par le meurtre honoré,
Du sang de l'innocence est-il donc altéré?
Si du crime d'Hélène on punit sa famille,
Faites chercher à Sparte Hermione sa fille.
Mais non, l'amour d'un frère et son honneur blessé
Sont les moindres des soins dont vous êtes pressé :
Cette soif de régner, que rien ne peut éteindre,
L'orgueil de voir vingt rois vous servir et vous craindre,
Tous les droits de l'empire en vos mains confiés,
Cruel! c'est à ces dieux que vous sacrifiez;
Et, loin de repousser le coup qu'on vous prépare,
Vous voulez vous en faire un mérite barbare.
Trop jaloux d'un pouvoir qu'on peut vous envier,
De votre propre sang vous courez le payer,
Et voulez par ce prix épouvanter l'audace
De quiconque vous peut disputer votre place.
Est-ce donc être père? Ah! toute ma raison
Cède à la cruauté de cette trahison.
Un prêtre, environné d'une foule cruelle,
Portera sur ma fille une main criminelle,
Déchirera son sein, et d'un œil curieux,
Dans son cœur palpitant consultera les dieux!
Et moi, qui l'amenai triomphante, adorée,
Je m'en retournerai seule et désespérée!
Je verrai les chemins encor tout parfumés
Des fleurs dont sous ses pas on les avait semés!
Non, je ne l'aurai point amenée au supplice,
Ou vous ferez aux Grecs un double sacrifice.
Ni crainte ni respect ne m'en peut détacher :
De mes bras tout sanglants il faudra l'arracher.

Rendez grâce au seul nœud qui retient ma colère.

Acte IV, Scène VI.

IPHIGÉNIE EN AULIDE.

Aussi barbare époux qu'impitoyable père,
Venez, si vous l'osez, la ravir à sa mère.
Et vous, rentrez, ma fille, et du moins à mes lois
Obéissez encor pour la dernière fois.

SCÈNE V.

AGAMEMNON.

A de moindres fureurs je n'ai pas dû m'attendre.
Voilà, voilà les cris que je craignais d'entendre.
Heureux si, dans le trouble où flottent mes esprits,
Je n'avais toutefois à craindre que ces cris!
Hélas! en m'imposant une loi si sévère,
Grands dieux! me deviez-vous laisser un cœur de père!

SCÈNE VI.

AGAMEMNON, ACHILLE.

ACHILLE.

Un bruit assez étrange est venu jusqu'à moi,
Seigneur; je l'ai jugé trop peu digne de foi.
On dit, et sans horreur je ne puis le redire,
Qu'aujourd'hui par votre ordre Iphigénie expire;
Que vous-même, étouffant tout sentiment humain,
Vous l'allez à Calchas livrer de votre main.
On dit que, sous mon nom à l'autel appelée,
Je ne l'y conduisais que pour être immolée;
Et que, d'un faux hymen nous abusant tous deux,
Vous vouliez me charger d'un emploi si honteux.
Qu'en dites-vous, seigneur? Que faut-il que je pense?
Ne ferez-vous pas taire un bruit qui vous offense?

AGAMEMNON.

Seigneur, je ne rends point compte de mes desseins.
Ma fille ignore encor mes ordres souverains;
Et, quand il sera temps qu'elle en soit informée,
Vous apprendrez son sort, j'en instruirai l'armée.

ACHILLE.

Ah! je sais trop le sort que vous lui réservez.

AGAMEMNON.

Pourquoi le demander, puisque vous le savez?

ACHILLE.

Pourquoi je le demande? O ciel! le puis-je croire,
Qu'on ose des fureurs avouer la plus noire!
Vous pensez qu'approuvant vos desseins odieux
Je vous laisse immoler votre fille à mes yeux?
Que ma foi, mon devoir, mon honneur y consente?

AGAMEMNON.

Mais vous, qui me parlez d'une voix menaçante,
Oubliez-vous ici qui vous interrogez?

ACHILLE.

Oubliez-vous qui j'aime et qui vous outragez?

AGAMEMNON.

Et qui vous a chargé du soin de ma famille?
Ne pourrai-je, sans vous disposer de ma fille?
Ne suis-je plus son père? Êtes-vous son époux?
Et ne peut-elle...

ACHILLE.

Non, elle n'est plus à vous :
On ne m'abuse point par des promesses vaines.
Tant qu'un reste de sang coulera dans mes veines,
Vous deviez à mon sort unir tous ses moments;
Je défendrai mes droits fondés sur vos serments.
Et n'est-ce pas pour moi que vous l'avez mandée?

AGAMEMNON.

Plaignez-vous donc aux dieux qui me l'ont demandée :
Accusez et Calchas et le camp tout entier,
Ulysse, Ménélas, et vous tout le premier.

ACHILLE.

Moi!

AGAMEMNON.

Vous, qui, de l'Asie embrassant la conquête,
Querellez tous les jours le ciel qui vous arrête;
Vous, qui vous offensant de mes justes terreurs,
Avez dans tout le camp répandu vos fureurs.
Mon cœur pour la sauver vous ouvrait une voie;
Mais vous ne demandez, vous ne cherchez que Troie.
Je vous fermais le champ où vous voulez courir :
Vous le voulez, partez; sa mort va vous l'ouvrir.

ACHILLE.

Juste ciel! puis-je entendre et souffrir ce langage?

Est-ce ainsi qu'au parjure on ajoute l'outrage?
Moi, je voulais partir aux dépens de ses jours !
Et que m'a fait à moi cette Troie où je cours ?
Au pied de ses remparts quel intérêt m'appelle ?
Pour qui, sourd à la voix d'une mère immortelle,
Et d'un père éperdu négligeant les avis,
Vais-je y chercher la mort tant prédite à leur fils ?
Qu'ai-je à me plaindre? Où sont les pertes que j'ai faites ?
Je n'y vais que pour vous, barbare que vous êtes;
Pour vous, à qui des Grecs moi seul je ne dois rien,
Vous, que j'ai fait nommer et leur chef et le mien ;
Vous, que mon bras vengeait dans Lesbos enflammée,
Avant que vous eussiez assemblé votre armée.
Et quel fut le dessein qui nous assembla tous ?
Ne courons-nous pas rendre Hélène à son époux?
Depuis quand pense-t-on qu'inutile à moi-même
Je me laisse ravir une épouse que j'aime ?
Seul d'un honteux affront votre frère blessé
A-t-il droit de venger son honneur offensé?
Votre fille me plut, je prétendis lui plaire;
Elle est de mes serments seule dépositaire.
Je ne connais Priam, Hélène, ni Pâris;
Je voulais votre fille, et ne pars qu'à ce prix.

AGAMEMNON.

Fuyez donc : retournez dans votre Thessalie.
Moi-même je vous rends le serment qui vous lie.
Assez d'autres viendront, à mes ordres soumis,
Se couvrir des lauriers qui vous furent promis,
Et, par d'heureux exploits forçant la destinée,
Trouveront d'Ilion la fatale journée.
J'entrevois vos mépris, et juge, à vos discours,
Combien j'achèterais vos superbes secours.
De la Grèce déjà vous vous rendez l'arbitre :
Ses rois, à vous ouïr, m'ont paré d'un vain titre.
Fier de votre valeur, tout, si je vous en crois,
Doit marcher, doit fléchir, doit trembler sous vos lois.
Un bienfait reproché tint toujours lieu d'offense :
Je veux moins de valeur, et plus d'obéissance.
Fuyez. Je ne crains point votre impuissant courroux.
Et je romps tous les nœuds qui m'attachent à vous.

ACHILLE.

Rendez grâce au seul nœud qui retient ma colère :

D'Iphigénie encor je respecte le père.
Peut-être, sans ce nom, le chef de tant de rois
M'aurait osé braver pour la dernière fois.
Je ne dis plus qu'un mot; c'est à vous de m'entendre.
J'ai votre fille ensemble et ma gloire à défendre :
Pour aller jusqu'au cœur que vous voulez percer,
Voilà par quels chemins vos coups doivent passer.

SCÈNE VII.

AGAMEMNON.

Et voilà ce qui rend sa perte inévitable.
Ma fille toute seule était plus redoutable.
Ton insolent orgueil, qui croit m'épouvanter,
Vient de hâter le coup que tu veux arrêter.
Ne délibérons plus. Bravons sa violence :
Ma gloire intéressée emporte la balance.
Achille menaçant détermine mon cœur :
Ma pitié semblerait un effet de ma peur.
Holà! gardes, à moi!

SCÈNE VIII.

AGAMEMNON, EURYBATE, GARDES.

EURYBATE.
Seigneur.
AGAMEMNON.
Que vais-je faire?
Puis-je leur prononcer cet ordre sanguinaire?
Cruel! à quel combat faut-il te préparer?
Quel est cet ennemi que tu leur vas livrer?
Une mère m'attend, une mère intrépide,
Qui défendra son sang contre un père homicide :
Je verrai mes soldats, moins barbares que moi,
Respecter dans ses bras la fille de leur roi.
Achille nous menace, Achille nous méprise;
Mais ma fille en est-elle à mes lois moins soumise?
Ma fille, de l'autel cherchant à s'échapper,
Gémit-elle du coup dont je la veux frapper?

Que dis-je? Que prétend mon sacrilége zèle?
Quels vœux, en l'immolant, formerai-je sur elle?
Quelques prix glorieux qui me soient proposés,
Quels lauriers me plairont, de son sang arrosés?
Je veux fléchir des dieux la puissance suprême :
Ah! quels dieux me seraient plus cruels que moi-même?
Non, je ne puis. Cédons au sang, à l'amitié,
Et ne rougissons plus d'une juste pitié :
Qu'elle vive. Mais quoi! peu jaloux de ma gloire,
Dois-je au superbe Achille accorder la victoire?
Son téméraire orgueil, que je vais redoubler,
Croira que je lui cède, et qu'il me fait trembler.
De quel frivole soin mon esprit s'embarrasse?
Ne puis-je pas d'Achille humilier l'audace?
Que ma fille à ses yeux soit un sujet d'ennui.
Il l'aime; elle vivra pour un autre que lui.
Eurybate, appelez la princesse, la reine :
Qu'elles ne craignent point.

SCÈNE IX.

AGAMEMNON, GARDES.

AGAMEMNON.

Grands dieux! si votre haine
Persévère à vouloir l'arracher de mes mains,
Que peuvent devant vous tous les faibles humains!
Loin de la secourir, mon amitié l'opprime,
Je le sais; mais, grands dieux! une telle victime
Vaut bien que, confirmant vos rigoureuses lois,
Vous me la demandiez une seconde fois.

SCÈNE X.

AGAMEMNON, CLYTEMNESTRE, IPHIGÉNIE, ÉRIPHILE, EURYBATE, DORIS, GARDES.

AGAMEMNON.

Allez, madame, allez; prenez soin de sa vie :
Je vous rends votre fille, et je vous la confie.
Loin de ces lieux cruels précipitez ses pas;

Mes gardes vous suivront commandés par Arcas :
Je veux bien excuser son heureuse imprudence.
Tout dépend du secret et de la diligence :
Ulysse ni Calchas n'ont point encore parlé ;
Gardez que ce départ ne leur soit révélé.
Cachez bien votre fille ; et que tout le camp croie
Que je la retiens seule, et que je vous renvoie.
Fuyez. Puissent les dieux de mes larmes contents,
A mes tristes regards ne l'offrir de longtemps !
Gardes, suivez la reine.

CLYTEMNESTRE.

Ah ! seigneur !

IPHIGÉNIE.

Ah ! mon père !

AGAMEMNON.

Prévenez de Calchas l'empressement sévère.
Fuyez, vous dis-je, et moi, pour vous favoriser,
Par de feintes raisons je m'en vais l'abuser.
Je vais faire suspendre une pompe funeste,
Et de ce jour, au moins, lui demander le reste.

SCÈNE XI.

ÉRIPHILE, DORIS.

ÉRIPHILE.

Suis-moi : ce n'est pas là, Doris, notre chemin.

DORIS.

Vous ne les suivez pas ?

ÉRIPHILE.

Ah ! je succombe enfin ;
Je reconnais l'effet des colères d'Achille,
Je n'emporterai point une rage inutile :
Plus de raisons ; il faut la perdre ou périr.
Viens, te dis-je. A Calchas je vais tout découvrir.

ACTE CINQUIÈME.

SCÈNE I.

IPHIGÉNIE, ÆGINE.

IPHIGÉNIE.

Cesse de m'arrêter. Va, retourne à ma mère,
Ægine : il faut des dieux apaiser la colère.
Pour ce sang malheureux qu'on veut leur dérober,
Regarde quel orage est tout prêt à tomber :
Considère l'état où la reine est réduite ;
Vois comme tout le camp s'oppose à notre fuite ;
Avec quelle insolence ils ont, de toutes parts,
Fait briller à nos yeux la pointe de leurs dards ;
Nos gardes repoussés, la reine évanouie...
Ah ! c'est trop l'exposer : souffre que je la fuie ;
Mourons, obéissons. Mais qu'est-ce que je voi ?
Dieux ! Achille !

SCÈNE II.

ACHILLE, IPHIGÉNIE.

ACHILLE.

              Venez, madame, suivez-moi.
Ne craignez ni les cris ni la foule impuissante
D'un peuple qui se presse autour de cette tente.
Paraissez ; et bientôt, sans attendre mes coups,
Ces flots tumultueux s'ouvriront devant vous.
Patrocle et quelques chefs qui marchent à ma suite,
De mes Thessaliens vous amènent l'élite :
Tout le reste assemblé près de mon étendard,
Vous offre de ses rangs l'invincible rempart.
A vos persécuteurs opposons cet asile :
Qu'ils viennent vous chercher sous les tentes d'Achille.
Quoi, madame ! est-ce ainsi que vous me secondez ?

Ce n'est que par des pleurs que vous me répondez?
Vous fiez-vous encore à de si faibles armes?
Hâtons-nous : votre père a déjà vu vos larmes.
                    IPHIGÉNIE.
Je le sais bien, seigneur : aussi tout mon espoir
N'est plus qu'au coup mortel que je vais recevoir.
                    ACHILLE.
Vous, mourir! Ah! cessez de tenir ce langage.
Songez-vous quel serment vous et moi nous engage?
Songez-vous, pour trancher d'inutiles discours,
Que le bonheur d'Achille est fondé sur vos jours?
                    IPHIGÉNIE.
Le ciel n'a point aux jours de cette infortunée
Attaché le bonheur de votre destinée.
Nos désirs nous trompaient ; et les arrêts du sort
Veulent que ce bonheur soit un fruit de ma mort.
Songez, seigneur, songez à ces moissons de gloire
Qu'à vos vaillantes mains présente la victoire :
Ce champ si glorieux où vous aspirez tous,
Si mon sang ne l'arrose, est stérile pour vous.
Telle est la loi des dieux à mon père dictée.
En vain, sourd à Calchas, il l'avait rejetée :
Par la bouche des Grecs contre moi conjurés,
Leurs ordres éternels se sont trop déclarés.
Partez ; à vos honneurs j'apporte trop d'obstacles :
Vous-même, dégagez la foi de vos oracles ;
Signalez ce héros à la Grèce promis ;
Tournez votre douleur contre ses ennemis.
Déjà Priam pâlit ; déjà Troie en alarmes
Redoute mon bûcher, et frémit de vos larmes.
Allez ; et dans ses murs vides de citoyens,
Faites pleurer ma mort aux veuves des Troyens.
Je meurs, dans cet espoir, satisfaite et tranquille.
Si je n'ai pas vécu la compagne d'Achille,
J'espère que du moins un heureux avenir
A vos faits immortels joindra mon souvenir ;
Et qu'un jour mon trépas, source de votre gloire,
Ouvrira le récit d'une si belle histoire.
Adieu, prince : vivez, digne race des dieux.
                    ACHILLE.
Non, je ne reçois point vos funestes adieux.
En vain, par ce discours, votre cruelle adresse

Veut servir votre père, et tromper ma tendresse.
En vain vous prétendez, obstinée à mourir,
Intéresser ma gloire à vous laisser périr :
Ces moissons de lauriers, ces honneurs, ces conquêtes,
Ma main en vous servant les trouve toutes prêtes.
Et qui de ma faveur se voudrait honorer,
Si mon hymen prochain ne peut vous assurer?
Ma gloire, mon honneur vous ordonnent de vivre :
Venez, madame, il faut les en croire et me suivre.

IPHIGÉNIE.

Qui? moi? que contre un père osant me révolter,
Je mérite la mort que j'irais éviter?
Où serait le respect et ce devoir suprême...

ACHILLE.

Vous suivrez un époux avoué par lui-même.
C'est un titre qu'en vain il prétend me voler :
Ne fait-il des serments que pour les violer?
Vous-même, que retient un devoir si sévère,
Quand il vous donne à moi n'est-il point votre père?
Suivez-vous seulement ses ordres absolus
Quand il cesse de l'être et ne vous connaît plus?
Enfin c'est trop tarder, ma princesse; et ma crainte...

IPHIGÉNIE.

Quoi, seigneur, vous iriez jusques à la contrainte?
D'un coupable transport écoutant la chaleur,
Vous pourriez ajouter ce comble à mon malheur?
Ma gloire vous serait moins chère que ma vie?
Ah! seigneur, épargnez la triste Iphigénie.
Asservie à des lois que j'ai dû respecter,
C'est déjà trop pour moi que de vous écouter :
Ne portez pas plus loin votre injuste victoire,
Ou, par mes propres mains immolée à ma gloire,
Je saurai m'affranchir, dans ces extrémités,
Du secours dangereux que vous me présentez.

ACHILLE.

Eh bien! n'en parlons plus. Obéissez, madame.
Une juste fureur s'empare de mon âme.
Si de sang et de morts le ciel est affamé,
Jamais de plus de sang ses autels n'ont fumé.
A mon juste courroux tout sera légitime :
Le prêtre deviendra la première victime;
Le bûcher, par mes mains détruit et renversé,

Dans le sang des bourreaux nagera dispersé;
Et si, dans les horreurs de ce désordre extrême,
Votre père frappé tombe et périt lui-même,
Alors, de vos respects voyant les tristes fruits,
Reconnaissez les coups que vous aurez conduits.

IPHIGÉNIE.

Ah! seigneur! Ah! cruel!... Mais il fuit, il m'échappe.
O toi! qui veux ma mort, me voilà seule, frappe;
Termine, juste ciel, ma vie et mon effroi,
Et lance ici des traits qui n'accablent que moi!

SCÈNE III.

CLYTEMNESTRE, IPHIGÉNIE, EURYBATE, ÆGINE, GARDES.

CLYTEMNESTRE.

Oui, je la défendrai contre toute l'armée.
Lâches, vous trahissez votre reine opprimée!

EURYBATE.

Non, madame, il suffit que vous me commandiez :
Vous nous verrez combattre et mourir à vos pieds.
Mais de nos faibles mains que pouvez-vous attendre?
Contre tant d'ennemis qui vous pourra défendre?
Ce n'est plus un vain peuple en désordre assemblé;
C'est d'un zèle fatal tout le camp aveuglé.
Plus de pitié. Calchas seul règne, seul commande :
La piété sévère exige son offrande.
Le roi de son pouvoir se voit déposséder,
Et lui-même au torrent nous contraint de céder.
Achille, à qui tout cède, Achille à cet orage
Voudrait lui-même en vain opposer son courage :
Que fera-t-il, madame? et qui peut dissiper
Tous les flots d'ennemis prêts à l'envelopper?

CLYTEMNESTRE.

Qu'ils viennent donc sur moi prouver leur zèle impie,
Et m'arrachent ce peu qui me reste de vie!
La mort seule, la mort pourra rompre les nœuds
Dont mes bras nous vont joindre et lier toutes deux :
Mon corps sera plutôt séparé de mon âme,
Que je souffre jamais... Ah! ma fille!

Oui, je la défendrai contre toute l'armée.

Acte V, Scène III.

IPHIGÉNIE EN AULIDE.

IPHIGÉNIE.

Ah! madame!
Contre un peuple en fureur vous exposerez-vous?
N'allez point, dans un camp rebelle à votre époux,
Seule à me retenir vainement obstinée,
Par des soldats peut-être indignement traînée,
Présenter pour tout fruit d'un déplorable effort,
Un spectacle à mes yeux plus cruel que la mort.
Allez : laissez aux Grecs achever leur ouvrage,
Et quittez pour jamais un malheureux rivage ;
Du bûcher qui m'attend, trop voisin de ces lieux,
La flamme de trop près viendrait frapper vos yeux.
Surtout, si vous m'aimez, par cet amour de mère,
Ne reprochez jamais mon trépas à mon père.

CLYTEMNESTRE.
Lui, par qui votre cœur à Calchas présenté...

IPHIGÉNIE.
Pour me rendre à vos pleurs que n'a-t-il point tenté?
Vos yeux me reverront dans Oreste mon frère.
Puisse-t-il être, hélas! moins funeste à sa mère!
D'un peuple impatient vous entendez la voix.
Daignez m'ouvrir vos bras pour la dernière fois,
Madame; et rappelant votre vertu sublime...
Eurybate, à l'autel conduisez la victime.

SCÈNE IV.

CLYTEMNESTRE, ÆGINE, GARDES.

CLYTEMNESTRE.
Ah! vous n'irez pas seule; et je ne prétends pas...
Mais on se jette en foule au-devant de mes pas.
Perfides! contentez votre soif sanguinaire.

ÆGINE.
Où courez-vous, madame? et que voulez-vous faire?

CLYTEMNESTRE.
Hélas! je me consume en impuissants efforts,
Et rentre au trouble affreux dont à peine je sors.
Mourrai-je tant de fois sans sortir de la vie!

ÆGINE.
Ah! savez-vous le crime, et qui vous a trahie,
Madame? Savez-vous quel serpent inhumain

Iphigénie avait retiré dans son sein?
Ériphile, en ces lieux par vous-même conduite,
A seule à tous les Grecs révélé votre fuite.

CLYTEMNESTRE.

O monstre! que Mégère en ses flancs a porté !
Monstre, que dans nos bras les enfers ont jeté !
Quoi! tu ne mourras point! Quoi! pour punir son crime...
Mais où va ma douleur chercher une victime?
Quoi! pour noyer les Grecs et leur mille vaisseaux,
Mer, tu n'ouvriras pas des abîmes nouveaux !
Quoi ! lorsque, les chassant du port qui les recèle,
L'Aulide aura vomi leur flotte criminelle,
Les vents, les mêmes vents si longtemps accusés,
Ne te couvriront pas de ses vaisseaux brisés !
Et toi, soleil, et toi, qui, dans cette contrée,
Reconnais l'héritier et le vrais fils d'Atrée,
Toi, qui n'osas du père éclairer le festin,
Recule, ils t'ont appris ce funeste chemin.
Mais, cependant, ô ciel! ô mère infortunée !
De festons odieux ma fille couronnée
Tend la gorge aux couteaux par son père apprêtés !
Calchas va dans son sang... Barbares! arrêtez :
C'est le pur sang du dieu qui lance le tonnerre.
J'entends gronder la foudre et sens trembler la terre.
Un dieu vengeur, un dieu fait retentir ces coups...

SCÈNE V.

CLYTEMNESTRE, ARCAS, ÆGINE, GARDES.

ARCAS.

N'en doutez point, madame, un dieu combat pour vous.
Achille, en ce moment, exauce vos prières;
Il a brisé des Grecs les trop faibles barrières :
Achille est à l'autel, Calchas est éperdu :
Le fatal sacrifice est encore suspendu.
On se menace, on court, l'air gémit, le fer brille.
Achille fait ranger autour de votre fille
Tous ses amis, pour lui prêts à se dévouer.
Le triste Agamemnon, qui n'ose l'avouer,
Pour détourner ses yeux des meurtres qu'il présage,

Ou pour cacher ses pleurs, s'est voilé le visage.
Venez, puisqu'il se tait, venez, par vos discours,
De votre défenseur appuyer le secours.
CLYTEMNESTRE.
Le plus affreux péril n'a rien dont je pâlisse.
J'irai partout... Mais dieux! ne vois-je pas Ulysse?
C'est lui : ma fille est morte! Arcas, il n'est plus temps!

SCÈNE VI.

ULYSSE, CLYTEMNESTRE, ARCAS, ÆGINE, GARDES.

ULYSSE.
Non, votre fille vit, et les dieux sont contents.
Rassurez-vous, le ciel a voulu vous la rendre.
CLYTEMNESTRE.
Elle vit! Et c'est vous qui venez me l'apprendre!
ULYSSE.
Oui, c'est moi qui longtemps, contre elle et contre vous,
Ai cru devoir, madame, affermir votre époux;
Moi qui, jaloux tantôt de l'honneur de nos armes,
Par d'austères conseils ai fait couler vos larmes,
Et qui viens, puisque enfin le ciel est apaisé,
Réparer tout l'ennui que je vous ai causé.
CLYTEMNESTRE.
Ma fille! Ah! prince! O ciel! je demeure éperdue.
Quel miracle, seigneur, quel dieu me l'a rendue!
ULYSSE.
Vous m'en voyez moi-même, en cet heureux moment,
Saisi d'horreur, de joie et de ravissement.
Jamais jour n'a paru si mortel à la Grèce.
Déjà de tout le camp la discorde maîtresse
Avait sur tous les yeux mis son bandeau fatal,
Et donné du combat le funeste signal.
De ce spectacle affreux votre fille alarmée!
Voyait pour elle Achille, et contre elle l'armée
Mais, quoique seul pour elle, Achille furieux
Épouvantait l'armée, et partageait les dieux.
Déjà de traits en l'air s'élevait un nuage;
Déjà coulait le sang, prémices du carnage :
Entre les deux partis Calchas s'est avancé,

L'œil farouche, l'air sombre, et le poil hérissé,
Terrible, et plein du dieu qui l'agitait sans doute :
« Vous, Achille, a-t-il dit, et vous Grecs, qu'on m'écoute.
» Le dieu qui maintenant vous parle par ma voix
» M'explique son oracle, et m'instruit de son choix.
» Un autre sang d'Hélène, une autre Iphigénie
» Sur ce bord immolée y doit laisser sa vie.
» Thésée avec Hélène unis secrètement,
» Fit succéder l'hymen à son enlèvement.
» Une fille en sortit, que sa mère a célée ;
» Du nom d'Iphigénie elle fut appelée.
» Moi-même je la vis, et prévoyant leur cours,
» D'un sinistre avenir je menaçai ses jours.
» Sous un nom emprunté, sa noire destinée
» Et ses propres fureurs ici l'ont amenée.
» Elle me voit, m'entend, elle est devant vos yeux ;
» Et c'est elle, en un mot, que demandent les dieux. »
Ainsi parle Calchas. Tout le camp immobile
L'écoute avec frayeur, et regarde Ériphile.
Elle était à l'autel, et peut-être en son cœur
Du fatal sacrifice accusait la lenteur.
Elle-même tantôt, d'une course subite,
Était venue aux Grecs annoncer votre fuite.
On admire en secret sa naissance et son sort.
Mais, puisque Troie enfin est le prix de sa mort,
L'armée à haute voix se déclare contre elle,
Et prononce à Calchas sa sentence mortelle.
Déjà pour la saisir Calchas lève le bras :
« Arrête, a-t-elle dit, et ne m'approche pas.
» Le sang de ces héros dont tu me fais descendre
» Sans tes profanes mains saura bien se répandre. »
Furieuse, elle vole, et, sur l'autel prochain,
Prend le sacré couteau, le plonge dans sein.
A peine son sang coule et fait rougir la terre,
Les dieux font sur l'autel entendre le tonnerre ;
Les vents agitent l'air d'heureux frémissements,
Et la mer leur répond par des mugissements ;
La rive au loin gémit, blanchissante d'écume ;
La flamme du bûcher d'elle-même s'allume ;
Le ciel brille d'éclairs, s'entr'ouvre, et parmi nous
Jette une sainte horreur qui nous rassure tous.
Le soldat étonné dit que dans une nue

Jusque sur le bûcher Diane est descendue,
Et croit que, s'élevant au travers de ses feux,
Elle portait au ciel notre encens et nos vœux.
Tout s'empresse, tout part. La seule Iphigénie
Dans ce commun bonheur pleure son ennemie.
Des mains d'Agamemnon venez la recevoir ;
Venez : Achille et lui, brûlent de vous revoir,
Madame, et désormais tous deux d'intelligence,
Sont prêts à confirmer leur auguste alliance.

CLYTEMNESTRE.

Par quel prix, quel encens, ô ciel, puis-je jamais
Récompenser Achille, et payer tes bienfaits !

MORT D'HIPPOLYTE.

FRAGMENT

DE LA TRAGÉDIE DE PHÈDRE.

THÉSÉE, THÉRAMÈNE.

THÉSÉE.
Théramène, est-ce toi? Qu'as-tu fait de mon fils?
Je te l'ai confié dès l'âge le plus tendre.
Mais d'où naissent les pleurs que je te vois répandre?
Que fait mon fils?
THÉRAMÈNE.
O soins tardifs et superflus!
Inutile tendresse! Hippolyte n'est plus.
THÉSÉE.
Dieux!
THÉRAMÈNE.
J'ai vu des mortels périr le plus aimable,
Et j'ose dire encor, seigneur, le moins coupable.
THÉSÉE.
Mon fils n'est plus! Eh quoi! quand je lui tends les bras,
Les dieux impatients ont hâté son trépas!
Quel coup me l'a ravi? quelle foudre soudaine?
THÉRAMÈNE.
A peine nous sortions des portes de Trézène,
Il était sur son char; ses gardes affligés
Imitaient son silence, autour de lui rangés;
Il suivait tout pensif le chemin de Mycènes;
Sa main sur les chevaux laissait flotter les rênes;

Ses superbes coursiers qu'on voyait autrefois
Pleins d'une ardeur si noble obéir à sa voix,
L'œil morne maintenant, et la tête baissée,
Semblaient se conformer à sa triste pensée.
Un effroyable cri, sorti du fond des flots,
Des airs en ce moment a troublé le repos;
Et du sein de la terre une voix formidable
Répond en gémissant à ce cri redoutable.
Jusqu'au fond de nos cœurs notre sang s'est glacé;
Des coursiers attentifs le crin s'est hérissé.
Cependant sur le dos de la plaine liquide,
S'élève à gros bouillon une montagne humide;
L'onde approche, se brise, et vomit à nos yeux,
Parmi des flots d'écume, un monstre furieux.
Son front large est armé de cornes menaçantes.
Tout son corps est couvert d'écailles jaunissantes :
Indomptable taureau, dragon impétueux,
Sa croupe se recourbe en replis tortueux;
Ses longs mugissements font trembler le rivage.
Le ciel avec horreur voit ce monstre sauvage;
La terre s'en émeut, l'air en est infecté;
Le flot qui l'apporta recule épouvanté.
Tout fuit; et, sans s'armer d'un courage inutile,
Dans le temple voisin chacun cherche un asile.
Hippolyte lui seul, digne fils d'un héros,
Arrête ses coursiers, saisit ses javelots,
Pousse au monstre, et d'un dard, lancé d'une main sûre,
Il lui fait dans le flanc une large blessure.
De rage et de douleur le monstre, bondissant,
Vient aux pieds des chevaux tomber en mugissant,
Se roule, et leur présente une gueule enflammée,
Qui les couvre de feu, de sang et de fumée.
La frayeur les emporte; et, sourds à cette fois,
Ils ne connaissent plus ni le frein ni la voix;
En efforts impuissants leur maître se consume;
Ils rougissent le mors d'une sanglante écume.
On dit qu'on a vu même, en ce désordre affreux,
Un dieu qui d'aiguillons pressait leur flanc poudreux.
A travers les rochers la peur les précipite;
L'essieu crie et se rompt : l'intrépide Hippolyte
Voit voler en éclats tout son char fracassé;
Dans les rênes lui-même il tombe embarrassé.

Excusez ma douleur : cette image cruelle
Sera pour moi de pleurs une source éternelle.
J'ai vu, seigneur, j'ai vu votre malheureux fils
Traîné par les chevaux que sa main à nourris.
Il veut les rappeler, et sa voix les effraie ;
Ils courent : tout son corps n'est bientôt qu'une plaie.
De nos cris douloureux la plaine retentit.
Leur fougue impétueuse enfin se ralentit :
Ils s'arrêtent non loin de ces tombeaux antiques
Où des rois ses aïeux sont les froides reliques.
J'y cours en soupirant, et sa garde me suit :
De son généreux sang la trace nous conduit ;
Les rochers en sont teints ; les ronces dégouttantes
Portent de ses cheveux les dépouilles sanglantes.
J'arrive, je l'appelle ; et me tendant la main,
Il ouvre un œil mourant qu'il referme soudain :
« Le ciel, dit-il, m'arrache une innocente vie.
» Prends soin après ma mort de la triste Aricie.
» Cher ami, si mon père un jour désabusé
» Plaint le malheur d'un fils faussement accusé,
» Pour apaiser mon sang et mon ombre plaintive,
» Dis-lui qu'avec douceur il traite sa captive ;
» Qu'il lui rende... » A ce mot, ce héros expiré
N'a laissé dans mes bras qu'un corps défiguré :
Triste objet où des dieux triomphe la colère,
Et que méconnaîtrait l'œil même de son père.

THÉSÉE.

O mon fils ! cher espoir que je me suis ravi !
Inexorables dieux, qui m'avez trop servi :

THÉRAMÈNE.

Et moi, je suis venu, détestant la lumière,
Vous dire d'un héros la volonté dernière,
Et m'acquitter, seigneur, du malheureux emploi
Dont son cœur expirant s'est reposé sur moi.

ESTHER

TRAGÉDIE TIRÉE DE L'ÉCRITURE SAINTE (1689).

PRÉFACE.

La célèbre maison de Saint-Cyr ayant été principalement établie pour élever dans la piété un fort grand nombre de jeunes demoiselles rassemblées de tous les endroits du royaume, on n'y a rien oublié de tout ce qui pouvait contribuer à les rendre capables de servir Dieu dans les différents états où il lui plaira de les appeler. Mais en leur montrant les choses essentielles et nécessaires, on ne néglige pas de leur apprendre celles qui peuvent servir à leur polir l'esprit et à leur former le jugement. On a imaginé pour cela plusieurs moyens, qui, sans les détourner de leur travail et de leurs exercices ordinaires, les instruisent en les divertissant; on leur met, pour ainsi dire, à profit leurs heures de récréation : on leur fait faire entre elles, sur leurs principaux devoirs, des conversations ingénieuses qu'on leur a composées exprès; ou qu'elles-mêmes composent sur-le-champ; on les fait parler sur les histoires qu'on leur a lues, ou sur les importantes vérités qu'on leur a enseignées; on leur fait réciter par cœur et déclamer les plus beaux endroits des meilleurs poëtes : et cela leur sert surtout à les défaire de quantités de mauvaises prononciations qu'elles pourraient avoir apportées de leurs provinces; on a soin aussi de faire apprendre à chanter à celles qui ont de la voix, et on ne leur laisse pas perdre un talent qui les peut amuser innocemment, et qu'elles peuvent employer un jour à chanter les louanges de Dieu.

Mais la plupart des plus excellents vers de notre langue ayant été composés sur des matières fort profanes, et nos plus beaux airs étant sur des paroles extrêmement molles et efféminées, capables de faire des impressions dangereuses sur de jeunes esprits, les personnes illustres qui ont bien voulu prendre la principale direction de cette maison ont souhaité qu'il y eût quelque ouvrage qui, sans avoir tous ces défauts, pût produire une partie de ces bons effets. Elles me firent l'honneur de me communiquer leur dessein, et même de me demander si je ne pourrais pas faire sur quelque sujet de piété et de morale une espèce de poëme où le chant fût mêlé avec le récit, le tout lié par une action qui rendît la chose plus vive et moins capable d'ennuyer.

Je leur proposai le sujet d'Esther, qui les frappa d'abord, cette histoire leur paraissant pleine de grandes leçons d'amour de Dieu, et de détachement du monde au milieu du monde même. Et je crus de mon côté que je trouverais assez de facilité à traiter ce sujet : d'autant plus qu'il me sembla que, sans altérer aucune des circonstances de l'Écriture sainte, ce qui serait, à mon avis, une espèce de sacrilége, je pourrais remplir toute mon action avec les seules scènes que Dieu lui-même, pour ainsi dire, a préparées.

J'entrepris donc la chose, et je m'aperçus qu'en travaillant sur le plan qu'on m'avait donné, j'exécutais en quelque sorte un dessein qui m'avait souvent passé dans l'esprit, qui était de lier, comme dans les anciennes tragédies grecques, le chœur et le chant avec l'action, et d'employer à chanter les louanges du vrai Dieu cette partie du chœur que les païens employaient à chanter les louanges de leurs fausses divinités.

A dire vrai, je ne pensais guère que la chose dût être aussi publique qu'elle l'a été. Mais les grandes vérités de l'Écriture, et la manière sublime dont elles y sont énoncées, pour peu qu'on les présente, même imparfaitement, aux yeux des hommes, sont si propres à les frapper ; et d'ailleurs ces jeunes demoiselles ont déclamé et chanté cet ouvrage avec tant de grâces, tant de modestie et tant de piété, qu'il n'a pas été possible qu'il demeurât renfermé dans le secret de leur maison : de sorte qu'un divertissement d'enfants est devenu le sujet de l'empressement de toute la cour ; le roi lui-même, qui en avait été touché, n'ayant pu refuser à tout ce qu'il y a de plus grands seigneurs de les y mener, et ayant eu la satisfaction de voir, par le plaisir qu'ils y ont pris, qu'on se peut aussi bien divertir aux choses de piété qu'à tous les spectacles profanes.

Au reste, quoique j'aie évité soigneusement de mêler le profane avec le sacré, j'ai cru néanmoins que je pouvais emprunter deux ou trois traits d'Hérodote, pour mieux peindre Assuérus : car j'ai suivi le sentiment de plusieurs savants interprètes de l'Écriture, qui tiennent que ce roi est le même que le fameux Darius, fils d'Hystaspe, dont parle cet historien. En effet, ils en rapportent quantité de preuves, dont quelques-unes me paraissent des démonstrations. Mais je n'ai pas jugé à propos de croire ce même Hérodote sur sa parole, lorsqu'il dit que les Perses n'élevaient ni temples, ni autels, ni statues à leurs dieux, et qu'ils ne se servaient point de libations dans leurs sacrifices. Son témoignage est expressément détruit par l'Écriture, aussi bien que par Xénophon, beaucoup mieux instruit que lui des mœurs et des affaires de la Perse, et enfin par Quinte-Curce.

On peut dire que l'unité de lieu est observée dans cette pièce, en ce que toute l'action se passe dans le palais d'Assuérus. Cependant, comme on voulait rendre ce divertissement plus agréable à des enfants, en jetant quelque variété dans les décorations, cela a été cause que je n'ai pas gardé cette

unité avec la même rigueur que j'ai fait autrefois dans mes tragédies.
Je crois qu'il est bon d'avertir ici que, bien qu'il y ait dans *Esther* des personnages d'hommes, ces personnages n'ont pas laissé d'être représentés par des filles avec toute la bienséance de leur sexe. La chose leur a été d'autant plus aisée, qu'anciennement les habits des Persans et des Juifs étaient de longues robes qui tombaient jusqu'à terre.

Je ne puis me résoudre à finir cette préface sans rendre à celui qui a fait la musique la justice qui lui est due, et sans confesser franchement que ses chants ont fait un des plus grands agréments de la pièce [1]. Tous les connaisseurs demeurent d'accord que depuis longtemps on n'a point entendu d'airs plus touchants ni plus convenables aux paroles. Quelques personnes ont trouvé la musique du dernier chœur un peu longue, quoique très-belle. Mais qu'aurait-on dit de ces jeunes Israélites qui avaient tant fait de vœux à Dieu pour être délivrées de l'horrible péril où elles étaient, si, ce péril étant passé, elles lui en avaient rendu de médiocres actions de grâces? Elles auraient directement péché contre la louable coutume de leur nation, où l'on ne recevait de Dieu aucun bienfait signalé, qu'on ne l'en remerciât sur-le-champ par de forts longs cantiques : témoin ceux de Marie, sœur de Moïse, de Débora et de Judith, et tant d'autres dont l'Écriture est pleine. On dit même que les Juifs, encore aujourd'hui, célèbrent par de grandes actions de grâces le jour où leurs ancêtres furent délivrés par Esther de la cruauté d'Aman.

[1] Ce musicien s'appelait Moreau.

PERSONNAGES :

ASSUÉRUS, roi de Perse.
ESTHER, reine de Perse.
MARDOCHÉE, oncle d'Esther.
AMAN, favori d'Assuérus.
XARÈS, femme d'Aman.
HYDASPE, officier du palais intérieur d'Assuérus.

ASAPH, autre officier d'Assuérus.
ÉLISE, confidente d'Esther.
THAMAR, Israélite de la suite d'Esther.
GARDES du roi Assuérus.
CHOEUR de jeunes filles israélites.
LA PIÉTÉ fait le prologue.

La scène est à Suse, dans le palais d'Assuérus.

ESTHER

TRAGÉDIE TIRÉE DE L'ÉCRITURE SAINTE (1689).

PROLOGUE.

LA PIÉTÉ.

Du séjour bienheureux de la Divinité,
Je descends dans ce lieu par la grâce habité [1];
L'innocence s'y plaît, ma compagne éternelle,
Et n'a point sous les yeux d'asile plus fidèle.
Ici, loin du tumulte, aux devoirs les plus saints
Tout un peuple naissant est formé par mes mains :
Je nourris dans son cœur la semence féconde
Des vertus dont il doit sanctifier le monde.
Un roi qui me protége, un roi victorieux,
A commis à mes soins ce dépôt précieux.
C'est lui qui rassembla ces colombes timides,
Éparses en cent lieux, sans secours et sans guides :
Pour elles, à sa porte, élevant ce palais,
Il leur y fit trouver l'abondance et la paix.
Grand Dieu, que cet ouvrage ait place en ta mémoire!
Que tous les soins qu'il prend pour soutenir ta gloire
Soient gravés de ta main au livre où sont écrits
Les noms prédestinés des rois que tu chéris!
Tu m'écoutes; ma voix ne t'est point étrangère :
Je suis la Piété, cette fille si chère,
Qui t'offre de ce roi les plus tendres soupirs :
Du feu de ton amour j'allume ses désirs.

[1] La maison de Saint-Cyr. (*Note de Racine*).

Du zèle qui pour toi l'enflamme et le dévore
La chaleur se répand du couchant à l'aurore [1],
Tu le vois tous les jours, devant toi prosterné,
Humilier ce front de splendeur couronné ;
Et, confondant l'orgueil par d'augustes exemples,
Baiser avec respect le pavé de tes temples.
De ta gloire animé, lui seul de tant de rois
S'arme pour ta querelle, et combat pour tes droits.
Le perfide intérêt, l'aveugle jalousie,
S'unissent contre toi pour l'affreuse hérésie ;
La discorde en fureur frémit de toutes parts :
Tout semble abandonner tes sacrés étendards ;
Et l'enfer, couvrant tout de ses vapeurs funèbres [2],
Sur les yeux les plus saints a jeté ses ténèbres.
Lui seul, invariable et fondé sur la foi,
Ne cherche, ne regarde et n'écoute que toi ;
Et, bravant du démon l'impuissant artifice,
De la religion soutient tout l'édifice.
Grand Dieu, juge ta cause, et déploie aujourd'hui
Ce bras, ce même bras qui combattait pour lui,
Lorsque des nations à sa perte animées
Le Rhin vit tant de fois disperser les armées.
Des mêmes ennemis je reconnais l'orgueil ;
Ils viennent se briser contre le même écueil :
Déjà, rompant partout leurs plus fermes barrières,
Du débris de leurs forts ils couvrent ses frontières.
Tu lui donnes un fils prompt à le seconder,
Qui sait combattre, plaire, obéir, commander ;
Un fils qui, comme lui, suivi de la victoire,
Semble à gagner son cœur borner toute sa gloire ;
Un fils à tous ses vœux avec amour soumis,
L'éternel désespoir de tous ses ennemis :
Pareil à ces esprits que la justice envoie,
Quand son roi lui dit : Pars, il s'élance avec joie,

---

[1] Il s'agit ici des missions étrangères et des travaux apostoliques dans l'Orient et dans le Nouveau-Monde, que Louis XIV encourageait par ses bienfaits. (G.)

[2] La Beaumelle prétend que Jacques II, roi d'Angleterre, alors réfugié à la cour de France, ayant désiré de voir *Esther*, on en donna exprès pour lui une représentation remarquable par une magnificence extraordinaire. Selon lui, le roi et la reine d'Angleterre crurent reconnaître le pape dans ce vers et dans le suivant. Il est certain qu'on en fit l'application au pape Innocent XI, alors brouillé avec la cour de France ; mais cette application maligne était très-éloignée de l'intention de l'auteur, qui avait en vue les troubles de l'Angleterre et ceux de la France. (G.)

Du tonnerre vengeur s'en va tout embraser,
Et, tranquille, à ses pieds revient le déposer [1].
Mais, tandis qu'un grand roi venge ainsi mes injures,
Vous qui goûtez ici des délices si pures,
S'il permet à son cœur un moment de repos,
A vos jeux innocents appelez ce héros ;
Retracez-lui d'Esther l'histoire glorieuse,
Et sur l'impiété la foi victorieuse.
Et vous, qui vous plaisez aux folles passions
Qu'allument dans vos cœurs les vaines fictions,
Profanes amateurs de spectacles frivoles,
Dont l'oreille s'ennuie au son de mes paroles,
Fuyez de mes plaisirs la sainte austérité :
Tout respire ici Dieu, la paix, la vérité.

ACTE PREMIER.

Le théâtre représente l'appartement d'Esther.

SCÈNE I.

ESTHER, ÉLISE.

ESTHER.

Est-ce toi, chère Élise ? O jour trois fois heureux !
Que béni soit le ciel qui te rend à mes vœux,
Toi qui, de Benjamin comme moi descendue,
Fus de mes premiers ans la compagne assidue,
Et qui d'un même joug souffrant l'impression,
M'aidais à soupirer les malheurs de Sion !
Combien ce temps encore est cher à ma mémoire !
Mais toi, de ton Esther ignorais-tu la gloire ?
Depuis plus de six mois que je te fais chercher,
Quel climat, quel désert a donc pu te cacher ?

ÉLISE.

Au bruit de votre mort justement éplorée,

---

[1] Allusion à la campagne de 1668, dans laquelle le grand-dauphin prit Philipsbourg, Heidelberg, Manheim, et conquit le Palatinat. (G.)

Du reste des humains je vivais séparée,
Et de mes tristes jours n'attendais que la fin,
Quand tout à coup, madame, un prophète divin :
« C'est pleurer trop longtemps une mort qui t'abuse;
» Lève-toi, m'a-t-il dit, prends ton chemin vers Suse [1];
» Là tu verras d'Esther la pompe et les honneurs,
» Et sur le trône assis le sujet de tes pleurs.
» Rassure, ajouta-t-il, les tribus alarmées,
» Sion : le jour approche où le Dieu des armées
» Va de son bras puissant faire éclater l'appui :
» Et le cri de son peuple est monté jusqu'à lui. »
Il dit : et moi, de joie et d'horreur pénétrée,
Je cours. De ce palais j'ai su trouver l'entrée.
O spectacle ! ô triomphe admirable à mes yeux !
Digne en effet du bras qui sauva nos aïeux !
Le fier Assuérus couronne sa captive,
Et le Persan superbe est aux pieds d'une Juive !
Par quels secrets ressorts, par quel enchaînement
Le ciel a-t-il conduit ce grand événement?

ESTHER.

Peut-être on t'a conté la fameuse disgrâce
De l'altière Vasthi, dont j'occupe la place,
Lorsque le roi, contre elle, irrité sans retour
La chassa de son trône ainsi que de sa cour.
Mais il ne put sitôt en bannir la pensée :
Vasthi régna longtemps dans son âme offensée.
Dans ses nombreux Etats il fallut donc chercher
Quelque nouvel objet qui l'en pût détacher.
De l'Inde à l'Hellespont ses esclaves coururent :
Les filles de l'Égypte à Suse comparurent;
Celles même du Parthe et du Scythe indompté?
Y briguèrent le sceptre offert à la beauté.
On m'élevait alors, solitaire et cachée,
Sous les yeux vigilants du sage Mardochée :
Tu sais combien je dois à ces heureux secours.

[1] Les rois de Perse successeurs du grand Cyrus avaient choisi trois villes principales pour y séjourner alternativement, Suse, Ecbatane et Babylone. Suse, capitale de la Susiane, aujourd'hui le Koursistan, province du royaume de Perse vers le Tigre. (G.)

[2] L'histoire ne fait aucune mention des Parthes sous l'empire des Assyriens et des Mèdes; mais ils existaient : c'était une colonie de Scythes, qui s'était séparée du reste de la nation; et c'est pour cela qu'on leur donna le nom de *Parthes*, qui signifie *bannis*. (G.)

La mort m'avait ravi les auteurs de mes jours ;
Mais lui, voyant en moi la fille de son frère,
Me tint lieu, chère Élise, et de père et de mère.
Du triste état des Juifs jour et nuit agité,
Il me tira du sein de mon obscurité ;
Et, sur mes faibles mains fondant leur délivrance,
Il me fit d'un empire accepter l'espérance.
A ses desseins secrets, tremblante, j'obéis :
Je vins, mais je cachai ma race et mon pays.
Qui pourrait cependant t'exprimer les cabales
Que formait en ces lieux ce peuple de rivales,
Qui toutes, disputant un si grand intérêt,
Des yeux d'Assuérus attendaient leur arrêt?
Chacune avait sa brigue et de puissants suffrages ;
L'une d'un sang fameux vantait les avantages,
L'autre, pour se parer de superbes atours,
Des plus adroites mains empruntait le secours ;
Et moi, pour toute brigue et pour tout artifice,
De mes larmes au ciel j'offrais le sacrifice.
Enfin, on m'annonça l'ordre d'Assuérus.
Devant ce fier monarque, Élise, je parus.
Dieu tient le cœur des rois entre ses mains puissantes.
Il faut que tout prospère aux âmes innocentes,
Tandis qu'en ses projets l'orgueilleux est trompé.
De mes faibles attraits le roi parut frappé :
Il m'observa longtemps dans un sombre silence ;
Et le ciel, qui pour moi fit pencher la balance,
Dans ce temps-là, sans doute, agissait sur son cœur.
Enfin, avec des yeux où régnait la douceur :
« Soyez reine, » dit-il ; et, dès ce moment même,
De sa main sur mon front posa son diadème.
Pour mieux faire éclater sa joie en ce beau jour,
Il combla de présents tous les grands de sa cour ;
Et même ses bienfaits, dans toutes ses provinces,
Invitèrent le peuple aux noces de leurs princes.
Hélas ! durant ces jours de joie et de festins,
Quel était en secret ma honte et mes chagrins !
Esther, disais-je, Esther dans la pourpre est assise,
La moitié de la terre à son sceptre est soumise,
Et de Jérusalem l'herbe cache les murs !
Sion, repaire affreux de reptiles impurs,
Voit de son temple saint les pierres dispersées,

Et du-ciel d'Israël les fêtes sont cessées!
ÉLISE.
N'avez-vous point au roi confié vos ennuis?
ESTHER.
Le roi, jusqu'à ce jour, ignore qui je suis [1].
Celui par qui le ciel règle ma destinée
Sur ce secret encor tient ma langue enchaînée.
ÉLISE.
Mardochée? Eh! peut-il approcher de ces lieux?
ESTHER.
Son amitié pour moi le rend ingénieux.
Absent je le consulte, et ses réponses sages
Pour venir jusqu'à moi trouvent mille passages.
Un père a moins de soin du salut de son fils.
Déjà même, déjà, par ses secrets avis,
J'ai découvert au roi les sanglantes pratiques
Que formaient contre lui deux ingrats domestiques.
Cependant mon amour pour notre nation
A rempli ce palais de filles de Sion,
Jeunes et tendres fleurs par le sort agitées,
Sous un ciel étranger comme moi transplantées.
Dans un lieu séparé de profanes témoins,
Je mets à les former mon étude et mes soins [2],
Et c'est là que, fuyant l'orgueil du diadème,
Lasse des vains honneurs, et me cherchant moi-même,
Aux pieds de l'Éternel je viens m'humilier,
Et goûter le plaisir de me faire oublier [3].
Mais à tous les Persans je cache leurs familles.
Il faut les appeler. Venez, venez, mes filles,
Compagnes autrefois de ma captivité,
De l'antique Jacob jeune postérité.

---

[1] Ce soin de cacher sa naissance fit donner à la nièce de Mardochée le surnom d'*Esther*, qui en hébreu, signifie *inconnue* : c'était par une inspiration divine que Mardochée lui avait défendu de se faire connaître. (G.)

[2] Ces vers sont une allusion aussi adroite que flatteuse à la maison de Saint-Cyr. (L. B.)

[3] Ce trait admirable de la modestie d'Esther s'appliquait à Madame de Maintenon, qui venait à Saint-Cyr oublier l'éclat et les grandeurs de la cour. (S.)

SCÈNE II.

ESTHER, ÉLISE, LE CHŒUR.

UNE ISRAÉLITE, chantant derrière le théâtre.
Ma sœur, quelle voix nous appelle?
UNE AUTRE
J'en reconnais les agréables sons :
C'est la reine.
TOUTES DEUX.
Courons, mes sœurs, obéissons.
La reine nous appelle :
Allons, rangeons-nous auprès d'elle.
TOUT LE CHOEUR, entrant sur la scène par plusieurs endroits différents.
La reine nous appelle :
Allons, rangeons-nous auprès d'elle.
ÉLISE.
Ciel! quel nombreux essaim d'innocentes beautés
S'offre à mes yeux en foule, et sort de tous côtés!
Quelle aimable pudeur sur leur visage est peinte!
Prospérez, cher espoir d'une nation sainte.
Puissent jusques au ciel vos soupirs innocents
Monter comme l'odeur d'un agréable encens!
Que Dieu jette sur vous des regards pacifiques!
ESTHER.
Mes filles, chantez-nous quelqu'un de ces cantiques
Où vos voix si souvent se mêlant à mes pleurs
De la triste Sion célèbrent les malheurs.
UNE ISRAÉLITE, chantant seule.
Déplorable Sion, qu'as-tu fait de ta gloire?
Tout l'univers admirait ta splendeur :
Tu n'es plus que poussière, et de cette grandeur
Il ne nous reste plus que la triste mémoire.
Sion, jusques au ciel élevée autrefois,
Jusqu'aux enfers maintenant abaissée,
Puissé-je demeurer sans voix,
Si dans mes chants ta douleur retracée
Jusqu'au dernier soupir n'occupe ma pensée!
TOUT LE CHOEUR.
O rives du Jourdain! ô champs aimés des cieux!

Sacrés monts, fertiles vallées,
Par cent miracles signalées!
Du doux pays de nos aïeux
Serons-nous toujours exilées?
UNE ISRAÉLITE, Seule.
Quand verrai-je, ô Sion! relever tes remparts,
Et de tes tours les magnifiques faîtes?
Quand verrai-je de toutes parts
Tes peuples en chantant accourir à tes fêtes?
TOUT LE CHOEUR.
O rives du Jourdain! ô champs aimés des cieux!
Sacrés monts, fertiles vallées,
Par cent miracles signalées!
Du doux pays de nos aïeux
Serons-nous toujours exilées?

SCÈNE III.

ESTHER, MARDOCHÉE, ÉLISE, LE CHOEUR.

ESTHER.

Quel profane en ce lieu s'ose avancer vers nous?
Que vois-je? Mardochée! O mon père, est-ce vous?
Un ange du Seigneur, sous son aile sacrée,
A donc conduit vos pas, et caché votre entrée?
Mais d'où vient cet air sombre, et ce cilice affreux,
Et cette cendre enfin qui couvre vos cheveux?
Que nous annoncez-vous?
MARDOCHÉE.
O reine infortunée!
O d'un peuple innocent barbare destinée!
Lisez, lisez l'arrêt détestable, cruel...
Nous sommes tous perdus! et c'est fait d'Israël!
ESTHER.
Juste ciel! tout mon sang dans mes veines se glace.
MARDOCHÉE.
On doit de tous les Juifs exterminer la race.
Au sanguinaire Aman nous sommes tous livrés;
Les glaives, les couteaux sont déjà préparés;
Toute la nation à la fois est proscrite.
Aman, l'impie Aman, race d'Amalécite,

Lisez, lisez, l'arrêt détestable, cruel.

Acte I, Scène III.

ESTHER.

A, pour ce coup funeste, armé tout son crédit;
Et le roi, trop crédule, a signé cet édit.
Prévenu contre nous par cette bouche impure,
Il nous croit en horreur à toute la nature.
Ses ordres sont donnés; et, dans tous ses États,
Le jour fatal est pris pour tant d'assassinats.
Cieux, éclairerez-vous cet horrible carnage?
Le fer ne connaîtra ni le sexe ni l'âge;
Tout doit servir de proie aux tigres, aux vautours;
Et ce jour effroyable arrive dans dix jours.

ESTHER.

O Dieu, qui vois former des desseins si funestes,
As-tu donc de Jacob abandonné les restes?

UNE DES PLUS JEUNES ISRAÉLITES.

Ciel, qui nous défendra, si tu ne nous défends?

MARDOCHÉE.

Laissez les pleurs, Esther, à ces jeunes enfants.
En vous est tout l'espoir de vos malheureux frères,
Il faut les secourir; mais les heures sont chères :
Le temps vole, et bientôt amènera le jour
Où le nom des Hébreux doit périr sans retour.
Toute pleine du feu de tant de saints prophètes,
Allez, osez au roi déclarer qui vous êtes.

ESTHER.

Hélas! ignorez-vous quelles sévères lois
Aux timides mortels cachent ici les rois?
Au fond de leurs palais leur majesté terrible
Affecte à leurs sujets de se rendre invisible,
Et la mort est le prix de tout audacieux
Qui, sans être appelé, se présente à leurs yeux,
Si le roi dans l'instant, pour sauver le coupable,
Ne lui donne à baiser son sceptre redoutable.
Rien ne met à l'abri de cet ordre fatal,
Ni le rang, ni le sexe, et le crime est égal.
Moi-même, sur son trône, à ses côtés assise,
Je suis à cette loi, comme une autre, soumise :
Et, sans le prévenir, il faut, pour lui parler,
Qu'il me cherche, ou du moins qu'il me fasse appeler.

MARDOCHÉE.

Quoi! lorsque vous voyez périr votre patrie,
Pour quelque chose, Esther, vous comptez votre vie!
Dieu parle, et d'un mortel vous craignez le courroux!

Que dis-je? votre vie, Esther, est-elle à vous?
N'est-elle pas au sang dont vous êtes issue!
N'est-elle pas à Dieu, dont vous l'avez reçue?
Et qui sait, lorsqu'au trône il conduisit vos pas,
Si pour sauver son peuple il ne vous gardait pas?
Songez-y bien : ce Dieu ne vous a point choisie
Pour être un vain spectacle aux peuples de l'Asie,
Ni pour charmer les yeux des profanes humains :
Pour un plus noble usage il réserve ses saints.
S'immoler pour son nom et pour son héritage,
D'un enfant d'Israël voilà le vrai partage :
Trop heureuse pour lui de hasarder vos jours!
Et quel besoin son bras a-t-il de nos secours?
Que peuvent contre lui tous les rois de la terre?
En vain ils s'uniraient pour lui faire la guerre :
Pour dissiper leur ligue il n'a qu'à se montrer;
Il parle, et dans la poudre il les fait tous rentrer.
Au seul son de sa voix la mer fuit, le ciel tremble;
Il voit comme un néant tout l'univers ensemble;
Et les faibles mortels, vains jouets du trépas,
Sont tous devant ses yeux comme s'ils n'étaient pas.
S'il a permis d'Aman l'audace criminelle,
Sans doute qu'il voulait éprouver votre zèle.
C'est lui qui, m'excitant à vous oser chercher,
Devant moi, chère Esther, a bien voulu marcher :
Et s'il faut que sa voix frappe en vain vos oreilles,
Nous n'en verrons pas moins éclater ses merveilles.
Il peut confondre Aman, il peut briser nos fers
Par la plus faible main qui soit dans l'univers;
Et vous, qui n'aurez point accepté cette grâce,
Vous périrez peut-être, et toute votre race.

ESTHER.

Allez : que tous les Juifs dans Suse répandus,
A prier avec vous jour et nuit assidus,
Me prêtent de leurs vœux les secours salutaires,
Et pendant ces trois jours gardent un jeûne austère.
Déjà la sombre nuit a commencé son tour :
Demain, quand le soleil rallumera le jour,
Contente de périr, s'il faut que je périsse,
J'irai pour mon pays m'offrir en sacrifice.
Qu'on s'éloigne un moment.

Le chœur se retire vers le fond du théâtre.

SCÈNE IV.

ESTHER, ÉLISE, LE CHŒUR.

ESTHER.

O mon souverain roi,
Me voici donc tremblante et seule devant toi !
Mon père mille fois m'a dit dans mon enfance
Qu'avec nous tu juras une sainte alliance,
Quand, pour te faire un peuple agréable à tes yeux,
Il plut à ton amour de choisir nos aïeux ;
Même tu leur promis de ta bouche sacrée
Une postérité d'éternelle durée.
Hélas ! ce peuple ingrat a méprisé ta loi ;
La nation chérie a violé sa foi ;
Elle a répudié son époux et son père,
Pour rendre à d'autres dieux un honneur adultère :
Maintenant elle sert sous un maître étranger.
Mais c'est peu d'être esclave, on la veut égorger :
Nos superbes vainqueurs, insultant à nos larmes,
Imputent à leurs dieux le bonheur de leurs armes,
Et veulent aujourd'hui qu'un même coup mortel
Abolisse ton nom, ton peuple, et ton autel.
Ainsi donc un perfide, après tant de miracles,
Pourrait anéantir la foi de tes oracles ;
Ravirait aux mortels le plus cher de tes dons,
Le Saint que tu promets et que nous attendons !
Non, non, ne souffre pas que ces peuples farouches,
Ivres de notre sang, ferment les seules bouches
Qui dans tout l'univers célèbrent tes bienfaits ;
Et confonds tous ces dieux qui ne furent jamais.
Pour moi, que tu retiens parmi ces infidèles,
Tu sais combien je hais leurs fêtes criminelles,
Et que je mets au rang des profanations
Leur table, leurs festins et leurs libations ;
Que même cette pompe où je suis condamnée,
Ce bandeau dont il faut que je paraisse ornée,
Dans ces jours solennels à l'orgueil dédiés,
Seule et dans le secret, je le foule à mes pieds ;
Qu'à ces vains ornements je préfère la cendre,

Et n'ai de goût qu'aux pleurs que tu me vois répandre.
J'attendais le moment marqué dans ton arrêt,
Pour oser de ton peuple embrasser l'intérêt.
Ce moment est venu : ma prompte obéissance
Va d'un roi redoutable affronter la présence.
C'est pour toi que je marche : accompagne mes pas'
Devant ce fier lion qui ne te connaît pas :
Commande en me voyant que son courroux s'apaise,
Et prête à mes discours un charme qui lui plaise :
Les orages, les vents, les cieux te sont soumis;
Tourne enfin sa fureur contre nos ennemis.

SCÈNE V.

Toute cette scène est chantée.

LE CHŒUR.

UNE ISRAÉLITE, seule.

Pleurons et gémissons mes fidèles compagnes;
A nos sanglots donnons un libre cours;
Levons les yeux vers les saintes montagnes
D'où l'innocence attend tout son secours.
O mortelles alarmes !
Tout Israël périt. Pleurez, mes tristes yeux.
Il ne fut jamais sous les cieux,
Un si juste sujet de larmes.

TOUT LE CHOEUR.

O mortelles alarmes !

UNE AUTRE ISRAÉLITE.

N'était-ce pas assez qu'un vainqueur odieux
De l'auguste Sion eût détruit tous les charmes,
Et traîné ses enfants captifs en mille lieux ?

TOUT LE CHOEUR.

O mortelles alarmes !

LA MÊME ISRAÉLITE.

Faibles agneaux livrés à des loups furieux,
Nos soupirs sont nos seules armes.

TOUT LE CHOEUR.

O mortelles alarmes !

UNE ISRAÉLITE.

Arrachons, déchirons tous ces vains ornements

ACTE I, SCÈNE V.

Qui parent notre tête.
UNE AUTRE.
Revêtons-nous d'habillements
Conformes à l'horrible fête
Que l'impie Aman nous apprête.
TOUT LE CHŒUR.
Arrachons, déchirons tous ces vains ornements
Qui parent notre tête.
UNE ISRAÉLITE, seule.
Quel carnage de toutes parts!
On égorge à la fois les enfants, les vieillards,
Et la sœur, et le frère,
Et la fille, et la mère,
Le fils, dans les bras de son père!
Que de corps entassés, que de membres épars,
Privés de sépulture!
Grand Dieu, tes saints sont la pâture
Des tigres et des léopards!
UNE DES PLUS JEUNES ISRAÉLITES.
Hélas! si jeune encore,
Par quel crime ai-je pu mériter mon malheur?
Ma vie à peine a commencé d'éclore :
Je tomberai comme une fleur
Qui n'a vu qu'une aurore...
Hélas! si jeune encore,
Par quel crime ai-je pu mériter mon malheur?
UNE AUTRE.
Des offenses d'autrui malheureuses victimes,
Que nous servent, hélas! ces regrets superflus?
Nos pères ont péché, nos pères ne sont plus,
Et nous portons la peine de leurs crimes.
TOUT LE CHŒUR.
Le dieu que nous servons est le dieu des combats :
Non, non, il ne souffrira pas
Qu'on égorge ainsi l'innocence.
UNE ISRAÉLITE, seule.
Eh quoi! dirait l'impiété,
Où donc est-il ce Dieu si redouté
Dont Israël nous vantait la puissance?
UNE AUTRE.
Ce Dieu jaloux, ce Dieu victorieux,
Frémissez, peuples de la terre,

Ce Dieu jaloux, ce Dieu victorieux,
Est le seul qui commande aux cieux :
Ni les éclairs, ni le tonnerre,
N'obéissent point à vos dieux.
UNE AUTRE.
Il renverse l'audacieux.
UNE AUTRE.
Il prend l'humble sous sa défense.
TOUT LE CHŒUR.
Le Dieu que nous servons est le Dieu des combats :
Non, non, il ne souffrira pas
Qu'on égorge ainsi l'innocence.
DEUX ISRAÉLITES.
O Dieu, que la gloire couronne,
Dieu, que la lumière environne,
Qui voles sur l'aile des vents,
Et dont le trône est porté par les anges ;
DEUX AUTRES DES PLUS JEUNES.
Dieu, qui veux bien que de simples enfants
Avec eux chantent tes louanges ;
TOUT LE CHŒUR.
Tu vois nos pressants dangers :
Donne à ton nom la victoire ;
Ne souffre point que ta gloire
Passe à des dieux étrangers.
UNE ISRAÉLITE, seule.
Arme-toi, viens nous défendre.
Descends, tel qu'autrefois la mer te vit descendre ;
Que les méchants apprennent aujourd'hui
A craindre ta colère :
Qu'ils soient comme la poudre et la paille légère,
Que le vent chasse devant lui.
TOUT LE CHŒUR.
Tu vois nos pressants dangers :
Donne à ton nom la victoire ;
Ne souffre point que ta gloire
Passe à des dieux étrangers.

ACTE DEUXIÈME.

Le théâtre représente la chambre où se trouve le trône d'Assuérus.

SCÈNE I.

AMAN, HYDASPE.

AMAN.
Eh quoi! lorsque le jour ne commence qu'à luire,
Dans ce lieu redoutable oses-tu m'introduire?
HYDASPE.
Vous savez qu'on s'en peut reposer sur ma foi ;
Que ces portes, seigneur, n'obéissent qu'à moi :
Venez. Partout ailleurs on pourrait nous entendre.
AMAN.
Quel est donc le secret que tu me veux apprendre?
HYDASPE.
Seigneur, de vos bienfaits mille fois honoré,
Je me souviens toujours que je vous ai juré
D'exposer à vos yeux, par des avis sincères,
Tout ce que ce palais renferme de mystères.
Le roi d'un noir chagrin paraît enveloppé :
Quelque songe effrayant cette nuit l'a frappé.
Pendant que tout gardait un silence paisible,
Sa voix s'est fait entendre avec un cri terrible :
J'ai couru. Le désordre était dans ses discours :
Il s'est plaint d'un péril qui menaçait ses jours;
Il parlait d'ennemi, de ravisseur farouche,
Même le nom d'Esther est sorti de sa bouche.
Il a dans ces horreurs passé toute la nuit.
Enfin, las d'appeler un sommeil qui le fuit,
Pour écarter de lui ces images funèbres,
Il s'est fait apporter ces annales célèbres [1]
Où les faits de son règne, avec soin amassés,

---

[1] Cet usage des rois de Perse, qui prenaient soin de conserver la mémoire de ce qui se passait de plus mémorable sous leur règne, est attesté par Hérodote, liv. VIII, et par Thucydide, liv. I. (G.)

Par de fidèles mains chaque jour sont tracés;
On y conserve écrits le service et l'offense,
Monuments éternels d'amour et de vengeance.
Le roi, que j'ai laissé plus calme dans son lit,
D'une oreille attentive écoute ce récit.

AMAN.

De quel temps de sa vie a-t-il choisi l'histoire?

HYDASPE.

Il revoit tous ces temps si remplis de sa gloire,
Depuis le fameux jour qu'au trône de Cyrus
Le choix du sort plaça l'heureux Assuérus [1].

AMAN.

Ce songe, Hydaspe, est donc sorti de son idée?

HYDASPE.

Entre tous les devins fameux dans la Chaldée,
Il a fait assembler ceux qui savent le mieux
Lire en un songe obscur les volontés des cieux...
Mais quel trouble vous-même aujourd'hui vous agite?
Votre âme, en m'écoutant, paraît tout interdite :
L'heureux Aman a-t-il quelques secrets ennuis?

AMAN.

Peux-tu le demander dans la place où je suis?
Haï, craint, envié souvent plus misérable
Que tous les malheureux que mon pouvoir accable!

HYSDAPE.

Hé! qui jamais du ciel eut des regards plus doux?
Vous voyez l'univers prosterné devant vous.

AMAN.

L'univers! Tous les jours un homme... un vil esclave,
D'un front audacieux me dédaigne et me brave.

HYDASPE.

Quel est cet ennemi de l'État et du roi?

AMAN.

Le nom de Mardochée est-il connu de toi?

HYDASPE.

Qui? ce chef d'une race abominable, impie?

AMAN.

Oui, lui-même.

---

[1] On a déjà vu, dans la préface d'*Esther*, que Racine avait adopté l'opinion de dom Calmet et de quelques autres savants interprètes, qui pensent qu'Assuérus est le même que Darius, fils d'Hystaspe. Si l'on en croit Hérodote (liv. III), la ruse, plus que le sort, contribua à placer ce prince sur le trône de Perse. (G.)

ACTE II, SCÈNE 1.

HYDASPE.
Hé! seigneur! d'une si belle vie
Un si faible ennemi peut-il troubler la paix?

AMAN.
L'insolent devant moi ne se courba jamais.
Enfin de la faveur du plus grand des monarques
Tout révère à genoux les glorieuses marques;
Lorsque d'un respect saint tous les Persans touchés
N'osent lever leurs fronts à la terre attachés,
Lui, fièrement assis, et la tête immobile,
Traite tous ces honneurs d'impiété servile;
Présente à mes regards un front séditieux,
Et ne daignerait pas au moins baisser les yeux !
Du palais cependant il assiége la porte :
A quelque heure que j'entre, Hydaspe, ou que je sorte,
Son visage odieux m'afflige et me poursuit,
Et mon esprit troublé le voit encor la nuit.
Ce matin j'ai voulu devancer la lumière :
Je l'ai trouvé couvert d'une affreuse poussière,
Revêtu de lambeaux, tout pâle; mais son œil
Conservait sous la cendre encor le même orgueil.
D'où lui vient, cher ami, cette impudente audace?
Toi, qui dans ce palais vois tout ce qui se passe,
Crois-tu que quelque voix ose parler pour lui?
Sur quel roseau fragile a-t-il mis son appui?

HYDASPE.
Seigneur, vous le savez, son avis salutaire
Découvrit de Tharès le projet sanguinaire.
Le roi promit alors de le récompenser :
Le roi, depuis ce temps, paraît n'y plus penser.

AMAN.
Non, il faut à tes yeux dépouiller l'artifice.
J'ai su de mon destin corriger l'injustice :
Dans les mains des Persans jeune enfant apporté,
Je gouverne l'empire où je fus acheté;
Mes richesses des rois égalent l'opulence;
Environné d'enfants soutiens de ma puissance,
Il ne manque à mon front que le bandeau royal.
Cependant (des mortels aveuglement fatal)!
De cet amas d'honneurs la douceur passagère
Fait sur mon cœur à peine une atteinte légère;
Mais Mardochée, assis aux portes du palais,

Dans ce cœur malheureux enfonce mille traits;
Et toute ma grandeur me devient insipide,
Tandis que le soleil éclaire ce perfide.
HYDASPE.
Vous serez de sa vue affranchi dans dix jours :
La nation entière est promise aux vautours.
AMAN.
Ah! que ce temps est long à mon impatience!
C'est lui, je te veux bien confier ma vengeance,
C'est lui qui, devant moi refusant de ployer,
Les a livrés au bras qui les va foudroyer.
C'était trop peu pour moi d'une telle victime :
La vengeance trop faible attire un second crime.
Un homme tel qu'Aman, lorsqu'on l'ose irriter,
Dans sa juste fureur ne peut trop éclater.
Il faut des châtiments dont l'univers frémisse;
Qu'on tremble en comparant l'offense et le supplice;
Que les peuples entiers dans le sang soient noyés.
Je veux qu'on dise un jour aux peuples effrayés :
« Il fut des Juifs, il fut une insolente race;
» Répandus sur la terre, ils en couvraient la face;
» Un seul osa d'Aman attirer le courroux,
» Aussitôt de la terre ils disparurent tous. »
HYDASPE.
Ce n'est donc pas, seigneur, le sang amalécite
Dont la voix à les perdre en secret vous excite?
AMAN.
Je sais que, descendu de ce sang malheureux,
Une éternelle haine a dû m'armer contre eux ;
Qu'ils firent d'Amalec un indigne carnage;
Que jusqu'aux vils troupeaux, tout éprouva leur rage;
Qu'un déplorable reste à peine fut sauvé ;
Mais, crois-moi, dans le rang où je suis élevé,
Mon âme, à ma grandeur tout entière attachée,
Des intérêts du sang est faiblement touchée.
Mardochée est coupable; et que faut-il de plus?
Je prévins donc contre eux l'esprit d'Assuérus,
J'inventai des couleurs, j'armai la calomnie,
J'intéressai sa gloire : il trembla pour sa vie.
Je les peignis puissants, riches, séditieux;
Leur Dieu même ennemi de tous les autres dieux.
« Jusqu'à quand souffre-t-on que ce peuple respire,

» Et d'un culte profane infecte votre empire?
» Étrangers dans la Perse, à nos lois opposés,
» Du reste des humains ils semblent divisés,
» N'aspirent qu'à troubler le repos où nous sommes,
» Et, détestés partout, détestent tous les hommes.
» Prévenez, punissez leurs insolents efforts ;
» De leur dépouille enfin grossissez vos trésors. »
Je dis, et l'on me crut. Le roi, dès l'heure même,
Mit dans mes mains le sceau de son pouvoir suprême :
« Assure, me dit-il, le repos de ton roi ;
» Va, perds ces malheureux : leur dépouille est à toi. »
Toute la nation fut ainsi condamnée.
Du carnage avec lui je réglai la journée.
Mais de ce traître enfin le trépas différé
Fait trop souffrir mon cœur de son sang altéré.
Un je ne sais quel trouble empoisonne ma joie.
Pourquoi dix jours encor faut-il que je le voie ?

HYDASPE.

Et ne pouvez-vous pas d'un mot l'exterminer?
Dites au roi, seigneur, de vous l'abandonner.

AMAN.

Je viens pour épier le moment favorable.
Tu connais, comme moi, ce prince inexorable :
Tu sais combien, terrible en ses soudains transports,
De nos desseins souvent il rompt tous les ressorts.
Mais à me tourmenter ma crainte est trop subtile :
Mardochée à ses yeux est une âme trop vile.

HYDASPE.

Que tardez-vous? Allez, et faites promptement
Élever de sa mort le honteux instrument.

AMAN.

J'entends du bruit; je sors. Toi, si le roi m'appelle..

HYDASPE.

Il suffit.

SCÈNE II.

ASSUÉRUS, HYDASPE, ASAPH.

ASSUÉRUS.

Ainsi donc, sans cet avis fidèle,
Deux traîtres dans son lit assassinaient leur roi ?
Qu'on me laisse, et qu'Asaph seule demeure avec moi,

SCÈNE III.

ASSUÉRUS, ASAPH.

ASSUÉRUS, assis sur son trône.

Je veux bien l'avouer : de ce couple perfide
J'avais presque oublié l'attentat parricide;
Et j'ai pâli deux fois au terrible récit
Qui vient d'en retracer l'image à mon esprit.
Je vois de quel succès leur fureur fut suivie,
Et que dans les tourments ils laissèrent la vie;
Mais ce sujet zélé qui, d'un œil si subtil,
Sut de leur noir complot développer le fil,
Qui me montra sur moi leur main déjà levée,
Enfin par qui la Perse avec moi fut sauvée,
Quel honneur pour sa foi, quel prix a-t-il reçu?

ASAPH.

On lui promit beaucoup : c'est tout ce que j'ai su.

ASSUÉRUS.

O d'un si grand service oubli trop condamnable!
Des embarras du trône effet inévitable!
De soins tumultueux un prince environné
Vers de nouveaux objets est sans cesse entraîné;
L'avenir l'inquiète, et le présent le frappe;
Mais, plus prompt que l'éclair, le passé nous échappe,
Et de tant de mortels à toute heure empressés
A nous faire valoir leurs soins intéressés,
Il ne s'en trouve point qui, touchés d'un vrai zèle,
Prennent à notre gloire un intérêt fidèle,
Du mérite oublié nous fassent souvenir,
Trop prompts à nous parler de ce qu'il faut punir.
Ah! que plutôt l'injure échappe à ma vengeance,
Qu'un si rare bienfait à ma reconnaissance!
Et qui voudrait jamais s'exposer pour son roi?
Ce mortel qui montra tant de zèle pour moi
Vit-il encore?

ASAPH.

Il voit l'astre qui vous éclaire.

ASSUÉRUS.

Et que n'a-t-il plus tôt demandé son salaire?
Quel pays reculé le cache à mes bienfaits?

ASAPH.
Assis le plus souvent aux portes du palais,
Sans se plaindre de vous ni de sa destinée,
Il y traîne, seigneur, sa vie infortunée.
ASSUÉRUS.
Et je dois d'autant moins oublier la vertu,
Qu'elle-même s'oublie. Il se nomme, dis-tu ?
ASAPH.
Mardochée est le nom que je viens de vous lire.
ASSUÉRUS.
Et son pays ?
ASAPH.
Seigneur, puisqu'il faut vous le dire,
C'est un de ces captifs à périr destinés,
Des rives du Jourdain sur l'Euphrate amenés.
ASSUÉRUS.
Il est donc Juif ! O ciel ! sur le point que la vie
Par mes propres sujets m'allait être ravie,
Un Juif rend par ses soins leurs efforts impuissants !
Un Juif m'a préservé du glaive des Persans !
Mais, puisqu'il m'a sauvé, quel qu'il soit, il n'importe.
Holà, quelqu'un !

SCÈNE IV.

ASSUÉRUS, HYDASPE, ASAPH.

HYDASPE.
Seigneur ?
ASSUÉRUS.
Regarde à cette porte.
Vois s'il s'offre à tes yeux quelque grand de ma cour.
HYDASPE.
Aman à votre porte a devancé le jour.
ASSUÉRUS.
Qu'il entre. Ses avis m'éclaireront peut-être.

SCÈNE V.

ASSUÉRUS, AMAN, HYDASPE, ASAPH.

ASSUÉRUS.
Approche, heureux appui du trône de ton maître,
Ame de mes conseils, et qui seul tant de fois

Du sceptre dans ma main as soulagé le poids.
Un reproche secret embarrasse mon âme.
Je sais combien est pur le zèle qui t'enflamme :
Le mensonge jamais n'entra dans tes discours,
Et mon intérêt seul est le but où tu cours.
Dis-moi donc : que doit faire un prince magnanime
Qui veut combler d'honneurs un sujet qu'il estime ?
Par quel gage éclatant, et digne d'un grand roi,
Puis-je récompenser le mérite et la foi ?
Ne donne point de borne à ma reconnaissance :
Mesure tes conseils sur ma vaste puissance.
AMAN, tout bas.
C'est pour toi-même, Aman, que tu vas prononcer.
Et quel autre que toi peut-on récompenser ?
ASSUÉRUS.
Que penses-tu ?
AMAN.
Seigneur, je cherche, j'envisage
Des monarques persans la conduite et l'usage :
Mais à mes yeux en vain je les rappelle tous ;
Pour vous régler sur eux, que sont-ils près de vous ?
Votre règne aux neveux doit servir de modèle.
Vous voulez d'un sujet reconnaître le zèle ;
L'honneur seul peut flatter un esprit généreux :
Je voudrais donc, seigneur, que ce mortel heureux,
De la pourpre aujourd'hui paré comme vous-même,
Et portant sur le front le sacré diadème,
Sur un de vos coursiers pompeusement orné,
Aux yeux de vos sujets dans Suse fût mené ;
Que, pour comble de gloire et de magnificence,
Un seigneur éminent en richesse, en puissance,
Enfin de votre empire après vous le premier,
Par la bride guidât son superbe coursier,
Et lui-même marchant en habits magnifiques :
Criât à haute voix dans les places publiques :
« Mortels, prosternez-vous ; c'est ainsi que le roi
» Honore le mérite, et couronne la foi. »
ASSUÉRUS.
Je vois que la sagesse elle-même t'inspire.
Avec mes volontés ton sentiment conspire.
Va, ne perds point de temps ; ce que tu m'as dicté,
Je veux de point en point qu'il soit exécuté.

ACTE II, SCÈNE VII.

La vertu dans l'oubli ne sera plus cachée.
Aux portes du palais prends le juif Mardochée.
C'est lui que je prétends honorer aujourd'hui ;
Ordonne son triomphe, et marche devant lui ;
Que Suse par ta voix de son nom retentisse,
Et fais à son aspect que tout genou fléchisse.
Sortez tous.

AMAN.

Dieux !

SCÈNE VI.

ASSUÉRUS.

Le prix est sans doute inouï ;
Jamais d'un tel honneur un sujet n'a joui ;
Mais plus la récompense est grande et glorieuse,
Plus même de ce Juif la race est odieuse,
Plus j'assure ma vie, et montre avec éclat
Combien Assuérus redoute d'être ingrat.
On verra l'innocent discerné du coupable ;
Je n'en perdrai pas moins ce peuple abominable :
Leurs crimes...

SCÈNE VII.

ASSUÉRUS, ESTHER, ÉLISE, THAMAR, PARTIE DU CHŒUR.

Esther entre s'appuyant sur Élise ; quatre Israélites soutiennent sa robe.

ASSUÉRUS.

Sans mon ordre on porte ici ses pas !
Quel mortel insolent vient chercher le trépas ?
Gardes... C'est vous, Esther ? Quoi ! sans être attendue ?

ESTHER.

Mes filles, soutenez votre reine éperdue :
Je me meurs.

Elle tombe évanouie.

ASSUÉRUS.

Dieux puissants ! quelle étrange pâleur
De son teint tout à coup efface la couleur !
Esther, que craignez-vous ? suis-je pas votre frère ?

Est-ce pour vous qu'est fait un ordre si sévère?
Vivez : le sceptre d'or que vous tend cette main,
Pour vous de ma clémence est un gage certain.
ESTHER.
Quelle voix salutaire ordonne que je vive,
Et rappelle en mon sein mon âme fugitive?
ASSUÉRUS.
Ne connaissez-vous pas la voix de votre époux?
Encore un coup, vivez et revenez à vous.
ESTHER.
Seigneur, je n'ai jamais contemplé qu'avec crainte
L'auguste majesté sur votre front empreinte;
Jugez combien ce front irrité contre moi
Dans mon âme troublée a dû jeter d'effroi;
Sur ce trône sacré qu'environne la foudre,
J'ai cru vous voir tout prêt à me réduire en poudre.
Hélas! sans frissonner, quel cœur audacieux
Soutiendrait les éclairs qui partaient de vos yeux?
Ainsi du Dieu vivant la colère étincelle...
ASSUÉRUS.
O soleil! ô flambeau de lumière immortelle!
Je me trouble moi-même; et sans frémissement
Je ne puis voir sa peine et son saisissement.
Calmez, reine, calmez la frayeur qui vous presse.
Du cœur d'Assuérus souveraine maîtresse,
Éprouvez seulement son ardente amitié.
Faut-il de mes États vous donner la moitié?
ESTHER.
Eh! se peut-il qu'un roi craint de la terre entière,
Devant qui tout fléchit et baise la poussière,
Jette sur son esclave un regard si serein,
Et m'offre sur son cœur un pouvoir souverain?
ASSUÉRUS.
Croyez-moi, chère Esther, ce sceptre, cet empire,
Et ces profonds respects que la terreur inspire,
A leur pompeux éclat mêlent peu de douceur,
Et fatiguent souvent leur triste possesseur.
Je ne trouve qu'en vous je ne sais quelle grâce
Qui me charme toujours et jamais ne me lasse,
De l'aimable vertu doux et puissants attraits!
Tout respire en Esther l'innocence et la paix.
Du chagrin le plus noir elle écarte les ombres;

Mes filles, soutenez votre reine éperdue.

Acte II, Scène VII.

ESTHER

Et fait des jours sereins de mes jours les plus sombres;
Que dis-je? sur ce trône assis auprès de vous,
Des astres ennemis j'en crains moins le courroux,
Et crois que votre front prête à mon diadème
Un éclat qui le rend respectable aux dieux même.
Osez donc me répondre, et ne me cachez pas
Quel sujet important conduit ici vos pas.
Quel intérêt, quels soins vous agitent, vous pressent?
Je vois qu'en m'écoutant vos yeux au ciel s'adressent.
Parlez : de vos désirs le succès est certain,
Si ce succès dépend d'une mortelle main.

ESTHER.

O bonté qui m'assure autant qu'elle m'honore!
Un intérêt pressant veut que je vous implore.
J'attends ou mon malheur ou ma félicité;
Et tout dépend, seigneur, de votre volonté.
Un mot de votre bouche, en terminant mes peines,
Peut rendre Esther heureuse entre toutes les reines

ASSUÉRUS.

Ah! que vous enflammez mon désir curieux!

ESTHER.

Seigneur, si j'ai trouvé grâce devant vos yeux,
Si jamais à mes vœux vous fûtes favorable,
Permettez, avant tout, qu'Esther puisse à sa table
Recevoir aujourd'hui son souverain seigneur,
Et qu'Aman soit admis à cet excès d'honneur.
J'oserai devant lui rompre ce grand silence,
Et j'ai pour m'expliquer besoin de sa présence.

ASSUÉRUS.

Dans quelle inquiétude, Esther, vous me jetez!
Toutefois qu'il soit fait comme vous souhaitez.

A ceux de sa suite.

Vous, que l'on cherche Aman, et qu'on lui fasse entendre
Qu'invité chez la reine, il ait soin de s'y rendre.

SCÈNE VIII.

ASSUÉRUS, ESTHER, ÉLISE, THAMAR, HYDASPE, PARTIE DU CHŒUR.

HYDASPE.

Les savants Chaldéens, par votre ordre appelés,
Dans cet appartement, seigneur, sont assemblés.

ASSUÉRUS.

Princesse, un songe étrange occupe ma pensée :
Vous-même en leur réponse êtes intéressée.
Venez, derrière un voile écoutant leurs discours,
De vos propres clartés me prêter le secours.
Je crains pour vous, pour moi, quelque ennemi perfide.

ESTHER.

Suis-moi, Thamar. Et vous, troupe jeune et timide,
Sans craindre ici les yeux d'une profane cour,
A l'abri de ce trône attendez mon retour.

SCÈNE IX.

Cette scène est partie déclamée, partie chantée.

ÉLISE, PARTIE DU CHŒUR.

ÉLISE.

Que vous semble, mes sœurs, de l'état où nous sommes?
D'Esther, d'Aman, qui le doit emporter?
Est-ce Dieu, sont-ce les hommes,
Dont les œuvres vont éclater?
Vous avez vu quelle ardente colère
Allumait de ce roi le visage sévère.

UNE DES ISRAÉLITES.

Des éclairs des ses yeux l'œil était ébloui.

UNE AUTRE.

Et sa voix m'a paru comme un tonnerre horrible.

ÉLISE.

Comment ce courroux si terrible
En un moment s'est-il évanoui?

UNE DES ISRAÉLITES chante.

Un moment a changé ce courage inflexible :
Le lion mugissant est un agneau paisible.
Dieu, notre Dieu sans doute a versé dans son cœur
Cet esprit de douceur.

LE CHŒUR chante.

Dieu, notre Dieu sans doute a versé dans son cœur
Cet esprit de douceur.

LA MÊME ISRAÉLITE chante.

Tel qu'un ruisseau docile
Obéit à la main qui détourne son cours,

ACTE II, SCÈNE IX.

Et, laissant de ses eaux partager le secours,
Va rendre tout un champ fertile :
Dieu, de nos volontés arbitre et souverain,
Le cœur des rois est ainsi dans ta main.

ÉLISE.

Ah! que je crains, mes sœurs, les funestes nuages
Qui de ce prince obscurcissent les yeux !
Comme il est aveuglé du culte de ses dieux !

UNE ISRAÉLITE.

Il n'atteste jamais que leurs noms odieux.

UNE AUTRE.

Aux feux inanimés dont se parent les cieux
Il rend de profanes hommages.

UNE AUTRE.

Tout son palais est plein de leurs images.

LE CHOEUR chante.

Malheureux ! vous quittez le maître des humains
Pour adorer l'image de vos mains !

UNE ISRAÉLITE chante.

Dieu d'Israël dissipe enfin cette ombre :
Des larmes de tes saints quand seras-tu touché ?
Quand sera le voile arraché
Qui sur tout l'univers jette une nuit si sombre ?
Dieu d'Israël, dissipe enfin cette ombre ;
Jusqu'à quand seras-tu caché ?

UNE DES PLUS JEUNES ISRAÉLITES.

Parlons plus bas, mes sœurs. Ciel ! si quelque infidèle,
Écoutant nos discours, nous allait déceler !

ÉLISE.

Quoi ! fille d'Abraham, une crainte mortelle
Semble déjà vous faire chanceler !
Hé ! si l'impie Aman dans sa main homicide,
Faisant luire à vos yeux un glaive menaçant,
A blasphémer le nom du Tout-Puissant,
Voulait forcer votre bouche timide !

UNE AUTRE ISRAÉLITE

Peut-être Assuérus, frémissant de courroux,
Si nous ne courbons les genoux
Devant une muette idole,
Commandera qu'on nous immole.
Chère sœur, que choisirez-vous ?

ESTHER.

LA JEUNE ISRAÉLITE.

Moi, je pourrais trahir le Dieu que j'aime?
J'adorerais un dieu sans force et sans vertu,
Reste d'un tronc par les vents abattu,
Qui ne peut se sauver lui-même!

LE CŒUR chante.

Dieux impuissants, dieux sourds, tous ceux qui vous implorent
Ne seront jamais entendus.
Que les démons et ceux qui les adorent,
Soient à jamais détruits et confondus!

UNE ISRAÉLITE chante.

Que ma bouche et mon cœur, et tout ce que je suis,
Rendent honneur au Dieu qui ma donné la vie.
Dans les craintes, dans les ennuis,
En ses bontés mon âme se confie.
Veut-il par mon trépas que je le glorifie?
Que ma bouche et mon cœur, et tout ce que je suis,
Rendent honneur au Dieu qui m'a donné la vie!

ÉLISE.

Je n'admirai jamais la gloire de l'impie.

UNE AUTRE ISRAÉLITE.

Au bonheur du méchant qu'un autre porte envie.

ÉLISE.

Tous ces jours paraissent charmants;
L'or éclate en ses vêtements;
Son orgueil est sans borne ainsi que sa richesse;
Jamais l'air n'est troublé de ses gémissements;
Il s'endort, il s'éveille au son des instruments;
Son cœur nage dans la mollesse.

UNE AUTRE ISRAÉLITE.

Pour comble de prospérité,
Il espère revivre en sa postérité;
Et d'enfants à sa table une riante troupe
Semble boire avec lui la joie à pleine coupe.

LE CHOEUR.

Heureux, dit-on, le peuple florissant
Sur qui ces biens coulent en abondance!
Plus heureux le peuple innocent
Qui dans le Dieu du ciel a mis sa confiance!

UNE ISRAÉLITE, seule.

Pour contenter ses frivoles désirs
L'homme insensé vainement se consume :

ACTE II, SCÈNE IX.

Il trouve l'amertume
Au milieu des plaisirs.

UNE AUTRE, seule.

Le bonheur de l'impie est toujours agité :
Il erre à la merci de sa propre inconstance.
Ne cherchons la félicité
Que dans la paix et l'innocence.

LA MÊME, avec une autre.

O douce paix !
O lumière éternelle !
Beauté toujours nouvelle !
Heureux le cœur épris de tes attraits !
O douce paix !
O lumière éternelle !
Heureux le cœur qui ne te perd jamais !

LE CHŒUR.

O douce paix !
O lumière éternelle !
Beauté toujours nouvelle !
O douce paix !
Heureux le cœur qui ne te perd jamais !

LA MÊME, seule.

Nulle paix pour l'impie : il la cherche, elle fuit ;
Et le calme en son cœur ne trouve point de place :
Le glaive au dehors le poursuit ;
Le remords au dedans le glace.

UNE AUTRE.

La gloire des méchants en un moment s'éteint :
L'affreux tombeau pour jamais les dévore.
Il n'en est pas ainsi de celui qui te craint :
Il renaîtra, mon Dieu, plus brillant que l'aurore.

LE CHŒUR.

O douce paix !
Heureux le cœur qui ne te perd jamais !

ÉLISE, sans chanter.

Mes sœurs, j'entends du bruit dans la chambre prochaine.
On nous appelle : allons rejoindre notre reine.

ACTE TROISIÈME.

Le théâtre représente les jardins d'Esther, et un des côtés du salon où se fait le festin.

SCÈNE I.

AMAN, ZARÈS.

ZARÈS.

C'est donc ici d'Esther le superbe jardin ;
Et ce salon pompeux est le lieu du festin ?
Mais tandis que la porte en est encor fermée,
Écoutez les conseils d'une épouse alarmée.
Au nom du sacré nœud qui me lie avec vous,
Dissimulez, seigneur, cet aveugle courroux ;
Éclaircissez ce front où la tristesse est peinte :
Les rois craignent surtout le reproche et la plainte.
Seul entre tous les grands par la reine invité,
Ressentez donc aussi cette félicité.
Si le mal vous aigrit, que le bienfait vous touche.
Je l'ai cent fois appris de votre propre bouche :
Quiconque ne sait pas dévorer un affront,
Ni de fausses couleurs se déguiser le front,
Loin de l'aspect des rois qu'il s'écarte, qu'il fuie.
Il est des contre-temps qu'il faut qu'un sage essuie.
Souvent avec prudence un outrage enduré
Aux honneurs les plus hauts a servi de degré.

AMAN.

O douleur ! ô supplice affreux à la pensée !
O honte, qui jamais ne peut être effacée !
Un exécrable Juif, l'opprobre des humains,
S'est donc vu de la pourpre habillé par mes mains !
C'est peu qu'il ait sur moi remporté la victoire ;
Malheureux, j'ai servi de héraut à sa gloire !
Le traître, il insultait à ma confusion ;
Et tout le peuple même, avec dérision
Observant la rougeur qui couvrait mon visage,
De ma chute certaine en tirait le présage.

Roi cruel, ce sont là les jeux où tu te plais !
Tu ne m'as prodigué tes perfides bienfaits
Que pour me faire mieux sentir ta tyrannie,
Et m'accabler enfin de plus d'ignominie.

ZARÈS.

Pourquoi juger si mal de son intention ?
Il croit récompenser une bonne action.
Ne faut-il pas, seigneur, s'étonner au contraire
Qu'il en ait si longtemps différé le salaire ?
Du reste, il n'a rien fait que par votre conseil.
Vous-même avez dicté tout ce triste appareil :
Vous êtes après lui le premier de l'empire.
Sait-il toute l'horreur que ce Juif vous inspire ?

AMAN.

Il sait qu'il me doit tout, et que, pour sa grandeur,
J'ai foulé sous les pieds, remords, crainte, pudeur ;
Qu'avec un cœur d'airain exerçant sa puissance,
J'ai fait taire les lois et gémir l'innocence ;
Que pour lui, des Persans bravant l'aversion,
J'ai chéri, j'ai cherché la malédiction :
Et pour prix de ma vie, à leur haine exposée,
Le barbare aujourd'hui m'expose à leur risée !

ZARÈS.

Seigneur, nous sommes seuls. Que sert de se flatter ?
Ce zèle que pour lui vous fîtes éclater,
Ce soin d'immoler tout à son pouvoir suprême,
Entre nous, n'avaient-ils d'autre objet que vous-même ?
Et sans chercher plus loin, tous ces Juifs désolés,
N'est-ce pas à vous seul que vous les immolez ?
Et ne craignez-vous point que quelque avis funeste...
Enfin la cour nous hait, le peuple nous déteste.
Ce Juif même, il le faut confesser malgré moi,
Ce Juif comblé d'honneurs, me cause quelque effroi.
Les malheurs sont souvent enchaînés l'un à l'autre,
Et sa race toujours fut fatale à la vôtre.
De ce léger affront songez à profiter.
Peut-être la fortune est prête à vous quitter ;
Aux plus affreux excès son inconstance passe :
Prévenez son caprice, avant qu'elle se lasse.
Où tendez-vous plus haut ? je frémis quand je voi
Les abîmes profonds qui s'offrent devant moi :
La chute désormais ne peut être qu'horrible.

Osez chercher ailleurs un destin plus paisible :
Regagnez l'Hellespont et ces bords écartés
Où vos aïeux errants jadis furent jetés,
Lorsque des Juifs contre eux la vengeance allumée
Chassa tout Amalec de la triste Idumée.
Aux malices du sort enfin dérobez-vous.
Nos plus riches trésors marcheront devant nous.
Vous pouvez du départ me laisser la conduite ;
Surtout de vos enfants j'assurerai la fuite.
N'ayez soin cependant que de dissimuler.
Contente, sur vos pas vous me verrez voler.
La mer la plus terrible et la plus orageuse
Est plus sûre pour nous que cette cour trompeuse.
Mais à grands pas vers vous je vois quelqu'un marcher.
C'est Hydaspe.

SCÈNE II.

AMAN, ZARÈS, HYDASPE.

HYDASPE, à Aman.

Seigneur, je courais vous chercher.
Votre absence en ces lieux suspend toute la joie,
Et pour vous y conduire Assuérus m'envoie.

AMAN.

Et Mardochée est-il aussi de ce festin ?

HYDASPE.

A la table d'Esther portez-vous ce chagrin?
Quoi! toujours de ce Juif l'image vous désole!
Laissez-le s'applaudir d'un triomphe frivole.
Croit-il d'Assuérus éviter la rigueur?
Ne possédez-vous pas son oreille et son cœur?
On a payé le zèle, on punira le crime ;
Et l'on vous a, seigneur, orné votre victime.
Je me trompe, ou vos vœux, par Esther secondés,
Obtiendront plus encor que vous ne demandez.

AMAN.

Croirai-je le bonheur que ta bouche m'annonce?

HYDASPE.

J'ai des savants devins entendu la réponse :
Ils disent que la main d'un perfide étranger
Dans le sang de la reine est prête à se plonger.

Et le roi, qui ne sait où trouver le coupable,
N'impute qu'aux seuls Juifs ce projet détestable.
AMAN.
Oui, ce sont, cher ami, des monstres furieux :
Il faut craindre surtout leur chef audacieux.
La terre avec horreur dès longtemps les endure
Et l'on n'en peut trop tôt délivrer la nature.
Ah! je respire enfin. Chère Zarès, adieu.
HYDASPE.
Les compagnes d'Esther s'avancent vers ce lieu :
Sans doute leur concert va commencer la fête.
Entrez, et recevez l'honneur qu'on vous apprête.

SCÈNE III.

ÉLISE, LE CHŒUR.

Ceci se récite sans chant.

UNE DES ISRAÉLITES.
C'est Aman.
UNE AUTRE.
C'est lui-même, et j'en frémis, ma sœur.
LA PREMIÈRE.
Mon cœur de crainte et d'horreur se resserre.
L'AUTRE.
C'est d'Israël le superbe oppresseur.
LA PREMIÈRE.
C'est celui qui trouble la terre.
ÉLISE.
Peut-on, en le voyant, ne le connaître pas?
L'orgueil et le dédain sont peints sur son visage.
UNE ISRAÉLITE.
On lit dans ses regards sa fureur et sa rage.
UNE AUTRE.
Je croyais voir marcher la mort devant ses pas.
UNE DES PLUS JEUNES.
Je ne sais si ce tigre a reconnu sa proie :
Mais, en nous regardant, mes sœurs, il m'a semblé
Qu'il avait dans les yeux une barbare joie
Dont tout mon sang est encore troublé.

ÉLISE.

Que ce nouvel honneur va croître son audace!
Je le vois, mes sœurs, je le voi :
A la table d'Esther, l'insolent près du roi
A déjà pris sa place.

UNE DES ISRAÉLITES.

Ministres du festin, de grâce, dites-nous,
Quels mets à ce cruel, quel vin préparez-vous?

UNE AUTRE.

Le sang de l'orphelin,

UNE TROISIÈME.

Les pleurs des misérables,

LA SECONDE.

Sont ses mets les plus agréables.

LA TROISIÈME.

C'est son breuvage le plus doux.

ÉLISE.

Chères sœurs, suspendez la douleur qui vous presse.
Chantons, on nous l'ordonne; et que puissent nos chants
Du cœur d'Assuérus adoucir la rudesse,
Comme autrefois David, par ses accords touchants,
Calmait d'un roi jaloux la sauvage tristesse!

Tout le reste de cette scène est chanté.

UNE ISRAÉLITE.

Que le peuple est heureux
Lorsqu'un roi généreux,
Craint dans tout l'univers, veut encore qu'on l'aime!
Heureux le peuple! heureux le roi lui-même!

TOUT LE CHOEUR.

O repos! ô tranquillité!
O d'un parfait bonheur assurance éternelle,
Quand la suprême autorité
Dans ses conseils a toujours auprès d'elle
La justice et la vérité!

Ces quatre stances sont chantées alternativement par une voix seule et par tout le chœur.

UNE ISRAÉLITE.

Rois, chassez la calomnie :
Ses criminels attentats
Des plus paisibles États
Troublent l'heureuse harmonie.

ACTE III, SCÈNE III.

Sa fureur, de sang avide,
Poursuit partout l'innocent.
Rois, prenez soin de l'absent
Contre sa langue homicide.

De ce monstre si farouche
Craignez la feinte douceur :
La vengeance est dans son cœur
Et la pitié dans sa bouche.

La fraude adroite et subtile
Sème de fleurs son chemin :
Mais sur ses pas vient enfin
Le repentir inutile.

UNE ISRAÉLITE, seule.

D'un souffle l'aquilon écarte les nuages,
Et chasse au loin la foudre et les orages.
Un roi sage, ennemi du langage menteur,
Écarte d'un regard le perfide imposteur.

UNE AUTRE.

J'admire un roi victorieux,
Que sa valeur conduit triomphant en tous lieux ;
Mais un roi sage et qui hait l'injustice,
Qui sous la loi du riche impérieux
Ne souffre point que le pauvre gémisse,
Est le plus beau présent des cieux.

UNE AUTRE.

La veuve en sa défense espère.

UNE AUTRE.

De l'orphelin il est le père.

TOUTES ENSEMBLE.

Et les larmes du juste implorant son appui
Sont précieuses devant lui.

UNE ISRAÉLITE, seule.

Détourne, roi puissant, détourne tes oreilles
De tout conseil barbare et mensonger.
Il est temps que tu t'éveilles ;
Dans le sang innocent ta main va se plonger
Pendant que tu sommeilles.
Détourne, roi puissant, détourne tes oreilles
De tout conseil barbare et mensonger.

UNE AUTRE.

Ainsi puisse sous toi trembler la terre entière !
Ainsi puisse à jamais contre tes ennemis
Le bruit de ta valeur te servir de barrière !
S'ils t'attaquent, qu'ils soient en un moment soumis ;
　Que de ton bras la force les renverse ;
　Que de ton nom la terreur les disperse ;
Que tout leur camp nombreux soit devant tes soldats
　Comme d'enfants une troupe inutile ;
Et si par un chemin il entre en tes États,
　Qu'il en sorte par plus de mille.

SCÈNE IV.

ASSUÉRUS, ESTHER, AMAN, ÉLISE, LE CHŒUR.

ASSUÉRUS, à Esther.

Oui, vos moindres discours ont des grâces secrètes :
Une noble pudeur à tout ce que vous faites
Donne un prix que n'ont point ni la pourpre ni l'or.
Quel climat renfermait un si rare trésor ?
Dans quel sein vertueux avez-vous pris naissance,
Et quelle main si sage éleva votre enfance ?
Mais dites promptement ce que vous demandez :
Tous vos désirs, Esther, vous seront accordés ;
Dussiez-vous, je l'ai dit, et veux bien le redire,
Demander la moitié de ce puissant empire.

ESTHER.

Je ne m'égare point dans ces vastes désirs.
Mais puisqu'il faut enfin expliquer mes soupirs,
Puisque mon roi lui-même à parler me convie,

Elle se jette à ses pieds.

J'ose vous implorer, et pour ma propre vie,
Et pour les tristes jours d'un peuple infortuné
Qu'à périr avec moi vous avez condamné.

ASSUÉRUS, la relevant.

A périr ! Vous ! Quel peuple ? Et quel est ce mystère ?

AMAN, tout bas.

Je tremble.

ESTHER.

Esther, seigneur, eut un Juif pour son père :

ACTE III, SCÈNE IV.

De vos ordres sanglants vous savez la rigueur.

AMAN, à part.

Ah ! dieux !

ASSUÉRUS.

Ah ! de quel coup me percez-vous le cœur !
Vous la fille d'un Juif ! Eh quoi ! tout ce que j'aime,
Cette Esther, l'innocence et la sagesse même,
Que je croyais du ciel les plus chères amours,
Dans cette source impure aurait puisé ses jours !
Malheureux !

ESTHER.

Vous pourrez rejeter ma prière :
Mais je demande au moins que, pour grâce dernière,
Jusqu'à la fin, seigneur, vous m'entendiez parler,
Et que surtout Aman n'ose point me troubler.

ASSUÉRUS.

Parlez.

ESTHER.

O Dieu ! confond l'audace et l'imposture.
Ces Juifs dont vous voulez délivrer la nature,
Que vous croyez, seigneur, le rebut des humains,
D'une riche contrée autrefois souverains,
Pendant qu'ils n'adoraient que le Dieu de leurs pères,
Ont vu bénir le cours de leurs destins prospères.
Ce Dieu, maître absolu de la terre et des cieux,
N'est point tel que l'erreur le figure à vos yeux :
L'Éternel est son nom ; le monde est son ouvrage ;
Il entend les soupirs de l'humble qu'on outrage,
Juge tous les mortels avec d'égales lois,
Et du haut de son trône interroge les rois :
Des plus fermes États la chute épouvantable,
Quand il veut, n'est qu'un jeu de sa main redoutable.
Les Juifs à d'autres dieux osèrent s'adresser :
Roi, peuples, en un jour tout se vit disperser :
Sous les Assyriens leur triste servitude
Devint le juste prix de leur ingratitude.
Mais, pour punir enfin nos maîtres à leur tour,
Dieu fit choix de Cyrus avant qu'il vît le jour,
L'appela par son nom, le promit à la terre,
Le fit naître, et soudain l'arma de son tonnerre,
Brisa les fiers remparts et les portes d'airain,
Mit des superbes rois la dépouille en sa main,

De son temple détruit vengea sur eux l'injure :
Babylone paya nos pleurs avec usure.
Cyrus, par lui vainqueur, publia ses bienfaits,
Regarda notre peuple avec des yeux de paix,
Nous rendit et nos lois et nos fêtes divines,
Et le temple déjà sortait de ses ruines.
Mais, de ce roi si sage héritier insensé,
Son fils interrompit l'ouvrage commencé [1],
Fut sourd à nos douleurs : Dieu rejeta sa race,
Le retrancha lui-même, et vous mit en sa place.
Que n'espérions nous point d'un roi si généreux !
Dieu regarde en pitié son peuple malheureux,
Disions-nous : un roi règne, ami de l'innocence.
Partout du nouveau prince on vantait la clémence :
Les Juifs partout de joie en poussèrent des cris.
Ciel ! verra-t-on toujours par de cruels esprits
Des princes les plus doux l'oreille environnée,
Et du bonheur public la source empoisonnée ?
Dans le fond de la Thrace un barbare enfanté
Est venu dans ces lieux souffler la cruauté ;
Un ministre ennemi de votre propre gloire...

AMAN.

De votre gloire ! Moi ? Ciel ! le pourriez-vous croire ?
Moi qui n'ai d'autre objet ni d'autre Dieu...

ASSUÉRUS.

Tais-toi.
Oses-tu donc parler sans l'ordre de ton roi ?

ESTHER.

Notre ennemi cruel devant vous se déclare :
C'est lui, c'est ce ministre infidèle et barbare
Qui, d'un zèle trompeur à vos yeux revêtu,
Contre notre innocence arma votre vertu.
Et quel autre, grand Dieu ! qu'un Scythe impitoyable
Aurait de tant d'horreurs dicté l'ordre effroyable !
Partout l'affreux signal en même temps donné
De meurtres remplira l'univers étonné :
On verra, sous le nom du plus juste des princes,
Un perfide étranger désoler vos provinces,
Et dans ce palais même, en proie à son courroux,
Le sang de vos sujets regorger jusqu'à vous.

[1] Cambyse.

Et que reproche aux Juifs sa haine envenimée?
Quelle guerre intestine avons-nous allumée?
Les a-t-on vu marcher parmi vos ennemis?
Fut-il jamais au joug esclave plus soumis!
Adorant dans leurs fers le Dieu qui les châtie,
Pendant que votre main sur eux appesantie
A leurs persécuteurs les livrait sans secours,
Ils conjuraient ce Dieu de veiller sur vos jours,
De rompre des méchants les trames criminelles,
De mettre votre trône à l'ombre de ses ailes.
N'en doutez point, seigneur, il fut votre soutien :
Lui seul mit à vos pieds le Parthe et l'Indien,
Dissipa devant vous les innombrables Scythes,
Et renferma les mers dans vos vastes limites;
Lui seul aux yeux d'un Juif découvrit le dessein
De deux traîtres tout prêts à vous percer le sein.
Hélas! ce Juif jadis m'adopta pour sa fille.

ASSUÉRUS.

Mardochée?

ESTHER.

Il restait seul de notre famille.
Mon père était son frère. Il descend comme moi
Du sang infortuné de notre premier roi.
Plein d'une juste horreur pour un Amalécite,
Race que notre Dieu de sa bouche a maudite,
Il n'a devant Aman pu fléchir les genoux,
Ni lui rendre un honneur qu'il ne croit dû qu'à vous.
De là contre les Juifs et contre Mardochée
Cette haine, seigneur, sous d'autres noms cachée.
En vain de vos bienfaits Mardochée est paré.
A la porte d'Aman est déjà préparé
D'un infâme trépas l'instrument exécrable ;
Dans une heure au plus tard ce vieillard vénérable,
Des portes du palais, par son ordre arraché,
Couvert de votre pourpre, y doit être attaché.

ASSUÉRUS.

Quel jour mêlé d'horreur vient effrayer mon âme!
Tout mon sang de colère et de honte s'enflamme.
J'étais donc le jouet.. Ciel! daigne m'éclairer!
Un moment sans témoin cherchons à respirer.
Appelez Mardochée : il faut aussi l'entendre.

Le roi s'éloigne.

UNE ISRAÉLITE.

Vérité que j'implore, achève de descendre!

SCÈNE V.

ESTHER, AMAN, ÉLISE, LE CHŒUR.

AMAN, à Esther.

D'un juste étonnement je demeure frappé.
Les ennemis des Juifs m'ont trahi, m'ont trompé :
J'en atteste du ciel la puissance suprême,
En les perdant j'ai cru vous assurer vous-même.
Princesse, en leur faveur employez mon crédit :
Le roi, vous le voyez, flotte encore interdit.
Je sais par quels ressorts on le pousse, on l'arrête,
Et fais, comme il me plaît, le calme et la tempête.
Les intérêts des Juifs déjà me sont sacrés.
Parlez, vos ennemis aussitôt massacrés,
Victimes de la foi que ma bouche vous jure,
De ma fatale erreur répareront l'injure.
Quel sang demandez-vous ?

ESTHER.

Va, traître, laisse-moi.
Les Juifs n'attendent rien d'un méchant tel que toi.
Misérable! le Dieu vengeur de l'innocence,
Tout prêt à te juger, tient déjà sa balance!
Bientôt son juste arrêt te sera prononcé.
Tremble : son jour approche, et ton règne est passé.

AMAN.

Oui, ce Dieu, je l'avoue, est un Dieu redoutable;
Mais veut-il que l'on garde une haine implacable ?
C'en est fait : mon orgueil est forcé de plier;
L'inexorable Aman est réduit à prier.

Il se jette à ses pieds.

Par le salut des Juifs, par ces pieds que j'embrasse,
Par ce sage vieillard, l'honneur de votre race,
Daignez d'un roi terrible apaiser le courroux,
Sauvez Aman, qui tremble à vos sacrés genoux.

SCÈNE VI.

ASSUÉRUS, ESTHER, AMAN, ÉLISE, LE CHŒUR, GARDES.

ASSUÉRUS.
Quoi! le traître sur vous porte ses mains hardies!
Ah! dans ses yeux confus je lis ses perfidies;
Et son trouble, appuyant la foi de vos discours,
De tous ses attentats me rappelle le cours.
Qu'à ce monstre à l'instant l'âme soit arrachée;
Et que, devant sa porte, au lieu de Mardochée,
Apaisant par sa mort et la terre et les cieux,
De mes peuples vengés il repaisse les yeux.

Aman est emmené par les gardes.

SCÈNE VII.

ASSUÉRUS, ESTHER, MARDOCHÉE, ÉLISE, LE CHŒUR.

ASSUÉRUS, continue en s'adressant à Mardochée.
Mortel chéri du ciel, mon salut et ma joie,
Aux conseils des méchants ton roi n'est plus en proie ;
Mes yeux sont dessillés, le crime est confondu :
Viens briller près de moi dans le rang qui t'est dû.
Je te donne d'Aman les biens et la puissance :
Possède justement son injuste opulence.
Je romps le joug funeste où les Juifs sont soumis ;
Je leur livre le sang de tous leurs ennemis ;
A l'égal des Persans je veux qu'on les honore,
Et que tout tremble au nom du Dieu qu'Esther adore.
Rebâtissez son temple, et peuplez vos cités ;
Que vos heureux enfants dans leurs solennités
Consacrent de ce jour le triomphe et la gloire [1],
Et qu'à jamais mon nom vive dans leur mémoire.

[1] Cette fête, appelée le *Phur* ou le *Sort*, est encore aujourd'hui célébrée par les Juifs le quatorzième jour d'Adar, dernier mois de l'année hébraïque, et qui répond aux mois de février et de mars. On l'appelait la fête du *Sort*, parce que le sort fut jeté dans l'urne, devant Aman, pour savoir en quel mois et quel jour on devrait exterminer tous les Juifs. (G.)

SCÈNE VIII.

ASSUÉRUS, ESTHER, MARDOCHÉE, ASAPH, ÉLISE, LE CHŒUR

ASSUÉRUS.

Que veut Asaph ?

ASAPH.

Seigneur, le traître est expiré.
Par le peuple en furie à moitié déchiré,
On traîne, on va donner en spectacle funeste
De son corps tout sanglant le misérable reste.

MARDOCHÉE.

Roi, qu'à jamais le ciel prenne soin de vos jours !
Le péril des Juifs presse, et veut un prompt secours.

ASSUÉRUS.

Oui, je t'entends. Allons, par des ordres contraires,
Révoquer d'un méchant les ordres sanguinaires.

ESTHER.

O Dieu, par quelle route inconnue aux mortels
Ta sagesse conduit ses desseins éternels !

SCÈNE IX.

LE CHŒUR.

TOUT LE CHŒUR.

Dieu fait triompher l'innocence :
Chantons, célébrons sa puissance.

UNE ISRAÉLITE.

Il a vu contre nous les méchants s'assembler,
   Et notre sang prêt à couler.
Comme l'eau sur la terre ils allaient le répandre :
   Du haut du ciel sa voix s'est fait entendre :
   L'homme superbe est renversé,
   Ses propres flèches l'ont percé.

UNE AUTRE.

J'ai vu l'impie adoré sur la terre :
Pareil au cèdre, il cachait dans les cieux
   Son front audacieux ;
Il semblait à son gré gouverner le tonnerre,

ACTE III, SCÈNE IX.

Foulait aux pieds ses ennemis vaincus :
Je n'ai fait que passer, il n'était déjà plus.
UNE AUTRE.
On peut des plus grands rois surprendre la justice :
 Incapables de tromper,
 Ils ont peine à s'échapper
 Des piéges de l'artifice.
Un cœur noble ne peut soupçonner en autrui
 La bassesse et la malice
 Qu'il ne sent point en lui.
UNE AUTRE.
Comment s'est calmé l'orage?
UNE AUTRE.
Quelle main salutaire a chassé le nuage?
TOUT LE CHOEUR.
L'aimable Esther a fait ce grand ouvrage.
UNE ISRAÉLITE, seule.
De l'amour de son Dieu son cœur s'est embrasé;
 Au péril d'une mort funeste
 Son zèle ardent s'est exposé :
Elle a parlé; le ciel a fait le reste.
DEUX ISRAÉLITES.
Esther a triomphé des filles des Persans :
La nature et le ciel à l'envi l'ont ornée.
L'UNE DES DEUX.
Tout ressent de ses yeux les charmes innocents,
Jamais tant de beauté fut-elle couronnée?
L'AUTRE.
Les charmes de son cœur sont encor plus puissants.
Jamais tant de vertu fut-elle couronnée?
TOUTES DEUX, ensemble.
Esther a triomphé des filles des Persans :
La nature et le ciel à l'envi l'ont ornée.
UNE SEULE.
Ton Dieu n'est plus irrité :
Réjouis-toi, Sion, et sors de la poussière;
Quitte les vêtements de ta captivité,
 Et reprends ta splendeur première.
Les chemins de Sion à la fin sont ouverts :
  Rompez vos fers,
  Tribus captives;
  Troupes fugitives,

Repassez les monts et les mers;
Rassemblez-vous des bouts de l'univers.

TOUT LE CŒUR.

Rompez vos fers,
Tribus captives;
Troupes fugitives,
Repassez les monts et les mers :
Rassemblez-vous des bouts de l'univers.

UNE ISRAÉLITE, seule.

Je reverrai ces campagnes si chères.

UNE AUTRE.

J'irai pleurer au tombeau de mes pères.

TOUT LE CHOEUR.

Repassez les monts et les mers;
Rassemblez-vous des bouts de l'univers.

UNE ISRAÉLITE, seule.

Relevez, relevez les superbes portiques
Du temple où notre Dieu se plaît d'être adoré :
Que de l'or le plus pur son autel soit paré,
Et que du sein des monts le marbre soit tiré.
Liban, dépouille-toi de tes cèdres antiques;
Prêtres sacrés, préparez vos cantiques.

UNE AUTRE.

Dieu descend et revient habiter parmi nous :
Terre, frémis d'allégresse et de crainte,
Et vous, sous sa majesté sainte,
Cieux, abaissez-vous!

UNE AUTRE.

Que le Seigneur est bon, que son joug est aimable!
Heureux qui, dès l'enfance, en connaît la douceur!
Jeune peuple, courez à ce maître adorable :
Les biens les plus charmants n'ont rien de comparable
Aux torrents de plaisirs qu'il répand dans un cœur.
Que le Seigneur est bon, que son joug est aimable!
Heureux qui, dès l'enfance, en connaît la douceur!

UNE AUTRE.

Il s'apaise, il pardonne;
Du cœur ingrat qui l'abandonne
Il attend le retour;
Il excuse notre faiblesse;
A nous chercher même il s'empresse.
Pour l'enfant qu'elle a mis au jour

Une mère a moins de tendresse.
Ah! qui peut avec lui partager notre amour!
TROIS ISRAÉLITES
Il nous fait remporter une illustre victoire.
L'UNE DES TROIS.
Il nous a révélé sa gloire.
TOUTES TROIS, ensemble.
Ah! qui peut avec lui partager notre amour!
TOUT LE CHOEUR.
Que son nom soit béni; que son nom soit chanté;
Que l'on célèbre ses ouvrages
Au delà des temps et des âges,
Au delà de l'éternité!

ATHALIE

TRAGÉDIE TIRÉE DE L'ÉCRITURE SAINTE (1691).

PRÉFACE

Tout le monde sait que le royaume de Juda était composé des deux tribus de Juda et de Benjamin, et que les dix autres tribus qui se révoltèrent contre Roboam composaient le royaume d'Israël. Comme les rois de Juda étaient de la maison de David, et qu'ils avaient dans leur partage la ville et le temple de Jérusalem, tout ce qu'il y avait de prêtres et de lévites se retirèrent auprès d'eux, et leur demeurèrent toujours attachés : car, depuis que le temple de Salomon fut bâti, il n'était plus permis de sacrifier ailleurs; et tous ces autres autels qu'on élevait à Dieu sur des montagnes, appelés par cette raison dans l'Écriture les hauts lieux, ne lui étaient point agréables. Ainsi le culte légitime ne subsistait plus que dans Juda. Les dix tribus, excepté un très-petit nombre de personnes, étaient ou idolâtres ou schismatiques.

Au reste, ces prêtres et ces lévites faisaient eux-mêmes une tribu fort nombreuse. Ils furent partagés en diverses classes pour servir tour à tour dans le temple, d'un jour de sabbat à l'autre. Les prêtres étaient de la famille d'Aaron; et il n'y avait que ceux de cette famille lesquels pussent exercer la sacrificature. Les lévites leur étaient subordonnés, et avaient soin, entre autres choses, du chant, de la préparation des victimes, et de la garde du temple. Ce nom de lévite ne laisse pas d'être donné quelquefois indifféremment à tous ceux de la tribu. Ceux qui étaient en semaine avaient, ainsi que le grand prêtre, leur logement dans les portiques ou galeries dont le temple était environné, et qui faisaient partie du temple même. Tout l'édifice s'appelait en général le lieu saint : mais on appelait plus particulièrement de ce nom cette partie du temple intérieur où étaient le chandelier d'or, l'autel des parfums, et les tables des pains de proposition; et cette partie était encore distinguée du Saint des saints, où était l'arche, et où le grand prêtre seul avait droit d'entrer une fois l'année. C'était une tradition assez constante, que la montagne sur laquelle le temple fut bâti était la même montagne où Abraham avait autrefois offert en sacrifice son fils Isaac.

J'ai cru devoir expliquer ici ces particularités, afin que ceux à qui l'histoire de l'Ancien Testament ne sera pas assez présente n'en soient point arrêtés en lisant cette tragédie. Elle a pour sujet Joas reconnu et mis sur le trône : et j'aurais dû, dans les règles, l'intituler Joas; mais la plupart du monde n'en ayant entendu parler que sous le nom d'Athalie, je n'ai pas jugé à propos de la leur présenter sous un autre titre, puisque d'ailleurs Athalie y joue un personnage si considérable, et que c'est sa mort qui termine la pièce.

Voici une partie des principaux événements qui devancèrent cette grande action :

Joram, roi de Juda, fils de Josaphat, et le septième roi de la race de David, épousa Athalie, fille d'Achab et de Jézabel, qui régnaient en Israël, fameux l'un et l'autre, mais principalement Jézabel, par leurs sanglantes persécutions contre les prophètes [1]. Athalie, non moins impie que sa mère, entraîna bientôt le roi son mari dans l'idolâtrie, et fit même construire dans Jérusalem un temple à Baal, qui était le dieu du pays de Tyr et de Sidon, où Jézabel avait pris naissance. Joram, après avoir vu périr par les mains des Arabes et des Philistins tous les princes ses enfants, à la réserve d'Ochozias, mourut lui-même misérablement d'une longue maladie qui lui consuma les entrailles. Sa mort funeste n'empêcha pas Ochozias d'imiter son impiété et celle d'Athalie sa mère. Mais ce prince, après avoir régné seulement un an, étant allé rendre visite au roi d'Israël, frère d'Athalie, fut enveloppé dans la ruine de la maison d'Achab, et tué par l'ordre de Jéhu, que Dieu avait fait sacrer par ses prophètes pour régner sur Israël, et pour être le ministre de ses vengeances. Jéhu extermina toute la postérité d'Achab et fit jeter par les fenêtres Jézabel, qui, selon la prédiction d'Élie, fut mangée des chiens dans la vigne de ce même Naboth qu'elle avait fait mourir autrefois pour s'emparer de son héritage. Athalie, ayant appris à Jérusalem tous ces massacres, entreprit de son côté d'éteindre entièrement la race royale de David, en faisant mourir tous les enfants d'Ochozias, ses petits-fils. Mais heureusement Josabeth, sœur d'Ochozias, et fille de Joram, mais d'une autre mère qu'Athalie, étant arrivée lorsqu'on égorgeait les princes ses neveux, elle trouva moyen de dérober du milieu des morts le petit Joas encore à la mamelle, et le confia avec sa nourrice au grand prêtre son mari qui les cacha tous deux dans le temple, où l'enfant fut élevé secrètement jusqu'au jour qu'il fût proclamé roi de Juda. L'Histoire des Rois dit que ce fut la septième année d'après. Mais le texte grec des *Paralipomènes*, que Sévère Sulpice [2] a suivi, dit que

---

[1] Il n'est point indifférent d'observer ici que le père d'Athalie n'était point de la race de David, car il s'ensuit qu'Athalie, sa petite fille, ne pouvait être regardée par les Juifs que comme une personne fort étrangère à la succession de leurs rois. (L. B.)

[2] J'ignore pourquoi Racine a transposé les noms de cet historien ecclésiastique; on le nomme ordinairement Sulpice Sévère. On lui doit un abrégé de l'Histoire

PRÉFACE. 441

ce fut la huitième. C'est ce qui m'a autorisé à donner à ce prince neuf à dix ans, pour le mettre déjà en état de répondre aux questions qu'on lui fait.

Je crois ne lui avoir rien fait dire qui soit au-dessus de la portée d'un enfant de cet âge qui a de l'esprit et de la mémoire. Mais quand j'aurais été un peu au delà, il faut considérer que c'est ici un enfant tout extraordinaire, élevé dans le temple par un grand prêtre, qui, le regardant comme l'unique espérance de sa nation, l'avait instruit de bonne heure dans tous les devoirs de la religion et de la royauté. Il n'en était pas de même des enfants des Juifs que de la plupart des nôtres : on leur apprenait les saintes lettres, non-seulement dès qu'ils avaient atteint l'usage de la raison, mais, pour me servir de l'expression de saint Paul, dès la mamelle. Chaque Juif était obligé d'écrire une fois en sa vie, de sa propre main, le volume de la loi tout entier. Les rois étaient même obligés de l'écrire deux fois [1], et il leur était enjoint de l'avoir continuellement devant les yeux. Je puis dire ici que la France voit en la personne d'un prince de huit ans et demi [2], qui fait aujourd'hui ses plus chères délices, un exemple illustre de ce que peut dans un enfant un heureux naturel aidé d'une excellente éducation ; et que si j'avais donné au petit Joas la même vivacité et le même discernement qui brillent dans les reparties de ce jeune prince, on m'aurait accusé avec raison d'avoir péché contre les règles de la vraisemblance.

L'âge de Zacharie, fils du grand prêtre, n'étant point marqué, on peut lui supposer, si l'on veut, deux ou trois ans de plus qu'à Joas.

J'ai suivi l'explication de plusieurs commentateurs fort habiles, qui prouvent, par le texte même de l'Écriture, que tous ces soldats à qui Joïada, ou Joad, comme il est appelé dans Josèphe, fit prendre les armes consacrées à Dieu par David, étaient autant de prêtres et de lévites, aussi bien que les cinq centeniers qui les commandaient. En effet, disent ces interprètes, tout devait être saint dans une si sainte action, et aucun profane n'y devait être

sacrée et ecclésiastique, depuis la création du monde jusqu'au consulat de Stilicon, l'an 400 de Jésus-Christ. Cet ouvrage, très-bien fait, lui a mérité le nom de Salluste chrétien. Il est de plus auteur d'une Vie de saint Martin de Tours, composée pendant la vie de ce saint évêque. Sulpice Sévère était né à Agen ; il mourut vers l'an 420. (G.)

[1] Ce que Racine avance ici n'est nullement exact. 1° Chaque Juif n'était point obligé d'écrire le volume de la loi. Cela n'eût été possible chez aucun peuple. Le commun des Juifs était si peu instruit, qu'il fallait tous les sept ans, dans l'année sabbatique, lire la loi au peuple assemblé, de peur qu'il ne l'oubliât ; 2° Les rois n'étaient obligés d'écrire, et, suivant plusieurs interprètes, de ne faire écrire qu'une copie de la loi. Le passage de l'Écriture qui prescrit cette obligation la restreint même au Deutéronome. (*Acad.*)

[2] Louis de France, duc de Bourgogne, fils de Monseigneur, élève de Fénelon, pour lequel il conserva le plus vif attachement. Sa mort prématurée, et celle de son épouse, plongèrent la France dans le deuil. Le duc de Bourgogne fit éclater dès son enfance un esprit fort supérieur à son âge. Né en 1682, il n'avait réellement que huit ans et demi dans les premiers mois de 1691, lorsque Racine fit cette préface. (G.)

employé. Il s'y agissait non-seulement de conserver le sceptre de la maison de David, mais encore de conserver à ce grand roi cette suite de descendants dont devait naître le Messie : « Car ce Messie tant de fois promis comme fils » d'Abraham, devait aussi être le fils de David et de tous les rois de Juda. » De là vient que l'illustre et savant prélat [1] de qui j'ai emprunté ces paroles appelle Joas le précieux reste de la maison de David. Josèphe en parle dans les mêmes termes, et l'Écriture dit expressément que Dieu n'extermina pas toute la famille de Joram, voulant conserver à David la lampe qu'il lui avait promise. Or, cette lampe, qu'était-ce autre chose que la lumière qui devait être un jour révélée aux nations ?

L'histoire ne spécifie point le jour où Joas fut proclamé. Quelques interprètes veulent que ce fut un jour de fête. J'ai choisi celle de la Pentecôte, qui était l'une des trois grandes fêtes des Juifs. On y célébrait la mémoire de la publication de la loi sur le mont de Sinaï, et on y offrait aussi à Dieu les premiers pains de la nouvelle moisson : ce qui faisait qu'on la nommait encore la fête des prémices. J'ai songé que ces circonstances me fourniraient quelque variété pour les chants du chœur.

Ce chœur est composé de jeunes filles de la tribu de Lévi, et je mets à leur tête une jeune fille que je donne pour sœur à Zacharie. C'est elle qui introduit le chœur chez sa mère. Elle chante avec lui, porte la parole pour lui, et fait enfin les fonctions de ce personnage des anciens chœurs qu'on appelait coryphée. J'ai aussi essayé d'imiter des anciens cette continuité d'action qui fait que leur théâtre ne demeure jamais vide, les intervalles des actes n'étant marqués que par des hymnes et par des moralités du chœur qui ont rapport à ce qui se passe.

On me trouvera peut-être un peu hardi d'avoir osé mettre sur la scène un prophète inspiré de Dieu, et qui prédit l'avenir. Mais j'ai eu la précaution de ne mettre dans sa bouche que des expressions tirées des prophètes mêmes. Quoique l'Écriture ne dise pas en termes exprès que Joïada ait eu l'esprit de prophétie, comme elle le dit de son fils, elle le représente comme un homme tout plein de l'esprit de Dieu. Et d'ailleurs ne paraît-il pas, par l'Évangile, qu'il a pu prophétiser en qualité de souverain pontife ? Je suppose donc qu'il voit en esprit le funeste changement de Joas, qui, après trente années d'un règne fort pieux, s'abandonna aux mauvais conseils des flatteurs, et se souilla du meurtre de Zacharie, fils et successeur de ce grand prêtre. Ce meurtre, commis dans le temple, fut une des principales causes de la colère de Dieu contre les Juifs, et de tous les malheurs qui leur arrivèrent dans la suite. On prétend même que depuis ce jour-là les réponses de Dieu cessèrent entièrement dans le sanctuaire. C'est ce qui m'a donné lieu de faire prédire de suite à Joad et la destruction du temple et la ruine de Jérusalem. Mais comme les prophètes joignent d'ordinaire les consolations aux menaces,

---

[1] M. de Meaux. (*Note de Racine.*) Les paroles que Racine vient de citer sont tirées de l'*Histoire universelle* de Bossuet, seconde partie, section IV. (G.)

et que d'ailleurs il s'agit de mettre sur le trône un des ancêtres du Messie, j'ai pris occasion de faire entrevoir la venue de ce consolateur, après lequel tous les anciens justes soupiraient. Cette scène, qui est une espèce d'épisode, amène très-naturellement la musique, par la coutume qu'avaient plusieurs prophètes d'entrer dans leurs saints transports au son des instruments : témoin cette troupe de prophètes qui vinrent au devant de Saül avec des harpes et des lyres qu'on portait devant eux; et témoin Élisée lui-même, qui, étant consulté sur l'avenir par le roi de Juda et par le roi d'Israël, dit, comme fait ici Joad : *Adducite mihi psaltem.* Ajoutez à cela que cette prophétie sert beaucoup à augmenter le trouble dans la pièce, par la consternation et par les différents mouvements où elle jette le chœur et les principaux acteurs.

PERSONNAGES :

JOAS, roi de Juda, fils d'Ochozias.
ATHALIE, veuve de Joram, aïeule de Joas.
JOAD, autrement JOÏADA, grand prêtre.
JOSABETH, tante de Joas, femme du grand prêtre.
ZACHARIE, fils de Joad et de Josabeth.
SALOMITH, sœur de Zacharie.
ABNER, l'un des principaux officiers des rois de Juda.
AZARIAS, ISMAEL, et les TROIS AUTRES CHEFS des prêtres et des lévites.
MATHAN, prêtre apostat, sacrificateur de Baal.
NABAL, confident de Mathan.
AGAR, femme de la suite d'Athalie.
TROUPE DE PRÊTRES et de LÉVITES.
SUITE D'ATHALIE.
LA NOURRICE DE JOAS.
CHOEUR DE JEUNES FILLES de la tribu de Lévi.

La scène est dans le temple de Jérusalem, dans un vestibule de l'appartement du grand prêtre.

ATHALIE

TRAGÉDIE TIRÉE DE L'ÉCRITURE SAINTE (1691).

ACTE PREMIER.

SCÈNE I.

JOAD, ABNER.

ABNER.

Oui, je viens dans son temple adorer l'Éternel;
Je viens, selon l'usage antique et solennel,
Célébrer avec vous la fameuse journée
Où sur le mont Sina la loi nous fut donnée.
Que les temps sont changés ! Sitôt que de ce jour
La trompette sacrée annonçait le retour,
Du temple, orné partout de festons magnifiques,
Le peuple saint en foule inondait les portiques;
Et tous, devant l'autel avec ordre introduits,
De leurs champs dans leurs mains portant les nouveaux fruits,
Au Dieu de l'univers consacraient ces prémices :
Les prêtres ne pouvaient suffire aux sacrifices.
L'audace d'une femme, arrêtant ce concours,
En des jours ténébreux a changé ces beaux jours:
D'adorateurs zélés à peine un petit nombre
Ose des premiers temps nous retracer quelque ombre.
Le reste pour son Dieu montre un oubli fatal;
Ou même, s'empressant aux autels de Baal [1],

---

[1] Baal, idole des Phéniciens, adoptée par les habitants du royaume d'Israël, qui mêlaient au culte de cette fausse divinité des cérémonies infâmes. (G.)

Se fait initier à ses honteux mystères,
Et blasphème le nom qu'ont invoqué leurs pères.
Je tremble qu'Athalie, à ne vous rien cacher,
Vous-même de l'autel vous faisant arracher,
N'achève enfin sur vous ses vengeances funestes,
Et d'un respect forcé ne dépouille les restes.

JOAD.

D'où vous vient aujourd'hui ce noir pressentiment?

ABNER.

Pensez-vous être saint et juste impunément?
Dès longtemps elle hait cette fermeté rare
Qui rehausse en Joad l'éclat de la tiare;
Dès longtemps votre amour pour la religion
Est traité de révolte et de sédition.
Du mérite éclatant cette reine jalouse
Hait surtout Josabeth, votre fidèle épouse.
Si du grand prêtre Aaron Joad est successeur,
De notre dernier roi Josabeth est la sœur.
Mathan d'ailleurs, Mathan, ce prêtre sacrilége,
Plus méchant qu'Athalie, à toute heure l'assiége;
Mathan, de nos autels infâme déserteur,
Et de toute vertu zélé persécuteur.
C'est peu que, le front ceint d'une mitre étrangère,
Ce lévite à Baal prête son ministère;
Ce temple l'importune, et son impiété
Voudrait anéantir le Dieu qu'il a quitté.
Pour vous perdre il n'est point de ressorts qu'il n'invente;
Quelquefois il vous plaint, souvent même il vous vante;
Il affecte pour vous une fausse douceur;
Et, par là de son fiel colorant la noirceur,
Tantôt à cette reine il vous peint redoutable,
Tantôt, voyant pour l'or sa soif insatiable,
Il lui feint qu'en un lieu que vous seul connaissez,
Vous cachez des trésors par David amassés.
Enfin, depuis deux jours la superbe Athalie
Dans un sombre chagrin paraît ensevelie.
Je l'observais hier, et je voyais ses yeux
Lancer sur le lieu saint des regards furieux,
Comme si, dans le fond de ce vaste édifice,
Dieu cachait un vengeur armé pour son supplice.
Croyez-moi : plus j'y pense, et moins je puis douter
Que sur vous son courroux ne soit prêt d'éclater,

Et que de Jézabel la fille sanguinaire
Ne vienne attaquer Dieu jusqu'en son sanctuaire.

JOAD.

Celui qui met un frein à la fureur des flots
Sait aussi des méchants arrêter les complots.
Soumis avec respect à sa volonté sainte,
Je crains Dieu, cher Abner, et n'ai point d'autre crainte.
Cependant je rends grâce au zèle officieux
Qui sur tous mes périls vous fait ouvrir les yeux.
Je vois que l'injustice en secret vous irrite,
Que vous avez encor le cœur israélite.
Le ciel en soit béni ! mais ce secret courroux,
Cette oisive vertu, vous en contentez-vous ?
La foi qui n'agit point, est-ce une foi sincère ?
Huit ans déjà passés, une impie étrangère
Du sceptre de David usurpe tous les droits,
Se baigne impunément dans le sang de nos rois,
Des enfants de son fils détestable homicide,
Et même contre Dieu lève son bras perfide ;
Et vous, l'un des soutiens de ce tremblant État,
Vous, nourri dans les camps du saint roi Josaphat,
Qui sous son fils Joram commandiez nos armées,
Qui rassurâtes seul nos villes alarmées,
Lorsque d'Ochozias le trépas imprévu
Dispersa tout son camp à l'aspect de Jéhu :
« Je crains Dieu, dites-vous ; sa vérité me touche ! »
Voici comme ce Dieu vous répond par ma bouche :
« Du zèle de ma loi que sert de vous parer ?
» Par de stériles vœux pensez-vous m'honorer ?
» Quel fruit me revient-il de tous vos sacrifices ?
» Ai-je besoin du sang des boucs et des génisses ?
» Le sang de vos rois crie, et n'est point écouté.
» Rompez, rompez tout pacte avec l'impiété ;
» Du milieu de mon peuple exterminez les crimes ;
» Et vous viendrez alors m'immoler vos victimes. »

ABNER.

Hé ! que puis-je au milieu de ce peuple abattu ?
Benjamin est sans force, et Juda sans vertu :
Le jour qui de leurs rois vit éteindre la race
Éteignit tout le feu de leur antique audace.
Dieu même, disent-ils, s'est retiré de nous.
De l'honneur des Hébreux autrefois si jaloux,

Il voit sans intérêt leur grandeur terrassée,
Et sa miséricorde à la fin s'est lassée :
On ne voit plus pour nous ses redoutables mains
De merveilles sans nombre effrayer les humains;
L'arche sainte est muette, et ne rend plus d'oracles.

JOAD.

Et quel temps fut jamais si fertile en miracles ?
Quand Dieu par plus d'effets montra-t-il son pouvoir?
Auras-tu donc toujours des yeux pour ne point voir,
Peuple ingrat? Quoi ! toujours les plus grandes merveilles
Sans ébranler ton cœur frapperont tes oreilles?
Faut-il, Abner, faut-il vous rappeler le cours
Des prodiges fameux accomplis en nos jours,
Des tyrans d'Israël les célèbres disgrâces,
Et Dieu trouvé fidèle en toutes ses menaces;
L'impie Achab détruit, et de son sang trempé
Le champ que par le meurtre il avait usurpé ;
Près de ce champ fatal Jézabel immolée,
Sous les pieds des chevaux cette reine foulée,
Dans son sang inhumain les chiens désaltérés,
Et de son corps hideux les membres déchirés ;
Des prophètes menteurs la troupe confondue,
Et la flamme du ciel sur l'autel descendue [1] :
Élie aux éléments parlant en souverain,
Les cieux par lui fermés et devenus d'airain,
Et la terre trois ans sans pluie et sans rosée ;
Les morts se ranimant à la voix d'Élisée ?
Reconnaissez, Abner, à ces traits éclatants,
Un Dieu tel aujourd'hui qu'il fut dans tous les temps :
Il sait, quand il lui plaît, faire éclater sa gloire;
Et son peuple est toujours présent à sa mémoire.

ABNER.

Mais où sont ces honneurs à David tant promis,
Et prédits même encore à Salomon son fils ?
Hélas! nous espérions que de leur race heureuse
Devait sortir de rois une suite nombreuse ;
Que sur toute tribu, sur toute nation,
L'un d'eux établirait sa domination,

---

[1] Les prophètes de Baal s'étaient flattés de faire descendre le feu du ciel sur la victime : ils ne purent y réussir : mais à la voix des prophètes du Seigneur, la flamme descendit sur l'autel, dévora la victime et les faux prophètes. (G.)

Ferait cesser partout la discorde et la guerre,
Et verrait à ses pieds tous les rois de la terre.

JOAD.

Aux promesses du ciel pourquoi renoncez-vous?

ABNER.

Ce roi fils de David, où le chercherons-nous?
Le ciel même peut-il réparer les ruines
De cet arbre séché jusque dans ses racines?
Athalie étouffa l'enfant même au berceau.
Les morts, après huit ans, sortent-ils du tombeau?
Ah! si dans sa fureur elle s'était trompée;
Si du sang de nos rois quelque goutte échappée...

JOAD.

Eh bien! que feriez-vous?

ABNER.

O jour heureux pour moi!
De quelle ardeur j'irais reconnaître mon roi!
Doutez-vous qu'à ses pieds nos tribus empressées...
Mais pourquoi me flatter de ces vaines pensées?
Déplorable héritier de ces rois triomphants,
Ochozias restait seul avec ses enfants;
Par les traits de Jéhu je vis percer le père;
Vous avez vu les fils massacrés par la mère.

JOAD.

Je ne m'explique point; mais quand l'astre du jour
Aura sur l'horizon fait le tiers de son tour,
Lorsque la troisième heure aux prières rappelle [1],
Retrouvez-vous au temple, avec ce même zèle.
Dieu pourra vous montrer, par d'importants bienfaits,
Que sa parole est stable, et ne trompe jamais.
Allez : pour ce grand jour il faut que je m'apprête,
Et du temple déjà l'aube blanchit le faîte.

ABNER.

Quel sera ce bienfait, que je ne comprends pas?
L'illustre Josabeth porte vers vous ses pas :
Je sors et vais me joindre à la troupe fidèle
Qu'attire de ce jour la pompe solennelle.

---

[1] La troisième heure répond, suivant notre manière de distribuer le temps, à neuf heures du matin. (G.)

SCÈNE II.

JOAD, JOSABETH.

JOAD.

Les temps sont accomplis, princesse : il faut parler,
Et votre heureux larcin ne se peut plus céler.
Des ennemis de Dieu la coupable insolence,
Abusant contre lui de ce profond silence,
Accuse trop longtemps ses promesses d'erreur.
Que dis-je? le succès animant leur fureur,
Jusque sur notre autel votre injuste marâtre [1]
Veut offrir à Baal un encens idolâtre.
Montrons ce jeune roi que vos mains ont sauvé,
Sous l'aile du Seigneur dans le temple élevé.
De nos princes hébreux il aura le courage,
Et déjà son esprit a devancé son âge.
Avant que son destin s'explique par ma voix,
Je vais l'offrir au Dieu par qui règnent les rois :
Aussitôt assemblant nos lévites, nos prêtres,
Je leur déclarerai l'héritier de leurs maîtres.

JOSABETH.
Sait-il déjà son nom et son noble destin?

JOAD.
Il ne répond encor qu'au nom d'Éliacin,
Et se croit quelque enfant rejeté par sa mère,
A qui j'ai par pitié daigné servir de père.

JOSABETH.
Hélas! de quel péril je l'avais su tirer!
Dans quel péril encor il est prêt de rentrer!

JOAD.
Quoi! déjà votre voix s'affaiblit et s'étonne?

JOSABETH.
A vos sages conseils, seigneur, je m'abandonne.
Du jour que j'arrachai cet enfant à la mort,
Je remis en vos mains tout le soin de son sort :
Même, de mon amour craignant la violence,
Autant que je le puis j'évite sa présence,
De peur qu'en le voyant quelque trouble indiscret

---

[1] Athalie était la belle-mère de Josabeth, fille de Joram. (C.)

ACTE I, SCÈNE II.

Ne fasse avec mes pleurs échapper mon secret.
Surtout j'ai cru devoir aux larmes, aux prières,
Consacrer ces trois jours et ces trois nuits entières.
Cependant aujourd'hui puis-je vous demander
Quels amis vous avez prêts à vous seconder?
Abner, le brave Abner viendra-t-il nous défendre?
A-t-il près de son roi fait serment de se rendre?

JOAD.

Abner, quoiqu'on se pût assurer sur sa foi,
Ne sait pas même encor si nous avons un roi.

JOSABETH.

Mais à qui de Joas, confiez-vous la garde?
Est-ce Obed, est-ce Amnon que cet honneur regarde?
De mon père sur eux les bienfaits répandus...

JOAD.

A l'injuste Athalie ils se sont tous vendus.

JOSABETH.

Qui donc opposez-vous contre ses satellites?

JOAD.

Ne vous l'ai-je pas dit? nos prêtres, nos lévites.

JOSABETH.

Je sais que, près de vous en secret assemblé,
Par vos soins prévoyants leur nombre est redoublé;
Que, pleins d'amour pour vous, d'horreur pour Athalie,
Un serment solennel par avance les lie
A ce fils de David qu'on leur doit révéler.
Mais, quelque noble ardeur dont ils puissent brûler,
Peuvent-ils de leur roi venger seuls la querelle?
Pour un si grand ouvrage est-ce assez de leur zèle?
Doutez-vous qu'Athalie, au premier bruit semé
Qu'un fils d'Ochozias est ici renfermé,
De ses fiers étrangers assemblant les cohortes,
N'environne le temple, et n'en brise les portes?
Suffira-t-il contre eux de vos ministres saints,
Qui, levant au Seigneur leurs innocentes mains,
Ne savent que gémir et prier pour nos crimes,
Et n'ont jamais versé que le sang des victimes?
Peut-être dans leurs bras Joas percé de coups...

JOAD.

Et comptez-vous pour rien Dieu qui combat pour nous,
Dieu, qui de l'orphelin protége l'innocence,
Et fait dans la faiblesse éclater sa puissance;

Dieu qui hait les tyrans, et qui dans Jezraël
Jura d'exterminer Achab et Jézabel;
Dieu qui, frappant Joram le mari de leur fille,
A jusque sur son fils poursuivi la famille;
Dieu dont le bras vengeur, pour un temps suspendu,
Sur cette race impie est toujours étendu?
JOSABETH.
Et c'est sur tous ces rois sa justice sévère
Que je crains pour le fils de mon malheureux frère.
Qui sait si cet enfant, par leur crime entraîné,
Avec eux en naissant ne fut pas condamné?
Si Dieu, le séparant d'une odieuse race,
En faveur de David voudra lui faire grâce?
Hélas! l'état horrible où le ciel me l'offrit
Revient à tout moment effrayer mon esprit.
De princes égorgés la chambre était remplie;
Un poignard à la main, l'implacable Athalie
Au carnage animait ses barbares soldats,
Et poursuivait le cours de ses assassinats.
Joas, laissé pour mort, frappa soudain ma vue.
Je me figure encor sa nourrice éperdue,
Qui devant les bourreaux s'était jetée en vain,
Et, faible, le tenait renversé sur son sein.
Je le pris tout sanglant. En baignant son visage
Mes pleurs du sentiment lui rendirent l'usage;
Et, soit frayeur encore, ou pour me caresser,
De ses bras innocents je me sentis presser.
Grand Dieu! que mon amour ne lui soit point funeste!
Du fidèle David c'est le précieux reste :
Nourri dans ta maison, en l'amour de ta loi,
Il ne connaît encor d'autre père que toi.
Sur le point d'attaquer une reine homicide,
A l'aspect du péril si ma foi s'intimide,
Si la chair et le sang, se troublant aujourd'hui,
Ont trop de part aux pleurs que je répands pour lui,
Conserve l'héritier de tes saintes promesses,
Et ne punis que moi de toutes mes faiblesses!
JOAD.
Vos larmes, Josabeth, n'ont rien de criminel;
Mais Dieu veut qu'on espère en son soin paternel.
Il ne cherche point, aveugle en sa colère,
Sur le fils qui le craint l'impiété du père.

Tout ce qui reste encor des fidèles Hébreux
Lui viendront aujourd'hui renouveler leurs vœux :
Autant que de David la race est respectée,
Autant de Jézabel la fille est détestée.
Joas les touchera par sa noble pudeur,
Où semble de son sang reluire la splendeur ;
Et Dieu, par sa voix même appuyant notre exemple,
De plus près à leur cœur parlera de son temple.
Deux infidèles rois tour à tour l'ont bravé :
Il faut que sur le trône un roi soit élevé,
Qui se souvienne un jour qu'au rang de ses ancêtres
Dieu l'a fait remonter par la main de ses prêtres,
L'a tiré par leurs mains de l'oubli du tombeau,
Et de David éteint rallumé le flambeau,
Grand Dieu ! si tu prévois qu'indigne de sa race
Il doive de David abandonner la trace,
Qu'il soit comme le fruit en naissant arraché,
Ou qu'un souffle ennemi dans sa fleur a séché !
Mais si ce même enfant, à tes ordres docile,
Doit être à tes desseins un instrument utile,
Fais qu'au juste héritier le sceptre soit remis ;
Livre en mes faibles mains ses puissants ennemis ;
Confonds dans ses conseils une reine cruelle :
Daigne, daigne, mon Dieu, sur Mathan et sur elle,
Répandre cet esprit d'imprudence et d'erreur,
De la chute des rois funeste avant-coureur !
L'heure me presse : adieu. Des plus saintes familles
Votre fils et sa sœur vous amènent les filles.

SCÈNE III.

JOSABETH, ZACHARIE, SALOMITH, LE CHŒUR.

JOSABETH.

Cher Zacharie ! allez, ne vous arrêtez pas ;
De votre auguste père accompagnez les pas.
O filles de Lévi, troupe jeune et fidèle,
Que déjà le Seigneur embrase de son zèle,
Qui venez si souvent partager mes soupirs,
Enfants, ma seule joie en mes longs déplaisirs,
Ces festons dans vos mains, et ces fleurs sur vos têtes,
Autrefois convenaient à nos pompeuses fêtes ;

Mais, hélas! en ce temps d'opprobre et de douleurs,
Quelle offrande sied mieux que celle de nos pleurs!
J'entends déjà, j'entends la trompette sacrée,
Et du temple bientôt on permettra l'entrée.
Tandis que je me vais préparer à marcher,
Chantez, louez le Dieu que vous venez chercher.

SCÈNE IV.

LE CHŒUR.

TOUT LE CHOEUR chante.

Tout l'univers est plein de sa magnificence :
Qu'on l'adore ce Dieu, qu'on l'invoque à jamais!
Son empire a des temps précédé la naissance :
    Chantons, publions ses bienfaits.

UNE VOIX seule.

    En vain l'injuste violence
Au peuple qui le loue imposerait silence :
    Son nom ne périra jamais.
Le jour annonce au jour, sa gloire, sa puissance :
Tout l'univers est plein de sa magnificence :
    Chantons, publions ses bienfaits.

TOUT LE COEUR répète.

Tout l'univers est plein de sa magnificence :
    Chantons, publions ses bienfaits.

UNE VOIX seule.

Il donne aux fleurs leur aimable peinture;
    Il fait naître et mûrir les fruits :
    Il leur dispense avec mesure
Et la chaleur des jours et la fraîcheur des nuits;
Le champ qui les reçut les rend avec usure.

UNE AUTRE.

Il commande au soleil d'animer la nature,
    Et la lumière est un don de ses mains;
    Mais sa loi sainte, sa loi pure
Est le plus riche don qu'il ait fait aux humains.

UNE AUTRE.

O mont de Sinaï, conserve la mémoire
De ce jour à jamais auguste et renommé,
    Quand sur ton sommet enflammé,
Dans un nuage épais le Seigneur enfermé

ACTE I, SCÈNE IV.

Fit luire aux yeux mortels un rayon de sa gloire !
Dis-nous pourquoi ces feux et ces éclairs,
Ces torrents de fumée, et ce bruit dans les airs,
   Ces trompettes et ce tonnerre :
Venait-il renverser l'ordre des éléments ?
    Sur ses antiques fondements
    Venait-il ébranler la terre ?
        UNE AUTRE.

Il venait révéler aux enfants des Hébreux
De ses préceptes saints la lumière immortelle :
   Il venait à ce peuple heureux
Ordonner de l'aimer d'une amour éternelle.
       TOUT LE CHŒUR.

   O divine, ô charmante loi !
   O justice, ô bonté suprême !
Que de raisons, quelle douceur extrême
D'engager à ce Dieu son amour et sa foi !
       UNE VOIX, seule.

D'un joug cruel il sauva nos aïeux,
Les nourrit au désert d'un pain délicieux ;
Il nous donne ses lois, il se donne lui-même :
   Pour tant de biens, il commande qu'on l'aime.
       LE CHŒUR.

   O justice, ô bonté suprême !
       LA MÊME VOIX.

Des mers pour eux il entr'ouvrit les eaux ;
D'un aride rocher fit sortir des ruisseaux ;
Il nous donne ses lois, il se donne lui-même :
   Pour tant de biens, il commande qu'on l'aime.
       LE CHŒUR.

   O divine, ô charmante loi !
Que de raisons, quelle douceur extrême
D'engager à ce Dieu son amour et sa foi !
      UNE AUTRE VOIX, seule.

Vous qui ne connaissez qu'une crainte servile,
Ingrats, un Dieu si bon ne peut-il vous charmer ?
Est-il donc à vos cœurs, est-il si difficile
   Et si pénible de l'aimer ?
L'esclave craint le tyran qui l'outrage ;
Mais des enfants l'amour est le partage.
Vous voulez que ce Dieu vous comble de bienfaits,
   Et ne l'aimer jamais !

TOUT LE CHOEUR.

O divine, ô charmante loi!
O justice, ô bonté suprême!
Que de raisons, quelle douceur extrême
D'engager à ce Dieu son amour et sa foi!

ACTE DEUXIÈME.

SCÈNE I.

JOSABETH, SALOMITH, LE CHOEUR.

JOSABETH.

Mes filles, c'est assez; suspendez vos cantiques :
Il est temps de nous joindre aux prières publiques.
Voici notre heure : allons célébrer ce grand jour,
Et devant le Seigneur paraître à notre tour.

SCÈNE II.

JOSABETH, ZACHARIE, SALOMITH, LE CHOEUR.

JOSABETH.
Mais que vois-je! Mon fils, quel sujet vous ramène?
Où courez-vous ainsi tout pâle et hors d'haleine!

ZACHARIE.
O ma mère!

JOSABETH.
Eh bien! quoi?

ZACHARIE.
Le temple est profané...

JOSABETH.
Comment!

ZACHARIE.
Et du Seigneur l'autel abandonné.

JOSABETH.
Je tremble. Hâtez-vous d'éclaircir votre mère.

ZACHARIE.
Déjà, selon la loi, le grand prêtre, mon père,

Après avoir au Dieu qui nourrit les humains
De la moisson nouvelle offert les premiers pains,
Lui présentait encore entre ses mains sanglantes
Des victimes de paix les entrailles fumantes;
Debout à ses côtés, le jeune Éliacin
Comme moi le servait en long habit de lin;
Et cependant du sang de la chair immolée
Les prêtres arrosaient l'autel et l'assemblée :
Un bruit confus s'élève, et du peuple surpris
Détourne tout à coup les yeux et les esprits.
Une femme... Peut-on la nommer sans blasphème !
Une femme... C'était Athalie elle-même.

JOSABETH.

Ciel !

ZACHARIE.

Dans un des parvis, aux hommes réservé,
Cette femme superbe entre, le front levé,
Et se préparait même à passer les limites
De l'enceinte sacrée ouverte aux seuls lévites.
Le peuple s'épouvante, et fuit de toutes parts.
Mon père... Ah ! quel courroux animait ses regards !
Moïse à Pharaon parut moins formidable :
« Reine, sors, a-t-il dit, de ce lieu redoutable,
» D'où te bannit ton sexe et ton impiété.
» Viens-tu du Dieu vivant braver la majesté ? »
La reine alors, sur lui jetant un œil farouche,
Pour blasphémer sans doute ouvrait déjà la bouche :
J'ignore si de Dieu l'ange se dévoilant,
Est venu lui montrer un glaive étincelant;
Mais sa langue en sa bouche à l'instant s'est glacée,
Et toute son audace a paru terrassée :
Ses yeux, comme effrayés, n'osaient se détourner;
Surtout Éliacin paraissait l'étonner.

JOSABETH.

Quoi donc ! Éliacin a paru devant elle ?

ZACHARIE.

Nous regardions tous deux cette reine cruelle,
Et d'une égale horreur nos cœurs étaient frappés.
Mais les prêtres bientôt nous ont enveloppés :
On nous a fait sortir. J'ignore tout le reste,
Et venais vous conter ce désordre funeste.

JOSABETH.

Ah ! de nos bras sans doute elle vient l'arracher;

458 ATHALIE.

Et c'est lui qu'à l'autel sa fureur vient chercher.
Peut-être en ce moment l'objet de tant de larmes...
Souviens-toi de David, Dieu qui vois mes alarmes!

SALOMITH.

Quel est-il, cet objet des pleurs que vous versez?

ZACHARIE.

Les jours d'Éliacin seraient-ils menacés?

SALOMITH.

Aurait-il de la reine attiré la colère?

ZACHARIE.

Que craint-on d'un enfant sans support et sans père?

JOSABETH.

Ah! la voici. Sortons : il la faut éviter.

SCÈNE III.

ATHALIE, ABNER, AGAR, SUITE D'ATHALIE.

AGAR.

Madame, dans ces lieux pourquoi vous arrêter?
Ici tous les objets vous blessent, vous irritent,
Abandonnez ce temple aux prêtres qui l'habitent;
Fuyez tout ce tumulte, et dans votre palais
A vos gens agités venez rendre la paix.

ATHALIE.

Non, je ne puis : tu vois mon trouble et ma faiblesse.
Va, fais dire à Mathan qu'il vienne, qu'il se presse ;
Heureuse si je puis trouver par son secours
Cette paix que je cherche, et qui me fuit toujours!

Elle s'assied.

SCÈNE IV.

ATHALIE, ABNER, SUITE D'ATHALIE.

ABNER.

Madame, pardonnez si j'ose le défendre :
Le zèle de Joad n'a point dû vous surprendre.
Du Dieu que nous servons tel est l'ordre éternel ;
Lui-même il nous traça son temple et son autel,
Aux seuls enfants d'Aaron commit ses sacrifices,
Aux lévites marqua leur place et leurs offices,
Et surtout défendit à leur postérité

Avec tout autre dieu toute société.
Eh quoi! vous de nos rois et la fille et la mère,
Etes-vous à ce point parmi nous étrangère?
Ignorez-vous nos lois? et faut-il qu'aujourd'hui...
Voici votre Mathan : je vous laisse avec lui.

ATHALIE.
Votre présence, Abner, est ici nécessaire.
Laissons là de Joad l'audace téméraire,
Et tout ce vain amas de superstitions
Qui ferment votre temple aux autres nations :
Un sujet plus pressant excite mes alarmes,
Je sais que, dès l'enfance élevé dans les armes,
Abner a le cœur noble, et qu'il rend à la fois
Ce qu'il doit à son Dieu, ce qu'il doit à ses rois.
Demeurez.

SCÈNE V.
ATHALIE, ABNER, MATHAN, SUITE D'ATHALIE.

MATHAN.
Grande reine, est-ce ici votre place?
Quel trouble vous agite, et quel effroi vous glace?
Parmi vos ennemis que venez-vous chercher?
De ce temple profane osez-vous approcher?
Avez-vous dépouillé cette haine si vive...

ATHALIE.
Prêtez-moi l'un et l'autre une oreille attentive :
Je ne veux point ici rappeler le passé,
Ni vous rendre raison du sang que j'ai versé :
Ce que j'ai fait, Abner, j'ai cru le devoir faire.
Je ne prends point pour juge un peuple téméraire :
Quoique son insolence ait osé publier,
Le ciel même a pris soin de me justifier.
Sur d'éclatants succès ma puissance établie
A fait jusqu'aux deux mers respecter Athalie;
Par moi Jérusalem goûte un calme profond;
Le Jourdain ne voit plus l'Arabe vagabond,
Ni l'altier Philistin, par d'éternels ravages,
Comme au temps de vos rois, désoler ses rivages ;
Le Syrien me traite et de reine et de sœur;
Enfin de ma maison le perfide oppresseur,
Qui devait jusqu'à moi pousser sa barbarie,

Jéhu, le fier Jéhu, tremble dans Samarie ;
De toutes parts pressé par un puissant voisin
Que j'ai su soulever contre cet assassin,
Il me laisse en ces lieux souveraine maîtresse.
Je jouissais en paix du fruit de ma sagesse ;
Mais un trouble importun vient, depuis quelques jours,
De mes prospérités interrompre le cours.
Un songe (me devrais-je inquiéter d'un songe!)
Entretient dans mon cœur un chagrin qui le ronge :
Je l'évite partout, partout il me poursuit.
C'était pendant l'horreur d'une profonde nuit ;
Ma mère Jézabel devant moi s'est montrée,
Comme au jour de sa mort pompeusement parée ;
Ses malheurs n'avaient point abattu sa fierté ;
Même elle avait encor cet éclat emprunté
Dont elle eut soin de peindre et d'orner son visage,
Pour réparer des ans l'irréparable outrage :
« Tremble, m'a-t-elle dit, fille digne de moi ;
» Le cruel Dieu des Juifs l'emporte aussi sur toi.
» Je te plains de tomber dans ses mains redoutables,
» Ma fille. » En achevant ces mots épouvantables,
Son ombre vers mon lit a paru se baisser ;
Et moi, je lui tendais les mains pour l'embrasser ;
Mais je n'ai plus trouvé qu'un horrible mélange
D'os et de chair meurtris, et traîné dans la fange,
Des lambeaux pleins de sang, et des membres affreux
Que des chiens dévorants se disputaient entre eux...

ABNER.

Grand Dieu !

ATHALIE.

Dans ce désordre à mes yeux se présente
Un jeune enfant couvert d'une robe éclatante,
Tel qu'on voit des Hébreux les prêtres revêtus.
Sa vue a ranimé mes esprits abattus ;
Mais lorsque, revenant de mon trouble funeste,
J'admirais sa douceur, son air noble et modeste,
J'ai senti tout à coup un homicide acier
Que le traître en mon sein a plongé tout entier.
De tant d'objets divers le bizarre assemblage
Peut-être du hasard vous paraît un ouvrage :
Moi-même quelque temps, honteuse de ma peur,
Je l'ai pris pour l'effet d'une sombre vapeur.

Mais de ce souvenir mon âme possédée
A deux fois en dormant revu la même idée ;
Deux fois mes tristes yeux se sont vu retracer
Ce même enfant toujours tout prêt à me percer.
Lasse enfin des horreurs dont j'étais poursuivie,
J'allais prier Baal de veiller sur ma vie,
Et chercher du repos au pied de ses autels :
Que ne peut la frayeur sur l'esprit des mortels !
Dans le temple des Juifs un instinct m'a poussée,
Et d'apaiser leur Dieu j'ai conçu la pensée ;
J'ai cru que des présents calmeraient son courroux,
Que ce Dieu, quel qu'il soit, en deviendrait plus doux.
Pontife de Baal, excusez ma faiblesse :
J'entre : le peuple fuit, le sacrifice cesse,
Le grand prêtre vers moi s'avance avec fureur.
Pendant qu'il me parlait, ô surprise, ô terreur !
J'ai vu ce même enfant dont je suis menacée,
Tel qu'un songe effrayant l'a peint à ma pensée.
Je l'ai vu, son même air, son même habit de lin,
Sa démarche, ses yeux, et tous ses traits enfin ;
C'est lui-même. Il marchait à côté du grand prêtre ;
Mais bientôt à ma vue on l'a fait disparaître.
Voilà quel trouble ici m'oblige à m'arrêter,
Et sur quoi j'ai voulu tous deux vous consulter.
Que présage, Mathan, ce prodige incroyable ?

MATHAN.

Ce songe et ce rapport, tout me semble effroyable...

ATHALIE.

Mais cet enfant fatal, Abner, vous l'avez vu :
Quel est-il ? de quel sang, et de quelle tribu ?

ABNER.

Deux enfants à l'autel prêtaient leur ministère :
L'un est fils de Joad, Josabeth est sa mère ;
L'autre m'est inconnu.

MATHAN.

           Pourquoi délibérer ?
De tous les deux, madame, il se faut assurer.
Vous savez pour Joad mes égards, mes mesures,
Que je ne cherche point à venger mes injures,
Que la seule équité règne en tous mes avis ;
Mais lui-même, après tout, fût-ce son propre fils,
Voudrait-il un moment laisser vivre un coupable ?

ABNER.
De quel crime un enfant peut-il être capable?
MATHAN.
Le ciel nous le fait voir un poignard à la main :
Le ciel est juste et sage, et ne fait rien en vain.
Que cherchez-vous de plus?
ABNER.
Mais sur la foi d'un songe,
Dans le sang d'un enfant voulez-vous qu'on se plonge?
Vous ne savez encor de quel père il est né,
Quel il est.
MATHAN.
On le craint : tout est examiné.
A d'illustres parents s'il doit son origine,
La splendeur de son sort doit hâter sa ruine;
Dans le vulgaire obscur si le sort l'a placé,
Qu'importe qu'au hasard un sang vil soit versé.
Est-ce aux rois à garder cette lente justice?
Leur sûreté souvent dépend d'un prompt supplice.
N'allons point les gêner d'un soin embarrassant :
Dès qu'on leur est suspect, on n'est plus innocent.
ABNER.
Eh quoi, Mathan! d'un prêtre est-ce là le langage?
Moi, nourri dans la guerre aux horreurs du carnage,
Des vengeances des rois ministre rigoureux,
C'est moi qui prête ici ma voix aux malheureux!
Et vous, qui lui devez des entrailles de père,
Vous ministre de paix dans les temps de colère,
Couvrant d'un zèle faux votre ressentiment,
Le sang à votre gré coule trop lentement!
Vous m'avez commandé de vous parler sans feinte,
Madame : quel est donc ce grand sujet de crainte?
Un songe, un faible enfant que votre œil prévenu
Peut-être sans raison croit avoir reconnu.
ATHALIE.
Je le veux croire, Abner, je puis m'être trompée.
Peut-être un songe vain m'a trop préoccupée.
Eh bien! il faut revoir cet enfant de plus près;
Il en faut à loisir examiner les traits.
Qu'on les fasse tous deux paraître en ma présence.
ABNER.
Je crains...

ATHALIE.

Manquerait-on pour moi de complaisance ?
De ce refus bizarre où seraient les raisons ?
Il pourrait me jeter en d'étranges soupçons.
Que Josabeth, vous dis-je, ou Joad les amène.
Je puis, quand je voudrai, parler en souveraine.
Vos prêtres, je veux bien, Abner, vous l'avouer,
Des bontés d'Athalie ont lieu de se louer.
Je sais sur ma conduite et contre ma puissance
Jusqu'où de leurs discours ils portent la licence :
Ils vivent cependant, et leur temple est debout.
Mais je sens que bientôt ma douceur est à bout.
Que Joad mette un frein à son zèle sauvage,
Et ne m'irrite point par un second outrage.
Allez.

SCÈNE VI.

ATHALIE, MATHAN, SUITE D'ATHALIE.

MATHAN.

Enfin je puis parler en liberté ;
Je puis dans tout son jour mettre la vérité.
Quelque monstre naissant dans ce temple s'élève,
Reine : n'attendez pas que le nuage crève.
Abner chez le grand prêtre a devancé le jour :
Pour le sang de ses rois vous savez son amour.
Et qui sait si Joad ne veut point en leur place
Substituer l'enfant dont le ciel vous menace,
Soit son fils, soit quelque autre...

ATHALIE.

Oui, vous m'ouvrez les yeux.
Je commence à voir clair dans cet avis des cieux.
Mais je veux de mon doute être débarrassée :
Un enfant est peu propre à trahir sa pensée ;
Souvent d'un grand dessein un mot nous fait juger.
Laissez-moi, cher Mathan, le voir, l'interroger.
Vous, cependant, allez ; et, sans jeter d'alarmes,
A tous mes Tyriens faites prendre les armes.

SCÈNE VII.

JOAS, ATHALIE, JOSABETH, ZACHARIE, SALOMITH, ABNER, DEUX LÉVITES, LE CHŒUR, SUITE D'ATHALIE.

JOSABETH, aux deux lévites.
O vous! sur ces enfants si chers, si précieux,
Ministres du Seigneur, ayez toujours les yeux.
ABNER, à Josabeth.
Princesse, assurez-vous, je les prends sous ma garde.
ATHALIE.
O ciel! plus j'examine, et plus je le regarde...
C'est lui! D'horreur encor tous mes sens sont saisis.
Épouse de Joad,
Montrant Joas.
Est-ce là votre fils?
JOSABETH.
Qui? lui, madame?
ATHALIE.
Lui.
JOSABETH.
Je ne suis point sa mère.
Montrant Zacharie.
Voilà mon fils.
ATHALIE, à Joas.
Et vous, quel est donc votre père?
Jeune enfant, répondez.
JOSABETH.
Le ciel jusqu'aujourd'hui...
ATHALIE.
Pourquoi vous pressez-vous de répondre pour lui?
C'est à lui de parler.
JOSABETH.
Dans un âge si tendre,
Quel éclaircissement en pouvez-vous attendre?
ATHALIE.
Cet âge est innocent : son ingénuité
N'altère point encore la simple vérité.
Laissez-le s'expliquer sur tout ce qui le touche.
JOSABETH, tout bas.
Daigne mettre, grand Dieu, ta sagesse en sa bouche.

Lui seul est Dieu, madame, et le vôtre n'est rien.

Acte II, Scène VII.

ATHALIE.

ATHALIE.
Comment vous nommez-vous?
JOAS.
J'ai nom Éliacin.
ATHALIE.
Votre père?
JOAS.
Je suis, dit-on, un orphelin,
Entre les bras de Dieu jeté dès ma naissance,
Et qui de mes parents n'eus jamais connaissance.
ATHALIE.
Vous êtes sans parents?
JOAS.
Ils m'ont abandonné.
ATHALIE.
Comment? et depuis quand?
JOAS.
Depuis que je suis né.
ATHALIE.
Ne sait-on pas au moins quel pays est le vôtre?
JOAS.
Ce temple est mon pays : je n'en connais point d'autre.
ATHALIE.
Où dit-on que le sort vous a fait rencontrer?
JOAS.
Parmi des loups cruels prêts à me dévorer.
ATHALIE.
Qui vous mit dans ce temple?
JOAS.
Une femme inconnue,
Qui ne dit point son nom, et qu'on n'a point revue.
ATHALIE.
Mais de vos premiers ans quelles mains ont pris soin?
JOAS.
Dieu laissa-t-il jamais ses enfants au besoin?
Aux petits des oiseaux il donne leur pâture,
Et sa bonté s'étend sur toute la nature.
Tous les jours je l'invoque; et d'un soin paternel
Il me nourrit des dons offerts sur son autel.
ATHALIE.
Quel prodige nouveau me trouble et m'embarrasse!
La douceur de sa voix, son enfance, sa grâce,

Font insensiblement à mon inimitié
Succéder... Je serais sensible à la pitié !
ABNER.
Madame, voilà donc cet ennemi terrible ?
De vos songes menteurs l'imposture est visible,
A moins que la pitié qui semble vous troubler
Ne soit ce coup fatal qui vous faisait trembler.
ATHALIE, à Joas et à Josabeth.
Vous, sortez !
JOSABETH.
Vous avez entendu sa fortune :
Sa présence à la fin pourrait être importune.
ATHALIE.
Non : revenez.
A Joas.
Quel est tous les jours votre emploi ?
JOAS.
J'adore le Seigneur ; on m'explique sa loi ;
Dans son livre divin on m'apprend à la lire ;
Et déjà de ma main je commence à l'écrire.
ATHALIE.
Que vous dit cette loi ?
JOAS.
Que Dieu veut être aimé,
Qu'il venge tôt ou tard son saint nom blasphémé,
Qu'il est le défenseur de l'orphelin timide,
Qu'il résiste au superbe et punit l'homicide.
ATHALIE.
J'entends, mais tout ce peuple enfermé dans ce lieu,
A quoi s'occupe-t-il ?
JOAS.
Il loue, il bénit Dieu.
ATHALIE.
Dieu veut-il qu'à toute heure on prie, on le contemple ?
JOAS.
Tout profane exercice est banni de son temple.
ATHALIE.
Quels sont donc vos plaisirs ?
JOAS.
Quelquefois à l'autel
Je présente au grand prêtre ou l'encens ou le sel ;
J'entends chanter de Dieu les grandeurs infinies ;

Je vois l'ordre pompeux de ses cérémonies.
ATHALIE.
Eh quoi ! vous n'avez point de passe-temps plus doux ?
Je plains le triste sort d'un enfant tel que vous.
Venez dans mon palais, vous y verrez ma gloire.
JOAS.
Moi ! des bienfaits de Dieu je perdrais la mémoire !
ATHALIE.
Non, je ne vous veux pas contraindre à l'oublier.
JOAS.
Vous ne le priez point.
ATHALIE.
    Vous pourrez le prier.
JOAS.
Je verrais cependant en invoquer un autre.
ATHALIE.
J'ai mon Dieu que je sers, vous servirez le vôtre :
Ce sont deux puissants dieux.
JOAS.
     Il faut craindre le mien :
Lui seul est Dieu, madame, et le vôtre n'est rien.
ATHALIE.
Les plaisirs près de moi vous chercheront en foule.
JOAS.
Le bonheur des méchants comme un torrent s'écoule.
ATHALIE.
Ces méchants, qui sont-ils ?
JOSABETH.
    Hé, madame ! excusez
Un enfant...
ATHALIE, à Josabeth.
   J'aime à voir comme vous l'instruisez.
Enfin, Éliacin, vous avez su me plaire,
Vous n'êtes point sans doute un enfant ordinaire.
Vous voyez, je suis reine et n'ai point d'héritier :
Laissez là cet habit, quittez ce vil métier ;
Je veux vous faire part de toutes mes richesses ;
Essayez dès ce jour l'effet de mes promesses.
A ma table, partout à mes côtés assis,
Je prétends vous traiter comme mon propre fils.
JOAS.
Comme votre fils !

ATHALIE.

Oui... Vous vous taisez ?

JOAS.

Quel père
Je quitterais ! et pour...

ATHALIE.

Eh bien ?

JOAS.

Pour quelle mère !

ATHALIE, à Josabeth.

Sa mémoire est fidèle; et, dans tout ce qu'il dit,
De vous et de Joad je reconnais l'esprit.
Voilà comme, infectant cette simple jeunesse,
Vous employez tous deux le calme où je vous laisse.
Vous cultivez déjà leur haine et leur fureur;
Vous ne leur prononcez mon nom qu'avec horreur.

JOSABETH.

Peut-on de nos malheurs leur dérober l'histoire?
Tout l'univers les sait; vous-même en faites gloire.

ATHALIE.

Oui, ma juste fureur, et j'en fais vanité,
A vengé mes parents sur ma postérité.
J'aurais vu massacrer et mon père et mon frère,
Du haut de son palais précipiter ma mère,
Et dans un même jour égorger à la fois
(Quel spectacle d'horreur) quatre-vingts fils de rois,
Et pourquoi? pour venger je ne sais quels prophètes
Dont elle avait puni les fureurs indiscrètes :
Et moi, reine sans cœur, fille sans amitié,
Esclave d'une lâche et frivole pitié,
Je n'aurais pas du moins à cette aveugle rage
Rendu meurtre pour meurtre, outrage pour outrage,
Et de votre David traité tous les neveux
Comme on traitait d'Achab les restes malheureux !
Où serais-je aujourd'hui si, domptant ma faiblesse,
Je n'eusse d'une mère étouffé la tendresse;
Si de mon propre sang ma main versant des flots
N'eût par ce coup hardi réprimé vos complots ?
Enfin de votre Dieu l'implacable vengeance
Entre nos deux maisons rompit toute alliance :
David m'est en horreur; et les fils de ce roi,
Quoique nés de mon sang, sont étrangers pour moi.

JOSABETH.

Tout vous a réussi. Que Dieu voie, et nous juge.

ATHALIE.

Ce Dieu, depuis longtemps votre unique refuge,
Que deviendra l'effet de ses prédictions?
Qu'il vous donne ce roi promis aux nations,
Cet enfant de David, votre espoir, votre attente...
Mais nous nous reverrons. Adieu. Je sors contente :
J'ai voulu voir; j'ai vu.

ABNER, à Josabeth.

Je vous l'avais promis :
Je vous rends le dépôt que vous m'avez commis.

SCÈNE VIII.

JOAS, JOAD, JOSABETH, ZACHARIE, SALOMITH, ABNER, LÉVITES, LE CHŒUR.

JOSABETH, à Joad.

Avez-vous entendu cette superbe reine,
Seigneur?

JOAD.

J'entendais tout, et plaignais votre peine.
Ces lévites et moi, prêts à vous secourir,
Nous étions avec vous résolus de périr.

A Joas, en l'embrassant.

Que Dieu veille sur vous, enfant dont le courage
Vient de rendre à son nom ce noble témoignage.
Je reconnais, Abner, ce service important :
Souvenez-vous de l'heure où Joad vous attend.
Et nous, dont cette femme impie et meurtrière
A souillé les regards et troublé la prière,
Rentrons : et qu'un sang pur, par mes mains épanché,
Lave jusques au marbre où ses pas ont touché.

SCÈNE IX.

LE CHŒUR.

UNE DES FILLES DU CHŒUR.

Quel astre à nos yeux vient de luire?
Quel sera quelque jour cet enfant merveilleux?

ATHALIE.

Il brave le faste orgueilleux,
Et ne se laisse point séduire
A tous ses attraits périlleux.

UNE AUTRE.

Pendant que du dieu d'Athalie
Chacun court encenser l'autel,
Un enfant courageux publie
Que Dieu lui seul est éternel,
Et parle comme un autre Élie
Devant cette autre Jézabel.

UNE AUTRE.

Qui nous révélera ta naissance secrète,
Cher enfant? Es-tu fils de quelque saint prophète?

UNE AUTRE.

Ainsi l'on vit l'aimable Samuel
Croître à l'ombre du tabernacle :
Il devint des Hébreux l'espérance et l'oracle.
Puisses-tu, comme lui, consoler Israël!

UNE AUTRE.

O bienheureux mille fois
L'enfant que le Seigneur aime,
Qui de bonne heure entend sa voix,
Et que ce Dieu daigne instruire lui-même!
Loin du monde élevé, de tous les dons des cieux
Il est orné dès son enfance,
Et du méchant l'abord contagieux
N'altère point son innocence.

TOUT LE CHŒUR.

Heureuse, heureuse l'enfance
Que le Seigneur instruit et prend sous sa défense!

LA MÊME VOIX, seule.

Tel en un secret vallon,
Sur le bord d'une onde pure,
Croît à l'abri de l'aquilon,
Un jeune lis, l'amour de la nature.
Loin du monde élevé, de tous les dons des cieux
Il est orné dès sa naissance;
Et du méchant l'abord contagieux
N'altère point son innocence.

TOUT LE CHŒUR.

Heureux, heureux mille fois
L'enfant que le Seigneur rend docile à ses lois!

ACTE II, SCÈNE IX.

UNE VOIX, seule.

Mon Dieu, qu'une vertu naissante
Parmi tant de périls marche à pas incertains !
Qu'une âme qui te cherche et veut être innocente
　Trouve d'obstacle à ses desseins !
　　Que d'ennemis lui font la guerre !
　　Où se peuvent cacher tes saints ?
　　Les pécheurs couvrent la terre.

UNE AUTRE.

O palais de David, et sa chère cité,
Mont fameux, que Dieu même a longtemps habité,
Comment as-tu du ciel attiré la colère ?
Sion, chère Sion, que dis-tu quand tu vois
　　Une impie étrangère
Assise, hélas ! au trône de tes rois ?

TOUT LE CHOEUR.

Sion, chère Sion, que dis-tu quand tu vois
　　Une impie étrangère
Assise, hélas ! au trône de tes rois ?

LA MÊME VOIX continue.

　Au lieu des cantiques charmants
Où David t'exprimait ses saints ravissements,
Et bénissait son Dieu, son seigneur et son père ;
Sion, chère Sion, que dis-tu quand tu vois
　Louer le dieu de l'impie étrangère,
Et blasphémer le nom qu'ont adoré tes rois ?

UNE VOIX, seule.

Combien de temps, Seigneur, combien de temps encore
Verrons-nous contre toi les méchants s'élever ?
Jusque dans ton saint temple ils viennent te braver :
Ils traitent d'insensé le peuple qui t'adore.
Combien de temps, Seigneur, combien de temps encore
Verrons-nous contre toi les méchants s'élever ?

UNE AUTRE.

Que vous sert, disent-ils, cette vertu sauvage ?
　　De tant de plaisirs si doux
　　Pourquoi fuyez-vous l'usage ?
　　Votre Dieu ne fait rien pour vous.

UNE AUTRE.

Rions, chantons, dit cette troupe impie ;
De fleurs en fleurs, de plaisirs en plaisirs,
　　Promenons nos désirs.

Sur l'avenir insensé qui se fie.
De nos ans passagers le nombre est incertain :
Hâtons-nous aujourd'hui de jouir de la vie ;
    Qui sait si nous serons demain ?

TOUT LE CHŒUR.

Qu'ils pleurent, ô mon Dieu ! qu'ils frémissent de crainte,
   Ces malheureux, qui de ta cité sainte
   Ne verront point l'éternelle splendeur.
C'est à nous de chanter, nous à qui tu révèles
    Tes clartés immortelles ;
C'est à nous de chanter tes dons et ta grandeur.

UNE VOIX, seule.

De tous ces vains plaisirs où leur âme se plonge,
Que leur restera-t-il ? Ce qui reste d'un songe
    Dont on a reconnu l'erreur.
 A leur réveil (ô réveil plein d'horreur !)
   Pendant que le pauvre à ta table
Goûtera de ta paix la douceur ineffable,
Ils boiront dans la coupe affreuse, inépuisable,
Que tu présenteras au jour de ta fureur
    A toute la race coupable.

TOUT LE CHŒUR.

O réveil plein d'horreur !
O songe peu durable !
O dangereuse erreur !

ACTE TROISIÈME.

SCÈNE I.

MATHAN, NABAL, LE CHŒUR.

MATHAN.

Jeunes filles, allez : qu'on dise à Josabeth
Que Mathan veut ici lui parler en secret.

UNE DES FILLES DU CHŒUR.

Mathan ! O Dieu du ciel, puisses-tu le confondre !

NABAL.

Eh quoi ! tout se disperse, et fuit sans vous répondre !

MATHAN.

Approchons.

SCÈNE II.

ZACHARIE, MATHAN, NABAL.

ZACHARIE.

Téméraire, où voulez-vous passer ?
Au delà de ce lieu gardez-vous d'avancer :
C'est des ministres saints la demeure sacrée;
Les lois à tout profane en défendent l'entrée.
Qui cherchez-vous? Mon père, en ce jour solennel,
De l'idolâtre impur fuit l'aspect criminel;
Et devant le Seigneur maintenant prosternée,
Ma mère en ce devoir craint d'être détournée.

MATHAN.

Mon fils, nous attendrons; cessez de vous troubler,
C'est votre illustre mère à qui je veux parler;
Je viens ici chargé d'un ordre de la reine.

SCÈNE III.

MATHAN, NABAL.

NABAL.

Leurs enfants ont déjà leur audace hautaine.
Mais que veut Athalie en cette occasion?
D'où naît dans ses conseils cette confusion?
Par l'insolent Joad ce matin offensée,
Et d'un enfant fatal en songe menacée,
Elle allait immoler Joad à son courroux,
Et dans ce temple enfin placer Baal et vous.
Vous m'en aviez déjà confié votre joie ;
Et j'espérais ma part d'une si riche proie.
Qui fait changer ainsi ses vœux irrésolus ?

MATHAN.

Ami, depuis deux jours je ne la connais plus.
Ce n'est plus cette reine éclairée, intrépide,
Élevée au-dessus de son sexe timide,
Qui d'abord accablait ses ennemis surpris,
Et d'un instant perdu connaissait tout le prix.
La peur d'un vain remords trouble cette grande âme;
Elle flotte, elle hésite; en un mot elle est femme.

J'avais tantôt rempli d'amertume et de fiel
Son cœur déjà saisi des menaces du ciel ;
Elle-même, à mes soins confiant sa vengeance,
M'avait dit d'assembler sa garde en diligence ;
Mais, soit que cet enfant devant elle amené,
De ses parents, dit-on, rebut infortuné,
Eût d'un songe effrayant diminué l'alarme,
Soit qu'elle eût même en lui vu je ne sais quel charme,
J'ai trouvé son courroux chancelant, incertain,
Et déjà remettant sa vengeance à demain.
Tous ses projets semblaient l'un l'autre se détruire :
« Du sort de cet enfant je me suis fait instruire,
» Ai-je dit, on commence à vanter ses aïeux ;
» Joad de temps en temps le montre aux factieux,
» Le fait attendre aux Juifs comme un autre Moïse,
» Et d'oracles menteurs s'appuie et s'autorise. »
Ces mots ont fait monter la rougeur sur son front.
Jamais mensonge heureux n'eut un effet si prompt.
« Est-ce à moi de languir dans cette incertitude ?
» Sortons, a-t-elle dit, sortons d'inquiétude.
» Vous-même à Josabeth prononcez cet arrêt :
» Les feux vont s'allumer, et le fer est tout prêt ;
» Rien ne peut de leur temple empêcher le ravage,
» Si je n'ai de leur foi cet enfant pour otage. »

NABAL.

Eh bien ! pour un enfant qu'ils ne connaissent pas,
Que le hasard peut-être a jeté dans leurs bras,
Voudront-ils que leur temple enseveli sous l'herbe...

MATHAN.

Ah ! de tous les mortels connais le plus superbe.
Plutôt que dans mes mains par Joad soit livré
Un enfant qu'à son Dieu Joad a consacré,
Tu lui verras subir la mort la plus terrible.
D'ailleurs, pour cet enfant leur attache est visible.
Si j'ai bien de la reine entendu le récit,
Joad sur sa naissance en sait plus qu'il ne dit.
Quel qu'il soit, je prévois qu'il leur sera funeste ;
Ils le refuseront : je prends sur moi le reste ;
Et j'espère qu'enfin de ce temple odieux
Et la flamme et le fer vont délivrer mes yeux.

NABAL.

Qui peut vous inspirer une haine si forte ?

Est-ce que de Baal le zèle vous transporte?
Pour moi, vous le savez, descendu d'Ismaël,
Je ne sers ni Baal, ni le Dieu d'Israël.

MATHAN.

Ami, peux-tu penser que d'un zèle frivole
Je me laisse aveugler pour une vaine idole,
Pour un fragile bois, que malgré mon secours
Les vers sur son autel consument tous les jours?
Né ministre du Dieu qu'en ce temple on adore,
Peut-être que Mathan le servirait encore,
Si l'amour des grandeurs, la soif de commander,
Avec son joug étroit pouvait s'accommoder.
Qu'est-il besoin, Nabal, qu'à tes yeux je rappelle
De Joad et de moi la fameuse querelle,
Quand j'osai contre lui disputer l'encensoir,
Mes brigues, mes combats, mes pleurs, mon désespoir?
Vaincu par lui, j'entrai dans une autre carrière,
Et mon âme à la cour s'attacha tout entière.
J'approchai par degrés de l'oreille des rois,
Et bientôt en oracle on érigea ma voix.
J'étudiai leur cœur, je flattai leurs caprices ;
Je leur semai de fleurs le bord des précipices ;
Près de leurs passions rien ne me fut sacré ;
De mesure et de poids je changeais à leur gré.
Autant que de Joad l'inflexible rudesse
De leur superbe oreille offensait la mollesse ;
Autant je les charmais par ma dextérité :
Dérobant à leurs yeux la triste vérité,
Prêtant à leurs fureurs des couleurs favorables,
Et prodigue surtout du sang des misérables.
Enfin, au dieu nouveau qu'elle avait introduit,
Par les mains d'Athalie un temple fut construit.
Jérusalem pleura de se voir profanée,
Des enfants de Lévi la troupe consternée
En poussa vers le ciel des hurlements affreux.
Moi seul donnant l'exemple aux timides Hébreux,
Déserteur de leur loi, j'approuvai l'entreprise,
Et par là de Baal méritai la prêtrise ;
Par là je me rendis terrible à mon rival,
Je ceignis la tiare, et marchai son égal.
Toutefois, je l'avoue, en ce comble de gloire,
Du Dieu que j'ai quitté l'importune mémoire

Jette encore en mon âme un reste de terreur :
Et c'est ce qui redouble et nourrit ma fureur.
Heureux si, sur son temple achevant ma vengeance,
Je puis convaincre enfin sa haine d'impuissance,
Et parmi le débris, le ravage et les morts,
A force d'attentats perdre tous mes remords!
Mais voici Josabeth.

SCÈNE IV.

JOSABETH, MATHAN, NABAL.

MATHAN.

Envoyé par la reine,
Pour rétablir le calme et dissiper la haine,
Princesse, en qui le ciel mit un esprit si doux,
Ne vous étonnez pas si je m'adresse à vous.
Un bruit, que j'ai pourtant soupçonné de mensonge,
Appuyant les avis qu'elle a reçus en songe,
Sur Joad, accusé de dangereux complots,
Allait de sa colère attirer tous les flots.
Je ne veux point ici vous vanter mes services :
De Joad contre moi je sais les injustices ;
Mais il faut à l'offense opposer les bienfaits.
Enfin, je viens chargé de paroles de paix.
Vivez, solennisez vos fêtes sans ombrage.
De votre obéissance elle ne veut qu'un gage :
C'est, pour l'en détourner j'ai fait ce que j'ai pu,
Cet enfant sans parents, qu'elle dit qu'elle a vu.

JOSABETH.

Éliacin ?

MATHAN.

J'en ai pour elle quelque honte ;
D'un vain songe peut-être elle fait trop de compte.
Mais vous vous déclarez ses mortels ennemis,
Si cet enfant sur l'heure en mes mains n'est remis.
La reine impatiente attend votre réponse.

JOSABETH.

Et voilà de sa part la paix qu'on nous annonce !

MATHAN.

Pourriez-vous un moment douter de l'accepter ?
D'un peu de complaisance est-ce trop l'acheter ?

JOSABETH.

J'admirais si Mathan, dépouillant l'artifice,
Avait pu de son cœur surmonter l'injustice,
Et si de tant de maux le funeste inventeur
De quelque ombre de bien pouvait être l'auteur.

MATHAN.

De quoi vous plaignez-vous? Vient-on avec furie
Arracher de vos bras votre fils Zacharie?
Quel est cet autre enfant si cher à votre amour?
Ce grand attachement me surprend à mon tour.
Est-ce un trésor pour vous si précieux, si rare?
Est-ce un libérateur que le ciel vous prépare?
Songez-y : vos refus pourraient me confirmer
Un bruit sourd que déjà l'on commence à semer.

JOSABETH.

Quel bruit?

MATHAN.

Que cet enfant vient d'illustre origine;
Qu'à quelque grand projet votre époux le destine.

JOSABETH.

Et Mathan, par ce bruit qui flatte sa fureur...

MATHAN.

Princesse, c'est à vous à me tirer d'erreur.
Je sais que, du mensonge implacable ennemie,
Josabeth livrerait même sa propre vie,
S'il fallait que sa vie à sa sincérité
Coûtât le moindre mot contre la vérité.
Du sort de cet enfant on n'a donc nulle trace?
Une profonde nuit enveloppe sa race?
Et vous-même ignorez de quels parents issu,
De quelles mains Joad en ses bras l'a reçu?
Parlez; je vous écoute, et suis prêt à vous croire :
Au Dieu que vous servez, princesse, rendez gloire.

JOSABETH.

Méchant, c'est bien à vous d'oser ainsi nommer
Un Dieu que votre bouche enseigne à blasphémer!
Sa vérité par vous peut-elle être attestée,
Vous, malheureux, assis dans la chaire empestée
Où le mensonge règne et répand son poison;
Vous, nourri dans la fourbe et dans la trahison?

SCÈNE V.

JOAD, JOSABETH, MATHAN, NABAL.

JOAD.

Où suis-je? De Baal ne vois-je pas le prêtre?
Quoi! fille de David, vous parlez à ce traître!
Vous souffrez qu'il vous parle! Et vous ne craignez pas
Que du fond de l'abîme entr'ouvert sous ses pas
Il ne sorte à l'instant des feux qui vous embrasent,
Ou qu'en tombant sur lui ces murs ne vous écrasent?
Que veut-il? De quel front cet ennemi de Dieu
Vient-il infecter l'air qu'on respire en ce lieu?

MATHAN.

On reconnaît Joad à cette violence.
Toutefois il devrait montrer plus de prudence,
Respecter une reine, et ne pas outrager
Celui que de son ordre elle a daigné charger.

JOAD.

Eh bien! que nous fait-elle annoncer de sinistre?
Quel sera l'ordre affreux qu'apporte un tel ministre?

MATHAN.

J'ai fait à Josabeth savoir sa volonté.

JOAD.

Sors donc de devant moi, monstre d'impiété.
De toutes tes horreurs, va, comble la mesure,
Dieu s'apprête à te joindre à la race parjure,
Abiron et Dathan, Doëg, Achitophel.
Les chiens, à qui son bras a livré Jézabel,
Attendant que sur toi sa fureur se déploie,
Déjà sont à ta porte, et demandent leur proie.

MATHAN.

Avant la fin du jour...

Il se trouble.

On verra qui de nous...
Doit... Mais, sortons, Nabal.

NABAL.

Où vous égarez-vous?
De vos sens étonnés quel désordre s'empare?
Voilà votre chemin.

SCÈNE VI.

JOAD, JOSABETH.

JOSABETH.

L'orage se déclare :
Athalie en fureur demande Éliacin.
Déjà de sa naissance et de votre dessein
On commence, seigneur, à percer le mystère :
Peu s'en faut que Mathan ne m'ait nommé son père.

JOAD.

Au perfide Mathan qui l'aurait révélé ?
Votre trouble à Mathan n'a-t-il point trop parlé ?

JOSABETH.

J'ai fait ce que j'ai pu pour m'en rendre maîtresse.
Cependant, croyez-moi, seigneur, le péril presse.
Réservons cet enfant pour un temps plus heureux.
Tandis que les méchants délibèrent entre eux,
Avant qu'on l'environne, avant qu'on nous l'arrache,
Une seconde fois souffrez que je le cache :
Les portes, les chemins lui sont encore ouverts.
Faut-il le transporter aux plus affreux déserts?
Je suis prête : je sais une secrète issue
Par où, sans qu'on le voie, et sans être aperçue,
De Cédron avec lui traversant le torrent,
J'irai dans le désert où jadis en pleurant,
Et cherchant comme nous son salut dans la fuite,
David d'un fils rebelle évita la poursuite.
Je craindrais moins pour lui les lions et les ours...
Mais pourquoi de Jéhu refuser le secours ?
Je vous ouvre peut-être un avis salutaire.
Faisons de ce trésor Jéhu dépositaire :
On peut dans ses États le conduire aujourd'hui,
Et le chemin est court qui mène jusqu'à lui.
Jéhu n'a point un cœur farouche, inexorable ;
De David à ses yeux le nom est favorable.
Hélas! est-il un roi si dur et si cruel,
A moins qu'il n'eût pour mère une autre Jézabel,
Qui d'un tel suppliant ne plaignît l'infortune?
Sa cause à tous les rois n'est-elle pas commune?

JOAD.

Quels timides conseils m'osez-vous suggérer ?

En l'appui de Jéhu pourriez-vous espérer?
JOSABETH.
Dieu défend-il tout soin et toute prévoyance?
Ne l'offense-t-on point par trop de confiance?
A ses desseins sacrés employant les humains,
N'a-t-il pas de Jéhu lui-même armé les mains?
JOAD.
Jéhu, qu'avait choisi sa sagesse profonde,
Jéhu, sur qui je vois que votre espoir se fonde,
D'un oubli trop ingrat a payé ses bienfaits :
Jéhu laisse d'Achab l'affreuse fille en paix,
Suit des rois d'Israël les profanes exemples,
Du vil dieu de l'Égypte a conservé les temples;
Jéhu, sur les hauts lieux enfin osant offrir
Un téméraire encens que Dieu ne peut souffrir,
N'a pour servir sa cause et venger ses injures
Ni le cœur assez droit, ni les mains assez pures.
Non, non : c'est à Dieu seul qu'il nous faut attacher.
Montrons Éliacin; et, loin de le cacher,
Que du bandeau royal sa tête soit ornée;
Je veux même avancer l'heure déterminée,
Avant que de Mathan le complot soit formé.

SCÈNE VII.

JOAD, JOSABETH, AZARIAS, SUIVIS DU CHŒUR ET DE PLUSIEURS
LÉVITES.

JOAD.
Eh bien! Azarias, le temple est-il fermé?
AZARIAS.
J'en ai fait devant moi fermer toutes les portes.
JOAD.
N'y reste-t-il que vous et vos saintes cohortes?
AZARIAS.
De ses parvis sacrés j'ai deux fois fait le tour.
Tout a fui, tous se sont séparés sans retour.
Misérable troupeau qu'a dispersé la crainte;
Et Dieu n'est plus servi que dans la tribu sainte.
Depuis qu'à Pharaon ce peuple est échappé,
Une égale terreur ne l'avait point frappé.

JOAD.

Peuple lâche, en effet, et né pour l'esclavage,
Hardi contre Dieu seul! Poursuivons notre ouvrage.
Mais qui retient encor ces enfants parmi nous?

UNE DES FILLES DU CHOEUR.

Eh! pourrions-nous, seigneur, nous séparer de vous?
Dans le temple de Dieu sommes-nous étrangères?
Vous avez près de vous nos pères et nos frères.

UNE AUTRE.

Hélas! si, pour venger l'opprobre d'Israël,
Nos mains ne peuvent pas, comme autrefois Jahel,
Des ennemis de Dieu percer la tête impie,
Nous lui pouvons du moins immoler notre vie.
Quand vos bras combattront pour son temple attaqué,
Par nos larmes du moins il peut être invoqué.

JOAD.

Voilà donc quels vengeurs s'arment pour ta querelle,
Des prêtres, des enfants, ô Sagesse éternelle!
Mais, si tu les soutiens, qui peut les ébranler?
Du tombeau, quand tu veux, tu sais nous rappeler,
Tu frappes et guéris, tu perds et ressuscites.
Ils ne s'assurent point en leurs propres mérites,
Mais en ton nom sur eux invoqué tant de fois,
En tes serments jurés au plus saint de leurs rois,
En ce temple où tu fais ta demeure sacrée,
Et qui doit du soleil égaler la durée.
Mais d'où vient que mon cœur frémit d'un saint effroi?
Est-ce l'Esprit divin qui s'empare de moi?
C'est lui-même; il m'échauffe, il parle: mes yeux s'ouvrent,
Et les siècles obscurs devant moi se découvrent.
Lévites, de vos sons prêtez-moi les accords,
Et de ses mouvements secondez les transports.

LE CHOEUR, *chante au son de toute la symphonie des instruments.*

Que du Seigneur la voix se fasse entendre.
Et qu'à nos cœurs son oracle divin
   Soit ce qu'à l'herbe tendre
Est, au printemps, la fraîcheur du matin.

JOAD.

Cieux, écoutez ma voix; terre, prête l'oreille.
Ne dis plus, ô Jacob! que ton Seigneur sommeille!
Pécheurs, disparaissez: le Seigneur se réveille.

Ici recommence la symphonie, et Joad aussitôt reprend la parole.

Comment en un plomb vil l'or pur s'est-il changé?
Quel est dans le lieu saint ce pontife égorgé [1]?
Pleure, Jérusalem, pleure, cité perfide,
Des prophètes divins malheureuse homicide!
De son amour pour toi ton Dieu s'est dépouillé;
Ton encens à ses yeux est un encens souillé.
 Où menez-vous ces enfants et ces femmes [2]?
Le Seigneur a détruit la reine des cités :
Ses prêtres sont captifs, ses rois sont rejetés;
Dieu ne veut plus qu'on vienne à ses solennités :
Temple, renverse-toi; cèdres, jetez des flammes :
 Jérusalem, objet de ma douleur,
Quelle main en un jour t'a ravi tous tes charmes?
Qui changera mes yeux en deux sources de larmes
 Pour pleurer ton malheur?

AZARIAS.

O saint temple!

JOSABETH.

 O David!

LE CHŒUR.

  Dieu de Sion, rappelle,
Rappelle en sa faveur tes antiques bontés.

La symphonie recommence encore; et Joad, un moment après, l'interrompt.

JOAD.

 Quelle Jérusalem nouvelle [3]
Sort du fond du désert, brillante de clartés,
Et porte sur le front une marque immortelle?
 Peuples de la terre, chantez :
Jérusalem renaît plus charmante et plus belle.
 D'où lui viennent de tous côtés
Ces enfants qu'en son sein elle n'a point portés [4]?
Lève, Jérusalem, lève ta tête altière;
Regarde tous ces rois de ta gloire étonnés;
Les rois des nations devant toi prosternés,
 De tes pieds baisent la poussière;
Les peuples à l'envi marchent à ta lumière.
 Heureux qui pour Sion d'une sainte ferveur

---

[1] Zacharie. (*Note de Racine.*)
[2] Captivité de Babylone. (*Note de Racine.*)
[3] L'Église. (*Note de Racine.*)
[4] Les Gentils. (*Note de Racine.*)

Sentira son âme embrasée !
Cieux, répandez votre rosée,
Et que la terre enfante son Sauveur !

JOSABETH.

Hélas ! d'où nous viendra cette insigne faveur,
Si les rois de qui doit descendre ce Sauveur...

JOAD.

Préparez, Josabeth, le riche diadème,
Que sur son front sacré David porta lui-même.

Aux Lévites.

Et vous, pour vous armer, suivez-moi dans ces lieux
Où se garde caché, loin des profanes yeux,
Ce formidable amas de lances et d'épées
Qui du sang philistin jadis furent trempées.
Et que David vainqueur, d'ans et d'honneurs chargé,
Fit consacrer au Dieu qui l'avait protégé.
Peut-on les employer pour un plus noble usage ?
Venez, je veux moi-même en faire le partage.

SCÈNE VIII.

SALOMITH, LE CHŒUR.

SALOMITH.

Que de crainte, mes sœurs, que de troubles mortels !
Dieu tout-puissant, sont-ce là les prémices,
Les parfums et les sacrifices
Qu'on devait en ce jour offrir sur tes autels ?

UNE DES FILLES DU CHOEUR.

Quel spectacle à nos yeux timides !
Qui l'eût cru qu'on dût voir jamais
Les glaives meurtriers, les lances homicides,
Briller dans la maison de paix ?

UNE AUTRE.

D'où vient que pour son Dieu, pleine d'indifférence,
Jérusalem se tait en ce pressant danger ?
D'où vient, mes sœurs, que, pour nous protéger,
Le brave Abner au moins ne rompt pas le silence ?

SALOMITH.

Hélas ! dans une cour où l'on n'a d'autres lois
Que la force et la violence,
Où les honneurs et les emplois

Sont le prix d'une aveugle et basse obéissance,
Ma sœur, pour la triste innocence
Qui voudrait élever sa voix ?

UNE AUTRE.

Dans ce péril, dans ce désordre extrême,
Pour qui prépare-t-on le sacré diadème ?

SALOMITH.

Le Seigneur a daigné parler ;
Mais ce qu'à son prophète il vient de révéler,
Qui pourra nous le faire entendre ?
S'arme-t-il pour nous défendre ?
S'arme-t-il pour nous accabler ?

TOUT LE CHOEUR chante.

O promesse ! ô menace ! ô ténébreux mystère !
Que de maux, que de biens sont prédits tour à tour !
Comment peut-on avec tant de colère
Accorder tant d'amour ?

UNE VOIX, seule.

Sion ne sera plus : une flamme cruelle
Détruira tous ses ornements.

UNE AUTRE VOIX.

Dieu protége Sion : elle a pour fondement
Sa parole éternelle.

LA PREMIÈRE.

Je vois tout son éclat disparaître à mes yeux.

LA SECONDE.

Je vois de toute part sa clarté répandue.

LA PREMIÈRE.

Dans un gouffre profond Sion est descendue.

LA SECONDE.

Sion a son front dans les cieux.

LA PREMIÈRE.

Quel triste abaissement !

LA SECONDE.

    Quelle immortelle gloire !

LA PREMIÈRE.

Que de cris de douleur !

LA SECONDE.

    Que de chants de victoire !

UNE TROISIÈME.

Cessons de nous troubler : notre Dieu, quelque jour,
Dévoilera ce grand mystère.

TOUTES TROIS.
Révérons sa colère;
Espérons en son amour.
UNE AUTRE.
D'un cœur qui t'aime,
Mon Dieu, qui peut troubler la paix?
Il cherche en tout ta volonté suprême,
Et ne se cherche jamais.
Sur la terre, dans le ciel même,
Est-il d'autre bonheur que la tranquille paix
D'un cœur qui t'aime?

ACTE QUATRIÈME.

SCÈNE I.

JOAS, JOSABETH, ZACHARIE, SALOMITH, UN LÉVITE, LE CHŒUR.

SALOMITH.
D'un pas majestueux, à côté de ma mère,
Le jeune Éliacin s'avance avec mon frère.
Dans ces voiles, mes sœurs, que portent-ils tous deux?
Quel est ce glaive enfin qui marche devant eux?
JOSABETH, à Zacharie.
Mon fils, avec respect posez sur cette table
De notre sainte loi le livre redoutable.
Et vous aussi, posez, aimable Éliacin,
Cet auguste bandeau près du livre divin.
Lévite, il faut placer, Joad ainsi l'ordonne,
Le glaive de David auprès de sa couronne.
JOAS.
Princesse, quel est donc ce spectacle nouveau?
Pourquoi ce livre saint, ce glaive, ce bandeau?
Depuis que le Seigneur m'a reçu dans son temple,
D'un semblable appareil je n'ai point vu d'exemple
JOSABETH.
Tous vos doutes, mon fils, bientôt s'éclairciront.
JOAS.
Vous voulez essayer ce bandeau sur mon front?

Ah! princesse, gardez d'en profaner la gloire.
D'un roi qui l'a porté respectez la mémoire.
Un malheureux enfant aux ours abandonné...
JOSABETH, lui essayant le diadème.
Laissez, mon fils : je fais ce qui m'est ordonné.
JOAS.
Mais j'entends les sanglots sortir de votre bouche!
Princesse, vous pleurez! Quelle pitié vous touche?
Est-ce qu'en holocauste aujourd'hui présenté,
Je dois, comme autrefois la fille de Jephté,
Du Seigneur par ma mort apaiser la colère?
Hélas! un fils n'a rien qui ne soit à son père.
JOSABETH.
Voici qui vous dira les volontés des cieux.
Ne craignez rien. Et nous, sortons tous de ces lieux.

SCÈNE II.

JOAS, JOAD.

JOAS, courant dans les bras du grand prêtre.
Mon père!
JOAD.
Eh bien! mon fils?
JOAS.
Qu'est-ce donc qu'on prépare?
JOAD.
Il est juste, mon fils, que je vous le déclare.
Il faut que vous soyez instruit, même avant tous,
Des grands desseins de Dieu sur son peuple et sur vous.
Armez-vous d'un courage et d'une foi nouvelle :
Il est temps de montrer cette ardeur et ce zèle
Qu'au fond de votre cœur mes soins ont cultivés,
Et de payer à Dieu ce que vous lui devez.
Sentez-vous cette noble et généreuse envie?
JOAS.
Je me sens prêt, s'il veut, de lui donner ma vie.
JOAD.
On vous a lu souvent l'histoire de nos rois :
Vous souvient-il, mon fils, quelles étroites lois
Doit s'imposer un roi digne du diadème?

JOAS.

Un roi sage, ainsi Dieu l'a prononcé lui-même,
Sur la richesse et l'or ne met point son appui,
Craint le Seigneur son Dieu, sans cesse a devant lui
Ses préceptes, ses lois, ses jugements sévères,
Et d'injustes fardeaux n'accable point ses frères.

JOAD.

Mais sur l'un de ces rois s'il fallait vous régler,
A qui choisiriez-vous, mon fils de ressembler?

JOAS.

David, pour le Seigneur plein d'un amour fidèle,
Me paraît des grands rois le plus parfait modèle.

JOAD.

Ainsi dans leurs excès vous n'imiteriez pas
L'infidèle Joram, l'impie Ochozias?

JOAS.

O mon père!

JOAD.

Achevez, dites : que vous en semble?

JOAS.

Puisse périr comme eux quiconque leur ressemble!
Joad se prosterne à ses pieds.
Mon père, en quel état vous vois-je devant moi!

JOAD.

Je vous rends le respect que je dois à mon roi.
De votre aïeul David, Joas, rendez-vous digne.

JOAS.

Joas! moi?

JOAD, se relevant.

Vous saurez par quelle grâce insigne,
D'une mère en fureur Dieu trompant le dessein,
Quand déjà son poignard était dans votre sein,
Vous choisit, vous sauva du milieu du carnage.
Vous n'êtes pas encore échappé de sa rage :
Avec la même ardeur qu'elle voulut jadis
Perdre en vous le dernier des enfants de son fils,
A vous faire périr sa cruauté s'attache,
Et vous poursuit encor sous le nom qui vous cache.
Mais sous vos étendards j'ai déjà su ranger
Un peuple obéissant et prompt à vous venger.
Entrez, généreux chefs des familles sacrées,
Du ministère saint tour à tour honorées.

SCÈNE III.

JOAS, JOAD, AZARIAS, ISMAEL, ET LES TROIS AUTRES CHEFS DES LÉVITES.

JOAD continue.

Roi, voilà vos vengeurs contre vos ennemis.
Prêtres, voilà le roi que je vous ai promis.

AZARIAS.

Quoi ! c'est Éliacin ?

ISMAEL.

Quoi ! cet enfant aimable...

JOAD.

Est des rois de Juda l'héritier véritable,
Dernier-né des enfants du triste Ochozias,
Nourri, vous le savez, sous le nom de Joas.
De cette fleur si tendre et sitôt moissonnée,
Tout Juda, comme vous, plaignant la destinée,
Avec ses frères morts le crut enveloppé.
Du perfide couteau comme eux il fut frappé ;
Mais Dieu du coup mortel sut détourner l'atteinte,
Conserva dans son cœur la chaleur presque éteinte,
Permit que des bourreaux trompant l'œil vigilant,
Josabeth dans son sein l'emportât tout sanglant,
Et, n'ayant de son vol que moi seul pour complice,
Dans le temple cachât l'enfant et la nourrice.

JOAS.

Hélas ! de tant d'amour et de tant de bienfaits,
Mon père, quel moyen de m'acquitter jamais ?

JOAD.

Gardez pour d'autres temps votre reconnaissance.
Voilà donc votre roi, votre unique espérance.
J'ai pris soin jusqu'ici de vous le conserver :
Ministres du Seigneur, c'est à vous d'achever.
Bientôt de Jézabel la fille meurtrière,
Instruite que Joas voit encor la lumière,
Dans l'horreur du tombeau viendra le replonger :
Déjà, sans le connaître, elle veut l'égorger.
Prêtres saints, c'est à vous de prévenir sa rage ;
Il faut finir des Juifs le honteux esclavage,
Venger vos princes morts, relever votre loi,

Et faire aux deux tribus reconnaître leur roi.
L'entreprise sans doute est grande et périlleuse :
J'attaque sur son trône une reine orgueilleuse,
Qui voit sous ses drapeaux marcher un camp nombreux
De hardis étrangers, d'infidèles Hébreux ;
Mais ma force est au Dieu dont l'intérêt me guide :
Songez qu'en cet enfant tout Israël réside.
Déjà ce Dieu vengeur commence à la troubler ;
Déjà, trompant ses soins, j'ai su vous rassembler.
Elle nous croit ici sans armes, sans défense :
Couronnons, proclamons Joas en diligence :
De là, du nouveau prince, intrépides soldats,
Marchons en invoquant l'arbitre des combats ;
Et réveillant la foi dans les cœurs endormie,
Jusque dans son palais cherchons notre ennemie.
Et quels cœurs si plongés dans un lâche sommeil,
Nous voyant avancer dans ce saint appareil,
Ne s'empresseront pas à suivre notre exemple ?
Un roi, que Dieu lui-même a nourri dans son temple,
Le successeur d'Aaron de ses prêtres suivi,
Conduisant au combat les enfants de Lévi ;
Et, dans ces mêmes mains des peuples vénérées,
Les armes au Seigneur par David consacrées !
Dieu sur ses ennemis répandra sa terreur.
Dans l'infidèle sang baignez-vous sans horreur ;
Frappez et Tyriens, et même Israélites.
Ne descendez-vous pas de ces fameux lévites
Qui, lorsqu'au dieu du Nil le volage Israël
Rendit dans le désert un culte criminel,
De leurs plus chers parents saintement homicides,
Consacrèrent leurs mains dans le sang des perfides,
Et par ce noble exploit vous acquirent l'honneur
D'être seuls employés aux autels du Seigneur ?
Mais je vois que déjà vous brûlez de me suivre ;
Jurez donc, avant tout, sur cet auguste livre,
A ce roi que le ciel vous redonne aujourd'hui,
De vivre, de combattre, et de mourir pour lui.

AZARIAS.

Oui, nous jurons ici pour nous, pour tous nos frères,
De rétablir Joas au trône de ses pères,
De ne poser le fer entre nos mains remis
Qu'après l'avoir vengé de tous ses ennemis.

Si quelque transgresseur enfreint cette promesse,
Qu'il éprouve, grand Dieu, ta fureur vengeresse;
Qu'avec lui ses enfants, de ton partage exclus,
Soient au rang de ces morts que tu ne connais plus

JOAD.

Et vous, à cette loi, votre règle éternelle,
Roi, ne jurez-vous pas d'être toujours fidèle?

JOAS.

Pourrais-je à cette loi ne pas me conformer?

JOAD.

O mon fils! de ce nom j'ose encor vous nommer,
Souffrez cette tendresse, et pardonnez aux larmes
Que m'arrachent pour vous de trop justes alarmes.
Loin du trône nourri, de ce fatal honneur,
Hélas! vous ignorez le charme empoisonneur;
De l'absolu pouvoir vous ignorez l'ivresse,
Et des lâches flatteurs la voix enchanteresse.
Bientôt ils vous diront que les plus saintes lois,
Maîtresses du vil peuple, obéissent aux rois;
Qu'un roi n'a d'autre frein que sa volonté même;
Qu'il doit immoler tout à sa grandeur suprême;
Qu'aux larmes, au travail, le peuple est condamné,
Et d'un sceptre de fer veut être gouverné;
Que, s'il n'est comprimé, tôt ou tard il opprime :
Ainsi de piége en piége, et d'abîme en abîme,
Corrompant de vos mœurs l'aimable pureté,
Ils vous feront enfin haïr la vérité,
Vous peindront la vertu sous une affreuse image.
Hélas! ils ont des rois égaré le plus sage.
Promettez sur ce livre, et devant ces témoins,
Que Dieu sera toujours le premier de vos soins;
Que, sévère aux méchants, et des bons le refuge,
Entre le pauvre et vous, vous prendrez Dieu pour juge;
Vous souvenant, mon fils, que, caché sous ce lin,
Comme eux vous fûtes pauvre, et comme eux orphelin.

JOAS.

Je promets d'observer ce que la loi m'ordonne.
Mon Dieu, punissez-moi si je vous abandonne!

JOAD.

Venez : de l'huile sainte il faut vous consacrer;
Paraissez, Josabeth : vous pouvez vous montrer!

SCÈNE IV.

JOAS, JOAD, JOSABETH, ZACHARIE, SALOMITH, AZARIAS, ISMAEL, LES TROIS AUTRES CHEFS DE LÉVITES, LE CHŒUR.

JOSABETH, embrassant Joas.

O roi, fils de David!

JOAS.

O mon unique mère!
Venez, cher Zacharie, embrasser votre frère.

JOSABETH, à Zacharie.

Aux pieds de votre roi prosternez-vous, mon fils.

Zacharie se jette aux pieds de Joas.

JOAD, pendant qu'ils s'embrassent.

Enfants, toujours ainsi puissiez-vous être unis!

JOSABETH, à Joas.

Vous savez donc quel sang vous a donné la vie?

JOAS.

Et je sais quelle main sans vous me l'eût ravie.

JOSABETH.

De votre nom, Joas; je puis donc vous nommer!

JOAS.

Joas ne cessera jamais de vous aimer.

LE CHŒUR.

Quoi! c'est là...

JOSABETH.

C'est Joas.

JOAD.

Écoutons ce lévite.

SCÈNE V.

JOAS, JOAD, JOSABETH, ZACHARIE, SALOMITH, AZARIAS, ISMAEL, LES TROIS AUTRES CHEFS DE LÉVITES, UN LÉVITE, LE CHŒUR.

UN LÉVITE.

J'ignore contre Dieu quel projet on médite;
Mais l'airain menaçant frémit de toutes parts;
On voit luire des feux parmi les étendards,
Et, sans doute, Athalie assemble son armée;
Déjà même au secours toute voie est fermée;

Déjà le sacré mont, où le temple est bâti,
D'insolents Tyriens est partout investi;
L'un d'eux, en blasphémant, vient de nous faire entendre
Qu'Abner est dans les fers et ne peut nous défendre.
JOSABETH, à Joas.
Cher enfant, que le ciel en vain m'avait rendu,
Hélas! pour vous sauver j'ai fait ce que j'ai pu :
Dieu ne se souvient plus de David votre père!
JOAD, à Josabeth.
Quoi! vous ne craignez pas d'attirer sa colère
Sur vous et sur ce roi si cher à notre amour?
Et quand Dieu, de vos bras l'arrachant sans retour,
Voudrait que de David la maison fut éteinte,
N'êtes-vous pas ici sur la montagne sainte
Où le père des Juifs [1] sur son fils innocent
Leva sans murmurer un bras obéissant,
Et mit sur un bûcher ce fruit de sa vieillesse,
Laissant à Dieu le soin d'accomplir sa promesse,
Et lui sacrifiant, avec ce fils aîné,
Tout l'espoir de sa race, en lui seul renfermé?
Amis, partageons-nous : qu'Ismaël en sa garde
Prenne tout le côté que l'orient regarde;
Vous, le côté de l'ourse; et vous de l'occident;
Vous, le midi. Qu'aucun, par un zèle imprudent,
Découvrant mes desseins, soit prêtre, soit lévite,
Ne sorte avant le temps, et ne se précipite;
Et que chacun enfin, d'un même esprit poussé,
Garde en mourant le poste où je l'aurai placé.
L'ennemi nous regarde, en son aveugle rage,
Comme de vils troupeaux réservés au carnage,
Et ne croit rencontrer que désordre et qu'effroi.
Qu'Azarias partout accompagne le roi.
A Joas.
Venez, cher rejeton d'une vaillante race,
Remplir vos défenseurs d'une nouvelle audace;
Venez du diadème à leurs yeux vous couvrir,
Et périssez du moins en roi s'il faut périr.
A un lévite.
Suivez-le, Josabeth. Vous, donnez-moi ces armes.
Au Chœur.
Enfants, offrez à Dieu vos innocentes larmes.

---

[1] Abraham. (*Note de Racine.*)

SCÈNE VI.

SALOMITH, LE CHŒUR.

TOUT LE CHOEUR chante.

Partez, enfants d'Aaron, partez :
Jamais plus illustre querelle
De vos aïeux n'arma le zèle.
Partez, enfants d'Aaron, partez :
C'est votre roi, c'est Dieu pour qui vous combattez.

UNE VOIX, seule.

Où sont les traits que tu lances,
Grand Dieu, dans ton juste courroux?
N'es-tu plus le Dieu jaloux?
N'es-tu plus le Dieu des vengeances?

UNE AUTRE.

Où sont, Dieu de Jacob, tes antiques bontés?
Dans l'horreur qui nous environne,
N'entends-tu que la voix de nos iniquités?
N'es-tu plus le Dieu qui pardonne?

TOUT LE CHOEUR.

Où sont, Dieu de Jacob, tes antiques bontés?

UNE VOIX, seule.

C'est à toi que dans cette guerre
Les flèches des méchants prétendent s'adresser.
« Faisons, disent-ils, cesser
» Les fêtes de Dieu sur la terre;
» De son joug importun délivrons les mortels ;
» Massacrons tous ses saints; renversons ses autels ;
» Que de son nom, que de sa gloire
» Il ne reste plus de mémoire :
» Que ni lui ni son Christ ne règnent plus sur nous. »

TOUT LE CHOEUR.

Où sont les traits que tu lances,
Grand Dieu, dans ton juste courroux?
N'es-tu plus le Dieu jaloux?
N'es-tu plus le Dieu des vengeances?

UNE VOIX, seule.

Triste reste de nos rois,
Chère et dernière fleur d'une tige si belle,
Hélas! sous le couteau d'une mère cruelle

Te verrons-nous tomber une seconde fois?
Prince aimable, dis-nous si quelque ange au berceau,
Contre tes assassins prit soin de te défendre;
Où si dans la nuit du tombeau
La voix du Dieu vivant a ranimé ta cendre?
UNE AUTRE.
D'un père et d'un aïeul contre toi révoltés,
Grand dieu, les attentats lui sont-ils imputés?
Est-ce que sans retour ta pitié l'abandonne?
LE CHŒUR.
Où sont, Dieu de Jacob, tes antiques bontés?
N'es-tu plus le Dieu qui pardonne?
UNE DES FILLES DU CHOEUR, sans chanter.
Chères sœurs, n'entendez-vous pas
Des cruels Tyriens la trompette qui sonne?
SALOMITH.
J'entends même les cris des barbares soldats,
Et d'horreur j'en frissonne.
Courons, fuyons : retirons-nous
A l'ombre salutaire
Du redoutable sanctuaire.

ACTE CINQUIÈME.

SCÈNE I.

ZACHARIE, SALOMITH, LE CHŒUR.

SALOMITH.
Cher Zacharie, eh bien! que nous apprenez-vous?
ZACHARIE.
Redoublez au Seigneur votre ardente prière :
Peut-être nous touchons à notre heure dernière.
Pour l'horrible combat, ma sœur l'ordre est donné.
SALOMITH.
Que fait Joas?
ZACHARIE.
Joas vient d'être couronné :

Le grand prêtre a sur lui répandu l'huile sainte.
O ciel! dans tous les yeux quelle joie était peinte
A l'aspect de ce roi racheté du tombeau!
Ma sœur, on voit encore la marque du couteau;
On voit paraître aussi sa fidèle nourrice,
Qui, cachée en un coin de ce vaste édifice,
Gardait ce cher dépôt, et n'avait de ses soins
Que les yeux de ma mère et que Dieu pour témoins.
Nos lévites pleuraient de joie et de tendresse,
Et mêlaient leurs sanglots à leurs cris d'allégresse.
Lui, parmi ces transports, affable et sans orgueil,
A l'un tendait la main, flattait l'autre de l'œil,
Jurait de se régler par leurs avis sincères,
Et les appelait tous ses pères ou ses frères.

SALOMITH.
Ce secret au dehors est-il aussi semé?

ZACHARIE.
Ce secret dans le temple est encor renfermé.
Des enfants de Lévi la troupe partagée
Dans un profond silence aux portes s'est rangée.
Tous doivent à la fois précipiter leurs pas,
Et crier pour signal : Vive le roi Joas!
Mais mon père défend que le roi se hasarde,
Et veut qu'Azarias demeure pour sa garde.
Cependant Athalie, un poignard à la main,
Rit des faibles remparts de nos portes d'airain.
Pour les rompre, elle attend les fatales machines,
Et ne respire enfin que sang et que ruines.
Quelques prêtres, ma sœur, ont d'abord proposé
Qu'en un lieu souterrain, par nos pères creusé,
On renfermât du moins notre arche précieuse.
« O crainte, a dit mon père, indigne, injurieuse !
» L'arche qui fit tomber tant de superbes tours,
» Et força le Jourdain de rebrousser son cours,
» Des dieux des nations tant de fois triomphante,
» Fuirait donc à l'aspect d'une femme insolente! »
Ma mère, auprès du roi, dans un trouble mortel,
L'œil tantôt sur ce prince et tantôt vers l'autel,
Muette, et succombant sous le poids des alarmes,
Aux yeux des plus cruels arracherait des larmes.
Le roi de temps en temps la presse entre ses bras,
La flatte... Chères sœurs, suivez toutes mes pas;

Et, s'il faut aujourd'hui que notre roi périsse,
Allons, qu'un même sort avec lui nous unisse.

SALOMITH.

Quelle insolente main frappe à coups redoublés?
Qui fait courir ainsi ces lévites troublés?
Quelle précaution leur fait cacher leurs armes?
Le temple est-il forcé?

ZACHARIE.

Dissipez vos alarmes :
Dieu nous envoie Abner.

SCÈNE II.

JOAD, JOSABETH, ZACHARIE, SALOMITH, ABNER, ISMAEL,
DEUX LÉVITES, LE CHŒUR.

JOAD.

En croirai-je mes yeux,
Cher Abner? Quel chemin a pu jusqu'en ces lieux
Vous conduire au travers d'un camp qui nous assiége?
On disait que d'Achab la fille sacrilége
Avait, pour assurer ses projets inhumains,
Chargé d'indignes fers vos généreuses mains.

ABNER.

Oui, seigneur, elle a craint mon zèle et mon courage;
Mais c'est le moindre prix que me gardait sa rage.
Dans l'horreur d'un cachot, par son ordre enfermé,
J'attendais que, le temple en cendre consumé,
De tant de flots de sang non encore assouvie,
Elle vînt m'affranchir d'une importune vie,
Et retrancher des jours qu'aurait dû mille fois
Terminer la douleur de survivre à mes rois.

JOAD.

Par quel miracle a-t-on obtenu votre grâce?

ABNER.

Dieu dans ce cœur cruel sait seul ce qui se passe.
Elle m'a fait venir; et d'un air égaré :
« Tu vois de mes soldats tout ce temple entouré,
» Dit-elle; un feu vengeur va le réduire en cendre,
» Et ton Dieu contre moi ne le saurait défendre.
» Ses prêtres toutefois, mais il faut se hâter,
» A deux conditions peuvent se racheter :

» Qu'avec Éliacin on mette en ma puissance
» Un trésor dont je sais qu'ils ont la connaissance,
» Par votre roi David autrefois amassé,
» Sous le sceau du secret au grand prêtre laissé.
» Va, dis-leur qu'à ce prix je leur permets de vivre. »

JOAD.

Quel conseil, cher Abner, croyez-vous qu'on doive suivre?

ABNER.

Et tout l'or de David, s'il est vrai qu'en effet
Vous gardiez de David quelque trésor secret;
Et tout ce que des mains de cette reine avare
Vous avez pu sauver et de riche et de rare,
Donnez-le. Voulez-vous que d'impurs assassins
Viennent briser l'autel, brûler les chérubins,
Et, portant sur notre arche une main téméraire,
De votre propre sang souiller le sanctuaire?

JOAD.

Mais siérait-il, Abner, à des cœurs généreux,
De livrer au supplice un enfant malheureux,
Un enfant que Dieu même à ma garde confie,
Et de nous racheter aux dépens de sa vie?

ABNER.

Hélas! Dieu voit mon cœur. Plût à ce Dieu puissant
Qu'Athalie oubliât un enfant innocent,
Et que du sang d'Abner sa cruauté contente
Crût calmer par ma mort le ciel qui la tourmente!
Mais que peuvent pour lui vos inutiles soins?
Quand vous péririez tous, en périra-t-il moins?
Dieu vous ordonne-t-il de tenter l'impossible?
Pour obéir aux lois d'un tyran inflexible,
Moïse, par sa mère au Nil abandonné,
Se vit, presqu'en naissant, à périr condamné;
Mais Dieu, le conservant contre toute espérance,
Fit par le tyran même élever son enfance.
Qui sait ce qu'il réserve à votre Éliacin;
Et si, lui préparant un semblable destin,
Il n'a point de pitié déjà rendu capable
De nos malheureux rois l'homicide implacable?
Du moins, et Josabeth comme moi l'a pu voir,
Tantôt à son aspect je l'ai vu s'émouvoir;
J'ai vu de son courroux tomber la violence.
Princesse, en ce péril vous gardez le silence!

Eh quoi! pour un enfant qui vous est étranger,
Souffrez-vous que sans vous Joad laisse égorger
Vous, son fils, tout ce peuple, et que le feu dévore
Le seul lieu sur la terre où Dieu veut qu'on l'adore?
Que feriez-vous de plus, si des rois vos aïeux
Ce jeune enfant était un reste précieux?
    JOSABETH, tout bas, à Joad.
Pour le sang de ses rois vous voyez sa tendresse.
Que ne lui parlez-vous?
    JOAD.
    Il n'est pas temps, princesse.
    ABNER.
Le temps est cher, seigneur, plus que vous ne pensez.
Tandis qu'à me répondre ici vous balancez,
Mathan, près d'Athalie, étincelant de rage,
Demande le signal, et presse le carnage.
Faut-il que je me jette à vos sacrés genoux?
Au nom d'un lieu si saint qui n'est ouvert qu'à vous,
Lieu terrible où de Dieu la majesté repose,
Quelque dure que soit la loi qu'on vous impose,
De ce coup imprévu songeons à nous parer.
Donnez-moi seulement le temps de respirer :
Demain, dès cette nuit, je prendrai des mesures
Pour assurer le temple et venger ses injures.
Mais je vois que mes pleurs et que mes vains discours
Pour vous persuader sont un faible secours;
Votre austère vertu n'en peut être frappée :
Eh bien! trouvez-moi donc quelque arme, quelque épée;
Et qu'aux portes du temple, où l'ennemi m'attend,
Abner puisse du moins mourir en combattant.
    JOAD.
Je me rends. Vous m'ouvrez un avis que j'embrasse :
De tant de maux, Abner, détournons la menace.
Il est vrai, de David un trésor est resté ;
La garde en fut commise à ma fidélité;
C'était des tristes Juifs l'espérance dernière,
Que mes soins vigilants cachaient à la lumière.
Mais puisqu'à votre reine il faut le découvrir,
Je vais la contenter, nos portes vont s'ouvrir.
De ses plus braves chefs qu'elle entre accompagnée;
Mais de nos saints autels qu'elle tienne éloignée
D'un ramas d'étrangers l'indiscrète fureur;

ACTE V, SCÈNE III.

Du pillage du temple épargnez-moi l'horreur.
Des prêtres, des enfants lui feraient-ils quelque ombre?
De sa suite avec vous qu'elle règle le nombre.
Et quant à cet enfant si craint, si redouté,
De votre cœur, Abner, je connais l'équité.
Je vous veux devant elle expliquer sa naissance :
Vous verrez s'il le faut remettre en sa puissance ;
Et je vous ferai juge entre Athalie et lui.
               ABNER.
Ah ! je le prends déjà, seigneur, sous mon appui.
Ne craignez rien. Je cours vers celle qui m'envoie.

SCÈNE III.

JOAD, JOSABETH, ZACHARIE, SALOMITH, ISMAEL, DEUX
LÉVITES, LE CHŒUR.

               JOAD.
Grand Dieu ! voici ton heure, on t'amène ta proie !
Ismaël, écoutez.
           JOSABETH, lui parlant à l'oreille.
          Puissant maître des cieux,
Remets-lui le bandeau dont tu couvris ses yeux
Lorsque, lui dérobant tout le fruit de son crime,
Tu cachas dans mon sein cette tendre victime.
               JOAD.
Allez, sage Ismaël, ne perdez point de temps,
Suivez de point en point ces ordres importants :
Surtout qu'à son entrée, et que sur son passage
Tout d'un calme profond lui présente l'image.
Vous, enfants, préparez un trône pour Joas;
Qu'il s'avance suivi de nos sacrés soldats.
Faites venir aussi sa fidèle nourrice,
Princesse, et de vos pleurs que la source tarisse.
           A un lévite.
Vous, dès que cette reine, ivre d'un fol orgueil,
De la porte du temple aura passé le seuil,
Qu'elle ne pourra plus retourner en arrière,
Prenez soin qu'à l'instant la trompette guerrière
Dans le camp ennemi jette un subit effroi ;
Appelez tout le peuple au secours de son roi ;
Et faites retentir jusques à son oreille

De Joas conservé l'étonnante merveille.
Il vient.

SCÈNE IV.

JOAS, JOAD, JOSABETH, ZACHARIE, SALOMITH, AZARIAS, TROUPE DE PRÊTRES ET DE LÉVITES, LE CHŒUR.

JOAD continue.

Lévites saints, prêtres de notre Dieu,
Partout sans vous montrer environnez ce lieu ;
Et laissant à mes soins gouverner votre zèle,
Pour paraître attendez que ma voix vous appelle.
Il se cachent tous.
Roi, je crois qu'à vos vœux cet espoir est permis,
Venez voir à vos pieds tomber vos ennemis.
Celle dont la fureur poursuivit votre enfance
Vers ces lieux à grands pas pour vous perdre s'avance ;
Mais ne la craignez point ; songez qu'autour de vous
L'ange exterminateur est debout avec nous.
Montez sur votre trône, et... Mais la porte s'ouvre :
Permettez un moment que ce voile vous couvre.
Il tire un rideau.
Vous changez de couleur, princesse !

JOSABETH.

Ah ! sans pâlir,
Puis-je voir d'assassins le temple se remplir ?
Quoi ! ne voyez-vous pas quelle nombreuse escorte...

JOAD.

Je vois que du saint temple on referme la porte :
Tout est en sûreté.

SCÈNE V.

JOAS, ATHALIE, JOAD, JOSABETH, ABNER, SUITE D'ATHALIE.

Joas est caché derrière le rideau.

ATHALIE, à Joad.

Te voilà, séducteur,
De ligues, de complots pernicieux auteur,
Qui dans le trouble seul as mis tes espérances,
Eternel ennemi des suprêmes puissances !
En l'appui de ton Dieu tu t'étais reposé :

Paraissez, cher enfant, digne sang de nos rois.

Acte V, Scène V.

ATHALIE.

De ton espoir frivole es-tu désabusé?
Il laisse en mon pouvoir et ton temple et ta vie.
Je devrais sur l'autel où ta main sacrifie
Te... Mais du prix qu'on m'offre il faut me contenter.
Ce que tu m'as promis, songe à l'exécuter :
Cet enfant, ce trésor qu'il faut qu'on me remette,
Où sont-ils?

JOAD.
Sur le champ tu seras satisfaite :
Je te les vais montrer l'un et l'autre à la fois.

Le rideau se tire. On voit Joas sur son trône; sa nourrice est à genoux à sa droite; Azarias, l'épée à la main, est debout à sa gauche; et près de lui Zacharie et Salomith à genoux sur les degrés du trône; plusieurs lévites, l'épée à la main, sont rangés sur les côtés.

Paraissez, cher enfant, digne sang de nos rois.
Connais-tu l'héritier du plus saint des monarques,
Reine? De ton poignard connais du moins ces marques!
Voilà ton roi, ton fils, le fils d'Ochozias.
Peuples, et vous, Abner, reconnaissez Joas!

ABNER.
Ciel!

ATHALIE à Joad.
Perfide!

JOAD.
Vois-tu cette Juive fidèle
Dont tu sais bien qu'alors il suçait la mamelle?
Il fut par Josabeth à ta rage enlevé :
Ce temple le reçut, et Dieu l'a conservé.
Des trésors de David voilà ce qui me reste.

ATHALIE.
Ta fourbe, à cet enfant, traître, sera funeste.
D'un fantôme odieux, soldats, délivrez-moi.

JOAD.
Soldats du Dieu vivant, défendez votre roi.

Le fond du théâtre s'ouvre : on voit le dedans du temple, et les lévites entrent de tous côtés sur la scène.

ATHALIE.
Où suis-je? Ô trahison! ô reine infortunée!
D'armes et d'ennemis je suis environnée!

JOAD.
Tes yeux cherchent en vain, tu ne peux échapper,
Et Dieu de toutes parts a su t'envelopper.
Ce Dieu que tu bravais en nos mains t'a livrée :

Rends-lui compte du sang dont tu t'es enivrée.
ATHALIE.
Quoi! la peur a glacé mes indignes soldats?
Lâche Abner, dans quel piége as-tu conduit mes pas?
ABNER.
Reine, Dieu m'est témoin...
ATHALIE.
Laisse là ton Dieu, traître,
Et venge-moi.
ABNER, se jetant aux pieds de Joas.
Sur qui? sur Joas! sur mon maître!
ATHALIE.
Lui, Joas! lui, ton roi! Songez, méchants, songez
Que mes armes encor vous tiennent assiégés.
J'entends à haute voix tout mon camp qui m'appelle.
On vient à mon secours : tremblez, troupe rebelle!

SCÈNE VI.

JOAS, ATHALIE, JOAD, ISMAEL, ET TOUS LES ACTEURS
DE LA SCÈNE PRÉCÉDENTE.

ISMAEL, à Joad.
Seigneur, le temple est libre, et n'a plus d'ennemis :
L'étranger est en fuite, et le Juif est soumis.
Comme le vent dans l'air dissipe la fumée,
La voix du Tout-Puissant a chassé cette armée.
Nos lévites, du haut de nos sacrés parvis,
D'Ochozias au peuple ont annoncé le fils,
Ont conté son enfance au glaive dérobée
Et la fille d'Achab dans le piége tombée.
Partout en même temps la trompette a sonné;
Et ses sons et ses cris dans son camp étonné
Ont répandu le trouble et la terreur subite
Dont Gédéon frappa le fier Madianite.
Les Tyriens, jetant armes et boucliers,
Ont, par divers chemins, disparu les premiers;
Quelques Juifs éperdus ont aussi pris la fuite ;
Mais, de Dieu sur Joas admirant la conduite,
Le reste à haute voix s'est pour lui déclaré.
Enfin, d'un même esprit tout le peuple inspiré,

ACTE V, SCÈNE VI.

Femmes, vieillards, enfants, s'embrassant avec joie,
Bénissent le Seigneur et celui qu'il envoie
Tous chantent de David le fils ressuscité.
Baal est en horreur dans la sainte cité :
De son temple profane on a brisé les portes ;
Mathan est égorgé.

ATHALIE.

Dieu des Juifs, tu l'emportes !
Oui, c'est Joas ; je cherche en vain à me tromper ;
Je reconnais l'endroit où je le fis frapper ;
Je vois d'Ochozias et le port et le geste ;
Tout me retrace enfin un sang que je déteste.
David, David triomphe ; Achab seul est détruit.
Impitoyable Dieu, toi seul as tout conduit !
C'est toi qui, me flattant d'une vengeance aisée,
M'as vingt fois en un jour à moi-même opposée :
Tantôt pour un enfant excitant mes remords,
Tantôt m'éblouissant de tes riches trésors,
Que j'ai craint de livrer aux flammes, au pillage.
Qu'il règne donc ce fils, ton soin et ton ouvrage ;
Et que, pour signaler son empire nouveau,
On lui fasse en mon sein enfoncer le couteau !
Voici ce qu'en mourant lui souhaite sa mère :
Que dis-je, souhaiter ! je me flatte, j'espère
Qu'indocile à ton joug, fatigué de ta loi,
Fidèle au sang d'Achab, qu'il a reçu de moi,
Conforme à son aïeul, à son père semblable,
On verra de David l'héritier détestable
Abolir tes honneurs, profaner ton autel,
Et venger Athalie, Achab et Jézabel.

Athalie sort, les lévites la suivent.

JOAD.

Qu'à l'instant hors du temple elle soit emmenée,
Et que la sainteté n'en soit pas profanée.
Allez, sacrés vengeurs de vos princes meurtris,
De leur sang par sa mort faire cesser les cris.
Si quelque audacieux embrasse sa querelle,
Qu'à la fureur du glaive on le livre avec elle.

SCÈNE VII.

JOAS, JOAD, JOSABETH, ET TOUS LES ACTEURS DE LA
SCÈNE PRÉCÉDENTE.

JOAS, descendu de son trône.

Dieu, qui voyez mon trouble et mon affliction,
Détournez loin de moi sa malédiction,
Et ne souffrez jamais qu'elle soit accomplie;
Faites que Joas meure avant qu'il vous oublie.

JOAD, aux lévites.

Appelez tout le peuple, et montrons-lui son roi;
Qu'il lui vienne en ses mains renouveler sa foi.
Roi, prêtres, peuple, allons, pleins de reconnaissance,
De Jacob avec Dieu confirmer l'alliance;
Et, saintement confus de nos égarements,
Nous rengager à lui par de nouveaux serments.
Abner, auprès du roi reprenez votre place.

SCÈNE VIII.

JOAS, JOAD, UN LÉVITE, ET TOUS LES ACTEURS DE LA
SCÈNE PRÉCÉDENTE.

JOAD, aux lévites.

Eh bien! de cette impie a-t-on puni l'audace?

LE LÉVITE.

Le fer a de sa vie expié les horreurs.
Jérusalem, longtemps en proie à ses fureurs,
De son joug odieux à la fin soulagée,
Avec joie en son sang la regarde plongée.

JOAD.

Par cette fin terrible, et due à ses forfaits,
Apprenez, roi des Juifs, et n'oubliez jamais
Que les rois dans le ciel ont un juge sévère,
L'innocence un vengeur, et l'orphelin un père.

www.ingramcontent.com/pod-product-compliance
Lightning Source LLC
Chambersburg PA
CBHW070835230426
43667CB00011B/1809